TOBIAS POLKE

Crowdlending oder Disintermediation in der Fremdkapitalvergabe

D1666712

Abhandlungen zum Deutschen und Europäischen
Gesellschafts- und Kapitalmarktrecht

Herausgegeben von

Professor Dr. Holger Fleischer, LL.M., Hamburg
Professor Dr. Hanno Merkt, LL.M., Freiburg
Professor Dr. Gerald Spindler, Göttingen

Band 100

Crowdlending oder Disintermediation in der Fremdkapitalvergabe

Eine Analyse der finanzmarktaufsichts- und
gewerberechtlichen Regulierung in Deutschland

Von

Tobias Polke

Duncker & Humblot · Berlin

Die Rechtswissenschaftliche Fakultät
der Albert-Ludwigs-Universität Freiburg hat diese Arbeit
im Jahre 2015 als Dissertation angenommen.

Bibliografische Information der Deutschen Nationalbibliothek

Die Deutsche Nationalbibliothek verzeichnet diese Publikation in
der Deutschen Nationalbibliografie; detaillierte bibliografische Daten
sind im Internet über http://dnb.d-nb.de abrufbar.

Satz: Konrad Triltsch GmbH, Ochsenfurt
Druck: buchbücher.de gmbh, Birkach
Printed in Germany

ISSN 1614-7626
ISBN 978-3-428-15046-5 (Print)
ISBN 978-3-428-55046-3 (E-Book)
ISBN 978-3-428-85046-4 (Print & E-Book)

Gedruckt auf alterungsbeständigem (säurefreiem) Papier
entsprechend ISO 9706 ♾

Internet: http://www.duncker-humblot.de

Meinen Eltern

Vorwort

Mein aufrichtiger Dank gilt meinem Doktorvater, Herrn Prof. Dr. Hanno Merkt, LL.M. (Univ. of Chicago), für die Betreuung der Dissertation, die große Unterstützung bei den Bewerbungen für meine Stipendien und nicht zuletzt die zügige Korrektur meiner Arbeit sowie die darin enthaltenen wertvollen Hinweise und Anregungen. Ferner danke ich Herrn Prof. Dr. Boris Paal, M.Jur. (Oxford), für die ebenso zügige und weiterführende Zweitbegutachtung.

Meinem Doktorvater sowie Herrn Prof. Dr. Dr. h.c. Holger Fleischer, LL.M. (Univ. of Michigan), und Herrn Prof. Dr. Gerald Spindler danke ich für die Aufnahme in ihre Schriftenreihe „Abhandlungen zum Deutschen und Europäischen Gesellschafts- und Kapitalmarktrecht".

Der Studienstiftung des deutschen Volkes und der FAZIT-Stiftung gilt mein Dank für die gewährten Promotionsstipendien. Der FAZIT-Stiftung danke ich darüber hinaus, ebenso wie der Johanna und Fritz Buch Gedächtnis-Stiftung, für die großzügige Unterstützung bei der Drucklegung meiner Dissertation.

Euch, meinen geliebten Eltern, widme ich diese Arbeit, in dem Wissen, dass ich alles, was ich bislang erleben und erreichen durfte, euch zu verdanken habe, die ihr hart dafür gearbeitet habt, dass meine Geschwister und ich in Leichtigkeit leben konnten.

Ich danke meiner ganzen Familie, nicht nur für den Beistand während der Promotion, sondern auch und gerade dafür, dass ihr mich mein ganzes Leben wohlwollend begleitet habt und dass ich mich bedingungslos auf euch verlassen kann.

Ich danke dir, Toni, dafür, dass du mich während der Entstehung der Arbeit unterstützt und mich mit deiner einmaligen Art aufgemuntert hast, wenn mir die Arbeit aufs Gemüt schlug, und dafür, dass du mich in den richtigen Momenten auch mal von der Arbeit fern hieltst.

Zu guter Letzt danke ich meinen Freunden. All denen von euch, die Tag ein Tag aus mit mir in der Bibliothek gesessen haben und in den Pausen für die nötige Ablenkung sorgten, und auch denen, die mir aus der Ferne zur Seite standen. Danke dafür, dass ihr die Zeit und die Muße fandet euch mit meinen Überlegungen, Sorgen und Zweifeln konstruktiv auseinanderzusetzen.

Die vorliegende Arbeit wurde im Dezember 2015 eingereicht und von der Albert-Ludwigs-Universität Freiburg als Dissertation angenommen. Bis zu diesem Zeitpunkt wurden Gesetzgebung, Rechtsprechung und Literatur berücksichtigt.

Hamburg, im Juli 2016 *Tobias Polke*

Inhaltsverzeichnis

Erster Teil

Grundlagen   23

A. Begriffsdefinition und Eingrenzung des Arbeitsgegenstandes 23

   I. Crowdfunding als Oberbegriff 23

   II. Unterschiedliche Beteiligungsformen des Crowdfunding 25

      1. Spendenbasiertes Crowdfunding (Donation-Based Crowdfunding) 25

      2. Gegenleistungsbasiertes Crowdfunding (Concideration-Based Crowdfunding)   26

         a) Nicht-profitorientiertes Crowdfunding (Non-Profitseeking Crowdfunding)   26

            aa) Vorverkaufbasiertes Crowdfunding (Pre-Purchase Crowdfunding) 26

            bb) Belohnungsbasiertes Crowdfunding (Reward-Based Crowdfunding) . . . 26

         b) Profitorientiertes Crowdfunding (Profitseeking Crowdfunding) 26

            aa) Kreditbasiertes Crowdfunding (Crowdlending/Peer-To-Peer-Lending)   27

            bb) Beteiligungsbasiertes Crowdfunding (Crowdinvesting) 27

   III. Eingrenzung des Arbeitsgegenstandes 27

   IV. Die unterschiedlichen Erscheinungsformen des Crowdlending 28

      1. Echtes und unechtes Crowdlending 29

      2. Unechtes Crowdlending mit einfacher bzw. gestreckter Forderungsübertragung   29

      3. Indirektes Crowdlending 30

      4. P2P- und P2B-Crowdlending 31

      5. Atypisches Crowdlending 32

B. Der Markt des Crowdlending in Deutschland 33

   I. Der Marktplatz 33

   II. Die Marktakteure 33

   III. Das „Warenangebot" – vermittelte Darlehen und mögliche Konditionen 34

C. Entstehungsgeschichte – Aktuelle Marktentwicklung 36

   I. Entstehungsgeschichte 36

   II. Marktentwicklung 38

D. Der Rechtstatsächliche Ablauf eines Kreditprojekts 40

   I. Registrierung und Kreditanfrage 40

   II. Investition 41

   III. Abwicklung 42

Zweiter Teil

Crowdlending in Deutschland de lege lata 43

A. Vertragliche Beziehungen 43
  I. Modellunabhängige vertragliche Beziehungen 43
    1. Zwischen dem Investor und der Plattformbetreibergesellschaft 43
      a) Plattformnutzungsvertrag 43
      b) Vertragsschluss 45
    2. Zwischen dem Kreditnehmer und der Plattformbetreibergesellschaft 45
      a) Maklervertrag beim P2B-Crowdlending 46
      b) Zunächst kein Maklervertrag beim P2P-Crowdlending 47
        aa) Der Ratingvertrag beim „klassischen" Emittenten-Rating 48
        bb) Die Bonitätsprüfung beim Crowdlending 49
      c) Vertragsschluss 52
      d) Zwischenergebnis 52
    3. Zwischen der Kooperationsbank und dem Kreditnehmer 52
    4. Zwischen der Plattformbetreibergesellschaft und der Kooperationsbank 53
      a) Motive 53
      b) Typisierung 54
        aa) Unechtes Crowdlending mit einfacher Forderungsübertragung 54
          (1) Kein Maklervertrag 55
          (2) Kein Gesellschaftsvertrag 55
          (3) Auftrag oder Geschäftsbesorgungsvertrag 56
        bb) Unechtes Crowdlending mit gestreckter Forderungsübertragung 56
          (1) Kein Makler- oder Gesellschaftsvertrag 56
          (2) Rahmenkommissionsvertrag 57
    5. Zwischen dem Kreditnehmer und den Investoren 58
    6. Zwischen den einzelnen Investoren 58
      a) Keine schuldvertragliche Verbindung – Insbesondere keine GbR 58
      b) Gläubiger- und Schuldnermehrheit der Investoren 60
        aa) Gläubigermehrheit 60
        bb) Schuldnermehrheit 61
      c) Das Verrechnungsmodell 62
  II. Besonderheiten des Modells mit einfacher Forderungsübertragung 63
    1. Zwischen der Kooperationsbank und dem Investor 63
      a) Typisierung des „Forderungskaufvertrags" 63
        aa) §§ 406 Abs. 1 S. 1, 383 ff. HGB oder §§ 406 Abs. 1 S. 2, 383 ff. HGB 63
        bb) Kaufmann, Handeln im eigenen Namen, Geschäft i.S.d. § 406 Abs. 1
          S. 1 HGB 64

cc) Abgrenzung zu §§ 453, 433 BGB 64

(1) Wahrnehmung fremder Interessen 65

(2) „Für fremde Rechnung" 65

dd) Zwischenergebnis 67

b) Vertragsschluss 67

c) Abtretung oder gewillkürte Vertragsübernahme 68

2. Zwischen der Plattformbetreibergesellschaft und dem Investor 73

III. Besonderheiten des Modells mit gestreckter Forderungsübertragung 73

1. Zwischen der Plattformbetreiber- und der Intermediärgesellschaft 73

a) Konzernrechtliche Beziehung 73

b) Vertragliche Beziehung 74

aa) Handelsgesellschaft oder GbR 75

bb) Innen- oder Außengesellschaft 76

2. Zwischen dem Investor und der Intermediärgesellschaft 76

a) Kommissionsvertrag 76

b) Vertragsschluss 78

c) Auftrag 79

d) Abtretung oder gewillkürte Vertragsübernahme 80

3. Zwischen der Kooperationsbank und der Intermediärgesellschaft 81

4. Zwischen dem Kreditnehmer und der Intermediärgesellschaft 82

B. Status Quo der Regulierung 82

I. Bankaufsichtsrechtliche Regulierung 82

1. Besondere Relevanz der bankaufsichtsrechtlichen Genehmigungspflicht 83

a) Aufsichtsrechtliche Folgen bei Verstößen gegen § 32 KWG 84

b) Strafrechtliche Folgen bei Verstößen gegen § 32 KWG 84

c) Zivilrechtliche Folgen bei Verstößen gegen § 32 KWG 84

aa) Zivilrechtliche Folgen eines Verstoßes für Einlagengeschäfte 85

bb) Stellungnahme 89

cc) Zivilrechtliche Folgen eines Verstoßes für Kreditgeschäfte 91

dd) Stellungnahme 92

2. Genese und teleologische Grundlagen des Einlagen- und Kreditgeschäfts 93

a) Historischer und teleologischer Hintergrund 93

aa) Genese der Regulierung des Einlagen- und Kreditgeschäfts i.S.d. KWG 93

(1) Reichsgesetz über das Kreditwesen vom 05. 12. 1934 93

(2) Gesetz über das Kreditwesen vom 10. 06. 1961 94

(3) Sechstes Gesetz zur Änderung des Gesetzes über das Kreditwesen vom 22. 10. 1997 95

bb) Telos der Regulierung des Einlagen- und Kreditgeschäfts 96

(1) Zweck des § 32 KWG 96

(2) Zweck der Regulierung des Einlagen- und Kreditgeschäfts 96

(3) Ökonomischer Hintergrund 97

    (a) „Bank-Run-Argument" 99

    (b) Informationsasymmetrien durch delegierte Überwachung 100

cc) Telos der Regulierung des isoliert betriebenen Einlagen- und Kreditgeschäfts 101

    (1) Zweck der Regulierung des Einlagengeschäfts 102

    (2) Zweck der Regulierung des Kreditgeschäfts 102

3. Aufsichtspflichtigkeit der Teilnehmer am unechten Crowdlending mit einfacher Forderungsübertragung 106

a) Keine aufsichtspflichtigen Bankgeschäfte der Investoren 106

    aa) Kein Factoring der Investoren 107

    bb) Der Erwerb der Rückzahlungsansprüche: Ein Kreditgeschäft 108

        (1) Ursprung des Problems 108

        (2) Bislang vertretene Lösungsansätze 109

        (3) Stellungnahme zu den bisherigen Ansätzen 111

            (a) Kritik an der bisherigen Mindermeinung 112

            (b) Kritik an der bislang herrschenden Meinung 113

                (aa) Kritik an der Argumentation beim abtretungsweisen Forderungserwerb 113

                (bb) Kritik an der Argumentation unabhängig vom Übertragungsakt 117

                (cc) Zusätzliche Argumente gegen die herrschende Meinung ... 119

            (c) Zwischenergebnis 121

        (4) Eigener Ansatz: Gesetzeszweckorientierte Tatbestandsinterpretation 121

        (5) Übertragung des eigenen Ansatzes auf die Vertragsübernahme von Darlehensverträgen 122

        (6) Übertragung des eigenen Ansatzes auf die Zession von Rückzahlungsansprüchen 122

            (a) Abtretbarkeit von Gestaltungsrechten generell 122

            (b) Stellungnahme 125

            (c) Zwischenergebnis 126

            (d) Problem: Übergang der Darlehenskündigungsrechte ipso iure? 127

            (e) Stellungnahme 128

            (f) Zwischenergebnis 132

        (7) Konsequenz für die Investoren beim unechten Crowdlending mit einfacher Forderungsübertragung 132

            (a) Keine „schutzzweckbezogene einschränkende" Auslegung des Gewerbebegriffs 133

                (aa) Vorschlag der Literatur 133

                (bb) Stellungnahme 134

            (b) Kein Verstoß gegen das Transparenzgebot 137

(c) Zwischenergebnis 138

(d) Eigener Ansatz: Genehmigungspflichtigkeit nur unter besonderen Umständen 139

(aa) Kein individuelles Kündigungsrecht der einzelnen Investoren 139

(bb) Konsequenz: Regelmäßig keine Genehmigungspflichtigkeit der Investoren 144

(cc) Verfassungsrechtliche Unterstützung dieses Ergebnisses ... 144

(dd) Zwischenergebnis 145

cc) Der Abschluss der Kommissionsverträge: Derzeit kein Kreditgeschäft 146

dd) Kein aufsichtspflichtiges Einlagengeschäft der Investoren 147

ee) Zwischenergebnis 148

b) Aufsichtspflichtige Geschäfte der Kooperationsbank 148

aa) Einlagen- und Kreditgeschäft 148

bb) Keine Anlagevermittlung aber Finanzkommissionsgeschäft 148

c) Aufsichtspflichtige Geschäfte der Plattformbetreibergesellschaft 149

aa) Kreditgeschäft 149

bb) Einlagengeschäft 151

cc) Keine aufsichtspflichtige Anlagevermittlung i.S.d. § 1 Abs. 1a S. 2 Nr. 1 KWG 151

(1) Tatbestand des § 1 Abs. 1a S. 2 Nr. 1 KWG im Verhältnis Investor/ Kooperationsbank erfüllt 151

(2) Tatbestand des § 2 Abs. 6 Nr. 8e KWG durch Plattformbetreibergesellschaft erfüllt 152

(3) Keine Anlagevermittlung im Verhältnis Kreditnehmer – Kooperationsbank 152

(4) Zwischenergebnis 152

d) Kein aufsichtspflichtiges Einlagengeschäft des Kreditnehmers 153

4. Aufsichtspflichtigkeit der Teilnehmer am unechten Crowdlending mit gestreckter Forderungsübertragung 156

a) Kein aufsichtspflichtiges Kreditgeschäft der Investoren 156

b) Aufsichtspflichtige Geschäfte der Kooperationsbank 157

aa) Einlagen- und Kreditgeschäft 157

bb) Keine Anlagevermittlung und kein Finanzkommissionsgeschäft 157

c) Aufsichtspflichtige Geschäfte der Plattformbetreiber- und Intermediärgesellschaft 157

aa) Kein Factoring 157

bb) Kreditgeschäft 158

cc) Einlagengeschäft 159

dd) Anlagevermittlung und Finanzkommissionsgeschäft 161

(1) Keine Anlagevermittlung der Intermediärgesellschaft 161

(2) Finanzkommissionsgeschäft der Intermediärgesellschaft 161

(3) Teilweise Anlagevermittlung der Plattformbetreibergesellschaft ... 165

d) Kein aufsichtspflichtiges Einlagengeschäft der Kreditnehmer 166

5. Zwischenergebnis 166

II. Zahlungsdienstaufsichtsrechtliche Regulierung 167

III. Vermögensanlagerechtliche Regulierung 169

1. Eröffnung des Anwendungsbereichs des VermAnlG 169

a) § 1 Abs. 2 Nr. 7 VermAnlG anwendbar 169

b) „Veräußerung" ist kein konstitutives Tatbestandsmerkmal des § 1 Abs. 2 Nr. 7 VermAnlG 171

2. Emittent der Vermögensanlage ist beim unechten Crowdlending der Kreditnehmer 173

3. Scheinproblem: Gefahren für Kreditnehmer 174

4. Funktion der Kooperationsbank, der Plattformbetreiber- und der Intermediärgesellschaft 176

a) Kooperationsbank 176

aa) Kein „Anbieter" i.S.d. VermAnlG 176

bb) Kein „Erwerber" i.S.d. VermAnlG 178

(1) Modell mit einfacher Forderungsübertragung 178

(2) Modell mit gestreckter Forderungsübertragung 179

b) Intermediärgesellschaft ist Vermittler, nicht aber „Erwerber" oder „Anbieter" der Vermögensanlage 180

c) Plattformbetreibergesellschaft ist „Anbieter" der Vermögensanlage 180

5. Keine Ausnahmetatbestände erfüllt 181

a) Ansicht des Gesetzgebers: § 2 Abs. 1 Nr. 7 d VermAnlG und § 2a Abs. 1 VermAnlG einschlägig 182

b) Ansicht der BaFin: § 2 Abs. 1 Nr. 3 VermAnlG einschlägig 182

c) Stellungnahme 183

aa) Unanwendbarkeit des § 2 Abs. 1 Nr. 7d VermAnlG 183

bb) Unanwendbarkeit des § 2 Abs. 1 Nr. 3 VermAnlG 184

(1) Keine praktische Relevanz des § 2 Abs. 1 Nr. 3c VermAnlG 184

(2) Ebenfalls keine praktische Relevanz des § 2 Abs. 1 Nr. 3a VermAnlG – im Übrigen teleologische Reduktion 185

(3) § 2 Abs. 1 Nr. 3b VermAnlG auf Emissionen über Internet-Dienstleistungsplattformen i.S.d. § 2a VermAnlG nicht anwendbar 186

(4) Zwischenergebnis 188

cc) Privilegierung des unechten Crowdlending mit einfacher Forderungsübertragung durch § 2a VermAnlG 188

(1) Keine direkte Anwendung von § 31 Abs. 5a WpHG 189

(2) Bislang ist keine Verordnung i.S.d. § 2a Abs. 2 VermAnlG auf Grundlage der Verordnungsermächtigung aus § 34g Abs. 2 Nr. 7 GewO ergangen 190

(3) § 2a VermAnlG i.V.m. § 31 Abs. 5a WpHG analog anwendbar 190

    (a) Keine teleologische Reduktion des § 1 Abs. 2 Nr. 7 VermAnlG 192

    (b) Kooperationsbank nicht aus § 31 Abs. 5a VermAnlG verpflichtet 192

    (c) Analoge Anwendung des § 31 Abs. 5a WpHG auf Finanzanla-
    gevermittler – Keine vollständige Anwendbarkeit des VermAnlG 193

       (aa) Es fehlt an einer bleibenden Regelungslücke 193

       (bb) Eine temporäre Regelungslücke liegt vor 194

       (cc) Vergleichbarkeit der Interessenlage besteht 195

       (dd) Kein anderweitiger Ausschluss der temporären Analogie zu
       § 31 Abs. 5a WpHG 195

       (ee) Keine „abschiebende" Wirkung der Verordnungsermächti-
       gung 196

       (ff) Analogie nicht durch die Existenz der Verordnungsermäch-
       tigung ausgeschlossen 196

       (gg) Zwischenergebnis 198

  dd) Privilegierung des unechten Crowdlending mit gestreckter Forderungsübertragung durch § 2a Abs. 1 VermAnlG 198

  ee) Folgeproblem der (analogen) Anwendung des § 31 Abs. 5a WpHG ... 200

  ff) Zwischenergebnis 200

6. Probleme bei der Anwendung des § 2a VermAnlG auf das unechte Crowdlending 201

  a) Die die Plattformbetreibergesellschaft betreffende Norm: Gesetzeszweckorientierte Auslegung des Tatbestandsmerkmals der „Internet-Dienstleistungsplattform" 201

  b) Den Erwerber betreffende Normen 203

    aa) § 2d VermAnlG 203

    (1) Verhältnis zu § 312g Abs. 1 BGB 203

    (2) Widerrufbarer Vertrag – Widerrufsgegner 204

  c) Die BaFin betreffende Normen 205

  d) Den Anbieter und/oder den Emittent betreffende Normen 205

    aa) § 12 Abs. 2 bis Abs. 5 VermAnlG 205

    bb) § 15 VermAnlG 206

    cc) § 23 und § 24 VermAnlG: Teleologische Reduktion bei nicht gewerbli-
    chen Emittenten 206

    dd) § 26 VermAnlG 207

    ee) §§ 29, 30, 31 VermAnlG 207

7. Folgeprobleme der Anwendung des § 2a VermAnlG auf das unechte Crowdlending 207

  a) Vorschriften i.S.d. § 2a Abs. 3 VermAnlG als „ius cogens" 208

  b) Keine Haftung der Emittenten bei Verstößen gegen § 31 Abs. 5a VermAnlG 209

  c) Verstöße der Plattformbetreibergesellschaft gegen § 31 Abs. 5a VermAnlG 209

    aa) Keine Nichtigkeit des vermittelten Vertrags gemäß § 134 BGB 209

bb) Teilweise Ordnungswidrigkeit 209

cc) Regelmäßig kein vertraglicher Schadensersatzanspruch 210

dd) Anspruch aus § 823 Abs. 2 BGB 211

d) Keine Prospekthaftung außerhalb des VermAnlGes 214

aa) Keine Prospekthaftung des Emittenten über § 22 VermAnlG hinaus ... 215

bb) Keine prospektrechtliche Haftung der Plattformbetreibergesellschaft über § 22 VermAnlG hinaus 217

(1) Anwendbares Haftungsregime 217

(2) Ein Haftungsausschluss ist nicht möglich 217

IV. Gewerberechtliche Regulierung 218

V. Keine plattformübergreifende Selbstregulierung 219

C. Möglichkeiten zur Umgehung der bestehenden Regulierung 220

I. VermAnlG 220

II. KWG 222

D. Übertragen der Erkenntnisse auf das indirekte Crowdlending 226

Dritter Teil

Regulierung de lege ferenda ~ 227

A. Inspirationsquelle: Status der Regulierung in Großbritannien 227

I. Status quo der Gesetzeslage und gesetzliche Regulierung de lege lata 227

II. Selbstregulatorischer Ansatz: Der „Code of Practise" 230

B. Aktuelle Reformpläne 231

I. Keine aktuellen Reformpläne auf europäischer Ebene 231

II. Reformpläne des nationalen Gesetzgebers: Ende 2016 233

C. Eigene Reformvorschläge 234

I. KWG-Bereichsausnahme für Investoren oder Übernahme des europäischen Kreditinstitutsbegriffs – Neuer Tatbestand für Crowdlending-Plattformen 234

II. Kombination der §§ 34c und 34f GewO 235

III. Vorschläge für das VermAnlG 235

1. Klarstellung der Unanwendbarkeit des § 2 Abs. 1 Nr. 3b VermAnlG 235

2. Veränderung des § 2a Abs. 4 VermAnlG 236

3. Einführung einer § 2a Abs. 3 VermAnlG entsprechenden Regelung in das WpPG 236

4. Erweiterung von § 12 Abs. 2–5 VermAnlG 237

IV. Weitere Regulierungsvorschläge 237

1. Beteiligungsverbot 237

2. Informations- und Publikationspflichten 238

3. Verbandsklage 238

4. Getrennte Konten und Verbot des Aktivgeschäfts 239

Vierter Teil

Zusammenfassung 240

A. Speziell das Crowdlending betreffende Ergebnisse 240

   I. Vertragliche Beziehungen 240

   II. KWG 241

   III. ZAG 242

   IV. VermAnlG 242

   V. GewO 243

B. Darüber hinausgehende und allgemeingültige Ergebnisse 244

Literaturverzeichnis 246

Stichwortverzeichnis 260

Abkürzungsverzeichnis

£	Britische Pfund
$	Dollar
€	Euro
¥	Yuan Renminbi
a.A.	andere Ansicht
ABl.	EG Amtsblatt der Europäischen Gemeinschaft
ABl.	EU Amtsblatt der Europäischen Union
Abs.	Absatz
AcP	Archiv für die civilistische Praxis
a.E.	am Ende
AG	Aktiengesellschaft
AGB	Allgemeine Geschäftsbedingungen
a.M.	am Main
Art.	Artikel
AT	Allgemeiner Teil
BaFin	Bundesanstalt für Finanzdienstleistungsaufsicht
BB	Betriebs-Berater
BeckOK-BGB	Beck'scher Online-Kommentar
Begr.	Begründung
BGB	Bürgerliches Gesetzbuch
BGBl.	Bundesgesetzblatt
BGHZ	Entscheidungen des Bundesgerichtshofs in Zivilsachen
BKR	Zeitschrift für Bank- und Kapitalmarktrecht
BörsZulVO	Verordnung über die Zulassung von Wertpapieren zum regulierten Markt einer Wertpapierbörse
BR	Bundesrat
BReg	Bundesregierung
BT-Drucks.	Bundestagsdrucksache
BuR	Business Research Journal
BVerfG	Bundesverfassungsgericht
BVerfGE	Entscheidungen des Bundesverfassungsgerichts
BVerwG	Bundesverwaltungsgericht
BVerwGE	Entscheidungen des Bundesverwaltungsgerichts
bzw.	beziehungsweise
COBS	Conduct of Business Sourcebook
CRR	Capital Requirements Regulation
DB	Der Betrieb
ders.	derselbe
Diss.	Dissertation
DÖV	Die öffentliche Verwaltung
DStR	Deutsches Steuerrecht

EG	Europäische Gemeinschaft
Einl.	Einleitung
EWiR	Entscheidungen zum Wirtschaftsstrafrecht
f./ff.	folgende/fortfolgende
FCA	Financial Conduct Authority
Fn.	Fußnote
FS	Festschrift
GbR	Gesellschaft bürgerlichen Rechts
GesR	Gesellschaftsrecht
GewArch	Gewerbearchiv
GewO	Gewerbeordnung
GG	Grundgesetz
ggf.	gegebenenfalls
GmbH	Gesellschaft mit beschränkter Haftung
GWR	Gesellschafts- und Wirtschaftsrecht
Habil.	Habilitation
HandelsR	Handelsrecht
h.M.	herrschende Meinung
HRB	Handelsregisterblatt
Hrsg.	Herausgeber
IOSCO	International Organization of Securities Commissions
IPO	inititial public offering
IPRU(INV)	The Interim Prudential Sourcebook for Investment Businesses
i.S.d.	im Sinne des/der/dem
ITRB	Der IT-Berater
i.V.m.	in Verbindung mit
JherbJb	Jherings Jahrbücher
JIBC	Journal of Internet Banking and Commerce
JOBS-Act	Jumpstart Our Business Startups Act
JurisPK	Juris Praxis-Kommentar
JuS	Juristische Schulung
JZ	Juristenzeitung
Kap.	Kapitel
KG	Kammergericht
KMU	Kleine und mittlere Unternehmen
KuK	Kredit und Kapital
KWG	Kreditwesengesetz
Lit.	Littera
LSR	Lehrbuch des Schuldrechts
MDR	Monatsschrift für Deutsches Recht
Mio.	Million
MittBayNot	Mitteilungen des Bayrischen Notarvereins, der Notarkasse und der Landesnotarkammer Bayern
m.M.	Mindermeinung
Mrd.	Milliarden
MüKo	Münchener Kommentar
m.w.N.	mit weiteren Nachweisen
NJOZ	Neue Juristische Online-Zeitschrift

NJW	Neue Juristische Wochenschrift
NJW-RR	NJW-Rechtssprechungs-Report Zivilrecht
NK	Nomos-Kommentar
Nr.	Nummer
NStZ	Neue Zeitschrift für Strafrecht
NZG	Neue Zeitschrift für Gesellschaftsrecht
OLG	Oberlandesgericht
PDF	Portable Document Format
RefE	Referentenentwurf
RG	Reichsgericht
RGBl.	Reichsgesetzblatt
RGRK	Reichsgerichtsräte-Kommentar BGB
RL	Richtlinie
Rn.	Randnummer
S.	Seite/Satz
s.	siehe
S.C.Sp.	société en commandite speciale
SEC	Securities and Exchange Commission
Slg.	Sammlung der Rechtsprechung des Gerichtshofes und des Gerichts Erster Instanz
sog.	sogenannt(e)
SSRN	Social Science Research Network
st. Rspr.	ständige Rechtsprechung
SYSC	Senior Management Arrangements, Systems and Controls
Tgb.-Nr.	Tagebuchnummer
u. a.	unter anderem
u. Ä.	und Ähnliches
US	United States
VerkProspG	Verkaufsprospektgesetz
VermAnlG	Vermögensanlagegesetz
VG	Verwaltungsgericht
VGH	Verwaltungsgerichtshof
vgl.	vergleiche
Vor.	Vorbemerkung
Vorbem.	Vorbemerkung
VW	Versicherungswirtschaft
VwVfG	Verwaltungsverfahrensgesetz
WM	Zeitschrift für Wirtschafts- und Bankrecht
w.N.	weitere Nachweise
WpHG	Wertpapierhandelsgesetz
WpPG	Wertpapierprospektgesetz
WuB	Entscheidungssammlung zum Wirtschafts- und Bankrecht
ZAG	Gesetz über die Beaufsichtigung von Zahlungsdiensten
z. B.	zum Beispiel
ZBB	Zeitschrift für Bankrecht und Bankwirtschaft
Zfbf	Zeitschrift für betriebswirtschaftliche Forschung
ZG	Zeitschrift für Gesetzgebung
ZGR	Zeitschrift für Unternehmens- und Gesellschaftsrecht

ZHR	Zeitschrift für das gesamte Handels- und Wirtschaftsrecht
ZIP	Zeitschrift für Wirtschaftsrecht
ZNR	Zeitschrift für Neuere Rechtsgeschichte
ZUM	Zeitschrift für Urheber- und Medienrecht
ZVertriebsR	Zeitschrift für Vertriebsrecht

Erster Teil

Grundlagen

Der Gesetzgeber hat mit der Einführung von § 2a VermAnlG durch das Kleinanlegerschutzgesetz vom 3. Juli 2015[1] eine Ausnahmeregelung zur Prospektpflicht nach dem VermAnlG geschaffen, deren amtliche Überschrift den Titel „Befreiung für Schwarmfinanzierungen" trägt.[2] Die Schwarmfinanzierung, besser bekannt als Crowdfunding[3], hat unterschiedliche Gesichter. Von § 2a VermAnlG werden dabei längst nicht alle erfasst.[4]

A. Begriffsdefinition und Eingrenzung des Arbeitsgegenstandes

I. Crowdfunding als Oberbegriff

Der Begriff Crowdfunding bzw. Schwarmfinanzierung ist auch nach Inkrafttreten des Kleinanlegerschutzgesetzes nicht legaldefiniert.[5] Dies hat in der juristischen Literatur zu einer widersprüchlichen Verwendung desselben geführt.[6]

So wird Crowdfunding teilweise als Oberbegriff für jede Gruppenfinanzierung gebraucht.[7] Andere bezeichnen Crowdfunding als Alternative zum Crowdinvesting und Crowdlending.[8] Wieder andere stimmen dieser Unterscheidung zu, sehen beide Formen aber zusätzlich als Untergruppen des Crowdsourcing an.[9]

Demgegenüber betrachtet die Europäische Kommission Crowdsourcing als Alternative zum Crowdfunding, da das eine – Crowdfunding – den Einsatz finanzieller

---

[1] BGBl. I 2015 vom 9.7.2015 S. 1114.

[2] BGBl. I 2015 vom 9.7.2015 S. 1114, 1115.

[3] So beispielsweise schon verwendet bei *Witte*, ITRB 2012 S. 130; *Müller-Schmale*, BaFin Journal 06/2014 S. 10.

[4] Zur Tatbestandsmäßigkeit beim Crowdlending siehe Zweiter Teil B.III.1.

[5] *Meschkowski/Wilhellmi*, BB 2013 S. 1411, mit der gleichen Feststellung vor dessen Inkrafttreten.

[6] *Bareiß*, ZUM 2012 S. 456.

[7] So z.B. *Müller-Schmale*, BaFin Journal 06/2014 S. 10, 11; *Schmitt/Doetsch*, BB 2013 S. 1451.

[8] Z.B. *Weitnauer/Parzinger*, GWR 2013 S. 153.

[9] *Klöhn/Hornuf*, ZBB 2012 S. 237, 239.

Mittel, Crowdsourcing hingegen die Bereitstellung nichtmonetärer Beiträge voraussetze.[10]

Die Bundesregierung ging zunächst den vermeintlich sichersten Weg und grenzte die unterschiedlichen Finanzierungsformen erst gar nicht gegeneinander ab. Sie sprach noch in ihrem Maßnahmenpaket zur Verbesserung des Schutzes von Kleinanlegern allgemein von Crowdfinanzierungen.[11] Später wurden die Aussagen konkreter. Im Regierungsentwurf zum Kleinanlegerschutzgesetz war schon von „Crowdfundings" und „Crowdinvestments"[12] die Rede. Im Gesetzentwurf zum Kleinanlegerschutzgesetz fand sich dann erstmalig auch der Begriff des „Crowdlending".[13]

Die Vielfalt der Begriffsverwendung überrascht, wenn man die Übersetzung des Wortes Crowdfunding betrachtet, die genau genommen nur einen Schluss zulässt. Die erste Worthälfte – „crowd" (zu Deutsch: Menschenmenge[14]) – deutet allein auf die Beteiligung einer Vielzahl von Personen hin und eignet sich im Übrigen nicht zur Abgrenzung gegen die wortstammgleichen Begriffe Crowdsourcing und Crowdinvesting.

Maßgeblich für die Abgrenzung ist die zweite Silbe – „Funding" (zu Deutsch: Finanzierung[15]) –, die verdeutlicht, dass es um die Bereitstellung finanzieller Ressourcen geht. Auf die Fragen, „ob" und „welche" Gegenleistung sich die Beteiligten davon versprechen, gibt der Begriff keine Antwort.

Anders ist dies bei den Begriffen Crowdinvesting und Crowdlending, die die erhoffte Gegenleistung implizit nennen. Während „investing" (zu Deutsch: Geldanlage, Investition[16]) darauf hindeutet, dass das Kapital mit dem Ziel einer Rendite zur Verfügung gestellt wird, kommt beim „lending" (zu Deutsch: Leihe, Kreditvergabe[17]) die temporäre Begrenzung der Bereitstellung des Kapitals zum Ausdruck.

---

[10] Mitteilung der Kommission COM(2014) 172 final vom 27.03.2014 S. 6, abrufbar unter: http://ec.europa.eu/internal_market/finances/docs/crowdfunding/140327-communication_de. pdf, zuletzt abgerufen am 25.11.2015.

[11] Maßnahmenpaket zur Verbesserung des Schutzes von Kleinanlegern 22.05.2014 S. 1, abrufbar unter: http://www.bundesfinanzministerium.de/Content/DE/Downloads/Finanzmarkt politik/Ma%C3%9Fnahmenpaket-Kleinanleger.pdf?__blob=publicationFile&v=1, zuletzt abgerufen am 25.11.2015.

[12] RefE BReg zum Kleinanlegerschutzgesetz vom 28.07.2014 S. 29 f.

[13] Gesetzentwurf eines Kleinanlegerschutzgesetzes BT-Drucks. 18/3994 vom 11.02.2015 S. 39.

[14] http://www.dict.cc/englisch-deutsch/crowd.html, zuletzt abgerufen am: 25.11.2015.

[15] http://www.dict.cc/?s=funding, zuletzt abgerufen am 25.11.2015.

[16] http://de.pons.com/%C3%BCbersetzung?q=investing&l=deen&in=&lf=de, zuletzt abgerufen am 25.11.2015.

[17] http://de.pons.com/%C3%BCbersetzung?q=lending&l=deen&in=&lf=de, zuletzt abgerufen am: 25.11.2015.

Crowdinvesting und -lending sind deshalb als Untergruppen des Crowdfunding zu behandeln.[18]

Im Gegensatz dazu haben Crowdfunding und Crowdsourcing lediglich die Kooperation einer Vielzahl von Individuen gemein. Dies verdeutlicht ein Blick auf den Ursprung des Begriffs Crowdsourcing. Dieser setzt sich nicht lediglich aus den Worten „crowd" und „source" (zu Deutsch: Quelle/Ursprung[19]) zusammen, sondern ist eine Wortschöpfung aus „crowd" und „outsourcing".[20] Der Begriff bezeichnet eine neue Form der Aufgabenverteilung. Anders als beim klassischen Outsourcing wird eine Aufgabe dabei nicht mehr an einen bestimmten Vertragspartner, sondern an mehrere ggf. sogar unbekannte Beteiligte verteilt.[21]

II. Unterschiedliche Beteiligungsformen des Crowdfunding

Beim Crowdfunding geht es also um die Bereitstellung finanzieller Mittel durch eine Vielzahl von Personen. Sie erfolgt zu unterschiedlichen Konditionen. Die Konditionen determinieren unterschiedliche Formen des Crowdfunding, die im Folgenden überblicksmäßig dargestellt werden sollen. Differenziert wird dabei nach der rechtlichen causa, auf deren Grundlage dem Kapitalsuchenden die Gelder überlassen werden.

Bei der Differenzierung der einzelnen Modelle ist zunächst danach zu unterscheiden, ob die kapitalgebenden Individuen eine geldwerte Gegenleistung erhalten oder nicht.

1. Spendenbasiertes Crowdfunding
(Donation-Based Crowdfunding)

Beim spendenbasierten Crowdfunding verfolgen die Geldgeber ideelle Zwecke.[22] Die Ermöglichung des Projekts ist Selbstzweck, eine materielle Gegenleistung erhält der Spender nicht.[23] Rechtlich handelt es sich also um eine Schenkung i.S.d. § 512 ff. BGB.

---

[18] So zutreffend etwa *Will*, GewArch 2015 S. 430, 431 bei und in Fn. 19.

[19] http://www.dict.cc/englisch-deutsch/source.html, zuletzt abgerufen am 25.11.2015.

[20] Soweit ersichtlich wurde dieser Begriff erstmals von *Jeff Howe* verwendet, The Wired 2006 S. 176, 178 ff., abrufbar unter: archive.wired.com/wired/archive/14.06/crowds.html, zuletzt abgerufen am 25.11.2015.

[21] *Witte*, ITRB 2012 S. 130, 131; beispielhaft seien das Internet-Lexikon Wikipedia und Open Source Software genannt, bei denen Sachverstand, Wissen und Arbeitszeit der Mitwirkenden zur Verfügung gestellt werden. Vgl. *Klöhn/Hornuf*, ZBB 2012 S. 237, 239; auch *Witte*, ITRB 2012 S. 130.

[22] *Müller-Schmale*, BaFin Journal 06/2014 S. 10, 11.

[23] *Müller-Schmale*, BaFin Journal 06/2014 S. 10, 11; *Schmitt/Doetsch*, BB 2013 S. 1451.

2. Gegenleistungsbasiertes Crowdfunding
(Concideration-Based Crowdfunding)

Dem spendenbasierten Crowdfunding steht das gegenleistungsbasierte Crowdfunding gegenüber. Dieses wiederum ist zu unterteilen in profitorientiertes und nichtprofitorientiertes Crowdfunding.

a) Nicht-profitorientiertes Crowdfunding
(Non-Profitseeking Crowdfunding)

Eine Gegenleistung, die allerdings nicht auf eine Mehrung des Vermögens gerichtet ist, erhält der Geldgeber beim reward-based und pre-purchase Crowdfunding. Diese beiden Modelle treten oft in Kombination auf.[24]

aa) Vorverkaufbasiertes Crowdfunding
(Pre-Purchase Crowdfunding)

Unter pre-purchase Crowdfunding versteht man die Vorfinanzierung eines konkreten Produkts. Je nach Vertragsgestaltung erhält der Investor das finanzierte Produkt nach dessen Fertigstellung oder kann dieses zumindest temporär nutzen.[25] Es dominieren kauf- oder mietvertragliche Elemente.[26]

bb) Belohnungsbasiertes Crowdfunding
(Reward-Based Crowdfunding)

Im Gegensatz hierzu besteht die Gegenleistung beim reward-based Crowdfunding (reward zu Deutsch: Belohnung[27]) in kleinen, das Investment anerkennenden Gesten oder „Geschenken".[28] Die Kausalbeziehung wird meist eine (gemischte) Schenkung sein.

b) Profitorientiertes Crowdfunding
(Profitseeking Crowdfunding)

Beim profitorientierten Crowdfunding steht für den Investor die Kapitalanlage und die Kapitalvermehrung im Vordergrund. Je nachdem, ob das Geld als Fremd-

---

[24] *Schmitt/Doetsch*, BB 2013 S. 1451; *Klöhn/Hornuf*, ZBB 2012 S. 237, 239.

[25] Beispielsweise eine CD oder DVD bzw. die Möglichkeit diese einmalig anzusehen.

[26] *Bareiß*, ZUM 2012 S. 456, 461; *Klöhn/Hornuf*, ZBB 2014 S. 237, 239.

[27] http://de.pons.com/%C3%BCbersetzung?q=reward&l=deen&in=ac_en&lf=de, zuletzt abgerufen am 25.11.2015.

[28] Beispielhaft sei die Einladung zum Besuch des Konzerts einer Band genannt, dessen neues Album auf Grund der Finanzierung aufgenommen werden konnte.

oder aber als Eigen- bzw. Mezzanine-Kapital bereitgestellt wird, unterscheidet man zwischen Crowdlending und Crowdinvesting.[29]

aa) Kreditbasiertes Crowdfunding (Crowdlending/Peer-To-Peer-Lending)

Beim Crowdlending nimmt der Kapitalsuchende ein Darlehen auf, welches durch die Crowd aufgebracht wird.[30] Insbesondere hinsichtlich der formalen Abwicklung einzelner Kreditgeschäfte kann Crowdlending in weitere Untergruppen aufgeteilt werden.[31]

bb) Beteiligungsbasiertes Crowdfunding (Crowdinvesting)

Die letzte Untergruppe stellt schließlich das sogenannte Crowdinvesting dar. Dabei ist zwischen der Finanzierung von Unternehmen und der einzelner Projekte zu unterscheiden.[32] Prägendes Merkmal ist so oder so, dass die Investoren am Unternehmens- oder Projekterfolg partizipieren.[33] Dabei werden Eigenkapital oder hybride Finanzierungsinstrumente von den Kapitalsuchenden emittiert, die die Investoren erwerben können.[34]

III. Eingrenzung des Arbeitsgegenstandes

Das Hauptaugenmerk der juristischen Literatur liegt bislang auf dem Crowdinvesting.[35] Nur wenige Beiträge befassen sich explizit mit Problemen des Crowd-

---

[29] Zu den einzelnen Formen Mezzaninen-Kapitals vgl. etwa *Fischl*, S. 16 ff.; *Golland/Gehlhaar/Grossmann/Eickhoff-Kley/Jänisch*, BB Special 4/2005 S. 1 ff.

[30] *Renner*, ZBB 2014 S. 261 262.

[31] Die weiterführende Differenzierung der unterschiedlichen Crowdlending-Modelle erfolgt unten, vgl. Erster Teil A.IV.

[32] *Jansen/Pfeifle*, ZIP 2012 S. 1842, 1843; *Nietsch/Eberle*, DB 2014 S. 1788.

[33] *Schmitt/Doetsch*, BB 2013 S. 1451; *Jansen/Pfeifle*, ZIP 2012 S. 1842, 1843 f.

[34] Für die Unternehmensbeteiligung vgl. insbesondere *Klöhn/Hornuf*, ZBB 2012 S. 237, 239 ff.; für die Beteiligung an Einzelprojekten wie etwa Filmen, vgl. *Jansen/Pfeifle*, ZIP 2012 S. 1842, 1844 ff.

[35] So etwa *Weitnauer*, GWR 2015 S. 309 ff.; *Herr/Bantleon*, DStR 2015 S. 532 ff.; *Bujotzek/Mocker*, BKR 2015 S. 358 ff.; *Klöhn/Hornuf*, DB 2015 S. 47 ff.; *Nietsch/Eberle*, DB 2014 S. 2575 ff.; *Nietsch/Eberle*, DB 2014 S. 1788 ff.; *Klöhn/Hornuf*, DB 2014 Heft 14 S. 1; *Meschkowski/Wilhelmi*, BB 2013 S. 1411 ff.; *Weitnauer/Parzinger*, GWR 2013 S. 153 ff.; *Klöhn/Hornuf*, ZBB 2012 S. 237 ff.; *Jansen/Pfeifle*, ZIP 2012 S. 1842 ff.; *Bareiß*, ZUM 2012 S. 456 ff.

lending.[36] In der Regel wird dieser Teilbereich in wenigen Sätzen abgehandelt.[37] Das ist der Qualität der Äußerung häufig abträglich und hat durch pauschales und ungenaues Vorgehen nicht nur zu fehlerhaften und inkonsequenten Annahmen geführt, sondern auch das Aufkommen und die Beantwortung relevanter Fragen verhindert.

Als Gegengewicht zu den zahlreichen Veröffentlichungen zum Crowdinvesting soll diese Arbeit einen ersten umfassenden Beitrag zum Crowdlending allgemein, seiner aufsichtsrechtlichen Behandlung de lege lata und möglichen Regulierungsansätzen liefern.

Nicht nur das Ziel des Gesetzgebers, das Vertrauen der Anleger in Crowdfunding zu steigern und damit unter anderem eine bessere Fremdkapitalversorgung für KMU zu schaffen[38], macht diese Bearbeitung erforderlich. Auch und gerade als Reaktion auf das starke Wachstum des Crowdlending-Marktes[39] ist eine Beantwortung oder erstmalige Bewertung der zahlreichen offenen Fragen notwendig. Dies gilt ebenso für das Ziel des Gesetzgebers, trotz Stärkung des mitunter sehr risikoreichen Crowdlending und Crowdinvesting ein ausreichendes Niveau an Anlegerschutz zu gewährleisten[40], welches ebenfalls obligatorisch für den Erfolg dieser Geschäftsmodelle sein dürfte.

IV. Die unterschiedlichen Erscheinungsformen des Crowdlending

Die obige Umschreibung des Crowdlending als eine Unterkategorie des Crowdfunding ist inhaltlich nicht ausreichend, um dieser Arbeit als Grundlage zu dienen. Man hat zahlreiche unterschiedliche Formen des Crowdlending zu unterscheiden. Die Abgrenzungskriterien sind im Hinblick darauf gewählt, dass sie Einfluss auf die Anwendbarkeit der in der Arbeit behandelten Rechtsnormen haben. Andere, etwa in der ökonomischen Literatur herangezogene Differenzierungen bleiben insoweit außer Acht.[41]

---

[36] *Renner*, ZBB 2014 S. 261 ff.; zumindest auf einer ganzen Seite, *Riethmüller*, DB 2015 S. 1451, 1456.

[37] Etwa bei *Buck-Heeb*, NJW 2015 S. 2535, die etwa, ohne nähere Erläuterung ihrer Feststellung, „das so genannte Crowdlending" als für nicht vom Anwendungsbereich des § 1 Abs. 2 Nr. 7 VermAnlG umfasst erklärt, was wie sich zeigen wird nicht zutreffend ist, vgl. Zweiter Teil B.III.1.

[38] RefE BReg. zum Kleinanlegerschutzgesetz vom 28.07.2014 S. 30.

[39] Vgl. Erster Teil C.II.

[40] Maßnahmenpaket zur Verbesserung des Schutzes von Kleinanlegern 22.05.2014 S. 1, vgl. Quelle Fn. 11.

[41] Vgl. dazu im etwa *Berger/Skiera*, KuK S. 289, 291.

1. Echtes und unechtes Crowdlending

Die erste und wohl auch wichtigste Unterscheidung ist notwendig, weil, soweit ersichtlich, keine der aktiven Plattformbetreibergesellschaften einen Darlehensvertragsschluss unmittelbar zwischen Kreditnehmer und Investoren vermittelt.[42] Auch wenn die Investoren im Verlauf von Kreditprojekten Inhaber der Rückzahlungsansprüche werden, wird das Darlehen zuvor durch ein KWG-lizenziertes Kreditinstitut ausgegeben und die Rückzahlungsansprüche erst anschließend (un)-mittelbar an die Investoren abgetreten.[43]

Bislang wurde diesbezüglich von „echtem" und „unechtem"[44] oder aber vom „ein-", „zwei-,, und „dreistufigen" Crowdlending gesprochen.[45] „Echtes" bzw. „einstufiges" Crowdlending bezeichnet dabei die Fälle, in denen es zu einem Darlehensvertragsschluss zwischen Investoren und Kreditnehmer kommt. „Unechtes" bzw. „zwei-,, und „dreistufiges" Crowdlending sind Synonyme der zuvor beschriebenen Umgehungskonstruktionen.

Für das weitere Vorgehen sollen beide Ansätze kombiniert und begrifflich variiert werden. Die Unterscheidung zwischen „echtem" und „unechtem" Crowdlending wird übernommen. Der Nachteil, den diese Begriffsbestimmung isoliert aufweist, nämlich, dass man ihr die Beteiligung einer Intermediärgesellschaft nicht ansieht, lässt sich in Kombination mit einem Begriffszusatz in den Vorteil einer zusätzlichen Differenzierungsebene umwandeln.

Es wird also vom echten Crowdlending gesprochen, sofern eine vertragliche Beziehung unmittelbar zwischen Kreditnehmer und Investor eingegangen wird.[46] Unechtes Crowdlending umschreibt übergreifend all diejenigen Fälle, wo dies nicht der Fall ist.

2. Unechtes Crowdlending mit einfacher bzw. gestreckter Forderungsübertragung

Die Unterteilung in „zwei-" bzw. „dreistufiges" Crowdlending wird zwar nicht begrifflich, aber wenigstens inhaltlich übernommen. Je nachdem, ob die Investoren die Rückzahlungsansprüche unmittelbar von der Kooperationsbank erwerben oder

---

[42] Insoweit fehlerhaft *Meller-Hannich*, WM 2014 S. 2337, 2344.

[43] Zu einem Modell, bei dem die Investoren gar nicht Inhaber der Rückzahlungsansprüche werden, vgl. sogleich Erster Teil A.IV.3.; zur Tatsache, dass die Kooperationsbanken derzeit den Vorschriften des KWG unterliegen *Müller-Schmale*, BaFin Journal 06/2014 S. 10 f.

[44] *Renner*, ZBB 2014 S. 261, 263.

[45] *Riethmüller*, DB 2015 S. 1451, 1456; dem folgend *Will*, GewArch 2015 S. 430, 433.

[46] Anders als bei *Renner*, ZBB 2014 S. 261, 263 bleibt „Crowdlending" hier stets Begriffsbestandteil. Die von ihm vorgeschlagene Begriffsparung des unechten P2P- bzw. P2B-Lending wird sogleich aufgegriffen, wegen des Ursprungs des Begriffes P2P, aber nur zusätzlich vorangestellt.

ob die Intermediärgesellschaft zwischen diese beiden Parteien tritt, wird im Folgenden vom unechten Crowdlending mit einfacher[47] bzw. gestreckter[48] Forderungsübertragung gesprochen.

3. Indirektes Crowdlending

Neben das echte und unechte Crowdlending ist im September 2015 ein weiteres Modell getreten.[49] Der wirtschaftliche Kapitalaustausch wird hier erreicht, ohne dass zwischen Investor und Kreditnehmer ein Schuldverhältnis entsteht.

Wie beim unechten Crowdlending wird das Darlehen von einem lizenzierten Kreditinstitut ausgegeben[50]. Anschließend werden die Rückzahlungsansprüche, gleich dem Modell mit gestreckter Forderungsübertragung, an eine Intermediärgesellschaft übertragen.[51] Diese veräußert die Rückzahlungsansprüche dann aber nicht weiter, sondern gibt, diese nachbildend, Schuldverschreibungen (i.S.d. § 793 BGB) an die Investoren aus.[52]

Weil es an einer schuldrechtlichen Beziehung zwischen Investoren und Kreditnehmern fehlt, wird dieses Modell im Folgenden als „indirektes Crowdlending" bezeichnet.[53]

---

[47] Z. B. Finmar § 9 Nr. 6 der AGB, abrufbar unter: https://www.finmar.com/recht/allgemei ne-geschaeftsbedingungen.html, zuletzt abgerufen am 25.11.2015.

[48] Z. B. FundingCircle: Hier findet zunächst eine Abtretung an die FundingCircle Connect GmbH statt, vgl. Nr. 6.3 der AGB, abrufbar unter: https://www.fundingcircle.com/de/nutzungs bedingungen-kreditnehmer-111.html; bei Lendico tritt die Lendico Connect GmbH zwischen die Bank und den Investor, vgl. Nr. 6.3 der AGB, abrufbar unter: www.lendico.de/agbs-33.html; bei Auxmoney die CreditConnect GmbH § 9 der AGB, abrufbar unter: www.auxmoney.com/ contact/dokumente/Nutzungsbedingungen.pdf; bei der Kapilendo AG ist die Intermediärgesellschaft die Kapilendo Funding GmbH, vgl. Nr. 1 der AGB von Kapilendo, abrufbar unter: https://www.kapilendo.de/anleger/agb, alle zuletzt abgerufen am 25.11.2015.

[49] Die Plattform mit dem Namen crosslend, wird betrieben von der crosslend GmbH mit Sitz in Berlin, https://de.crosslend.com/, zuletzt abgerufen am 25.11.2015; Medienberichten zu Folge ist es das erklärte Ziel des Geschäftsführers und des Unternehmens, Kreditnehmer aus Hochzinsländern mit Investoren aus Niedrigzinsländern zu verbinden und so für beide Seiten positive Effekte zu erzielen, so zitiert unter: http://www.gruenderszene.de/allgemein/kreditplatt form-crosslend, zuletzt abgerufen am 25.11.2015; ähnliche Modelle waren bisher nur aus dem Ausland bekannt, vgl. m.w.N. *Renner*, in ZBB 2014 S. 261, 264.

[50] Kooperationsbank von Crosslend ist die biw Bank AG, vgl. https://www.biw-bank.de/, zuletzt abgerufen am 25.11.2015.

[51] Vgl. unter „Produktidee" bei https://documents.crosslend.com/de/investor/information-brochure.pdf, zuletzt abgerufen am 25.11.2015.

[52] Vgl. crosslend AGB 3.3, abrufbar unter: https://de.crosslend.com/nutzungsbedingungen/, zuletzt abgerufen am 25.11.2015.

[53] Bei *Renner*, ZBB 2014 S. 261, 264 wird ein ähnliches Modell in den USA als „Anleihemodell" bezeichnet. Der Begriff des indirekten Crowdlending wird als geeigneter empfunden, weil er abgesehen vom Modell der crosslend auch auf sonstige Modelle erstreckt werden kann, die Forderungen synthetisch nachbilden.

Diesem neuen Geschäftsmodell widmet sich diese Arbeit nur am Rande. Grund dafür ist, dass zentrale, durch die beim unechten Crowdlending gewählte Umgehungskonstruktion entstehenden Probleme bei diesem Modell gar nicht oder nur in abgeschwächter Form bestehen. So ist insbesondere die Einführung von § 1 Abs. 2 Nr. 7 und § 2a VermAnlG für dieses Geschäftsmodell nicht von Bedeutung, da es sich bei den Schuldverschreibungen um Wertpapiere i.S.d. § 2 Abs. 1 Nr. 3 WpHG handelt.[54] Im Übrigen lassen sich die im Verlauf der Arbeit gewonnenen Erkenntnisse verkürzt auf dieses Geschäftsmodell übertragen. Dies soll in einem gesonderten Abschnitt am Ende von Teil II dieser Arbeit erfolgen.[55]

4. P2P- und P2B-Crowdlending

Zusätzlich zu den formal differenzierenden Begriffspaaren wird innerhalb der Arbeit zwischen P2P- und P2B-Crowdlending unterschieden.

Dies bedarf einer gewissen Erläuterung. Schließlich wird insbesondere der Begriff P2P in Abweichung von seiner üblichen Verwendung gebraucht. P2P ist die Abkürzung für „Peer-To-Peer" [56], was ins Deutsche übersetzt „direkt/unmittelbar"[57] bedeutet. Der Begriff „Peer-To-Peer" stammt ursprünglich aus der Informatik, wo er zur Beschreibung von Netzwerkstrukturen dient und etwa die unmittelbare Kommunikation zwischen zwei Computern umschreibt.[58] Beim Crowdlending bezieht er sich auf die beabsichtigte Disintermediation, also den Bedeutungsverlust des Intermediärs, der Bank, und reiht das Crowdlending damit, in einen von der Ökonomie als „Peer-to-Peer-Finance" bezeichneten Trend der Disintermediation durch Internetplattformen ein.[59] Anders als in Großbritannien, wo der Begriff des Peer-to-Peer-Lending mittlerweile Niederschlag im Gesetz gefunden hat[60], kommt Crowdlending in Deutschland nur mit Beteiligung KWG-lizensierter Banken vor. Insoweit ist der Begriff „Peer-to-Peer" eher unpassend und wird hinsichtlich der formalen Ab-

---

[54] Vgl. *Kumpan*, in: Schwark/Zimmer § 2 WpHG Rn. 23; *Petow*, in: Heidel § 2 WpHG Rn. 6.

[55] Vgl. Zweiter Teil D.

[56] So auch verwendet im „FCA's regulatory approach to crowdfunding over the internet" PS14/04 S. 5, 11, abrufbar unter: http://www.fca.org.uk/your-fca/documents/policy-statements/ps14-04, zuletzt abgerufen am 25.11.2015; oder Deutsche Bank Research „Crowdfunding" 14. April 2014 S. 7; oder auch bei *Renner*, ZBB 2014 S. 261 ff.

[57] Vgl. http://www.dict.cc/?s=peer+to+peer, zuletzt abgerufen am 25.11.2015.

[58] Vgl. zur Begriffsdefinition von P2P in der Informatik http://www.itwissen.info/definition/lexikon/Peer-to-Peer-Netz-P2P-peer-to-peer-network.html, zuletzt abgerufen am 25.11.2015; beispielhafter Überblick zur Begriffsausbreitung in Bereichen der Privatwirtschaft vgl. etwa *Lüdemann/Zwack/Wenzel*, VW 2014 S. 64 ff.

[59] Zum Begriff des P2P-Finance etwa *Moenninghoff/Wieandt*, zfbf 2013 S. 466 ff.

[60] Vgl. zum Status quo der Gesetzeslage in Großbritannien Dritter Teil A.I.

wicklung durch die Begriffe des echten, unechten und indirekten Crowdlending verdrängt.[61]

Der Begriff des P2P-Crowdlending lässt sich losgelöst von seinem Ursprung aber auch anders interpretieren und ermöglicht so eine weitere Differenzierung bezüglich eines rechtlich relevanten Faktors. „Peer" bedeutet ins Deutsche übersetzt nämlich auch „gleichrangig".[62] Gleichrangigkeit der Parteien ist anzunehmen, wenn beide Seiten hinsichtlich der wirtschaftlichen Gefahren in gleichem Maße schutzbedürftig sind.

Auf Darlehensnehmerseite wird die Schutzbedürftigkeit bei Darlehensgeschäften im Zivil- und Aufsichtsrecht bereits an der Eigenschaft einer Person als Unternehmer oder Verbraucher festgemacht.[63] Dieses Kriterium soll hier übernommen werden, weil es sich auf die Anwendbarkeit einiger Normen und auch auf die zur Abwicklung eines Kreditprojekts erforderlichen Verträge auswirkt.

P2P-Crowdlending erfasst im Folgenden also all diejenigen Kredite, bei denen der Kreditnehmer Verbraucher i.S.d. § 13 BGB ist.[64] P2B steht hingegen für Peer-to-Business[65] und setzt im Gegensatz zum P2P-Crowdlending die Unternehmereigenschaft des Kreditnehmers voraus.

5. Atypisches Crowdlending

Im Gegensatz zum Leitbild des § 488 BGB, der als Gegenleistung eine Zinszahlung für die Überlassung der Darlehensvaluta vorsieht (§ 488 Abs. 1 S. 2 BGB),[66] leihen sich die Beteiligten beim atypischen Crowdlending zinslos Geld.[67]

Die Bezeichnung als „atypisch" folgt der gängigen Bezeichnung von rechtsgeschäftlichen Vereinbarungen, die auf Grund privatautonomer Entscheidungen von gesetzlich typisierten Vertragstypen abweichen.[68]

---

[61] Mit einer ähnlichen Feststellung schon *Renner*, ZBB 2014 S. 261, 264.

[62] http://www.dict.cc/?s=peer, zuletzt abgerufen am 25.11.2015.

[63] Vgl. etwa § 18 Abs. 2 KWG und § 491 BGB.

[64] Investitionen von Unternehmern sind auch von den P2P-Plattformbetreibergesellschaften beabsichtigt, vgl. Präambel AGB auxmoney, vgl. Quelle Erster Teil Fn. 48; Lendico AGB Art. 1.1., vgl. Quelle Erster Teil Fn. 48.

[65] Vgl. Quelle Fn. 56.

[66] *Emmerich*, in: MüKo-BGB (2016) § 488 Rn. 55; *Berger*, in: Jauernig BGB § 488 Rn. 3.

[67] Die Bezeichnung als atypisches Darlehen wird soweit ersichtlich noch nicht vorgenommen. Als „denkbare" Gestaltungsform nennt *Müller-Schmale* BaFin Journal 06/2014 S. 10, 11 zinsloses Crowdlending. Beispielhaft zu nennen ist die Plattform Lendstar, vgl. https://www.lendstar.io/#home, die als Applikation auf das Smartphone geladen werden kann und es ihren Nutzern ermöglicht sich gegenseitig Gelder zu leihen.

[68] Vgl. zum Begriff der atypischen Verträge etwa *Emmerich*, in: MüKo-BGB (2016) § 311 Rn. 24 f.

Atypisches Crowdlending stellt damit eine Mischung zwischen Crowdlending und donation-based Crowdfunding dar. Denn zum einen fehlt es an der Gegenleistungspflicht, zum anderen wird das Kapital nicht dauerhaft zur Verfügung gestellt wie sonst beim donation-based-Crowdfunding üblich, sondern ist zu einem vereinbarten Zeitpunkt zurückzuzahlen.

Diese Form des Crowdlending ist nicht Gegenstand dieser Arbeit, auch wenn die gewerbsmäßige Vergabe zinsloser Darlehen den Tatbestand des § 1 Abs. 1 S. 2 Nr. 2 KWG erfüllt.[69] Applikationen, die dieses Geschäft ermöglichen, sind ihrem Wesen nach darauf gerichtet, sozialtypische Kapitalvergabe zu ermöglichen.[70] Die in dieser Arbeit diskutierten Fragen sind dafür nicht von Bedeutung.

B. Der Markt des Crowdlending in Deutschland

I. Der Marktplatz

Der Marktplatz, über den beim Crowdlending Kredite vermittelt werden, sind Internet-Plattformen. Über sie treten kapitalsuchende und kapitalgebende Parteien miteinander in Kontakt. Eine räumlich territoriale Fixierung des Marktes als solchem ist auf Grund der weltweiten Zugänglichkeit dieser Internetseiten nicht möglich. Wenn im Verlauf der Arbeit vom Markt des Crowdlending „in Deutschland" gesprochen wird, dann sind damit die Angebote gemeint, die sich an Kreditnehmer und/ oder Investoren im Bundesgebiet richten, und die dem deutschen Recht unterliegen.[71]

II. Die Marktakteure

An der Kreditvermittlung über die Crowdlending-Plattformen sind in Deutschland bis zu fünf Parteien beteiligt. Dazu zählen stets die kapitalsuchende (im Folgenden auch: „Kreditnehmer") und die kapitalanbietende Partei (im Folgenden auch: „Investor"). Auf beiden Seiten können sowohl Unternehmer als auch Verbraucher stehen. Daneben ist eine Gesellschaft obligatorisch, welche die Internet-Plattform betreibt (im Folgenden: „Plattformbetreibergesellschaft"). Außerdem ist, soweit ersichtlich, stets ein KWG-lizensiertes Kreditinstitut (im Folgenden auch: „Ko-

---

[69] *Schäfer*, in: Boos/Fischer/Schulte-Mattler § 1 Rn. 47; *Samm/Reschke*, in: Beck/Samm/ Kokemoor § 1 Abs. 1 Rn. 208; VG Berlin, Urteil vom 19.8.1996 – VG 25 A 41.94 – WM 1997 S. 218 ff.

[70] Etwa bei *Lendstar*, vgl. Quelle Erster Teil Fn. 67, sollen sich Menschen Geld z. B. für einen Kinobesuch bereitstellen können.

[71] Zur Anwendbarkeit des deutschen Bankaufsichts- und Vermögensanlagerechts bei grenzüberschreitender Tätigkeit, vgl. Zweiter Teil C.

operationsbank") beteiligt.[72] Beim Modell des unechten Crowdlending mit gestreckter Forderungsübertragung und auch beim indirekten Crowdlending tritt außerdem noch eine weitere Gesellschaft hinzu (im Folgenden: Intermediärgesellschaft).

III. Das „Warenangebot" – vermittelte Darlehen und mögliche Konditionen

Das „Finanzprodukt" welches über die Crowdlending-Plattformen vermittelt wird, ist, soweit ersichtlich stets ein Annuitätendarlehen.[73]

Die zu zahlenden Raten bleiben bei dieser Art des Darlehens über den gesamten Rückzahlungszeitraum konstant (Annuität).[74] Der Anteil an einer Rate, der der Zinszahlung dient, ist zu Beginn des Rückzahlungszeitraums am höchsten und reduziert sich über dessen Verlauf, weil der zu verzinsende Betrag dies auch tut. Der Anteil der Tilgung steigt im Gegensatz dazu immer weiter an.

Den Darlehenszweck können die Unternehmer oder Verbraucher eigenständig festlegen. Das Spektrum der Kreditgesuche reicht vom Umbau der Küche bis hin zur Anschaffung neuer Produktionsmaschinen.

Des Weiteren lassen sich die ausgegebenen Darlehen bzw. die erwerblichen Rückzahlungsansprüche nach ihrem Volumen, der Laufzeit und natürlich der Zinshöhe unterscheiden.

Auf dem Verbraucherkreditmarkt ist es derzeit möglich, Darlehen zwischen 1.000 €[75] und 50.000 € einzuwerben.[76] Plattformabhängig liegt die Mindestinvesti-

---

[72] Dies sind vergleichsweise kleine Direktbanken. Zum einen die Wirecard Bank, mit einer Bilanzsumme von gut 549 Mio. € im Jahr 2014, die u. a. mit FundingCircle und Lendico kooperiert, vgl. Jahresabschluss der Wirecard Bank AG für das Geschäftsjahr vom 1.1.2013 – 31.12.2013, veröffentlicht im Bundesanzeiger; und die Fidor Bank AG mit einer Bilanzsumme von gut 304 Mio. € im Jahr 2014, die u. a. mit Finmar und SMAVA kooperiert, vgl. Jahresabschluss der Fidor Bank AG für das Geschäftsjahr vom 1.1.2013–31.12.2013, ebenfalls veröffentlicht im Bundesanzeiger. Jeweils abrufbar unter: https://www.bundesanzeiger.de, zuletzt abgerufen am 25.11.2015.

[73] FundingCircle „AGB für Unternehmen" Nr. 1.3, vgl. Quelle Erster Teil Fn. 48; Nr. 1.3 AGB zur Nutzung von Lendico Deutschland für private Kreditnehmer, vgl. Quelle Erster Teil Fn. 48; § 8 Abs. 3 Nutzungsbedingungen des Auxmoney Online-Kreditmarktplatzes für Kreditsuchende und private Anleger, vgl. Quelle Erster Teil Fn. 48; Finmar Präambel und § 2 Abs. 7 der AGB, vgl. Quelle Erster Teil Fn. 47; Smava § 3 Abs. 4 AGB, abrufbar unter: https://www.smava.de/agb.html, zuletzt abgerufen am 25.11.2015.

[74] Eine sehr anschauliche und ausführliche Erklärung des Annuitätenprinzips findet sich bei *Bruchner/Krepold*, in: Schimansky/Bunte/Lwowski § 78 Rn. 96.

[75] Etwa bei Lendico, vgl. https://www.lendico.de/?gclid=CM65k5Lw58gCFUfkwgodtq gI5g, und auxmoney, vgl. https://www.auxmoney.com/, beides zuletzt abgerufen am 29.10. 2015.

tionssumme zwischen 25 €[77] und 250 €[78]. Eine Obergrenze für die Beteiligung am einzelnen Kreditprojekt gibt es nicht, dafür aber teilweise eine Begrenzung der Gesamtsumme, die in Kreditprojekte investiert werden darf[79]. Verzinst werden die einzelnen Darlehen, abermals plattformabhängig, mit einem Nominalzins[80] zwischen 1,3 %[81] – 5,29 %[82] und 13,45 % – 17,00 %[83]. Die Laufzeiten der vermittelten Kredite liegen zwischen 6[84] und 84[85] Monaten.

Der Markt der Unternehmenskredite variiert zu diesen Angaben in erster Linie hinsichtlich möglicher Kreditvolumina. Während eine minimale Darlehensvaluta von 10.000 €[86] vermittelt wird, kann sie in der Spitze 250.000 €[87] betragen.

Die Laufzeiten sind ähnlich wie bei den Verbraucherkrediten und liegen zwischen 6[88] und 60[89] Monaten. Der Nominalzinssatz liegt zwischen 3,79 % und 16,61 %[90].

Besonders eingegrenzt wird das Marktsegment des P2B-Crowdleding noch durch besondere formale Anforderungen, denen kreditnehmende Unternehmen genügen müssen. Soweit ersichtlich, ist es stets erforderlich, dass die Unternehmen nach dem Handelsrecht bilanzieren.[91] Einer GbR ist die Aufnahme eines Darlehens demnach

---

[76] Bei Smava, https://www.smava.de/1616+Preis-und-Leistungsverzeichnis-(Betrifft-nur-kreditprivat).html, beides zuletzt abgerufen am 25.11.2015.

[77] Für Auxmoney, vgl. Quelle Erster Teil Fn. 75.

[78] Etwa 1.000,00 € bei Smava, vgl. Quelle Erster Teil Fn. 76.

[79] Für Smava Quelle Erster Teil Fn. 76.

[80] Gemeint ist der Zins vor Abzug etwaiger Servicegebühren.

[81] Für Smava, vgl. http://www.smava.de/747+Bonitaet.html, zuletzt abgerufen am 25.11.2015.

[82] Bei Lendico, wo der maximale Zinssatz dann 13,45 % beträgt, vgl. https://www.lendico.de/anleger-renditen-gebuehren, zuletzt abgerufen am 25.11.2015.

[83] Für Smava, vgl. Quelle Erster Teil Fn. 81, alle dort darüber hinaus angegebenen Bonitäten werden nach Plattformangaben nicht vermittelt, vgl. Quelle Erster Teil Fn. 76.

[84] Für Lendico der Fall. Vgl. Nr. 5.1.3 AGB zur Nutzung von Lendico Deutschland, vgl. Quelle Erster Teil Fn. 48.

[85] Für Smava, vgl. Quelle Fn. 76.

[86] Bei FundingCircle, vgl. Nr. 5.1.3 AGB für Unternehmen, vgl. Quelle Erster Teil Fn. 48; auch Lendico bietet neuerdings Unternehmenskredite zwischen 10.000 € und 150.000 € an, vgl. https://www.lendico.de/unternehmenskredit-316.html, zuletzt abgerufen am zuletzt abgerufen am 25.11.2015.

[87] Bei FundingCircle, vgl. Nr. 5.1.3 AGB für Unternehmen, vgl. Quelle Erster Teil Fn. 48.

[88] Für FundingCircle, vgl. Quelle Erster Teil Fn. 86; und Lendico, vgl. https://www.lendico.de/unternehmenskredit-316.html, zuletzt abgerufen am 25.11.2015.

[89] Für FundingCircle, vgl. Quelle Erster Teil Fn. 86; und Lendico, Quelle Erster Teil Fn. 88.

[90] Etwa bei FundingCircle https://www.fundingcircle.com/de/rendite-risiko-22.html, zuletzt abgerufen am 25.11.20015.

[91] Für FundingCircle, vgl. https://www.fundingcircle.com/de/onlinekredit-beantragen-21.html; Lendico, vgl. https://www.lendico.de/firmenkredit-hilfe-320.html, beides zuletzt abgerufen am 25.11.2015.

derzeit nicht möglich.[92] Außerdem müssen die Unternehmen bereits zwei Jahre am Markt sein und ihr Jahresumsatz muss bei durchschnittlich mindestens 50.000 € bis 100.000 € liegen.[93]

C. Entstehungsgeschichte – Aktuelle Marktentwicklung

I. Entstehungsgeschichte

Auf eine lange Entstehungsgeschichte kann das Crowdlending nicht zurückblicken.[94] Man kann auch mit keinen historisch bedeutungsvollen Geschichten aufwarten, was bei anderen Formen des Crowdfunding möglich wäre.[95]

Die Geschichte des Crowdlending nahm ihren Ursprung in Großbritannien im Jahr 2005, wo ab dem 7. März die Plattform Zopa erstmalig Kredite vermittelte.[96] Knapp ein Jahr später, im Februar 2006 wurde Prosper, die erste US-amerikanische Crowdlending-Plattform gegründet.[97] Ein weiteres Jahr verging, bis im Februar 2007 mit SMAVA die erste deutsche Crowdlending-Plattform ihren Betrieb aufnahm.[98]

Erst 2010 wurde mit Funding Circle die erste P2B-Crowdlending-Plattform gegründet.[99] Abermals war Großbritannien der Vorreiter. In Deutschland begann

---

[92] Für FundingCircle, vgl. https://www.fundingcircle.com/de/unternehmen-faq-16.html; Lendico https://www.lendico.de/firmenkredit-hilfe-320.html, beides zuletzt abgerufen am 25.11.2015.

[93] Vgl. Quellen Erster Teil Fn. 91.

[94] Auch wenn teilweise versucht wird sie zu verlängern, indem sie in Kontext mit analogen „social-lending" Modellen gestellt wird, so etwa bei *Everett*, S. 2 f.

[95] Hierfür ließe sich das historisch wohl bedeutendste Beispiel einer Schwarmfinanzierung anführen: Die Finanzierung des Sockels der Freiheitsstatue. In der Zeitung „New York World" vom 16. März 1885 rief ihr Herausgeber Josef Pulitzer zu Spenden hierfür auf. Im Gegenzug für ihre Beiträge wurden die Spender in der Zeitung namentlich genannt. 125.000 Menschen brachten so die benötigten 100.000 US-Dollar innerhalb kürzester Zeit zusammen. Im Durchschnitt lag das Investitionsvolumen damit bei unter einem US-Dollar pro Investor, vgl. http://www.nps.gov/stli/historyculture/joseph-pulitzer.htm, zuletzt abgerufen am 25.11.2015.

[96] *Bachmann/Becker/Buerckner/Hilker/Kock/Lehmann/Tiburtius/Funk*, JIBC 2011 Vol. 16 Nr. 2 S. 4; *Berger/Skiera*, KuK 2012 S. 289, 291; *Everett*, S. 6 f.; *Moenninghoff/Wieandt*, zfbf 2013 S. 466, 471; heute ist Zopa nach eigenen Angaben Großbritanniens führender Crowdlending-Marktplatz, vgl. http://www.zopa.com/about, zuletzt abgerufen am 25.11.2015.

[97] *Bachmann/Becker/Buerckner/Hilker/Kock/Lehmann/Tiburtius/Funk*, JIBC 2011 Vol. 16 Nr. 2 S. 4; vgl. auch Aussagen von Prosper selbst unter: https://www.prosper.com/about, zuletzt abgerufen am 25.11.2015.

[98] *Bachmann/Becker/Buerckner/Hilker/Kock/Lehmann/Tiburtius/Funk*, JIBC 2011 Vol. 16 Nr. 2 S. 4.

[99] *Everett*, S. 13; eine ausführliche Aufzählung von Crowdlending-Plattformen, die bis 2013 gegründet wurden, deren Gründungdaten und ein Plattformprofil sind in bei *Everett*, S. 21 ff. Tabelle 1 zu finden.

Zencap im März 2014 die Vermittlung von crowdfinanzierten Unternehmenskrediten.

In Deutschland sind nach Branchenangaben derzeit neun Crowdlending Plattformen aktiv[100], diese Arbeit bezieht aber nur sieben von ihnen ein.[101] Das hat zum einen den Grund, dass eine dieser Plattformen – „LeihDeinerUmweltGeld" – eigenen Angaben zu Folge Nachrangdarlehen vermittelt[102], womit sie den Crowdinvesting-Plattformen zuzuordnen ist. Über „LeihDeinerStadtGeld" hingegen wurde, glaubt man den Ausführungen der Website, seit Juli 2012 kein Kreditprojekt mehr vermittelt.[103] Sie wird deshalb nicht mehr zum Kreis der aktiven Plattformen gerechnet.

Eine weitere bemerkenswerte Entwicklung nahm der deutsche Crowdlending-Markt am 21.10.2015 mit der Übernahme von Zencap durch die oben bereits erwähnte Unternehmenskreditplattform Funding-Circle aus Großbritannien.[104] Ihr lässt sich gleichzeitig ein globaler Trend des Crowdlending entnehmen. Während die Plattformen ihr Angebot in den ersten Jahren auf ihr Gründungsland beschränkten,[105] um nicht im Widerspruch zu den unterschiedlichen rechtlichen Anforderungen zu treten,[106] sind einige Plattformen mittlerweile in mehreren Ländern aktiv.[107] Der Trend zu grenzüberschreitenden Geschäften hat sich durch den Markteintritt von crosslend, den Betreiber des indirekten Crowdlendings, noch verstärkt.[108]

Des Weiteren sei erwähnt, dass auf Seiten der Investoren neuerdings immer häufiger professionelle Anleger den Crowdlending-Markt betreten. So gibt es vermehrt Meldungen über millionenschwere Investitionszusagen für über Crowdlending Pattformen vermittelte Kredite. Anfang September 2015 wurde etwa berichtet, der US-amerikanische Vermögensverwalter Victory Park Capital werde bis zu € 230 Mio. in von FundingCircle vermittelte Kredite investieren.[109] Dies sei die

---

[100] http://www.crowdfunding.de/plattformen/#kredit, zuletzt abgerufen am 25.11.2015.

[101] Lendico, FundingCircle, Auxmoney, Smava, Kapilendo, Crosslend und auch Finmar, wobei letztere ihren Betrieb zum 01.12.2015 eingestellt hat. Dies hat der Geschäftsführer von Finmar in einer E-Mail vom 30.10.2015 bekanntgegeben, die dem Bearbeiter vorliegt.

[102] https://www.leihdeinerumweltgeld.de/, zuletzt abgerufen am 25.11.2015.

[103] https://www.leihdeinerstadtgeld.de/buergerkreditprojekte, zuletzt abgerufen am 25.11.2015.

[104] http://crowdstreet.de/2015/10/20/zencap-auxmoney-und-es-hat-zweimal-baeng-ge macht/, zuletzt abgerufen am 25.11.2015.

[105] *Bachmann/Becker/Buerckner/Hilker/Kock/Lehmann/Tiburtius/Funk*, JIBC 2011 Vol. 16 Nr. 2 S. 4; *Berger/Skiera*, KuK 2012 S. 289, 291.

[106] *Berger/Gleisner*, BuR 2009 S. 39, 41; *Berger/Skiera*, KuK 2012 S. 289, 291.

[107] Neben Deutschland kann man so auch in Kredite in Österreich, Brasilien, Polen, Südafrika, Spanien und den Niederlanden investieren, vgl. https://www.lendico.com/, zuletzt abgerufen am 25.11.2015.

[108] Vgl. zum Geschäftsmodell von crosslend zuvor Erster Teil A.IV.3., und zur aufsichtsrechtlichen Behandlung unten Zweiter Teil D.

[109] http://crowdstreet.de/2015/09/01/victory-park-capital-investiert-230-mio-eur-in-unter nehmenskredite-auf-zencap/, zuletzt abgerufen am 22.10.2015.

bislang größte Investitionszusage, die je eine Crowdlending-Plattform in der Eurozone erhalten habe.[110] Daneben soll auch der niederländische Versicherer Aegon angekündigt haben, bis zu € 150 Mio. über auxmoney zu investieren.[111] Außerdem würden Hedgefonds eigene Fonds auflegen, um über Crowdlending-Plattformen in Kredite zu investieren und sogar Investitionen in verbriefte Forderungen ermöglichen.[112]

II. Marktentwicklung

Statistiken über die globale Entwicklung des Crowdlending-Marktes gibt es viele. Allerdings beziehen sie sich häufig auf unterschiedliche Crowdlending Modelle, nehmen beispielsweise nur Verbraucherkredite in Bezug, weichen in den analysierten Zeiträumen ab, rekurrieren auf unterschiedlich große Kreise von Plattformen, oder ihnen liegen keine vollständigen Datensätze zu Grunde.[113] Die Wachstumsdynamik des Marktes verdeutlichen sie dennoch:

Von Ende 2006 bis Ende 2011 stieg das globale Marktvolumen von € 29 Mio. auf € 1.1 Mrd.[114] Das ist ein jährliches Wachstum von 107 %.[115] 2013 wurde es schon auf US-$ 6,4 Mrd. geschätzt.[116] Seit 2011 hätte es sich damit beinahe versechsfacht. Aktuellere Zahlen sind, soweit ersichtlich, nicht vorhanden. Die Wachstumsdynamik dürfte sich aber noch gesteigert haben, wenn man beachtet, dass China sich Medienberichten zu Folge mit einem Gesamtkreditvolumen von über ¥ 800 Mrd. (ca. US-$ 125 Mrd.) zwischenzeitlich zum damit größten Crowdlending-Marktplatz der Welt entwickelt hat.[117] Allein im April und Mai 2015 sollen dort US-$ 8,9 bzw. US-$ 9,8 Mrd. investiert worden sein.[118] Im August 2015 dann ¥ 97,5 Mrd. (US-$ 15,3 Mrd.).[119]

---

[110] Vgl. Quelle Erster Teil Fn. 109.

[111] Vgl. Quelle Erster Teil Fn. 104.

[112] http://www.blicklog.com/2014/11/14/p2p-lending-bald-ganz-gro-und-fr-investmentpro fis/, zuletzt abgerufen am 25.11.2015.

[113] Letzteres wird insbesondere für den deutschen Crowdlending Markt bemängelt, vgl. Crowdfunding-Monitor Nr. 4/2015 vom 30.9.2015 S. 1, abrufbar unter: https://www.fuer-gru ender.de/fileadmin/mediapool/Unsere_Studien/Crowdfinanzierung_9M_2015_Fuer-Gruender. de_Dentons.pdf, zuletzt abgerufen am 25.11.2015.

[114] *Moenninghoff/Wieandt*, zfbf 2013 S. 466, 471 f.

[115] *Moenninghoff/Wieandt*, zfbf 2013 S. 466, 472.

[116] Bericht der IOSCO: Crowd-funding: An Infant Industry Growing Fast S. 4, abrufbar unter: http://www.iosco.org/research/pdf/swp/Crowd-funding-An-Infant-Industry-Growing-Fast.pdf, zuletzt abgerufen am 14.12.2015.

[117] http://www.shanghaidaily.com/business/it/P2P-lending-rises-to-record-US153b/shdaily. shtml; andere Quellen gehen von US-$ 40 Mrd. aus, vgl. http://crowdstreet.de/2015/04/19/wird-china-der-zukuenftige-hotspot-fuer-crowdlending/, beides zuletzt abgerufen am 25.11.2015.

[118] Nach Angaben der Shanghai Daily, vgl. http://www.shanghaidaily.com/business/finance/ P2P-hits-record-high-value-of-US98b/shdaily.shtml, zuletzt abgerufen am 25.11.2015.

In den USA war von 2012 bis 2013 eine Verdreifachung des Volumens, von US-$ 871 Mio. auf US-$ 2,4 Mrd., festgestellt worden.[120] Mittlerweile hat allein Lending Club als derzeit größter US-amerikanischer Anbieter Kredite über US-$ 11 Mrd. vermittelt.[121] US-$ 2 Mrd. davon allein im zweiten Quartal 2015.[122] Ihr IPO an der New York Stock Exchange Ende 2014 machte Lending Club im Übrigen zur ersten börsennotierten Crowdlending-Plattform.[123]

In Großbritannien verdreifachte sich das Volumen der an Unternehmen vermittelten Kredite von 2012 bis 2013 auf £ 193 Mio., wohingegen sich das der Verbraucherkredite im gleichen Zeitraum auf £ 287 Mio. verdoppelte.[124] 2014 waren es insgesamt £ 1,3 Mrd.,[125] wobei erstmalig Unternehmen (£ 749 Mio.) mehr Kapital aufnahmen als Verbraucher (£ 547 Mio.).[126] Knapp 50 % dieses Wertes, £ 495 Mio., sind es bereits im ersten Quartal 2015 gewesen.[127] Marktführer in Großbritannien mit über £ 1,1 Mrd. an vermittelten Darlehen ist die Plattform Zopa.[128]

In Deutschland wurde das Marktvolumen der Crowd-Kredite Mitte 2014 auf rund € 200 Mio. geschätzt.[129] Damit hatte es sich seit 2010 immerhin versiebenfacht.[130] Die positive Entwicklung im Crowdlending hält nach Brancheninformationen weiter an. In den ersten neun Monaten des Jahres 2015 sollen Unternehmen und Selbstständige Darlehen mit einem Volumen von mehr als € 117,5 Mio. eingesammelt haben.[131] Im gesamten Jahr 2014 lag der Wert bei nur € 35,6 Mio.[132]

---

[119] Vgl. http://www.shanghaidaily.com/business/it/P2P-lending-rises-to-record-US153b/sh daily.shtml, zuletzt abgerufen am 25.11.2015.

[120] *Stappel*, Konjunktur und Kapitalmarkt DZ Bank Research Spezial vom 31.7.2014 S. 11.

[121] https://www.lendingclub.com/info/statistics.action, zuletzt abgerufen am 25.11.2015.

[122] https://www.lendingclub.com/info/statistics.action, zuletzt abgerufen am 25.11.2015.

[123] Details unter: http://www.nasdaq.com/markets/ipos/company/lendingclub-corp-754560-76296 und https://www.lendingclub.com/public/lending-club-press-2014-12-10.action, zuletzt abgerufen am 25.11.2015.

[124] *Collins/Swart/Zhang*, The Rise of Future Finance The UK Alternative Finance Benchmarking Report 2013 S. 4, abrufbar unter: http://www.nesta.org.uk/sites/default/files/the_rise_of_future_finance.pdf, zuletzt abgerufen am 25.11.2015; *Stappel*, Konjunktur und Kapitalmarkt DZ Bank Research Spezial vom 31.7.2014 S. 11.

[125] Financial Conduct Authority: A Review of the regulatory regime for crowdfunding and the promotion of non-readily realisable securities by other media, February 2015 S. 4 f., abrufbar unter: http://www.fca.org.uk/static/documents/crowdfunding-review.pdf, zuletzt abgerufen am 25.11.2015.

[126] Financial Conduct Authority: A Review of the regulatory regime for crowdfunding and the promotion of non-readily realisable securities by other media, February 2015 S. 4 f., vgl. Quelle Erster Teil Fn. 125.

[127] http://crowdstreet.de/2015/05/01/wachstum-bei-crowdlending-plattformen-explodiert/, zuletzt abgerufen am 25.11.2015.

[128] http://www.zopa.com/, zuletzt abgerufen am 25.11.2015.

[129] *Stappel*, Konjunktur und Kapitalmarkt DZ Bank Research Spezial vom 31.7.2014 S. 11.

[130] *Stappel*, Konjunktur und Kapitalmarkt DZ Bank Research Spezial vom 31.7.2014 S. 11.

[131] Crowdfunding-Monitor Nr. 4/2015 vom 30.9.2015 S. 1, vgl. Quelle Erster Teil Fn. 113.

Der deutsche Marktführer im Bereich der Vermittlung von Verbraucherkrediten, Auxmoney, hat seinen Umsatz in den ersten neun Monaten des Jahres 2015 im Vergleich zum Vorjahreszeitraum von € 28 Mio. auf € 98 Mio. mehr als verdreifacht.[133] Damit hat Auxmoney in dieser Zeit mehr Kredite vermittelt als im Zeitraum zwischen Gründung der Plattform im Jahr 2010 und März des Jahres 2014. Bis dahin waren nur ca. € 90 Mio. vermittelt worden.[134]

FundingCircle kam in den ersten neun Monaten des Jahres 2015 auf ein Unternehmenskreditvolumen von € 19,4 Mio.[135] Zum Vergleich: Nach der Gründung im April 2014 waren es bis Ende des Jahres 2014 lediglich € 6,9 Mio.[136]

D. Der Rechtstatsächliche Ablauf eines Kreditprojekts

I. Registrierung und Kreditanfrage

Ein Kreditprojekt beim Crowdlending beginnt für die Nutzer mit der Registrierung bei der Plattform und für den Kreditnehmer mit der Kreditanfrage, in deren Rahmen auch er sich registriert. Dazu wird zunächst ein Benutzerkonto auf der Internetseite der jeweiligen Plattform eröffnet.[137] Die zur Eröffnung erforderliche E-Mail-Adresse muss der Investor im Anschluss teilweise noch validieren,[138] bevor er sich anmelden und weitere, für eine Investition erforderliche Daten hinterlegen kann.[139] Der Kreditnehmer hat der Plattformbetreibergesellschaft neben den gewünschten Kreditkonditionen (Kreditvolumen/Laufzeit) weitere Auskünfte zu seiner Person zu geben,[140] ggf. Nachweise für diese Angaben zu erbringen und die Erlaubnis zu erteilen, dass die Plattformbetreibergesellschaft Informationen über ihn bei Dritten einholt.[141] Auch die Identifizierung des Kreditnehmers ist erforderlich.[142]

---

[132] Crowdfunding-Monitor Nr. 4/2015 vom 30.9.2015 S. 1, vgl. Quelle Erster Teil Fn. 113.

[133] Crowdfunding-Monitor Nr. 4/2015 vom 30.9.2015 S. 1, vgl. Quelle Erster Teil Fn. 113.

[134] *Stappel*, Konjunktur und Kapitalmarkt DZ Bank Research Spezial vom 31.7.2014 S. 11.

[135] Crowdfunding-Monitor Nr. 4/2015 vom 30.9.2015 S. 1, vgl. Quelle Erster Teil Fn. 113.

[136] Crowdfunding-Monitor Nr. 2/2015 vom 31.3.2015 S. 2, abrufbar unter: https://www.fuer-gruender.de/fileadmin/mediapool/Unsere_Studien/Crowdfinanzierung_Monitor_Q1_201 5_Fuer-Gruender.de_Dentons.pdf, zuletzt abgerufen am 01.12.2015.

[137] In der Regel durch Angabe seines Namens, seiner E-Mail-Adresse und eines frei definierbaren Passwortes auf der Internetseite.

[138] Dies erfolgt durch Betätigung eines an die Adresse versandten Links.

[139] Dazu zählen z.B. eine Bankverbindung, die Anschrift u.Ä.

[140] Darunter fallen Angaben zu Beruf, Einkommen, Vermögen, Sicherheiten u.Ä.

[141] Auxmoney z.B. lässt sich genehmigen, Informationen bei der SCHUFA Holding, der Creditreform Boniversum, infoscore Consumer Data GmbH & informa Unternehmensberatung sowie der Bürgel Wirtschaftsinformationen einzuholen. Siehe Kapitel 2 Abs. 2 der Regelung zum Datenschutz, abrufbar unter: www.auxmoney.com/bundles/auxmoneymain/pdf/terms/Da

Im Anschluss prüft die Plattformbetreibergesellschaft die Informationen und entscheidet, ob und zu welchen Konditionen der Kreditsuchende sein Projekt auf der Plattform veröffentlichen darf.[143] Zudem wird anhand der eingeholten Informationen ein plattformspezifisches Rating des Kreditnehmers erstellt[144], welches gemeinsam mit den übrigen Informationen über das Kreditprojekt und den Kreditnehmer veröffentlicht wird.

II. Investition

Die Investoren haben im Anschluss an ihre Registrierung die Möglichkeit, sich über bereits veröffentlichte Projekte im Detail zu informieren[145] und Finanzierungszusagen individuell oder automatisiert zu treffen.[146] Der Zeitraum, in dem sich die Investoren an dem Projekt beteiligen können, ist begrenzt und beträgt zwischen 14 und 42 Tage.[147] Das Angebot endet vorzeitig, sobald ausreichend hohe Beteiligungszusagen abgegeben wurden oder der Kreditnehmer von seinem Vorhaben absieht.[148]

---

tenschutz.pdf?REL-3456.360, zuletzt abgerufen am 25.11.2015; Smava greift ebenso auf die SCHUFA zurück, vgl. Smava AGB § 8.

[142] Beispielsweise durch das PostIdent-Verfahren, OnlineIdent-Verfahren o.Ä.: vgl. Auxmoney AGB § 2 Abs. 2 d) cc) www.auxmoney.com/contact/dokumente/Nutzungsbedingungen. pdf; Finmar AGB § 6 https://www.finmar.com/fileadmin/media/Recht/AGB.pdf; Lendico AGB § 7.2 www.lendico.de/agbs-33.html, alle zuletzt abgerufen am 25.11.2015.

[143] Einen Gebotsmechanismus, mit dem die Investoren den Zinssatz selbst beeinflussen, wie dies laut einigen Beiträgen in der Literatur (*Renner*, ZBB 2014 S. 261, 263 mit Verweise auf *Berger/Skiera*, KuK 2012 S. 289, 293) etwa bei Prosper, einer Crowdlending-Plattform aus den USA der Fall gewesen ist, gibt es in Deutschland, soweit ersichtlich, nicht. Auch bei Prosper ist dies allem Anschein nach heute nicht mehr möglich. Vielmehr gibt Prosper auf der eigenen Internetseite an, dass „loan interest rates are set by Prosper", also von Prosper selbst vorgeschrieben werden, vgl. https://www.prosper.com/help/investing/#interestRates, zuletzt abgerufen am 25.11.2015

[144] Vgl. z.B. FundingCircle AGB Nr. 5.2: https://www.fundingcircle.com/de/geschaeftsbe dingungen-privatanleger-32.html; Auxmoney nennt das Rating den „auxmoney-score", AGB § 2 Abs. 4e, vgl. Quelle Erster Teil Fn. 141.

[145] Vor der Registrierung und anschließenden Anmeldung ist nur eine eingeschränkte Information möglich. Entscheidungsrelevante Daten sind erst danach einsehbar.

[146] Für die automatisierte Investition steht dem Nutzer bei einigen Plattformen ein Programm zur Verfügung, welches vorgegebene Volumina in bestimmte oder bestimmbare Risikoklassen investiert. Z.B. der „Portfolio Builder" bei Auxmoney vgl. AGB § 8 Abs. 3 c).

[147] Vgl. z.B. AGB FundingCircle Ziffer 1.2: 41–42 Tage, vgl. Quelle Erster Teil Fn. 48; Lendico AGB Nr. 1.2.1: 14 Tage, vgl. Quelle Erster Teil Fn. 48; Finmar AGB Präambel: 30, vgl. Quelle Erster Teil Fn. 47.

[148] FundingCircle AGB Nr. 5.4, vgl. Quelle Erster Teil Fn. 48; Finmar AGB § 8 Nr. 20, vgl. Quelle Erster Teil Fn. 47.

III. Abwicklung

Bei vollständiger Finanzierung vermittelt die Plattformbetreibergesellschaft dem Kreditnehmer einen Darlehensvertrag mit der Kooperationsbank.[149] Die Bank zahlt das Darlehen abzüglich der an die Plattformbetreibergesellschaft abzuführenden Provision an den Kreditnehmer aus. Die Rückzahlungsansprüche werden auf die Investoren übertragen.

Im Anschluss an diese Schritte beginnt die Rückzahlung der Darlehensvaluta und der dazugehörigen Zinsen. Die Raten werden vom Konto des Kreditnehmers eingezogen und den Konten der Investoren anteilig gutgeschrieben. Im Falle des Zahlungsverzugs oder -ausfalls ist die Plattformbetreibergesellschaft zur Kündigung des Darlehens und der Koordination möglicher Inkassotätigkeiten ermächtigt.

---

[149] Bei teilweiser Finanzierung behalten sich einige Plattformen vor, sich um die Vermittlung eines Darlehens in dieser Höhe zu bemühen, vgl. FundingCircle AGB Nr. 5.4, vgl. Quelle Erster Teil Fn. 48; Lendico AGB Nr. 5.5, vgl. Quelle Erster Teil Fn. 48. Andernfalls wird das Kreditprojekt nicht ausgeführt.

Zweiter Teil

Crowdlending in Deutschland de lege lata

A. Vertragliche Beziehungen

Als Grundlage für eine Bewertung, wer beim unechten Crowdlending welchen aufsichtsrechtlichen Anforderungen zu genügen hat, wer gegebenenfalls zahlungsdienstaufsichtsrechtlich genehmigungspflichtige Geschäfte betreibt und wen die Vorschriften des VermAnlG betreffen, sollen im Folgenden die rechtsgeschäftlichen Hintergründe dargestellt werden, die die Abwicklung von Kreditprojekten ermöglichen. Die Darstellung erfolgt dabei zum einen getrennt nach den beiden Modellen des unechten Crowdlending. Zum anderen und vorab werden all diejenigen Vertragsbeziehungen dargestellt, die modellunabhängig auftreten und die regelmäßig auch vertragstypologisch identisch sind.

I. Modellunabhängige vertragliche Beziehungen

Die Grundlage für die Abwicklung eines Kreditprojekts bildet die Aufnahme von Vertragsbeziehungen der Plattformbetreibergesellschaft mit den Investoren und dem Kreditnehmer.

1. Zwischen dem Investor und der Plattformbetreibergesellschaft

a) Plattformnutzungsvertrag

Durch die Registrierung auf der Internetplattform kommt zwischen Plattformbetreibergesellschaft und dem Investor ein Plattformnutzungsvertrag zustande. Der Inhalt des Vertrags wird bestimmt durch ihre AGB und Datenschutzbestimmungen.[1]

---

[1] Der Nutzer muss diese im Verlaufe der Registrierung akzeptieren. Die Annahme des Antrags ist sonst auch technisch nicht möglich: Vgl. z. B. für Investoren https://www.fundingcir cle.com/de/register/lender/?groupToRegister=lender und für Kreditnehmer https://www.fun dingcircle.com/de/loan-request/register#baseForm, jeweils zuletzt abgerufen am 29.11.2015.

Darin wird die Plattformbetreibergesellschaft verpflichtet, die Internet-Plattform bereitzustellen.[2] Den Investor hingegen trifft noch keine Leistungspflicht,[3] sondern einzig die Obliegenheit, sämtliche Informationen wahrheitsgemäß anzugeben.[4]

Während die Nutzung der Internet-Plattform dem Investor beim unechten Crowdlending mit einfacher Forderungsübertragung Vertragsschlüsse mit der Kooperationsbank ermöglichen soll, strebt er beim Modell mit gestreckter Forderungsübertragung den Abschluss eines Vertrags mit der Intermediärgesellschaft an.[5]

In beiden Fällen dominiert ein maklervertragliches Element die Vereinbarung mit der Plattformbetreibergesellschaft. Trotz der auftragsähnlichen Verpflichtung zur Bereitstellung der technischen und organisatorischen Rahmenbedingungen, hat man sie deshalb als Maklervertrag zu qualifizieren.[6] Dieser ist insoweit atypisch ausgestaltet, als dass eine Provisionszahlung durch die Investoren ausgeschlossen wird.[7]

---

[2] Der Nutzer kann etwa vorhandene Informationen über veröffentlichte Kreditprojekte einsehen, Beteiligungszusagen abgeben und sich in Foren und Gruppen austauschen. Vgl. Nr. 4 AGB zur Nutzung von Lendico Deutschland für Privatanleger, abrufbar unter: https://www.lendico.de/agbs-33.html; Nr. 4 FundingCircle AGB für Privatanleger, abrufbar unter: https://www.fundingcircle.com/de/geschaeftsbedingungen-privatanleger-32.html; Nutzungsbedingungen des auxmoney Online-Kreditmarktplatzes für Kreditsuchende und private Anleger § 5 Abs. 1, abrufbar unter: www.auxmoney.com/contact/dokumente/Nutzungsbedingungen.pdf; eingeschränkt wird diese Pflicht im Hinblick auf plattforminterne und -externe technische Hindernisse (Wartungsarbeiten/Beeinträchtigungen der Telekommunikationsnetze, Energieversorgung etc.), vgl. Nr. 4.4 AGB für Privatanleger von FundingCircle Deutschland, a.a.O.; Nr. 4.4 AGB zu Nutzung von Lendico Deutschland für Privatanleger, a.a.O.; § 25 AGB von Smava, abrufbar unter: www.smava.de/166+AGB.html; sämtliche Quellen zuletzt abgerufen am 25.11. 2015.

[3] Die Unentgeltlichkeit der Nutzung wird sogar explizit vereinbart, vgl. Nutzungsbedingungen des auxmoney Online-Kreditmarktplatzes für Kreditsuchende und private Anleger § 1 Abs. 1, vgl. Quelle Zweiter Teil Fn. 2; AGB zur Nutzung von Lendico Deutschland für Privatanleger Nr. 2.2, vgl. Quelle Zweiter Teil Fn. 2; FundingCircle AGB für Privatanleger Nr. 2.2, vgl. Quelle Zweiter Teil Fn. 2; § 27 Abs. 1 AGB von Smava vgl. Quelle Zweiter Teil Fn. 2.

[4] § 5 Abs. 2 AGB von Smava, vgl. Quelle 2. Teil Fn. 2; § 2 Abs. 3 Nutzungsbedingungen des auxmoney Online-Kreditmarktplatzes für Kreditsuchende und private Anleger, vgl. Quelle Zweiter Teil Fn. 2; die Leistungen der Plattformbetreiber stehen teilweise explizit unter dem Vorbehalt, dass Investoren die Obliegenheiten erfüllen, vgl. § 8 Nutzungsbedingungen des auxmoney Online-Kreditmarktplatzes für Kreditsuchende und private Anleger, vgl. Quelle Zweiter Teil Fn. 2; zum Begriff der Obliegenheit als Rechtspflicht gegen sich selbst vgl. stellvertretend für viele Mansel, in: Jauernig § 241 Rn. 13; Grüneberg, in: Palandt Einl § 241 Rn. 13; Schmidt-Kessel/Kramme, in: Prütting/Wegen/Weinreich § 241 Rn. 28.

[5] Zur Typisierung der Vertragsbeziehung zwischen Investor und Kooperationsbank bzw. und Intermediärgesellschaft vgl. Zweiter Teil A.II.1. bzw. Zweiter Teil A.III.2.

[6] Weil ausgeschlossen wird, dass Kreditprojekte veröffentlicht werden müssen, ist dieser jedoch kein Maklerdienstvertrag wie etwa von Wiebe, in: Spindler/Wiebe Kap. 4 Rn. 7 und Neubauer/Steinmetz, in: Hoeren/Sieber/Holznagel 14 Rn. 8 für ähnliche Verträge zwischen Nutzern und Betreibern von Internetauktionsplattformen angenommen.

[7] Z.B. § 13 Abs. 3 AGB von Finmar, abrufbar unter: https://www.finmar.com/fileadmin/media/Recht/AGB.pdf, zuletzt abgerufen am 19.11.2015; § 27 Abs. 1 AGB von Smava, vgl. Quelle Zweiter Teil Fn. 2.

b) Vertragsschluss

Schon die Möglichkeit zur Registrierung bringt den Rechtsbindungswillen der Plattformbetreibergesellschaft zum Ausdruck. Es liegt keine invitatio ad offerendum vor. Gründe, die den Rechtsbindungswillen etwa bei Warenangeboten im Internet entfallen lassen, finden sich beim Crowdlending nicht.

Zum Zeitpunkt der Registrierung ist beispielsweise keine Überprüfung der Leistungsfähigkeit des Nutzers erforderlich, da er keine Gegenleistung schuldet.[8] Auch eine Kontrolle der eigenen Leistungsfähigkeit durch die Plattformbetreibergesellschaft ist nicht notwendig.[9] Die angebotene Leistung ist schließlich nicht auf eine bestimmte Anzahl von Nutzern begrenzt. Von dieser Aussage auszunehmen sind technische Faktoren, die die Verfügbarkeit der Internetseite beeinträchtigen, wie etwa die Leistungsfähigkeit des Servers,[10] dessen sich die Plattformbetreibergesellschaft zum Betrieb der Internetseite bedient. Allerdings steht die Leistungspflicht der Plattformbetreibergesellschaft unter der Bedingung, dass die technischen Rahmenbedingungen eine Leistung zulassen.[11] Sie definieren also das Angebot, schließen einen Bindungswillen aber nicht aus.

Entscheidend für die Annahme des Rechtsbindungswillens der Plattformbetreibergesellschaft spricht letztlich, dass das Geschäftsmodell der Plattformbetreibergesellschaft auf eine möglichst große Zahl von Investoren angelegt ist. Schließlich ist zur Finanzierung eines Kreditprojekts das bis zu Zweieinhalbtausendfache des Mindestinvestitionsvolumens erforderlich.[12]

Die Möglichkeit zur Registrierung ist deshalb eine invitatio ad incertas personas. Sie steht unter dem Vorbehalt der Verfügbarkeit und der Funktionsfähigkeit der Internet-Plattform.

2. Zwischen dem Kreditnehmer und der Plattformbetreibergesellschaft

Die Plattformbetreibergesellschaft sichert auch dem Kreditnehmer die Nutzbarkeit der Internetplattform zu. Allerdings hängt die uneingeschränkte Nutzbarkeit zunächst noch davon ab, ob der Kreditnehmer ein ausreichend gutes Ergebnis bei der plattformspezifischen Bonitätsprüfung erzielt. Diese durchzuführen ist inhaltlicher

---

[8] Sonst als Grund für eine invitatio ad offerendum angeführt, vgl. *Bork*, in: Staudinger (2015) § 145 Rn. 4.

[9] Indiz bei *Ellenberger*, in: Palandt § 145 Rn. 2; *Bork*, in: Staudinger (2015) § 145 Rn. 4 f.

[10] Ein Server ist laut Duden ein (EDV) Rechner, der für andere in einem Netzwerk mit ihm verbundene Systeme bestimmte Aufgaben übernimmt und von dem diese ganz oder teilweise abhängig sind, vgl. unter: http://www.duden.de/rechtschreibung/Server, zuletzt abgerufen am 25.11.2015.

[11] Vgl. etwa Nr. 2.4 der AGB von Kapilendo, abrufbar unter: https://www.kapilendo.de/anleger/agb, zuletzt abgerufen am 10.11.2015.

[12] Bei FundingCircle etwa ist zur Finanzierung des maximalen Kreditvolumens das 2500fache des Mindestinvestitionsvolumens erforderlich.

Schwerpunkt der anfänglichen Übereinkunft. Im Verlauf des Kreditprojekts erweitern die Vertragsparteien den Pflichtenkreis der Plattformbetreibergesellschaft insoweit, als diese sich bei der Kooperationsbank aktiv um den Abschluss eines Darlehensvertrags mit dem Kreditnehmer zu bemühen hat.

Den Kreditnehmer hingegen trifft zu Beginn der Vertragsbeziehung die Obliegenheit, dem Plattformbetreiber die gewünschte Kredithöhe und -laufzeit sowie Informationen über sein Einkommen, Vermögen und mögliche Sicherheiten zu geben. Darüber hinaus ermächtigt er die Plattformbetreibergesellschaft, bei bestimmten Auskunfteien hinterlegte Informationen über seine Person einzuholen. Im Falle des Abschlusses eines Darlehensvertrags mit dem Kreditinstitut hat er der Plattformbetreibergesellschaft eine Provision zu zahlen.[13]

Die Vertragsbeziehung wird begründet, indem der Kreditnehmer die Plattformbetreibergesellschaft mit der Durchführung der Kreditwürdigkeitsprüfung und der Erstellung des Ratings beauftragt. Wie der dabei geschlossene Vertrag zu typisieren ist, hängt von der Zielgruppe ab, der der Plattformbetreiber Kredite vermitteln möchte.

a) Maklervertrag beim P2B-Crowdlending

Beim P2B-Crowdlending ist der Auftrag zur Erstellung des Kreditratings als Maklervertrag i.S.d. § 652 BGB zu typisieren. Die Parteien sind sich einig, dass im Falle des Abschlusses eines Darlehensvertrags, aber auch erst dann, der Kreditnehmer zur Provisionszahlung verpflichtet sein soll. Die Abrede einen gesonderten Kreditvermittlungsvertrag abzuschließen ändert an dieser Einigung nichts. Die spätere Unterzeichnung des „Kreditvermittlungsvertrags" hat lediglich eine weitergehende Verpflichtung des Plattformbetreibers zur Folge, der sich von diesem Moment an aktiv um die Vermittlung des Darlehensvertrags zu bemühen hat.[14] Durch eine solche Vereinbarung wird der Maklervertrag zu einem Maklerdienstvertrag.[15] Die Provisionspflicht hängt weiter vom Eintritt der Voraussetzungen des § 652 BGB ab. Einzig auf die Pflicht des Plattformbetreibers, sich um den Vertragsabschluss zu bemühen, sind die §§ 611 ff. BGB ergänzend anzuwenden.[16]

---

[13] Vgl. etwa § 7 Abs. 1 b) der AGB von Auxmoney, vgl. Quelle Zweiter Teil Fn. 2.

[14] Vgl. Nr. 7.2 AGB für Unternehmen von FundingCircle, abrufbar unter: https://www.fundingcircle.com/de/nutzungsbedingungen-kreditnehmer-111.html, zuletzt abgerufen am 25.11. 2015.

[15] Vgl. statt vieler *Larenz*, LSR/BT II/1 1 § 54 S. 369.

[16] BGH zum Maklerdienst- bzw. Maklerwerkvertrag, Urteil vom 25.05.1983 – IVa ZR 182/81 – BGHZ 87 S. 309, 312 – NJW 1983 S. 2817, 2820; Urteil vom 01.12.1982 – IVa ZR 109/81 – NJW 1983 S. 985 f.; BGH, Urteil vom 20.03.1985 – IV a ZR 223/83 NJW 1985 S. 2477 ff.; BGH, Urteil vom 21.10.1987 IVa ZR 103/86 – NJW 1988 S. 967, 968; ebenfalls *Sprau*, in: Palandt Einf. § 652 Rn. 6.

b) Zunächst kein Maklervertrag beim P2P-Crowdlending

Beim P2P-Crowdlending hingegen wird mit dem Antrag zur Bonitätsprüfung kein Maklervertrag geschlossen; die Beauftragung erfolgt nur auf elektronischem Wege. Ein Provisionsversprechen wäre deshalb gemäß § 655b BGB i.V.m. § 125 BGB formnichtig.[17] Der Verweis in den AGB auf den später noch abzuschließenden Darlehensvermittlungsvertrag[18] ist deshalb so auszulegen, dass zu Beginn der Vertragsbeziehung nur eine einseitige Verpflichtung der Plattformbetreibergesellschaft erfolgt.[19]

Zum Abschluss eines Darlehensvermittlungsvertrags kommt es beim P2P-Crowdlending dann erst mit Unterzeichnung des entsprechenden Dokuments durch den Kreditnehmer. Wegen der darin vereinbarten Pflicht des Plattformbetreibers, sich aktiv um den Abschluss des Vertrags zu bemühen, liegt dann auch beim P2P-Crowdlending ein Maklerdienstvertrag vor.

Offen ist damit noch, wie die Verpflichtung der Plattformbetreibergesellschaft zur Bonitätsprüfung zu typisieren ist. Das Ergebnis ist ebenfalls für das P2B-Crowdlending von Bedeutung.

In beiden Fällen geht die Bonitätsprüfung über eine standardisierte Verhandlungstätigkeit hinaus, die typischerweise von einem Vermittlungsmakler erfüllt wird.[20] Nicht nur fixiert das Rating den Zinssatz, welchen der Kreditnehmer bei Abschluss eines Darlehensvertrags zu zahlen hätte. Das Ergebnis der Bonitätsprüfung wird in Form einer Bonitätsnote zudem veröffentlicht. Die Bonitätsprüfung hat also Auswirkungen auf den Erfolg der „Platzierung" der Rückzahlungsansprüche.

Ausgangspunkt der Typisierung soll, wegen der Ähnlichkeit zum „klassischen" Emittenten-Rating, die Frage danach sein, welches Recht dort auf das Verhältnis zwischen Emittent und Rating-Agentur Anwendung findet. Anschließend soll dann bewertet werden, ob Besonderheiten des Crowdlending ein abweichendes Ergebnis rechtfertigen.

---

[17] Allgemein zum Schriftformerfordernis vgl. z.B. *Nobbe*, in: Prütting/Wegen/Weinreich § 655b Rn. 2; *Sprau*, in: Palandt § 655b Rn. 2.

[18] Nr. 7.2 AGB zur Nutzung von Lendico Deutschland für Unternehmer, abrufbar unter: www.lendico.de/agbs-33.html, zuletzt abgerufen am 25.11.2015; § 9 Abs. 1 Nutzungsbedingungen des auxmoney Online-Kreditmarktplatzes für Kreditsuchende und private Anleger, Quelle Zweiter Teil Fn. 2.

[19] Selbst wenn man den Abschluss eines formnichtigen Maklervertrags annehmen würde, wäre dies das Ergebnis der nach § 140 BGB vorzunehmenden Umdeutung. Der abweichende Wille der Parteien kann hier aber festgestellt werden, weshalb schon keine Nichtigkeitsfolge eintritt, vgl. BGH, Urteil vom 11.12.1970 – V ZR 42/68 – NJW 1971 S. 420.

[20] Deren ordnungsgemäße Erfüllung wäre allein anhand der §§ 652 ff. BGB zu prüfen, vgl. etwa *Werner*, in: Erman § 652 Rn. 17.

aa) Der Ratingvertrag beim „klassischen" Emittenten-Rating

Die Art des Rechtsverhältnisses zwischen einer Ratingagentur und einem Emittenten wird für das klassische Emittenten-Rating unterschiedlich bewertet. Das Meinungsspektrum reicht von der Annahme eines Geschäftsbesorgungsvertrags[21] bis hin zu einem Vertrag sui generis (§ 311 Abs. 1 BGB)[22].

Ein dienstvertragliches Verhältnis wird ausgeschlossen, weil keine reine Analyse der bereitgestellten Informationen, sondern das Bonitätsurteil als Erfolg geschuldet werde.[23] Die Bewertung als Geschäftsbesorgungsvertrag wird hingegen abgelehnt, weil es an der für den Vertragstyp prägenden Weisungsgebundenheit des Geschäftsführers nach § 675 Abs. 1 BGB i.V.m. § 665 BGB fehle.[24] Rating-Agenturen erfüllten ihre Aufgaben unabhängig, um mit Hilfe der neutralen Bewertung Investitionsentscheidungen Dritter zu erleichtern.[25]

Die überwiegende Ansicht streitet deshalb – richtigerweise – für die Einordnung als Werkvertrag.[26] Dem Argument, es fehle an einer Einflussmöglichkeit des Bestellers auf das zu erstellende Werk,[27] wird entgegengehalten, dass dieser Einfluss kein konstitutives Element des Werkvertrags und für die Typisierung deshalb irrelevant sei.[28] Ebenso fehle es, anders als teilweise behauptet,[29] nicht an einer Abnahme des Werkes durch den Besteller. Denn die Billigung des Werkes, als im Wesentlichen

---

[21] *Schweinitz*, WM 2008 S. 953, 956; *Sprau*, in: Palandt § 675 Rn. 30.

[22] *Deipenbrock*, BB 2003 S. 1849, 1851; *Schroether*, S. 792 f. mit dem Hinweis darauf, dass eine typologische Einordnung insoweit nicht zielführend ist, als die Interpretation der zum Vertragstyp gehörenden Vorschriften ohnehin „erheblich angepasst oder neu interpretiert werde müssen", da altersbedingt keiner der normierten Vertragstypen auf den Ratingvertrag angelegt ist. Für den Fall, dass es an einer Abnahmehandlung fehlt, mit diesem Ergebnis auch *Arntz*, BKR 2012 S. 89, 90 f.; *Hennrichs*, FS Hadding S. 875, 879 f.; *Peters*, S. 78.

[23] *Arntz*, BKR 2012 S. 89, 90; *Vetter*, WM 2004 S. 1701, 1705; *Peters*, S. 77; *Witte/Hrubesch*, ZIP 2004, S. 1346, 1349; daneben wird auch darauf abgestellt, dass die Tätigkeit von Rating-Agenturen gutachterlicher Tätigkeit ähnlich sei, welche in der Regel als werkvertragliche Tätigkeit einzustufen sei, vgl. z. B. m.w.N. *Hennrichs*, FS Hadding S. 875, 878 und *Thiele*, S. 25 f.; *Lemke*, S. 28.

[24] *Schroether*, S. 793; *Arntz*, BKR 2012 S. 89, 90; *Hennrichs*, FS Hadding S. 875, 878 f.

[25] *Stemper*, S. 76 ff.; *Arntz*, BKR 2012 S. 89, 90; *Ebenroth/Daum*, WM Sonderbeilage 5/1992 S. 1, 3.

[26] *Arntz*, BKR 2012 S. 89, 90; *Hennrichs*, FS Hadding S. 875, 879 f.; *Peters*, S. 76 ff.; *Thiele*, S. 24 ff.; *Habersack*, ZHR 2005 S. 185. 203; *Lemke*, S. 29 f.; *Stemper*, S. 161 f. mit dem Hinweis, dass eine Unterscheidung zwischen der Einordnung als Werkvertrag oder als atypischer Vertrag, auf den die Vorschriften der § 631 ff. BGB zum großen Teil analog anzuwenden sind, nicht notwendig ist.

[27] *Deipenbrock*, BB 2003 S. 1849, 1851.

[28] Dies werde besonders deutlich, da das Weisungsrecht des § 645 BGB ohnehin unter dem Vorbehalt der Zumutbarkeit für den Hersteller stehe, vgl. *Thiele*, S. 28 f.; ohne Begründung *Habersack*, ZHR 2005 S. 185. 203; *Lemke*, S. 28.

[29] So *Ebenroth/Daum*, WM-Sonderbeilage 5/1992 S. 1, 7; *Deipenbrock*, BB 2003 S. 1849, 1851.

vertragsgemäß, sei auch bei unkörperlichen Werken konkludent möglich[30] – beim Emittenten-Rating etwa im Rahmen einer Schlussbesprechung oder durch Zustimmung des Bestellers zur Veröffentlichung.[31]

bb) Die Bonitätsprüfung beim Crowdlending

Weil die Plattformbetreibergesellschaft mit dem Rating einen Erfolg schuldet, ist auch auf die Bonitätsprüfung beim Crowdlending kein Dienstvertragsrecht anzuwenden.

Darüber hinaus lässt sich die obige Argumentation aber nicht ohne Weiteres übertragen. Grund dafür ist, dass die Bonitätsprüfung beim Crowdlending zum Zeitpunkt des Vertragsschlusses nicht im Synallagma zu einer Gegenleistungspflicht steht. Dem Kreditnehmer steht es vielmehr offen, im Anschluss an die Bonitätsprüfung, ja selbst nach vollständiger Finanzierung des Projekts, vom Abschluss des Darlehensvertrags abzusehen.[32] Beachtet man in diesem Zusammenhang, dass die Plattformbetreibergesellschaft dem Kreditnehmer seine Ratingleistung nach eigenen Angaben „unentgeltlich"[33] anbietet, liegt es nahe, Auftragsrecht auf die Herstellung des Ratings anzuwenden.[34]

Unentgeltlichkeit i.S.d. § 662 BGB liegt aber nur vor, wenn der Beauftragte für seine Leistung gar keine Gegenleistung verlangen kann.[35] Dies ist nicht etwa schon dann der Fall, wenn es an einem Synallagma zwischen Leistung und Gegenleistungspflicht fehlt. Auch bei konditioneller Verknüpfung von Leistungen ist Entgeltlichkeit gegeben.[36]

Für das P2B-Crowdlending ist eine solche konditionelle Verknüpfung der Bonitätsprüfung mit der Gegenleistungspflicht ohne Probleme feststellbar. Dort gibt der

---

[30] M.w.N. *Busche*, in: MüKo-BGB (2012) § 631 Rn. 59.

[31] *Peters*, S. 77, verweist auf BGH, Urteil vom 24. 11. 1969 – VII ZR 177/67 – NJW 1970 S. 421, 422, demnach die Abnahme auch in der vorbehaltlosen Zahlung des Werklohns zum Ausdruck kommen kann; *Hennrichs*, FS Hadding S. 875, 879; *Lemke*, S. 28.

[32] Nr. 7.2 AGB für Unternehmen von FundingCircle, vgl. Quelle Zweiter Teil Fn. 14; Nr. 7.2 AGB zur Nutzung von Lendico Deutschland für private Kreditnehmer, vgl. Quelle Zweiter Teil Fn. 2; § 8 Abs. 2 Nutzungsbedingungen des auxmoney Online-Kreditmarktplatzes für Kreditsuchende und private Anleger, vgl. Quelle Zweiter Teil Fn. 2.

[33] Vgl. etwa Nr. 2.2 i.V.m. Nr. 4 und 5 AGB für Unternehmer von FundingCircle, vgl. Quelle Zweiter Teil Fn. 14; Nr. 2.2 i.V.m. Nr. 4 und 5 AGB zur Nutzung von Lendico Deutschland für private Kreditnehmer, vgl. Quelle Zweiter Teil Fn. 2.

[34] Beim Emittenten-Rating konnte dies wegen der synallagmatischen Gegenleistungsverpflichtung ausgeschlossen werden vgl. *Thiele*, S. 24; *Ebenroth/Daum*, WM-Sonderbeilage 5/ 1992 S. 1, 7; *Hennrichs*, FS Hadding S. 875, 878.

[35] *Seiler*, in: MüKo-BGB (2012) § 662 Rn. 26; *Fehrenbacher*, in: Prütting/Wegen/Weinreich § 662 Rn. 9; „Für das Wesen des Auftrags müsse entscheidend sein, daß er ohne Erwerbung eines Anspruchs auf Vergütung erteilt und angenommen werde", vgl. *Mugdan*, Band 2 S. 943.

[36] *Emmerich*, in: MüKo-BGB (2016) Vorbem. § 320 Rn. 8.

Kreditnehmer sein Provisionsversprechen nämlich zeitgleich mit der Verpflichtung der Plattformbetreibergesellschaft zur Erstellung des Ratings.[37] Die objektive Auslegung dieser Vereinbarung ergibt, dass der Kreditnehmer im Erfolgsfall die gesamte Leistung des Plattformbetreibers entlohnen will, als einen Teil davon also auch die Bonitätsprüfung und die Erstellung des Ratings.

Beim P2P-Crowdlending hingegen ist dies anders. Das Provisionsversprechen wird hier erst nach Abschluss der Bonitätsprüfung abgegeben, also erst nachdem das Rating erstellt ist.[38] Eine wirksame konditionelle Verknüpfung mit einer Gegenleistung besteht anfänglich also nicht. Dies schließt die Entgeltlichkeit der Handlung des Plattformbetreibers insgesamt jedoch nicht aus, denn eine unentgeltliche Beziehung kann auch nachträglich noch in eine entgeltliche umgewandelt werden, selbst wenn eine der zu verknüpfenden Leistungen bereits erbracht wurde.[39] Erforderlich ist lediglich, dass die Parteien entsprechende Erklärungen abgeben.[40]

Dass der Kreditnehmer mit der Provision auch beim P2P-Crowdlending eine Entlohnung aller Leistungen der Plattformbetreibergesellschaft bezweckt, zeigt sich bereits zu Beginn der Vertragsbeziehungen. Schon zu diesem Zeitpunkt weiß der Kreditnehmer um die Möglichkeit einer später entstehenden Leistungspflicht.[41] Noch vor Vollzug der Bonitätsprüfung billigt er dies durch Annahme der AGB.[42] § 655b BGB unterbindet zu diesem Zeitpunkt nur die rechtliche Verbindlichkeit des Provisionsversprechens, hindert den Kreditnehmer aber nicht daran zu akzeptieren, dass ein mögliches Entgelt sämtliche, auch die bereits erbrachten Leistungen der Plattformbetreibergesellschaft abdecken soll.

Als Zwischenergebnis lässt sich deshalb festhalten, dass die Plattformbetreibergesellschaft auch beim P2P-Crowdlending entgeltlich tätig wird, sofern ein wirksames Provisionsversprechen abgegeben wurde.

Welches Recht auf diese Verpflichtung der Plattformbetreibergesellschaft anzuwenden ist, ist dadurch aber noch nicht geklärt.

---

[37] Vgl. Zweiter Teil A.I.2.a).

[38] Vgl. Zweiter Teil A.I.2.b).

[39] *Seiler*, in: MüKo-BGB (2012) § 662 Rn. 29; RG, Urteil vom 22.11.1909 – VI 437/08 – RGZ 72, 188, 191; RG, Urteil vom 30.6.1910 – VI 400/09 – RGZ 74, 139, 142.

[40] *Beuthien*, in: Soergel (2011) § 662 Rn. 12; *Czub*, in: BeckOK-BGB § 662 Rn. 9; *Steffen*, in: RGRK Vor. § 662 Rn. 25; *Seiler*, in: MüKo-BGB § 662 (2012) Rn. 29; RG, Urteil vom 22.11.1909 – VI 437/08 – RGZ 72, 188, 191; RG, Urteil vom 30.6.1910 – VI 400/09 – RGZ 74, 139, 142.

[41] Derartige Kenntnis spricht auch nach *Czub*, in: BeckOK-BGB § 662 Rn. 9 allgemein für einen Verknüpfungswillen.

[42] Bei FundingCircle, Auxmoney und Lendico wird der Kreditnehmer beispielsweise darauf hingewiesen, dass die „Vermittlungsprovision" bei der Auszahlung der Darlehensvaluta einbehalten wird, vgl. Nr. 5.1.3 AGB für Unternehmen von FundingCircle vgl. Quelle Zweiter Teil Fn. 14; § 7 Abs. 1 b) Nutzungsbedingungen des auxmoney Online-Kreditmarktplatzes für Kreditsuchende und private Anleger, vgl. Quelle Zweiter Teil Fn. 2; Nr. 5.1.3 AGB zur Nutzung von Lendico Deutschland für private Kreditnehmer, vgl. Quelle Zweiter Teil Fn. 2.

Die konditionelle Verknüpfung von Leistungen ist rechtlicher Ausdruck einer Unterordnung der Interessen der Plattformbetreibergesellschaft unter die des Kreditnehmers. Sie ist bereit, dem Kreditnehmer gegenüber in Vorleistung zu treten, und akzeptiert sogar, dass seine Leistung am Ende gar nicht entlohnt wird. Eine solche Interessenunterordnung ist Wesensmerkmal der Subordinationsverträge, zu denen auch der Auftrag zählt.[43]

Der Werkvertrag ist hingegen durch einen Interessengegensatz geprägt, der sich typischerweise in der synallagmatischen Verbindung der Leistungspflichten niederschlägt. Er zählt deshalb zum Rechtsstrukturtyp der Koordinationsverträge.[44] Ausdruck der koordinationsrechtlichen Beziehung im Werkvertrag sind unter anderem die Gewährleistungsrechte, mittels derer der Besteller sicherstellen kann, dass die erhaltene Leistung die vereinbarte Qualität hat.

Diese Rechte passen nicht zu konditionell verknüpften Leistungsversprechen, wie sie Plattformbetreiber und Kreditnehmer vereinbaren. Wenn der Kreditnehmer, selbst nach Erhalt eines Großteils der vom Plattformbetreiber zu erbringenden Leistungen, die Entstehung des Gegenanspruchs nach Belieben verhindern darf, dann kann die objektive Auslegung der Vereinbarung nicht gleichzeitig ergeben, dass die Plattformbetreibergesellschaft etwa zur Gewährleistung verpflichtet ist, bevor ihr erstmalig ein Vergütungsanspruch zusteht.

Auf der anderen Seite wäre es aber auch nicht interessengerecht, würde man dem Kreditnehmer Gewährleistungsrechte für ein mangelhaftes Werk absprechen, obwohl er nach Abschluss des Darlehensvertrags die Gegenleistung entlohnen muss. Dadurch wird aus der Interessenunterordnung ein Interessengegensatz, der insbesondere die Inanspruchnahme von Gewährleistungsrechten rechtfertigt.

Um beiden Seiten gerecht zu werden, ist auf die Verpflichtung, der Plattformbetreibergesellschaft eine Bonitätsprüfung vorzunehmen, Auftragsrecht anzuwenden, bis es zum Abschluss eines Darlehensvertrags kommt und die Provisionspflicht eintritt. Ab diesem Moment kommt, auch rückwirkend, Werkvertragsrecht zur Anwendung. Auftragsrecht findet dann auch über § 675 BGB keine Anwendung mehr, weil es ohnehin an der dafür obligatorischen Weisungsabhängigkeit des Plattformbetreibers fehlt.[45] Insoweit kann doch noch einmal auf die Argumentation beim Emittenten-Rating verwiesen werden.[46]

---

[43] Eine umfangreiche Darstellung und Herleitung der unterschiedlichen Rechtsstrukturtypen findet sich bei *Martinek*, in: Staudinger (2006) Vorbem. §§ 662 ff. Rn. 24 ff.

[44] *Martinek*, in: Staudinger (2006) Vorbem. §§ 662 ff. Rn. 28.

[45] Dass der Plattformbetreiber von Weisungen des Kreditnehmers unabhängig ist, spiegelt sich auch darin wieder, dass er die Informationen festlegt, die zum Abschluss eines Kreditratingvertrages erforderlich sind. Ohne diese Informationen ist ein Vertragsschluss schon rein technisch nicht möglich. So. z.B. bei Auxmoney: www.auxmoney.com/1/creditapplication/create, zuletzt abgerufen am 14.12.2015 Ein möglicher Einfluss der Kooperationsbank auf genau diese Faktoren ist nicht zu berücksichtigen, da die erforderliche Weisungsbefugnis dem Auftraggeber zustehen muss, vgl. § 675 BGB i.V.m. § 665 BGB.

[46] Vgl. Zweiter Teil A.I.2.b)aa).

c) Vertragsschluss

Auch die Möglichkeit der Kreditnehmer, eine Kreditwürdigkeitsprüfung zu beantragen, ist eine invitatio ad incertas personas. Dies ergibt sich zum einen aus bestimmten Formulierungen in den AGB, die die Bonitätsprüfung unbedingt in Aussicht stellen,[47] aber auch wieder aus dem Geschäftsmodell der Plattformbetreibergesellschaft, deren wirtschaftlicher Erfolg von erfolgreich abgeschlossenen Kreditprojekten, zuvor also von möglichst vielen Kreditwürdigkeitsprüfungen abhängt. Das Angebot ist dabei durch die vollständige, wahrheitsgemäße Übermittlung der Informationen sowie durch die Funktionsfähigkeit der automatisierten Bewertungsprozesse und die Verfügbarkeit von Arbeitskapazitäten bedingt. Mit der Freigabe bzw. Aufforderung zur Prüfung erfolgt die Annahme des Angebots durch den Kreditnehmer.

d) Zwischenergebnis

Beim P2B-Crowdlending wird bereits mit der Anfrage einer Kreditwürdigkeitsprüfung ein Maklervertrag geschlossen, der die Vermittlung eines Darlehensvertrages zum Inhalt hat. Dieser ist insoweit atypisch, als die Plattformbetreibergesellschaft zur Herbeiführung eines konkreten Erfolgs, der Herstellung des Ratings, verpflichtet wird. Auf diese Leistungspflicht ist bis zum Abschluss des Darlehensvertrags Auftragsrecht, danach, auch rückwirkend, Werkvertragsrecht anzuwenden.

Durch Unterzeichnen eines als „Darlehensvermittlungsvertrag" bezeichneten Dokuments wird der Pflichtenkreis des Kreditnehmers nicht mehr erweitert. Lediglich die Plattformbetreibergesellschaft hat sich von diesem Moment an aktiv um den Abschluss eines Darlehensvertrags zwischen Kreditnehmer und Kooperationsbank zu bemühen.

Beim P2P-Crowdlending wird der Darlehensvermittlungsvertrag in Form eines Maklerdienstvertrages erst mit Unterzeichnung des entsprechend bezeichneten Vertragsdokuments durch den Kreditnehmer geschlossen. Zuvor fehlt es an der Abgabe eines Provisionsversprechens. Wie beim P2B-Crowdlending ist auf die Pflicht der Plattformbetreibergesellschaft zur Herstellung des Bonitätsratings zunächst Auftragsrecht, und nach Abschluss des Darlehensvermittlungsvertrags, abermals auch rückwirkend, Werkvertragsrecht anzuwenden.

3. Zwischen der Kooperationsbank und dem Kreditnehmer

Die schuldrechtlichen Beziehungen zwischen Kooperationsbank und Kreditnehmer sind offensichtlich und werden nur der Vollständigkeit halber dargestellt. Die

---

[47] Z.B. FundingCircle AGB für Unternehmen Nr. 5.2 „Sobald wir die ... erforderlichen Daten erhalten haben, führen wir eine Prüfung ... durch".

Parteien schließen den zuvor[48] bereits erwähnten (Annuitäten-)Darlehensvertrag i.S.d. § 488 BGB.[49]

Sofern die Rückzahlungsansprüche akzessorisch besichert werden – derzeit nur durch eine selbstschuldnerische Bürgschaft[50] – wird auch der Sicherungsvertrag mit der Kooperationsbank geschlossen.[51]

4. Zwischen der Plattformbetreibergesellschaft und der Kooperationsbank[52]

a) Motive

Um die vertragliche Beziehung zwischen Kooperationsbank und Plattformbetreiber besser bewerten zu können, sollen zunächst die Motive dargestellt werden, welche die beiden Parteien mit der Kooperation verfolgen.

Der Plattformbetreibergesellschaft dient die Kooperation dazu, sich selbst und die Investoren vor einer Genehmigungspflicht nach § 32 KWG zu bewahren und ihnen gleichzeitig wirtschaftlich die Position eines Darlehensgebers verschaffen zu können.[53]

Weniger offensichtlich ist, weshalb die Kooperationsbanken partizipieren. Eine unmittelbare finanzielle Beteiligung an erfolgreich abgewickelten Kreditprojekten

---

[48] Vgl. Erster Teil B.III.

[49] Die Kooperationsbank schließt den Vertrag im eigenen Namen ab. Dass die finanziellen Mittel von Dritten stammen, ist insofern irrelevant, vgl. m.w.N. *Berger*, in: MüKo-BGB (2016) § 488 Rn. 11.

[50] Bei FundingCircle ist die selbstschuldnerische Bürgschaft des Geschäftsführers und Eigentümers Voraussetzung für den Abschluss eines Darlehensvertrags. Vgl. https://www.fundingcircle.com/de/investoren-hilfe-17.html, zuletzt abgerufen am 30.11.2015.
Wobei dem Anschein nach auch Bürgschaften Dritter möglich sind, Nr. 1.2 AGB FundingCircle für Unternehmen, vgl. Quelle Zweiter Teil Fn. 14.

[51] Dies lässt sich u.a. Nr. 1.2 der AGB für Privatanleger von FundingCircle entnehmen, vgl. Quelle Zweiter Teil Fn. 2; teilweise kommt es auch zu Sicherungsübereignungen. Bei Auxmoney dient als Sicherungsgut ein Kraftfahrzeug vgl. Muster Sicherungsübereignungsvertrag (Barkredit), abrufbar unter: https://www.auxmoney.com/contact/dokumente/borrower/AnlageC.pdf, zuletzt abgerufen am 30.11.2015. Dieses wird der Intermediärgesellschaft übereignet, vgl. Präambel a.a.O.

[52] Für die Darstellung der Vertragsbeziehung zwischen Plattformbetreibergesellschaft und Kooperationsbank konnte auf keine Vertragsdokumente zurückgegriffen werden, da diese dem Bearbeiter nicht zur Verfügung gestellt wurden. Die Typisierung der Rechtsbeziehung erfolgt deshalb unter Bezugnahme auf Aussagen von Geschäftsführern der Plattformbetreibergesellschaften, welche diese gegenüber dem Bearbeiter getätigt haben, sowie allgemeinen Angaben der Plattformbetreibergesellschaften, etwa in ihren AGB, den übrigen Vertragsurkunden oder auf den eigenen Internetseiten.

[53] Zur Frage, ob dies tatsächlich gelingt, vgl. für das unechte Crowdlending mit einfacher Forderungsübertragung Zweiter Teil B.I.3. und für das unechte Crowdlending mit gestreckter Forderungsübertragung Zweiter Teil B.I.4.a).

wurde auf Nachfrage nur von einer Plattformbetreibergesellschaft angegeben.[54] Bei anderen erhält die Kooperationsbank lediglich Gebühren für das von ihr bei der Bank betriebene Konto.[55] Teilweise erhält die Kooperationsbank auch eine Servicegebühr von den Kreditnehmern, die im Anschluss an die Valutierung des Darlehens zu entrichten ist.[56]

Daneben dürfte auch die Kundenakquise ein Motiv sein, wenn die Beteiligung an einem Kreditprojekt nur über das Girokonto bei der Kooperationsbank möglich ist. Die Bank nutzt dann die innovative Geldanlagemöglichkeit zur Bewerbung ihres Girokontos,[57] wobei ihr mittelbar auch die Internetseite des Plattformbetreibers und von diesem geschaltete Werbung als Werbeträger dient. Dieser Mehrwert ist nicht zu unterschätzen, beachtet man, dass Kreditinstitute, um Neukunden zu werben, sonst vielfach hohe Prämien gewähren müssen.[58]

b) Typisierung

Die Typik der Vertragsbeziehungen hängt vom jeweiligen Crowdlending-Model ab.

aa) Unechtes Crowdlending mit einfacher Forderungsübertragung

Der Zusammenarbeit zwischen Kooperationsbank und Plattformbetreibergesellschaft liegt beim unechten Crowdlending mit einfacher Forderungsübertragung ein Dauerschuldverhältnis zu Grunde. Dass die Kooperation über ein reines Gefälligkeitsverhältnis hinausgeht, verdeutlicht bereits die wirtschaftliche Abhängigkeit der Plattformbetreibergesellschaft von einem zuverlässigen Partner.

Auch wenn die dieser Beziehung zugrundeliegenden Vertragsdokumente dem Bearbeiter von keiner Plattformbetreibergesellschaft zur Verfügung gestellt wurden, so wurde eine Übereinkunft zumindest von einer der beiden Plattformbetreibergesellschaften, die das unechte Crowdlending mit einfacher Forderungsübertragung

---

[54] Bei Finmar wird die Kooperationsbank demnach prozentual an der Provisionszahlung des Kreditnehmers beteiligt.

[55] Dies teilte FundingCircle dem Bearbeiter mit, ließ die Höhe der Gebühren jedoch offen.

[56] Bei Auxmoney sind dies nach eigenen Angaben derzeit 2,50 € im Monat, unabhängig von der Höhe des Darlehens, vgl. www.auxmoney.com/kredit/info/kosten.html, zuletzt abgerufen am 30.11.2015.

[57] Dies tut die Fidor Bank auch unter www.fidor.de/produkte/crowdfinance, zuletzt abgerufen am 30.11.2015.

[58] So gewähren einige Banken neuen Girokonto-Kunden nach Medienberichten bis zu 100 € allein an Werbeprämien, vgl. *Kunz*, Anne/*Seibel*, Karsten „Hohe Prämien für Girokonten bringen Nachteile", „Die Welt vom" 25.03.2013, abrufbar unter: www.welt.de/finanzen/geldanlage/article126159643/Hohe-Praemien-fuer-Girokonten-bringen-Nachteile.html, zuletzt abgerufen am 28.11.2015.

betreiben, bestätigt.[59] Die andere tut dies zumindest auf ihrer Internetseite.[60] Und auch die Kooperationsbank wirbt mit der Zusammenarbeit.[61]

Zur näheren Typisierung dieses Dauerschuldverhältnisses greift der Bearbeiter auf die AGB der Plattformbetreibergesellschaften, sonstige von diesen veröffentlichte Informationen und Dokumente sowie auf Angaben zurück, die diese auf Anfrage des Bearbeiters gemacht haben.

(1) Kein Maklervertrag

Festgehalten werden kann zunächst einmal, dass es sich bei dem Vertrag nicht um einen Maklervertrag handelt, obwohl die Plattformbetreibergesellschaft durch den Betrieb ihrer Internet-Plattform den Vertragsschluss zwischen Kooperationsbank und Kreditnehmer bzw. Kooperationsbank und Investor ermöglicht.

Der Maklervertrag ist seinem Wesen nach ein Vertrag, der eine Tätigkeit im Dienste oder Interesse eines anderen zum Gegenstand hat.[62] An eben diesem Element fehlt es. Es ist schließlich keine Leistung des Plattformbetreibers, der Kooperationsbank einen Vertragsschluss zu ermöglichen, sondern der Vertragsschluss ist die Leistung der Kooperationsbank gegenüber der Plattformbetreibergesellschaft.

(2) Kein Gesellschaftsvertrag

Obwohl Kooperationsbank und Plattformbetreibergesellschaft mit der Abwicklung von Kreditprojekten einen gemeinsamen Zweck verfolgen, bilden sie keine Gesellschaft bürgerlichen Rechts. Das vorhandene kooperative Element der Vereinbarung wird durch ein subordinationsrechtliches überlagert.[63] Schließlich dient die Zusammenarbeit in erster Linie dem Interesse der Plattformbetreibergesellschaft. Ohne Beteiligung der Kooperationsbank liefe die Plattformbetreibergesellschaft Gefahr, dass sie selbst oder die Investoren einer Genehmigung i.S.d. § 32 KWG bedürfen.[64] Ohne diese würde sie sich dann sogar strafbar machen.[65] Die Koopera-

---

[59] Gemeint ist die Plattform Finmar.

[60] Smava unter www.smava.de/128+So-funktioniert-kreditprivat.html, zuletzt abgerufen am 30.11.2015.

[61] Fidor Bank AG im Nutzerbereich für Kontoinhaber unter www.fidor.de, zuletzt abgerufen am 30.11.2015.

[62] *Larenz*, LSR BT II/1 § 54 S. 395; systematisch wird er deshalb zu Recht in Zusammenhang mit Werk- und Reisevertragsrecht, vgl. etwa *Marggraf*, in: BeckOK-BGB § 652 Rn. 2, oder dem Kaufvertragsrecht gebracht, vgl. *Arnold*, in: Staudinger (2016) Vorbem. §§ 652 ff. Rn. 4.

[63] In derartigen Fällen liegt keine GbR vor, selbst wenn die Tatbestandsmerkmale erfüllt sind, vgl. *Ulmer/Schäfer*, in: MüKo-BGB (2013) Vorbem. § 705 BGB Rn. 104; das Recht der GbR findet in diesen Fällen höchstens noch im Einzelfall Anwendung, vgl. etwa *Schöne*, in: BeckOK-BGB § 705 Rn. 31.

[64] Vgl. BaFin Merkblatt – Hinweise zur Erlaubnispflicht der Betreiber und Nutzer einer internetbasierten Kreditvermittlungsplattform nach dem KWG vom 14. Mai 2007, abrufbar

tionsbank nutzt also die eigene Genehmigung im Interesse der Plattformbetreiber-gesellschaft.[66]

(3) Auftrag oder Geschäftsbesorgungsvertrag

Aufgrund dieser Interessenunterordnung ist das Verhältnis zwischen Plattformbetreibergesellschaft und Kooperationsbank als Auftrag und im Fall einer Provisionsbeteiligung als Geschäftsbesorgungsvertrag zu typisieren. Bei objektiver Auslegung der Kooperationsvereinbarung ergibt sich, dass die Kooperationsbank verpflichtet wird, den Abschluss von Darlehensverträgen und, dem vorgelagert, die Annahme von Beteiligungszusagen zumindest nicht willkürlich zu verweigern.

bb) Unechtes Crowdlending mit gestreckter Forderungsübertragung

Auch beim unechten Crowdlending mit gestreckter Forderungsübertragung besteht zwischen Kooperationsbank und Plattformbetreibergesellschaft eine dauerhafte Geschäftsbeziehung. Dass auch dieser ein Dauerschuldverhältnis zugrunde liegt, zeigt abermals die wirtschaftliche Bedeutung der Kooperation für die Plattformbetreibergesellschaft. Das Volumen bislang kooperativ vermittelter Darlehen von teils mehreren hundert Millionen Euro lässt keinen anderen Schluss zu.[67]

Auch für dieses Modell hat eine Plattformbetreibergesellschaft die Übereinkunft schriftlich gegenüber dem Bearbeiter bestätigt.[68] Die übrigen Anbieter implizieren dies auf ihren Internetseiten.[69]

(1) Kein Makler- oder Gesellschaftsvertrag

Ebenso wie beim unechten Crowdlending mit einfacher Forderungsübertragung ist die Geschäftsbeziehung zwischen Plattformbetreibergesellschaft und Koopera-

---

unter: www.bafin.de/SharedDocs/Veroeffentlichungen/DE/Merkblatt/mb_070514_kreditvermitt lungsplattform.html, zuletzt abgerufen am 30.11.2015.

[65] Zu den Folgen des ungenehmigten Betriebs von Bankgeschäften und Finanzdienstleistungen siehe unten Zweiter Teil B.I.1.

[66] Nach Angaben der BaFin besitzen sämtliche Kooperationsbanken eine Genehmigung i.S.d. § 32 KWG: Fidor Bank: https://portal.mvp.bafin.de/database/InstInfo/institutDetails.do? cmd=loadInstitutAction&institutId=120505, zuletzt abgerufen am 30.11.2015; Wirecard Bank: https://portal.mvp.bafin.de/database/InstInfo/institutDetails.do?cmd=loadInstitutActio n&institutId=117969, zuletzt abgerufen am 30.11.2015; SWK Bank: https://portal.mvp.bafin. de/database/InstInfo/institutDetails.do?cmd=loadInstitutAction&institutId=104189, zuletzt abgerufen am 30.11.2015.

[67] Auxmoney etwa gibt, Stand 30.11.2015, an bereits Kredite mit einem Gesamtvolumen von über 223 Mio. € vermittelt zu haben, vgl. https://www.auxmoney.com/infos/ueber-uns.

[68] Gemeint ist die Plattform FundingCircle.

[69] Vgl. für Kapilendo unter: https://www.kapilendo.de/public/press/PM_kapilendo_koope riert_mit_Fidor_Bank_2015-08-05.pdf; für Auxmoney unter: https://www.auxmoney.com/in fos/partner, zuletzt abgerufen am 30.11.2015.

tionsbank beim Modell mit gestreckter Forderungsübertragung nicht als Maklervertrag zu typisieren. Denn hier wie dort ist der Abschluss der Verträge mit den Kreditnehmern bzw. der Intermediärgesellschaft eine Leistung der Kooperationsbank für die Plattformbetreibergesellschaft und nicht umgekehrt.[70]

Aus den zuvor genannten Gründen liegt auch hier kein Gesellschaftsvertrag vor.

(2) Rahmenkommissionsvertrag

Die Kooperationsbank ist wie beim Crowdlending mit einfacher Forderungsübertragung verpflichtet, den Abschluss der erforderlichen Verträge nicht willkürlich zu verweigern. Im Gegensatz zum Modell mit einfacher Forderungsübertragung stehen der Kooperationsbank zum Zeitpunkt des Darlehensvertragsschlusses noch keine Ansprüche gegen die Investoren zu. Auch der Abschluss des „Forderungskaufvertrags" mit der Intermediärgesellschaft erfolgt Angaben der Plattformbetreibergesellschaften zufolge erst nach Abschluss des Darlehensvertrags.[71] Bis dahin läge das wirtschaftliche Risiko aus dem Darlehensvertrag also bei der Kooperationsbank.

Bei objektiver Bewertung entspricht dieses Ergebnis nicht dem Willen der Kooperationsbank. Diese wird zur dauerhaften Zusammenarbeit mit der Plattformbetreibergesellschaft nur bereit sein, wenn sie wie auch beim Crowdlending mit einfacher Forderungsübertragung sicher sein kann, das wirtschaftliche Risiko nicht einmal vorübergehend tragen zu müssen. Eine Abhängigkeit von der Abschlussbereitschaft der Intermediärgesellschaft entspricht dem nicht.

Wird das wirtschaftliche Risiko also tatsächlich nicht antizipiert auf die Intermediärgesellschaft und weiter auf die Investoren verlagert, muss man die Vereinbarung zwischen Kooperationsbank und Plattformbetreibergesellschaft wie folgt auslegen:

Im Gegenzug dafür, dass die Kooperationsbank den Abschluss von Darlehensverträgen nicht willkürlich verweigern darf, ist sie berechtigt von der Plattformbetreibergesellschaft die Übernahme der Rückzahlungsansprüche gegen Ersatz der Aufwendungen zu verlangen, bis die Intermediärgesellschaft diese Risiken übernimmt.

---

[70] Vgl. oben Zweiter Teil im Anschluss an Fn. 62.

[71] Gemäß schriftlicher Aussage der FundingCircle Deutschland GmbH. Von diesem Vorgehen geht im Übrigen auch der Gesetzentwurf zum Kleinanlegerschutzgesetz aus. Dort heißt es „Dabei erfolgt die Kreditvergabe an den Kreditsuchenden zunächst durch das Kreditinstitut, das anschließend den von ihm vergebenen Kredit in Teilforderungen an einzelne Anleger weiterveräußert.", vgl. Gesetzentwurf eines Kleinanlegerschutzgesetzes BT-Drucks. 18/3994 vom 11.02.2015 S. 39; dieses Ergebnis lässt sich auch § 4 „MUSTER Vertrag über den Verkauf, die Abtretung und die Verwaltung einer zukünftigen Verbraucherdarlehensforderung" von CreditConnect entnehmen, der den Abschluss des Vertrages, welcher die Kooperationsbank zur Übertragung der Forderung auf die Intermediärgesellschaft verpflichtet, als zeitlich im Anschluss an den Abschluss des Darlehensvertrags erfolgend, erscheinen lässt, vgl. https://www.auxmoney.com/contact/dokumente/lender/AnlageC.pdf, zuletzt abgerufen am 30.11.2015.

Damit ist die Geschäftsbeziehung zwischen Kooperationsbank und Plattformbetreibergesellschaft als Rahmenkommissionsvertrag i.S.d. §§ 406 Abs. 1, 383 HGB zu qualifizieren. Ungeachtet dessen bleibt die Verpflichtung der Kooperationsbank bestehen, den Vertragsschluss mit der Intermediärgesellschaft nicht willkürlich zu verweigern.

5. Zwischen dem Kreditnehmer und den Investoren

Zwischen den Investoren und dem Kreditnehmer wird im Rahmen eines Kreditprojekts kein Vertrag geschlossen.[72] Dennoch treten sie in schuldrechtliche Beziehungen zueinander[73]. Dies geschieht entweder in Folge eines abtretungsweisen Erwerbs der Rückzahlungsansprüche durch die Investoren oder einer gewillkürten Vertragsübernahme derselben.[74]

Hinsichtlich möglicherweise bestellter Sicherheiten gelten beim unechten Crowdlending keine Besonderheiten. Akzessorische Sicherheiten, derzeit also teilweise gewährte Bürgschaften, gehen ebenfalls anteilig auf die Investoren über. Wird Sicherungseigentum bestellt, erwirbt dies allein die Intermediärgesellschaft, und zwar treuhänderisch, für die Investoren.[75] Eigene Ansprüche gegen den Kreditnehmer stehen den Investoren insoweit nicht zu.

6. Zwischen den einzelnen Investoren

a) Keine schuldvertragliche Verbindung – Insbesondere keine GbR

Die Investoren könnten zueinander in einem gesellschaftlichen Verhältnis stehen, ähnlich dem zwischen den Konsorten bei der Vergabe eines Konsortialkredits.

Nach ganz herrschender Meinung bilden diese eine bürgerlich rechtliche (Gelegenheits-)Gesellschaft.[76] Den gemeinsamen Zweck bilden dabei die gemeinschaftliche Kreditvergabe und die Verwaltung des Kredits im Interesse oder für Rechnung der Konsorten.[77] Die Förderpflicht besteht entweder in der Pflicht zur

---

[72] *Renner*, ZBB 2014 S. 261, 264.

[73] Vgl. zu den insoweit differenziert zu gebrauchenden Begriffen des Schuldverhältnisses im engeren und im weiteren Sinn, etwa *Bachmann*, in: MüKo-BGB (2016) § 241 Rn. 3 f.; *Medicus/Lorenz*, SR I/AT § 1 Rn. 8.

[74] Siehe zu den teilweise vereinbarten Vertragsübernahmen Zweiter Teil A.II.1.c).

[75] Vorbemerkung Vertrag über den Verkauf, die Abtretung und die Verwaltung einer zukünftigen Verbraucherdarlehensforderung CreditConnect, vgl. Quelle Zweiter Teil Fn. 71.

[76] Sie bilden nach ganz h.M. bürgerlich rechtliche (Gelegenheits-)Gesellschaften, vgl. *Hinsch/Horn*, S. 157; *Wenzel*, S. 262; *Ulmer/Schäfer*, in: MüKo-BGB (2013) Vorbem. § 705 Rn. 58; *Schaffelhuber/Sölch*, in: Münchener Handbuch des Gesellschaftsrechts Band 1 § 31 Rn. 9; *Schöne*, in: BeckOK-BGB § 705 Rn. 185.

[77] So wird der gemeinsame Zweck der Konsorten bei der Vergabe von Konsortialkrediten gemeinhin definiert, vgl. *Schaffelhuber/Sölch*, in: Münchener Handbuch des Gesellschafts-

Auszahlung der Valuta an die Konsortialgesellschaft oder den Kreditnehmer[78] oder aber im Abschluss des Darlehensvertrags selbst.[79]

Auch beim Crowdlending lassen sich überindividuelle Zwecke der Investoren ausmachen:[80] Zum einen die vollständige Deckung des Kreditbedarfs, zum anderen die Abwicklung des einzelnen Kreditprojekts. Auch haben die Investoren diese Pflichten zu fördern. Sie haben ihr Kapital bereitzustellen und es zu unterlassen, ihre Forderungen selbst einzuziehen, in Kontakt mit dem Kreditnehmer zu treten oder geleistete Sicherheit eigenmächtig zu verwerten.[81] Auch ein solches Unterlassen kann Gegenstand der Förderpflicht sein.[82]

Eine GbR liegt aber dennoch nicht vor, denn die Investoren verpflichten sich nicht gegenüber einander. Ihre Beteiligungszusage bindet sie allein gegenüber der Kooperationsbank bzw. der Intermediärgesellschaft.[83] Einer Verpflichtung gegenüber den übrigen Investoren wird sogar ausdrücklich widersprochen.[84]

Geht man, entgegen der hier vertretenen Ansicht, von einer gesellschaftlichen Beziehung unter den Investoren aus, wäre dies nur eine Innengesellschaft, weil

---

rechts Band 1 § 31 Rn. 9; *Wenzel*, S. 258; beschränkt auf den Zweck der Kreditgewährung *Hinsch/Horn*, S. 156 f.

[78] *Wenzel*, S. 260 f.; *De Meo*, S. 61 2. Kapitel Rn. 116 ff.; *Hinsch/Horn*, S. 160; *Schaffelhuber/Sölch*, in: Münchener Handbuch des Gesellschaftsrechts Band 1 § 31 Rn. 21.

[79] *De Meo*, S. 61 2. Kapitel Rn. 115; *Schaffelhuber/Sölch*, in: Münchener Handbuch des Gesellschaftsrechts Band 1 § 31 Rn. 21.

[80] Allein die gleichgerichteten individuellen Interessen, das eigene Kapital gewinnbringend anzulegen, reichen nicht aus, vgl. allgemein *Habermeier*, in: Staudinger (2003) § 705 Rn. 17 ff.; *Ulmer/Schäfer*, in: MüKo-BGB (2013) § 705 Rn. 148.

[81] Etwa § 12 Abs. 2 der Vereinbarung über Verkauf, Abtretung und entgeltliche Verwaltung künftiger (Teil-)Forderungen aus einem Verbraucherkreditvertrag von Lendico.

[82] Schon *Ballerstedt*, JuS 1963 S. 253; dem folgend *Habermeier*, in: Staudinger (2003) § 705 Rn. 19 und *Ulmer/Schäfer*, in: MüKo-BGB (2013) § 705 Rn. 154; im Kontext der Konsortialkredite sei erwähnt, dass sogenannte Stillhaltekonsortien existieren, in denen sich Kreditgeber zusammentun, um beispielsweise gewährte und fällige Kredite einheitlich zu stunden oder sich mit ratenweiser Tilgung zufrieden zu geben. Auch hier ist Gegenstand der Förderpflicht zumindest anteilig ein Unterlassen, nämlich das eines anderweitigen Vorgehens gegen den Kreditnehmer. Vgl. zum Begriff des Stillhaltekonsortiums etwa *Schaffelhuber/Sölch*, in: Münchener Handbuch des Gesellschaftsrechts Band 1 § 31 Rn. 12.

[83] Vgl. für das unechte Crowdlending mit einfacher Forderungsübertragung Zweiter Teil A.II.1. und für das unechte Crowdlending mit gestreckter Forderungsübertragung Zweiter Teil A.III.2.

[84] Dies wird in den Kommissionsverträgen ausgeschlossen, vgl. (Credit Connect) § 2 Abs. 5 bb)f) Vertrag über den Verkauf, die Abtretung und die Verwaltung einer zukünftigen Verbraucherdarlehensforderung, vgl. Quelle Zweiter Teil Fn. 71; (FundingCircle/Funding-Circle Connect) § 11 Abs. 3 Vereinbarung über Verkauf, Abtretung und entgeltliche Verwaltung künftiger (Teil-)Forderungen aus einem Ratentilgungskreditvertrag mit einem Unternehmen; (Finmar) § 7 Abs. 3 Vertrag über den Kauf und die Abtretung einer über die Crowdlending-Plattform www.finmar.com vermittelten Kreditforderung; § 11 Abs. 3 Vereinbarung über Verkauf, Abtretung und entgeltliche Verwaltung künftiger (Teil-)Forderungen aus einem Verbraucherkreditvertrag (Lendico Connect).

keinerlei Gesellschaftsvermögen gebildet wird.[85] Da die Investoren regelmäßig keine Kenntnis von der Identität der übrigen Gesellschafter haben und die Forderungsverwaltung durch die Plattformbetreiber- oder die Intermediärgesellschaft erfolgt, dürften sie kaum Berührungspunkte haben und die Relevanz der Wahrnehmung gesellschaftlicher Verpflichtungen gering sein.

b) Gläubiger- und Schuldnermehrheit der Investoren

Trotz der fehlenden schuldvertraglichen Beziehungen zwischen den Investoren bilden sie, in Folge der rechtsgeschäftlichen Beziehungen zum Kreditnehmer, Gläubiger- und Schuldnermehrheiten. Deren rechtliche Qualität soll im Folgenden untersucht werden.

aa) Gläubigermehrheit

Unabhängig davon, ob den Investoren die Ansprüche aus § 488 Abs. 1 S. 2 BGB anteilig abgetreten werden oder ob sie den Vertrag übernehmen, stehen sie dem Kreditnehmer als Teilgläubiger der Rückzahlungsansprüche gegenüber.

Eine Gesamtgläubigerschaft scheidet zwar nicht allein deshalb aus, weil sie regelmäßig ausdrücklich ausgeschlossen wird.[86] Entscheidend ist, dass die Investoren sich offenbar nicht dem Insolvenzrisiko oder der Leistungsbereitschaft eines anderen Investors aussetzen mögen; sie sind ja nicht einmal bereit sich einander gegenüber vertraglich zu binden.[87] Die Gesamtgläubigerschaft würde aber genau dies bewirken.

Der Kreditnehmer könnte die Valuta samt aller Zinsen an einen Investor zahlen und sich so gegenüber allen anderen von der Leistungspflicht befreien. Die übrigen Investoren würden auf Ausgleichsansprüche gegen den Leistungsempfänger verwiesen.[88] Außerdem könnten Gläubiger einzelner Investoren auf die gesamte Forderung zugreifen, um ihre Forderung zu befriedigen.[89]

---

[85] Vgl. zu diesem Erfordernis *Habermeier*, in: Staudinger (2003) Vorbem. § 705 Rn. 63.

[86] Eine Gesamtgläubigerschaft wird in der Regel im Kommissionsvertrag explizit ausgeschlossen, vgl. etwa (Credit Connect) § 2 Abs. 5 bb)e) MUSTER Vertrag über den Verkauf, die Abtretung und die Verwaltung einer zukünftigen Verbraucherdarlehensforderung, vgl. Quelle Zweiter Teil Fn. 71; (Lendico) § 11 Abs. 1 „Vereinbarung über Verkauf, Abtretung und entgeltliche Verwaltung künftiger (Teil-)Forderungen aus einem Verbraucherkreditvertrag"; (Finmar) § 7 Abs. 2 Vertrag über den Kauf und die Abtretung einer über die Crowdlending-Plattform www.finmar.com vermittelten Kreditforderung; (Credit Connect) § 9 Abs. 2 Vertrag über den Verkauf, die Abtretung und die Verwaltung einer zukünftigen Verbraucherdarlehensforderung.

[87] Vgl. Zweiter Teil A.I.6.a).

[88] Zur Ausgleichspflicht etwa *Bydlinski*, in: MüKo-BGB (2016) § 430 Rn. 3.

[89] BGH, Urteil vom 24. 1. 1985 – IX ZR 65/84 – BGHZ 93, 315, 320 f. – NJW 1985, 1218; *Noack*, in: Staudinger (2012) § 428 Rn. 14.

Die Mitgläubigerschaft der Investoren hingegen ist schon tatbestandlich ausgeschlossen, weil es sich bei dem Rückzahlungsanspruch um eine Geldforderung und damit um eine teilbare Leistung handelt.[90]

bb) Schuldnermehrheit

Werden die Rückzahlungsansprüche mittels Abtretung übertragen, ist mangels abweichender Vereinbarung davon auszugehen, dass die Zessionare konkludent einen Schuldbeitritt hinsichtlich der Verpflichtung zur Belassung der Valuta bei dem Kreditnehmer erklären.[91] Folglich sind die einzelnen Investoren und die Zedenten (Kooperationsbank und ggf. Intermediärgesellschaft) als Gesamtschuldner dieser Pflicht zu qualifizieren.

Anders zu bewerten ist das Verhältnis der Investoren zueinander. Sie werden der Verpflichtung, die Valuta beim Kreditnehmer zu belassen, nur insoweit beitreten, als ihnen auch der Anspruch auf Rückzahlung übertragen wird. Aus diesem Grund könnte man die einzelnen Investoren auch als Teilschuldner qualifizieren. Allerdings müsste die Belassenspflicht dann generell eine teilbare Leistung sein.

Die Belassenspflicht aus dem Darlehensvertrag ist allerdings eine Gebrauchsüberlassungspflicht[92] und Gebrauchsüberlassungspflichten werden regelmäßig als unteilbar angesehen.[93]

Die Vertreter dieses Ergebnisses haben, soweit ersichtlich, stets die Überlassung einer Sache, nicht aber die von Geld im Blick. In solchen Fällen überzeugt die Bewertung als unteilbare Leistung. Beim Darlehensvertrag ist dies anders. Es ist durchaus möglich, dass lediglich ein Teil der Valuta zurückgefordert und zurückgezahlt wird.[94] Auch dogmatisch ist es nur überzeugend, die Pflicht zur Belassung der Valuta als teilbare Leistung anzusehen. Schließlich handelt es sich bei der Belassenspflicht um den transformierten Anspruch auf Valutierung des Darlehens.[95] Wenn die Pflicht zur Valutierung aber teilbar ist, muss auch sein passives Äquivalent teilbar sein.

Aus diesem Grund sind die Investoren im Fall der abtretungsweisen Forderungsübertragung Teilschuldner (i.S.d. § 420 BGB) der Belassenspflicht.

---

[90] *Roth/Kieninger*, in: MüKo-BGB (2016) § 398 Rn. 64.

[91] Vgl. zum Schuldbeitritt bei Zession von Rückzahlungsansprüchen *Mülbert*, in: Staudinger (2015) § 490 Rn. 229.

[92] Etwa *Berger*, in: MüKo-BGB (2016) Vorbem. § 488 Rn. 12; *Mülbert*, in: Staudinger (2015) § 488 Rn. 291.

[93] RG, Urteil vom 19.6.1917 – 25/17 III – JW 1917 S. 849; unter Berufung auf dieses Urteil *Bydlinski*, in: MüKo-BGB (2016) § 420 Rn. 5; *Gehrlein*, in: BeckOK-BGB § 420 Rn. 3.

[94] Zu der Frage, ob die einzelnen Investoren zur Kündigung des Darlehensvertrags berechtigt sind, siehe unten Zweiter Teil B.I.3.a)bb)(7)(c)(aa).

[95] Statt vieler *Freitag*, in: Staudinger (2015) § 488 Rn. 163.

Übernehmen die Investoren den Darlehensvertrags, gilt dasselbe.[96] Zwar übernehmen sie ein einheitliches Schuldverhältnis, allerdings trifft jeden Investor auch dann nur die Pflicht, den Anteil, den der Kreditnehmer ihm zurückzuzahlen hat, bis zur Kündigung des Darlehens oder bis zur Fälligkeit des Rückzahlungsanspruchs beim Kreditnehmer zu belassen.

c) Das Verrechnungsmodell

Eine besondere Verbindung besteht zwischen den Investoren, welche Kreditforderungen über die Internetseite www.smava.de erwerben. Zwischen den Investoren, die Kreditforderungen von Kreditnehmern der gleichen Bonitätsklasse erworben haben, wird hier ein Risikoausgleich geschaffen.[97]

Zunächst wird errechnet, wie hoch die Ausfallquote der Tilgungsanteile einer Bonitätsklasse ist. Dazu wird die Summe der in dem Monat tatsächlich gezahlten Tilgungsanteile durch die insgesamt fälligen Tilgungsanteile dividiert.[98] Anschließend wird der Quotient mit der fälligen Tilgungsrate des Investors multipliziert.[99] Von diesem Ergebnis wird schließlich die tatsächlich gezahlte Tilgungsrate subtrahiert.[100] Ist das Ergebnis negativ, wird es von dem Betrag abgezogen, den die Kooperationsbank an den Investor auszahlt. Ist es positiv, steht der Betrag dem Investor zu, neben der von „seinem" Kreditnehmer gezahlten Tilgung.[101]

Die Vereinbarung hat eine Vergemeinschaftung des Ausfallrisikos zur Folge. Doch auch dies führt nicht zu einer Vertragsbeziehung der Investoren untereinander.[102] Die Vereinbarung mit der Plattformbetreibergesellschaft stellt vielmehr eine Weisung des Investors dar, wie diese mit den Ansprüchen des Investors gegen die Kooperationsbank zu verfahren hat. Die verrechneten Ansprüche sind eben nicht die aus dem Darlehensvertrag, sondern die, die sich aus der Annahme der Tilgungsraten durch die Kooperationsbank ergeben.

---

[96] Zur Abgrenzung zwischen Abtretung und Vertragsübernahme, vgl. Zweiter Teil A.II.1.c).

[97] § 19 ff. Rahmenkaufvertrag für über den Onlinemarktplatz „www.smava.de" vermittelte Kreditforderungen; Smava AGB § 19 ff., vgl. Quelle Zweiter Teil Fn. 2.

[98] § 19 Abs. 1 a) Rahmenkaufvertrag für über den Onlinemarktplatz „www.smava.de" vermittelte Kreditforderungen; Smava AGB § 20 Abs. 3 a), vgl. Quelle Zweiter Teil Fn. 2.

[99] § 19 Abs. 1 b) Rahmenkaufvertrag für über den Onlinemarktplatz „www.smava.de" vermittelte Kreditforderungen; Smava AG § 20 Abs. 3 b), vgl. Quelle Zweiter Teil Fn. 2.

[100] § 19 Abs. 1b) Rahmenkaufvertrag für über den Onlinemarktplatz „www.smava.de" vermittelte Kreditforderungen; Smava AG § 20 Abs. 3 b) vgl. Quelle Zweiter Teil Fn. 2.

[101] § 19 Abs. 2 Rahmenkaufvertrag für über den Onlinemarktplatz „www.smava.de" vermittelte Kreditforderungen; Smava AG § 20 Abs. 4, vgl. Quelle Zweiter Teil Fn. 2.

[102] Das Recht, die Bank entsprechend anzuweisen, steht nur der Plattformbetreibergesellschaft zu, vgl. Smava AGB § 19 Abs. 4 und Abs. 5 vgl. Quelle Zweiter Teil Fn. 2.

II. Besonderheiten des Modells mit einfacher Forderungsübertragung

1. Zwischen der Kooperationsbank und dem Investor

Eine vertragliche Beziehung zwischen Kooperationsbank und dem Investor besteht nur beim unechten Crowdlending mit einfacher Forderungsübertragung.[103] Obligatorisch für eine Beteiligung an Kreditprojekten ist hier zunächst der Abschluss eines Girokontovertrags zwischen diesen beiden Parteien.[104] Diesbezüglich bestehen keine erwähnenswerten Besonderheiten.

a) Typisierung des „Forderungskaufvertrags"

Daneben kommt es im Rahmen der Durchführung eines Kreditprojekts zum Abschluss eines weiteren Vertrags, welcher als „Forderungskaufvertrag"[105] oder auch „Rahmenkaufvertrag"[106] bezeichnet wird.

Anders als es diese Bezeichnung, die Beiträge in der juristischen Literatur[107] sowie die Einschätzung des Gesetzgebers[108] vermuten lassen, handelt es sich aber nicht um einen Rechtskauf, auf den die §§ 453, 433 BGB anzuwenden wären. Er ist vielmehr als Kommissionsvertrag zu qualifizieren.

aa) §§ 406 Abs. 1 S. 1, 383 ff. HGB oder §§ 406 Abs. 1 S. 2, 383 ff. HGB

Dieses Ergebnis kann nicht allein auf § 383 HGB gestützt werden, weil zwischen Kooperationsbank und Kreditnehmer beim unechten Crowdlending mit einfacher Forderungsübertragung kein Kauf-, sondern ein Darlehensvertrag geschlossen

---

[103] Früher bestand eine solche auch bei einigen Anbietern des Modells mit gestreckter Forderungsübertragung. Etwa bei Lendico, sobald Beteiligungszusagen in Höhe von mehr als 5.000,00 € abgegeben werden sollten, vgl. Nr. 6.5 Allgemeine Geschäftsbedingungen zur Nutzung von LENDICO Deutschland a.F.

[104] Smava AGB § 10 ff., vgl. Quelle Zweiter Teil Fn. 2; Finmar AGB § 5 und § 9 Abs. 8, vgl. Quelle Zweiter Teil Fn. 7.

[105] Vgl. Für das unechte P2P-Lending mit einfacher Abtretung: Musterforderungskaufvertrag von Finmar. Bei dem Geschäftsmodell mit der Gestreckten Abtretung CreditConnect MUSTER Vertrag über den Verkauf, die Abtretung und die Verwaltung einer zukünftigen Verbraucherdarlehensforderung.

[106] So im Vertrag zwischen biw Bank AG (einer Kooperationsbank von Smava) mit dem Investor.

[107] Als Forderungskaufvertrag unter aufschiebender Bedingung qualifiziert den Vertrag *Renner*, ZBB 2014 S. 261, 262 und 264; als Forderungskaufvertrag bei *Will*, GewArch 2015 S. 430, 433.

[108] Auch der Gesetzgeber spricht von Forderungskaufverträgen, auf S. 39 des Gesetzesentwurfs der Bundesregierung für ein Kleinanlegerschutzgesetzes, BT-Drucks. 18/3994 vom 11.2.2015.

wird.[109] Gemäß § 406 Abs. 1 S. 1 HGB finden die Vorschriften des Kommissionsrechts aber auch auf den Abschluss anderer Geschäfte Anwendung, wenn deren Abschluss im eigenen Namen und auf fremde Rechnung erfolgt. Darüber hinaus ist es für die Einordnung als Kommissionsvertrag nicht einmal konstitutiv, dass der Mittler Kommissionsunternehmer ist. Ausreichend ist allein seine Kaufmanneigenschaft, vgl. § 406 Abs. 1 S. 2 HGB.[110]

bb) Kaufmann, Handeln im eigenen Namen, Geschäft i.S.d. § 406 Abs. 1 S. 1 HGB

Viele der für die Anwendbarkeit der §§ 406 Abs. 1, 384 ff. HGB erforderlichen Voraussetzungen liegen offenkundig vor. Die Kooperationsbank ist stets Kaufmann i.S.d. HGB.[111] Außerdem schließt die Kooperationsbank den Darlehensvertrag im eigenen Namen ab.[112]

Der Begriff „Geschäfte" i.S.d. § 406 Abs. 1 BGB umfasst allgemein den Abschluss von Verträgen, also auch den eines Darlehensvertrags.[113] Dass die Kooperationsbank diesen im Betriebe seines Handelsgewerbes abschließt, wird nach § 344 Abs. 1 HGB vermutet. Auf die Vermutung kommt es aber nicht an, da die Kreditvergabe klassisches Bankgeschäft ist und deshalb ohnehin dem Handelsgewerbe der Bank zuzuordnen ist.

cc) Abgrenzung zu §§ 453, 433 BGB

Für die Abgrenzung zwischen Kauf- und Kommissionsvertrag ist nicht die Bezeichnung durch die Vertragsparteien ausschlaggebend, sondern der objektiv er-

---

[109] Die Begründung einer Forderung i.S.d. § 488 Abs. 1 S. 2 BGB fällt nicht unter den Begriff „Waren" oder „Wertpapiere", welche gemäß § 383 HGB Inhalt des Ausführungsgeschäfts zwischen Kommissionär und Dritten sein müssen, vgl. *Koller*, in: Staub § 383 HGB Rn. 9.

[110] BGH, Urteil vom 5.5.1960 – II ZR 128/58 – NJW 1960, S. 1852, 1853; *Häuser*, in: MüKo-HGB (3013) § 406 Rn. 8.

[111] Für die Fidor Bank AG (Finmar und Kapilendo), biw Bank AG (Smava und Auxmoney) und Wirecard Bank AG (Lendico und FundingCircle) § 3 Abs. 1 AktG; für die SWK Bank GmbH (Auxmoney) vgl. § 13 Abs. 3 GmbHG.

[112] Dass der Kreditnehmer aus den AGB um das Verhältnis zwischen Investor und Kreditinstitut weiß, ändert an dieser Einschätzung nichts. Dies führt dazu, dass keine verdeckte, sondern eine offene mittelbare Stellvertretung zwischen Investor und Kreditinstitut vorliegt.

[113] *Lenz*, in: Röhricht/Graf von Westphalen § 406 Rn. 2; *Koller*, in: Staub § 406 Rn. 4; für diese Einschätzung bei einem vergleichbaren Geschäftsmodell OLG Celle, Urteil vom 11.06.1974 – 11 U 219/73 – WM 1974 S. 735, 736. Dort hatte eine GmbH Gelder entgegengenommen und diese im eigenen Namen, aber für fremde Rechnung verliehen.

mittelte Inhalt der Vereinbarung.[114] Inhaltlich sind zwei Merkmale entscheidend. Es stellt sich zum einen die Frage, welcher der Beteiligten das wirtschaftliche Risiko aus dem Ausführungsgeschäft übernimmt. Ist dies der Auftraggeber, legt schon der Wortlaut des § 383 HGB, der ein Handeln „für fremde Rechnung" vorschreibt, ein kommissionsvertragliches Verhältnis nahe.[115] Zum anderen ergibt sich aus § 384 HGB sowie aus der Rechtsnatur des Kommissionsvertrags als besonderer Geschäftsbesorgungsvertrag i.S.d. § 675 BGB, dass für die Annahme eines Kommissionsvertrags eine Interessenwahrungspflicht des Mittlers bestehen muss.[116]

Die Abgrenzung fällt schon im Lehrbuchfall eines Dreipersonenverhältnisses schwer.[117] Beim unechten Crowdlending kommt noch hinzu, dass die Kooperationsbank nicht nur Verträge mit dem Kreditnehmer und dem Investor abschließt, sondern auch noch der Plattformbetreibergesellschaft verpflichtet ist.[118] Es wird sich zeigen, dass dies Auswirkungen auf die Aussagekraft von Indizien hat, die von Rechtsprechung und Literatur sonst zur Abgrenzung der Vertragstypen herangezogen werden.

(1) Wahrnehmung fremder Interessen

Eine Interessenwahrnehmung des Kommissionärs gegenüber dem Kommittenten ist dem Vertrag zwischen Investor und Kooperationsbank erst auf den zweiten Blick zu entnehmen. Dies ist darauf zurückzuführen, dass das Motiv für den Einsatz des Kommissionärs beim Crowdlending nicht wie sonst dessen Kenntnisse, Fähigkeiten oder Geschäftsverbindungen sind, mittels derer ein besonders günstiges Geschäft abgeschlossen werden soll.[119] Die Interessenwahrungspflicht manifestiert sich vielmehr darin, dass die Kooperationsbank den Abschluss des Darlehensvertrags übernimmt, um den Investor von aufsichtsrechtlichen Pflichten freizustellen, welche die unmittelbare Vergabe von Darlehen nach sich zieht.[120]

(2) „Für fremde Rechnung"

Der Vereinbarung zwischen Kooperationsbank und Investor lässt sich außerdem entnehmen, dass die Kooperationsbank für fremde Rechnung handelt. Die wirtschaftlichen Folgen des Ausführungsgeschäfts treffen allein den Investor.

---

[114] RG, Urteil vom 16. 10. 1918 – I 110/18 – RGZ 94, S. 65, 66; RG, Urteil vom 19. 5. 1926 – I 309/25 – RGZ 114, S. 9, 10; BGH, Urteil vom 19. 2. 1975 – VIII ZR 175/73 – NJW 1975 S. 776, 777; *Hopt*, in: Baumbach/Hopt § 383 Rn. 7; *Häuser*, in: MüKo-HGB § 383 Rn. 31.

[115] Dazu auch statt vieler: *Canaris*, HandelsR § 30 S. 455 Rn. 4.

[116] *Lenz*, in: Röhricht/Graf von Westphalen § 383 Rn. 6; *Karsten Schmidt*, HandelsR § 31 III b) S. 1006 Rn. 21; *Koller*, in: Staub § 384 HGB Rn. 5.

[117] Zur kommissionstypischen Parteienstruktur siehe z.B. *Krüger*, in: Ebenroth/Boujong/Joost § 383 Rn. 2.

[118] Vgl. Zweiter Teil A.I.4.

[119] Z.B. *Koller*, in: Staub § 384 Rn. 5.

[120] Vergleiche hierzu die Ausführung zu § 32 KWG unter Zweiter Teil B.I.

Dafür spricht zunächst einmal, dass der Investor bereits vor Abschluss des Darlehensvertrags den Ersatz der Aufwendungen zusagt, welche der Kooperationsbank aus der Valutierung des Darlehens entstehen. Außerdem ist eine Beteiligungszusage des Investors beim unechten Crowdlending mit einfacher Forderungsübertragung, also der Abschluss des Vertrags mit der Kooperationsbank, technisch erst möglich, wenn sein Girokonto in entsprechender Höhe gedeckt ist. Der Investor muss der Plattformbetreibergesellschaft also bereits im Vorfeld zum Vertragsschluss einen Vorschuss leisten. Dies ermöglicht der Kooperationsbank die Valutierung des Darlehens, ohne auch nur vorübergehend eigene Mittel einsetzen zu müssen. Wenn schon eine vertraglich vereinbarte Vorschusspflicht als Indiz für das Vorliegen eines Kommissionsvertrags zu werten ist[121], muss eine dem Vertragsschluss vorgelagerte, faktische Vorschusspflicht dieses Ergebnis umso mehr indizieren.

Darüber hinaus lässt auch die Vorausabtretung der Rückzahlungsansprüche auf das Vorliegen eines Kommissionsvertrags schließen.[122] Damit kommen die Vertragsparteien der Fiktion des § 392 Abs. 2 HGB zuvor, die, zum Schutze des Kommittenten, einen Zugriff der Gläubiger des Kommissionärs auf die entstandene Forderung verhindert und dem Umstand Rechnung trägt, dass der Kommittent das wirtschaftliche Risiko des Ausführungsgeschäfts übernimmt.[123]

Auch eine weitergehende Auslegung der Vereinbarung spricht für die Typisierung als Kommissionsvertrag. Denn weder der Erklärung der Kooperationsbank noch der des Investors ist zu entnehmen, dass die Kooperationsbank Sekundäransprüchen wegen Mangelhaftigkeit der Forderung ausgesetzt sein soll.[124] Die für den Investor inhaltlich relevanten Angaben, insbesondere die Bonitätsbewertung, werden aus Sicht des Investors von der Plattformbetreibergesellschaft gemacht und bereitgestellt.[125] Die Kooperationsbank beschränkt ihre Leistung ihm gegenüber auf die Ausführung des Geschäfts zu eben diesen Konditionen.

Diesem Ergebnis steht auch nicht entgegen, dass der „Preis", den der Investor im Erfolgsfall an die Kooperationsbank zu zahlen hat, bereits vor Abschluss des Ausführungsgeschäfts feststeht. Es macht die Vereinbarung zwischen Investor und

---

[121] *Hopt*, in: Baumbach/Hopt § 383 Rn. 7 a); *Seiler/Kniehase*, in: Schimansky/Bunte/Lwowski § 104 Rn. 131 f.; *Häuser*, in: MüKo-HGB (2013) § 396 Rn. 65.

[122] Vgl. § 9 Musterforderungskaufvertrag Finmar, abrufbar unter: www.finmar.com/filead min/media/Recht/Musterforderungsvertrag.pdf, zuletzt abgerufen am 25.03.2015; für Smava § 4 Rahmenkaufvertrag zwischen biw Bank und Investor; *Renner* geht von einer aufschiebend bedingten Abtretung aus, vgl. ZBB 2014 S. 261, 264.

[123] Zur Schutzfunktion dieser Fiktion *Lenz*, in: Röhricht/Graf von Westphalen § 392 Rn. 5; *Karsten Schmidt*, HandelsR § 31 VI 4. S. 1043 ff. Rn. 121. ff.

[124] Dies ist typisch für einen Kommissionsvertrag, vgl. *Häuser*, in: MüKo-HGB (2013) § 384 Rn. 4.

[125] Die aufsichtsrechtliche Verpflichtung des Kreditinstituts, sich über die Kreditwürdigkeit eines Verbrauchers vor Kreditvergabe zu informieren, hat auf die zivilrechtliche Absprache zwischen Investor und Kreditinstitut keine Auswirkungen.

Kooperationsbank nicht zu einem „Festpreisgeschäft", welches regelmäßig als Kaufvertrag bewertet wird.[126]

Der Grund dafür, dass eine Festpreisabrede vor Abschluss des Ausführungsgeschäfts als Indiz für einen Kaufvertrag gilt, ist die durch sie geschaffene koordinationsvertragstypische Interessenlage.[127] Der Mittler kann auf Grund der Festpreisabrede für sich selbst einen Gewinn erwirtschaften, nämlich durch einen günstigen Vertragsabschluss mit dem Dritten.

Dies ist beim unechten Crowdlending aber ausgeschlossen, denn die Konditionen, zu denen die Kooperationsbank das Ausführungsgeschäft wird abschließen können, stehen für alle Beteiligten schon anfänglich fest. Weder wird der Kreditnehmer bereit sein ein Geschäft anderen Inhalts abzuschließen noch wäre der Investor verpflichtet, die Aufwendungen zu ersetzen, wenn das Darlehen beispielsweise statt mit drei nur mit einem Prozent verzinst würde. Trotz „Festpreisvereinbarung" ist also nicht zu befürchten, dass die Kooperationsbank Eigeninteressen verfolgt.

dd) Zwischenergebnis

Der zwischen Kooperationsbank und Investor beim unechten Crowdlending mit einfacher Forderungsübertragung geschlossene „Forderungskaufvertrag" ist ein Kommissionsvertrag i.S.d. §§ 406, 383 ff. HGB.

b) Vertragsschluss

Das Angebot zum Abschluss eines Kommissionsvertrags gibt der Investor ab und zwar durch seine „Beteiligungszusage" auf der Internet-Plattform. Die Plattformbetreibergesellschaft ist dabei Empfangsvertreter der Kooperationsbank.[128] Die Annahme erfolgt durch Bestätigung der Beteiligungszusage, die dem Investor bereits

---

[126] Eine Indizwirkung von Festpreisen wird z. B. in BGH, Urteil vom 16. 12. 1952 – VIII ZR 175/73 – BGHZ 8, 222, 226 – NJW 1953 S. 377, 378; OLG Karlsruhe, Urteil vom 29. 06. 1971 – 8 U 37/71 – BB 1971 S. 1123; OLG Frankfurt, Urteil vom 1. 12. 1981 – 5 U 107/81 – BB 1982 S. 208; *Lenz*, in: Röhricht/Graf von Westphalen § 383 Rn. 22; *Koller*, in: Staub § 383 HGB Rn. 38 angenommen. Zwingend ist diese Einteilung jedoch nicht, vgl. BGH, Urteil vom 27. 02. 1991 – VIII ZR 106/90 – NJW-RR 1991 S. 994 und, mit Verweis auf § 386 HGB, OLG Stuttgart, Urteil vom 10. 10. 2012 – 9 U 87/12 – NJW 2013 S. 320, 322.

[127] Allgemein zu Rechtsstrukturtypen siehe Quelle Zweiter Teil bei Fn. 44. Speziell für den Kommissionsvertrag vgl. *Koller*, in: Staub § 384 Rn. 5 ff.

[128] Sein Auftreten im fremden Namen, wird dem Investor schon in den AGB mitgeteilt. Zudem erhält der Investor soweit ersichtlich bei allen Plattformen vor Abgabe seiner Willenserklärung das standardisierte Vertragsdokument zur Verfügung gestellt, aus dem die Kooperationsbank als Vertragspartner hervorgeht. Bei Lendico und FundingCircle beispielsweise als PDF-Datei per E-Mail. Bei Finmar und Auxmoney ist es auf der Internetseite des Plattformbetreibers einsehbar.

nach wenigen Augenblicken als E-Mail zugeht.[129] Auch sie wird in der Regel stellvertretend von der Plattformbetreibergesellschaft abgegeben.[130] Gemäß § 362 Abs. 1 S. 1 HGB würde aber auch das Schweigen der Kooperationsbank oder ihres Vertreters als Annahme des Angebots gelten.

Die Rechtswirksamkeit des Kommissionsvertrags wird in den Vertragswerken scheinbar von zahlreichen Bedingungen abhängig gemacht,[131] allerdings sind diese Klauseln weitestgehend keine Bedingungen i.S.d. § 158 BGB. Die getroffenen Vereinbarungen zielen darauf ab, eine Beschaffungsgarantie der Kooperationsbank auszuschließen, indem die Verpflichtung zur Übertragung der Forderung hinausgezögert wird, bis sichergestellt ist, dass die Kooperationsbank die entsprechende Forderung tatsächlich erworben hat.

Da die Parteien aber keinen Kauf-, sondern einen Kommissionsvertrag geschlossen haben, besteht für die Kooperationsbank ohnehin nur die Verpflichtung, sich um den Abschluss des Darlehensvertrags zu bemühen. Nur im Erfolgsfall ist sie zur Übertragung der Forderung verpflichtet.

Letztlich steht die Verpflichtung der Plattformbetreibergesellschaft deshalb einzig unter einer aufschiebenden Bedingung i.S.d. § 158 BGB: Sie hängt davon ab, dass Beteiligungszusagen in Höhe der Darlehensvaluta abgegeben werden. Vor dem Eintritt dieser Bedingung ist die Kooperationsbank teilweise berechtigt, dann jedoch nicht verpflichtet, einen Darlehensvertrag mit dem Kreditnehmer abzuschließen.[132]

Schließlich ist der Kommissionsvertrag noch durch eine plattformspezifische Frist auflösend bedingt.[133]

c) Abtretung oder gewillkürte Vertragsübernahme

In Erfüllung der kommissionsvertraglichen Pflichten der Kooperationsbank wird die (anteilige) Voraus„abtretung" der Darlehensrückzahlungsansprüche vereinbart. Allerdings ist diese Vereinbarung nicht immer eine Abtretung i.S.d. § 398 BGB.

---

[129] Insoweit ist die Formulierung in den AGB von Smava § 12 Abs. 5 vgl. Quelle Zweiter Teil Fn. 2, die Annahme erfolge erst, wenn genügend Beteiligungszusagen vorliegen, irreführend. Die Abhängigkeit der Leistungspflicht, von einer ausreichenden Beteiligung ist eine Bedingung i.S.d. § 158 BGB, beeinflusst also nur die Wirksamkeit, nicht jedoch den Zeitpunkt der Verpflichtung. Weitere Mitteilungen des Kreditinstituts etwa über den Abschluss des Darlehensvertrags erfüllen lediglich dessen ohnehin bestehende Pflichten aus § 384 Abs. 2 BGB.

[130] Vgl. Smava AGB § 12 Abs. 5 vgl. Quelle Zweiter Teil Fn. 2.

[131] Abschluss des Darlehensvertrag, ausreichend viele Beteiligungszusagen etc., vgl. etwa. Smava AGB § 12 vgl. Quelle Zweiter Teil Fn. 2; § 2 Abs. 4 Musterforderungskaufvertrag Finmar, vgl. Quelle Zweiter Teil Fn. 122.

[132] Smava AGB § 12 Abs. 2, vgl. Quelle Zweiter Teil Fn. 2.

[133] Bei Smava beispielsweise sind es 24 Tage vgl. Smava AGB § 10 Abs. 2 i.V.m. Smava Preis und Leistungsverzeichnis, abrufbar unter www.smava.de/1616+Preis-und-Leistungsverzeichnis.html, zuletzt abgerufen am 30.11.2015.

Teilweise ergibt die Auslegung der Vereinbarung, dass es sich um eine Vertrags-übernahme handelt.

Die Abgrenzung des Erwerbsvorgangs ist nicht nur von allgemeinem Interesse, etwa für die Beteiligten. Sie hat auch Auswirkungen auf die aufsichtsrechtliche Behandlung des jeweiligen Crowdlending-Modells. Genauer gesagt auf die Gründe, mit denen unter anderem die BaFin eine Einstufung des Erwerbsgeschäfts als Kreditgeschäft ablehnt.[134]

Welches der beiden Rechtsgeschäfte vereinbart wurde, fällt wegen der ver-tragstypischen Besonderheiten eines durch Valutierung einseitig verpflichtend ge-wordenen Darlehensvertrags schwer. Nicht ohne Grund wurde früher die Meinung vertreten, die Stellung des Darlehensgebers als Vertragspartner könne vom Moment der Valutierung an auch ohne Zustimmung des Schuldners erfolgen.[135]

Mittlerweile ist anerkannt, dass eine Vertragsübernahme nur bei Beteiligung aller drei Parteien möglich ist.[136] Dem verbleibenden Vertragspartner wird schließlich der Schuldner genommen, den er sich dereinst ausgesucht hatte. Deshalb ist auch die Übernahme eines Darlehensvertrags im Anschluss an die Valutierung des Darlehens ohne Zustimmung des Kreditnehmers ausgeschlossen.[137] Praktisch kommt es des-halb, auch bei bereits valutierten Darlehen selten zu einer Vertragsübernahme. Und zwar, weil es regelmäßig gar nicht möglich oder mit zu hohem Aufwand verbunden ist, die Zustimmung des Kreditnehmers einzuholen.[138]

Beim Crowdlending weichen aber nicht nur der kognitive Zustand, sondern auch der Wille des Kreditnehmers von diesem „Regelfall" und damit vom Leitbild der §§ 398 ff. BGB ab.[139] Der Kreditnehmer weiß bei Abschluss des Darlehensvertrags nicht nur um die bevorstehende „Abtretung", er beabsichtigt die Übertragung sogar;

---

[134] Siehe etwa BaFin Merkblatt – Hinweise zum Tatbestand des Kreditgeschäfts Nr. 1 a)bb) Abs. 4 vom 8. Januar 2009 Stand: April 2014, abrufbar unter: https://www.bafin.de/Shared Docs/Veroeffentlichungen/DE/Merkblatt/mb_090108_tatbestand_kreditgeschaeft.html, zuletzt abgerufen am 28.11.2015. Im Detail siehe unten Zweiter Teil B.I.3.a)bb)(2).

[135] So etwa noch *Lehmann*, 1950 S. 384/76; *Demelius*, JherbJb 72 (1922) S. 241, 251 f. und 260 f., die die Übertragung der Vertragsposition für einseitig verpflichtende sowie einseitig verpflichtend gewordene Verträge ohne Beteiligung des Dritten befürworteten.

[136] Statt vieler *Stürner*, in: Jauernig BGB § 398 Rn. 32; *Rohe*, in: BeckOK-BGB § 415 Rn. 27; speziell für eine Vertragsübernahme bei einem Darlehensvertrag BGH, Urteil vom 25.03.1986 – IX ZR 104/85 – NJW 1986 S. 2108, 2110.

[137] *Klimke*, S. 26 ff.

[138] *Hoffmann/Walter*, WM 2004 S. 1566, 1569 f. weisen darauf hin, dass eine Vertrags-übernahme meist an der fehlenden Bereitschaft der Kreditnehmer, häufig aber auch am zeit-lichen und finanziellen Aufwand für die Beschaffung des Einverständnisses scheitert.

[139] Zum Leitbild der § 398 BGB, die eine Forderungsübertragung ohne Kenntnis und oder Zustimmung des Schuldners ermöglichen vgl. statt vieler *Roth*, in: MüKo-BGB (2016) § 398 Rn. 3.

sie geht schließlich auf seine Initiative zurück.[140] Ohne die Verpflichtung der Kooperationsbank zur Übertragung der Rückzahlungsansprüche würde er kein Angebot
zum Abschluss eines Darlehensvertrags erhalten. Eine Zustimmung zur Forderungsübertragung ist somit eindeutig gegeben.[141]

In seiner rechtlichen Qualität geht die Zustimmung des Kreditnehmers jedoch
über die schlichte Kenntnisnahme und Billigung einer Zession hinaus. Dem objektiven Beobachter ist bewusst, dass die Kooperationsbank die Pflicht zur Valutierung des Darlehens nur übernimmt, weil sie aus dem Geschäft keine wirtschaftlichen Risiken trifft. Der Kreditnehmer, der in Kenntnis dieses Umstands einer
„Abtretung" zustimmt, muss erkennen, dass die Kooperationsbank insgesamt nicht
für die weitere Abwicklung des valutierten Darlehensvertrags verantwortlich sein
will. Das gilt umso mehr, weil der Kreditnehmer aus den AGB der Plattformbetreibergesellschaft weiß, dass diese die Forderungsverwaltung für Rechnung der
Investoren übernimmt.

Aus Sicht des objektiven Empfängers entspricht die Zustimmung des Kreditnehmers, in ihrer rechtlichen Qualität einer Einwilligung in die Vertragsübernahme
durch die Investoren. Ausschlaggebend für diese Einschätzung sind die Erwägungen,
die früher zu der Annahme geführt haben, die Übernahme eines Darlehensvertrags
nach Valutierung des Darlehens sei auch ohne Zustimmung des Kreditnehmers
möglich.[142]

Mit der Valutierung hat der Kreditgeber seine primäre Leistungspflicht bereits
erfüllt. Die Pflicht zur Auszahlung des Darlehens wandelt sich in diesem Moment in
eine Pflicht zur Belassung der Valuta beim Kreditnehmer.[143] Daneben hat er weiterhin Sorgfalts- und Rücksichtnahmepflichten i.S.d. § 241 Abs. 2 BGB zu erfüllen.
Außerdem treffen ihn Nebenpflichten wie beispielsweise die Pflicht zur Erstellung
einer Quittung nach erfolgter Rückzahlung, vgl. § 368 BGB, oder Informationspflichten i.S.d. § 493 BGB.

---

[140] Insoweit ist es fehlerhaft, dass die Kooperationsbank teilweise von einer „stillen Zession" gegenüber dem Investor spricht, vgl. etwa § 7 Rahmenkaufvertrag für über den Online-
Kreditmarktpatz „www.smava.de" vermittelten Kreditforderung der biw Bank AG. Der Kreditnehmer ist schließlich derjenige, der Kapital von den Investoren einwirbt. Jede Plattformbetreibergesellschaft weist ihn entsprechend darauf hin, dass er im Anschluss an die Valutierung
den Investoren zur Rückzahlung verpflichtet sein wird, vgl. für Smava etwa § 3 der AGB, vgl.
Quelle Zweiter Teil Fn. 2: „Im Falle des kreditprivat-Kredites verkauft die Servicebank den von
ihr an einen Kreditnehmer ausgereichten Kredit sofort vollständig an einen oder in Form von
Teilforderungen an mehrere der bei uns registrierten Anleger.".

[141] Teilweise sogar ausdrücklich, vgl. § 9 Muster für einen Kreditvertrag: Vertrag über einen
über die CrowdlendingPlattform www.finmar.com vermittelten Kredit mit der Fidor Bank AG,
abrufbar unter: https://www.finmar.com/fileadmin/media/Recht/Musterkreditvertrag.pdf, zuletzt abgerufen am: 30.11.2015; Nr. 9 der Kreditbedingungen der SWK Bank aus dem Kreditvertrag für das Kundenkonto der SWK Bank, abrufbar unter: https://www.auxmoney.com/
contact/dokumente/AnlageB1.pdf, zuletzt abgerufen am: 30.11.2015.

[142] Vgl. Quellen Zweiter Teil Fn. 135.

[143] Etwa Berger, in: MüKo-BGB (2016) § 488 Rn. 31.

Inhaltlich entsprechen diese Verpflichtungen denen eines Zessionars. Denn neben dem Recht, die Zahlung der Zinsen und Rückzahlung der Valuta zu verlangen, gehen auch andere Pflichten auf den Zessionar über oder entstehen in seiner Person.[144] So hat auch er Pflichten i.S.d. § 241 Abs. 2 BGB einzuhalten. Daneben ist es ohnehin der Zessionar, der als (neuer) Gläubiger die Pflicht aus § 368 BGB zu erfüllen hat, ebenso wie möglicherweise bestehende Pflichten aus § 493 BGB, vgl. § 493 Abs. 4 BGB.

Schließlich ist ein Zessionar im Regelfall auch zum Belassen der Valuta beim Kreditnehmer verpflichtet. Zumindest vorbehaltlich einer ausdrücklich abweichenden Vereinbarung ist dem Abtretungsvertrag ein konkludenter Schuldbeitritt zu entnehmen.[145]

Für den Kreditnehmer, der schon vor Abschluss des Vertrags von der Übertragung der Forderung an die Investoren weiß und diese sogar beabsichtigt, ist es also gleichgültig, ob die Kooperationsbank dem Investor nur die Forderung oder den ganzen Vertrag überträgt. Des Schutzes der §§ 398 ff. BGB hat er sich durch die Zustimmung ohnehin entledigt.

Was die Sorgfaltspflichten der Kooperationsbank angeht, so ist eine Verletzung derselben außerdem ohnehin kaum denkbar, sofern sie nicht mehr aktiv in die Forderungsverwaltung eingreift. Kommt es dennoch dazu oder kann die Kooperationsbank doch noch auf die Rechtsgüter des Kreditnehmers einwirken, ist der Kreditnehmer auch im Falle der Vertragsübernahme entsprechend den Grundsätzen der nachvertraglichen Schutzpflichten vor Rechtsgutverletzungen durch die Kooperationsbank geschützt.[146] Das gilt insbesondere für die besonderen Verschwiegenheitspflichten, welche die Kooperationsbank als Kreditinstitut, nicht aber die Investoren treffen.[147]

Im Ergebnis scheidet eine Vertragsübernahme also nicht auf Grund der mangelnden Beteiligung des Kreditnehmers aus.[148] Vielmehr versetzt seine Absicht,

---

[144] Allgemein *Roth*, in: MüKo-BGB (2016) § 398 Rn. 93; zu den einzelnen Pflichten, die teils auch die Abtretung von Rückzahlungsansprüchen betreffen, *Dörner*, S. 156 f.

[145] Vgl. Quelle Zweiter Teil bei Fn. 373.

[146] *Klimke*, S. 249.

[147] Allgemein zur Herleitung des Bankgeheimnisses und seinem Inhalt m.w.N. *Hofmann/ Walter*, WM 2004 S. 1566, 1570 f.; *Korberstein-Windpassinger*, WM 1999 S. 473, 474 f., ebenso zur Frage inwieweit dieses und datenschutzrechtliche Vorschriften ein Abtretungsverbot begründen; dazu außerdem *Nobbe*, ZIP 2008 S. 97 ff.; *ders.*, WM 2005 S. 1537 ff.; der BGH hat dies mit seinem Urteil vom 27.2.2007 – XI ZR 195/05 – BKR 2007 S. 194 ff. im Einklang mit der herrschenden Meinung verneint. Dem hat sich auch das BVerfG angeschlossen, siehe Beschluss vom 11.7.2007 – 1 BvR 1025/07 – NJW 2007 S. 3707 ff.

[148] Bedenken hinsichtlich der Wirksamkeit einer Zustimmung bestehen nicht. Insbesondere steht § 309 Nr. 10 BGB nicht entgegen. Und zwar weil die Übertragung insgesamt auf die Initiative des Kreditnehmers zurückgeht. Damit wäre § 309 Nr. 10 schon aus teleologischen Gründen nicht anwendbar, soll die Norm den Verbraucher doch nur davor schützen, dass ihm gegen seinen Willen ein neuer Vertragspartner aufgedrängt wird, vgl. *Becker*, in: BeckOK-BGB § 309 Nr. 10 Rn. 1; *Grüneberg*, in: Palandt § 309 Rn. 97.

einen wirtschaftlichen Austausch mit dem Investor zu erreichen, die Kooperationsbank und die Investoren in die Lage, ihre schuldrechtliche Vereinbarung in das bestgeeignete Verfügungsgeschäft zu transformieren und die Kooperationsbank auch aus der vertraglichen Verantwortung zu entlassen.

Ob sie dies auch tun, hängt damit nur noch von der Vereinbarung zwischen Investor und Kooperationsbank ab.[149]

Entscheidendes Kriterium für die Abgrenzung zwischen Abtretungs- und Übernahmevertrag ist grundsätzlich die Frage, ob die Vertragsparteien beabsichtigen die weitere Vertragsabwicklung erkennbar auf das Verhältnis Übernehmer – Verbleibender zu beschränken oder nicht.[150]

Davon ist beim Crowdlending mit einfacher Forderungsübertragung immer dann auszugehen, wenn die Kooperationsbank dem Investor sämtliche Neben- und Gestaltungsrechte und insbesondere das außerordentliche Kündigungsrecht abtreten will[151] und nicht sie, sondern die Plattformbetreibergesellschaft zur Forderungsverwaltung verpflichtet wird.[152] Diese Erklärung hat man so zu verstehen, dass die Kooperationsbank mit der Abwicklung des Darlehensvertrags nichts mehr zu tun haben will. Schließlich beabsichtigt sie, sich jeder Einwirkungsmöglichkeit auf den Darlehensvertrag zu entledigen.[153]

Anders ist die Lage zu beurteilen, wenn sich die Kooperationsbank ausdrücklich vorbehält, für die Ausübung von Gestaltungsrechten nicht nur zuständig zu sein, sondern Inhaber dieser Rechte zu bleiben.[154] Ein Wille, die Position als Vertragspartei aufzugeben und sich an der Abwicklung des Vertragsverhältnisses nicht weiter zu beteiligen, ist dann nicht feststellbar.

---

[149] *Klimke*, S. 43 f.; die Auslegung ergibt hier, dass, wenn überhaupt, ein zweiseitiger Vertrag mit Zustimmung des Kreditnehmers geschlossen wird, da ein unmittelbarer Vertragsschluss zwischen Investor und Kreditnehmer gerade vermieden werden soll. Zu den Möglichkeiten der Vereinbarung einer Vertragsübernahme durch einen dreiseitigen Vertrag oder einen zweiseitigen Vertrag unter Zustimmung der Dritten Partei vgl. *Klimke*, S. 37 ff.; *Schaffland*, S. 97 ff.; zur Rechtsnatur der Vertragsübernahme als abstraktes Verfügungsgeschäft vgl. m.w.N. *Schaffland*, S. 47 ff.

[150] *Klimke*, S. 25.

[151] So beim unechten Crowdlending mit einfacher Forderungsübertragung, etwa bei Finmar § 4 Abs. 1 Muster für einen Einzel-Forderungsvertrag: Vertrag über den Kauf und die Abtretung einer über die Crowdlending-Plattform www.finmar.com vermittelten Kreditforderung.

[152] So in § 4 Abs. 2 Muster für einen Einzel-Forderungsvertrag: Vertrag über den Kauf und die Abtretung einer über die Crowdlending-Plattform www.finmar.com vermittelten Kreditforderung, vgl. Quelle Zweiter Teil Fn. 122.

[153] Ein besonderes Augenmerk ist diesbezüglich auf den explizit geäußerten Willen zur Übertragung des außerordentlichen Kündigungsrechts zu legen. Zur Frage, inwieweit die Entscheidung darüber, dass die Gestaltungsrechte auf die Investoren übergehen, der Privatautonomie der Parteien obliegt vgl. Zweiter Teil B.I.3.a)bb)(6).

[154] Vgl. § 5 Rahmenkaufvertrag für über den Online-Kreditmarktpatz „www.smava.de" vermittelten Kreditforderung der biw Bank AG (Kooperationsbank von Smava).

2. Zwischen der Plattformbetreibergesellschaft und dem Investor

Zusätzlich zum Plattformnutzungsvertrag wird eine Plattformbetreibergesellschaft beim unechten Crowdlending mit einfacher Forderungsübertragung von den Investoren mit der Verwaltung der Forderung beauftragt.[155] Dies erfolgt antizipiert bereits mit Abschluss des Plattformnutzungsvertrages[156] oder zeitgleich mit dem Abschluss des Kommissionsvertrages zwischen Investor und Kooperationsbank.[157] Da dies unentgeltlich geschieht, ist auf diese Verpflichtung Auftragsrecht anzuwenden.

III. Besonderheiten des Modells mit gestreckter Forderungsübertragung

Beim unechten Crowdlending mit gestreckter Forderungsübertragung tritt die Intermediärgesellschaft zwischen die Kooperationsbank und den Investor. Dies beeinflusst nicht nur den Inhalt einzelner Verträge, die im Rahmen der Abwicklung von Kreditprojekten geschlossen werden,[158] sondern wirkt sich auch auf die aufsichtsrechtliche Behandlung des unechten Crowdlending mit gestreckter Forderungsübertragung aus.[159]

1. Zwischen der Plattformbetreiber- und der Intermediärgesellschaft

Von zentraler Bedeutung ist zunächst die Beziehung zwischen Plattformbetreiber- und Intermediärgesellschaft. Die beiden Gesellschaften kooperieren bei der Abwicklung von Kreditprojekten. Insbesondere haftungsrechtlich ist dies von Interesse, da eine gemeinschaftliche Haftung möglich erscheint. Ob dem so ist, ist für Investoren, Kreditnehmer und auch die Kooperationsbank von Bedeutung.

a) Konzernrechtliche Beziehung

Sowohl die Plattformbetreiber- als auch die Intermediärgesellschaften sind, soweit ersichtlich, G(en)mbH. Dabei ist die Intermediärgesellschaft anders als vom

---

[155] § 4 Abs. 2 Muster für einen Einzel-Forderungsvertrag: Vertrag über den Kauf und die Abtretung einer über die Crowdlending-Plattform www.finmar.com vermittelten Kreditforderung, vgl. Quelle Zweiter Teil Fn. 122.

[156] Smava AGB §§ 14, 14a, vgl. Quelle Zweiter Teil Fn. 2.

[157] So etwa bei Finmar, vgl. etwa § 4 Abs. 2 Muster für einen Einzel-Forderungsvertrag: Vertrag über den Kauf und die Abtretung einer über die Crowdlending-Plattform www.fin mar.com vermittelten Kreditforderung, vgl. Quelle Zweiter Teil Fn. 122.

[158] Etwa den zwischen Plattformbetreibergesellschaft und Kooperationsbank geschlossenen Vertrag, vgl. Zweiter Teil A.I.4.b)bb).

[159] Vgl. Zweiter Teil B.I.4.

Gesetzgeber angenommen[160] nicht immer hundertprozentige Tochter,[161] sondern teilweise auch Schwester der Plattformbetreibergesellschaft.[162] Die Verbindung der Gesellschaften wird noch insoweit verstärkt, als dass die Geschäftsführer der Intermediärgesellschaft entweder anteilig oder vollständig personenidentisch mit denen der Plattformbetreibergesellschaft sind.[163] Zudem haben die Gesellschaften, soweit ersichtlich, einen identischen Firmensitz.[164]

Intermediär- und Plattformbetreibergesellschaft bilden folglich eine Doppelgesellschaft. Darunter versteht man gemeinhin die Ausübung eines (Gewerbe-)Betriebs durch zwei rechtlich selbstständige Gesellschaften, die im Rahmen der Abwicklung des einheitlichen Geschäftsablaufs unterschiedliche Funktionen wahrnehmen.[165]

b) Vertragliche Beziehung

Über die konzernrechtliche Beziehung hinaus besteht auch ein vertragliches Verhältnis zwischen den beiden Gesellschaften. Sie bilden eine Gesellschaft bürgerlichen Rechts i.S.d. § 705 BGB.

---

[160] Beschlussempfehlung und Bericht des Finanzausschusses zum Entwurf eines Kleinanlegerschutzgesetzes BT-Drucks. 18/4708 vom 22. 4. 2015 S. 58.

[161] Einziger Gesellschafter der CreditConnect GmbH (HRB 60722 Amtsgericht Düsseldorf) ist derzeit die Auxmoney GmbH (HRB 56768 Amtsgericht Düsseldorf), vgl. die Gesellschafterliste der CreditConnect GmbH, abrufbar unter: www.handelsregister.de/rp_web/welcome.do, kostenpflichtig abrufen am 07. 04. 2015; die Lendico Deutschland GmbH (HRB 152413 B Amtsgericht Charlottenburg) ist Mutter der Lendico Connect GmbH (HRB 152672 B Amtsgericht Charlottenburg). Die im Handelsregister als Gesellschafterin der Lendico Connect GmbH eingetragene Lendico Media GmbH firmiert mittlerweile unter Lendico Deutschland. Auch diese Informationen sind abrufbar unter: www.handelsregister.de/rp_web/welcome.do, kostenpflichtig abgerufen am 13. 04. 2015.

[162] Sowohl die FundingCircle Deutschland GmbH (HRB 151217 B Amtsgericht Charlottenburg) als auch die FundingCircle Connect GmbH (HRB 154839 B Amtsgericht Charlottenburg), sind Töchter der Zencap Top-Holding S.C.Sp. (B 184521 Registre de Commerce et des Sociétés Luxemburg). Dies ergibt sich aus der Liste der Gesellschafter der beiden Gesellschaften, abrufbar unter: www.handelsregister.de/rp_web/welcome.do, kostenpflichtig abgerufen am 07. 04. 2015. Dort wird zwar als einzige Gesellschafterin jeweils die Funding Loop Top-Holding S.C.Sp. angegeben. Unter der dazugehörigen Registernummer B 184521 ist jedoch die Zencap Top-Holding S.C.Sp. im Registre de Commerce et des Sociétés Luxemburg eingetragen, abrufbar unter: www.rcsl.lu/mjrcs/jsp/secured/IndexActionSecured.action?time=1428409464088&FROM_BREADCRUMB=true, kostenpflichtig abgerufen am 07. 04. 2015.

[163] Der Geschäftsführer der CreditConnect GmbH ist auch einer der Geschäftsführer der Auxmoney Deutschland GmbH. Die Geschäftsführer von FundingCircle Deutschland GmbH und der Lendico Deutschland GmbH stimmen mit denen der FundingCircle Connect GmbH bzw. der Lendico Connect GmbH überein.

[164] Dies geht aus den Handelsregisterauszügen hervor, vgl. Quelle Zweiter Teil Fn. 162.

[165] Zum Begriff der Doppelgesellschaft *Risse*, in: Kessler/Kröner/Köhler § 2 Rn. 303; *Liebscher*, in: MüKo-GmbHG § 45 Rn. 26 f.; *Michalski*, in: Michalski A III Rn. 12.

Die für den Abschluss eines Gesellschaftsvertrags obligatorischen Willenserklärungen sind nicht nur der Kooperation bei den bisher durchgeführten Kreditprojekten zu entnehmen,[166] die Gesellschaften äußern sie auch ausdrücklich.[167] Dass die erfolgreiche Durchführung von Kreditprojekten als gemeinsamer Zweck angestrebt wird, ist offensichtlich. Dies lässt sich auch den Handelsregistereinträgen der Gesellschaften entnehmen.[168] Auch die Aufgaben, die beide Gesellschaften wechselseitig zu erfüllen haben, sind klar definierbar. Während die Intermediärgesellschaft für die Umsetzung des wirtschaftlichen Austauschs zwischen Investor und Kooperationsbank zuständig ist, führt die Plattformbetreibergesellschaft u. a. die Bonitätsprüfung durch und vermittelt den Kreditnehmern Darlehensverträge.

aa) Handelsgesellschaft oder GbR

Eine Handelsgesellschaft bilden die beiden G(en)mbH jedoch nicht. Es fehlt an der obligatorischen Zwecksetzung, „ein" Handelsgewerbe zu betreiben. Es ist vielmehr der kooperative Betrieb zweier Handelsgewerbe intendiert.[169]

Allein das individuelle Auftreten der beiden G(en)mbH am Markt unter jeweils eigener Firma kann dieses Ergebnis noch nicht begründen, denn eine gemeinschaftliche Firma ist kein konstitutives Tatbestandsmerkmal einer Handelsgesell-

---

[166] Rechtsprechung und Literatur entnehmen der Aufnahme der geschäftlichen Tätigkeit regelmäßig einen konkludenten Gesellschaftsvertragsschluss (Um einen handelt es sich vorliegen auch, vgl. die folgenden Ausführungen). Vgl. z. B. BGH, Urteil vom 28. 11. 1953 – II ZR 188/52 – BGHZ 11, 190, 192 – NJW 1954, S. 231, OLG Bremen, Urteil vom 13. 07. 2001 – 4 U 6/01 – NZG 2002, S. 173 f.; *Wertenbruch*, in: Ebenroth/Boujong/Joost/Strohn § 105 Rn. 63.

[167] Auxmoney Deutschland etwa spricht in der Präambel seiner AGB vom „Partnerunternehmen CreditConnect GmbH" abrufbar unter: www.auxmoney.com/contact/dokumente/Nutzungsbedingungen.pdf, zuletzt abgerufen am 30. 11. 2015; FundingCircle Deutschland gibt beim Handelsregister den „Betrieb einer Internetseite" und die „Bereitstellung eines E-Commerce-Marktplatzes" als Unternehmensziel im Handelsregister an und FundingCircle Connect die im Bezug hierfür erforderliche Erbringung von „Dienstleistung". Die Registerauszüge sind unter www.handelsregister.de/rp_web/welcome.do abrufbar, zuletzt abgerufen am 19. 02. 2015; die willentliche Kooperation geht auch aus einem „Positionspapier zum Crowdlending" der Plattformbetreiber vom 10. 11. 2014 hervor, welches eine Stellungnahmen der Betreiber zum Entwurf des geplanten Kleinanlegerschutzgesetzes beinhaltet und dem Autor vorliegt.

[168] Sowohl bei FundingCircle Deutschland als auch Lendico Deutschland ist Zweck des Unternehmens der Betrieb eines E-Commerce-Marktplatzes, der der Vermittlung von Darlehen dient. FundingCircle Connect und Lendico Connect erbringen, die für einen solchen Betrieb erforderlichen, Dienstleistungen. Auxmoney Deutschland hingegen betreibt, den Angaben im Handelsregister zu Folge, einen „interaktiven Online-Marktpatz", während CreditConnect Medialeistungen – gemeint sind damit die Vermittlungsleistungen – erbringt. Kostenpflichtig abrufbar sind die Auszüge unter: www.handelsregister.de/rp_web/welcome.do.

[169] Sowohl Plattformbetreiber- als auch Intermediärgesellschaft üben ein Handelsgewerbe i.S.d. § 1 HGB aus. Während sich die Tätigkeit der Intermediärgesellschaft darauf beschränkt, Kapital im Gegenzug für die Rückzahlungsansprüche zwischen Investoren und Kooperationsbank zu vermitteln, erfüllt die Plattformbetreibergesellschaft alle übrigen Aufgaben, die zur Abwicklung von Kreditprojekten erforderlich sind (u. a. den Betrieb der Internet-Plattform, Abschluss der Darlehensvermittlungs- und Plattformnutzungsverträge).

schaft, sondern nur Folge ihrer Existenz.[170] Allerdings schließen sowohl Plattformbetreiber- als auch Intermediärgesellschaft die jeweiligen Rechtsgeschäfte im eigenen Namen ab, werden also aus den zu ihrem Handelsgewerbe gehörenden Geschäften selbst berechtigt und verpflichtet. Dies wäre neben dem Auftreten im eigenen Namen aber das entscheidende Kriterium für die Einordnung als Betreiber eines Handelsgewerbes.[171]

bb) Innen- oder Außengesellschaft

Obwohl beide Gesellschafter der GbR rechtsgeschäftlich am Markt tätig werden und ihre Kooperation bekannt ist, handelt es sich nicht um eine Außen-GbR.[172] Erforderlich dafür wäre der erkennbare Wille der Gesellschafter, ein gemeinsames Gesellschaftsvermögen zu bilden.[173] Die Aufteilung der Tätigkeitsbereiche auf zwei Gesellschaften soll dies aber gerade verhindern. Plattformbetreiber- und Intermediärgesellschaft bilden deshalb eine Innen-GbR.

2. Zwischen dem Investor und der Intermediärgesellschaft

a) Kommissionsvertrag

Beim unechten Crowdlending mit gestreckter Forderungsübertragung schließt die Intermediärgesellschaft den „Forderungskaufvertrag" mit dem Investor.[174] Bei dem Vertrag handelt es sich aber auch hier nicht um einen Rechtskauf i.S.d. §§ 453, 433 BGB und erst recht nicht um einen Darlehensvermittlungsvertrag i.S.d. § 655a

---

[170] So etwa (h.M.) *Weitemeyer*, in: Oetker HGB § 105 Rn. 20; *Karsten Schmidt*, in: MüKo-HGB (2010) § 105 Rn. 43; *Hopt*, in: Baumbach/Hopt HGB § 105 Rn. 5; eine a.A. (früher h.M.) lässt lediglich das Erfordernis entfallen, dass die gemeinsame Firma dem Firmenrecht nach §§ 18, 19 HGB entsprechen muss, vgl. etwa: m.w.N. *Emmerich*, in: Heymann HGB § 105 Rn. 29.

[171] *Oetker*, in: Staub HGB § 1 Rn. 53; *Kindler*, in: Ebenroth/Boujong/Joost/Strohn § 1 Rn. 78; *Karsten Schmidt*, in: MüKo-HGB (2010) § 1 Rn. 37; nach *Canaris*, HandelsR § 2 Rn. 17 ist die Berechtigung und Verpflichtung sogar der einzige „unbestrittene" Maßstab.

[172] Der Umstand, dass eine Gesellschaftsbeziehung bekannt ist, ist für die Frage nach dem Vorliegen einer Außen- bzw. Innengesellschaft irrelevant, vgl. *Karsten Schmidt*, GesR § 43 II 3.a).

[173] Dies ist neben dem Umstand, dass im Gesellschaftsvertrag Vertretungsregelungen vereinbart sind, das entscheidende Merkmal, welches die Literatur als Voraussetzung für eine Außengesellschaft aufstellt. Vgl. m.w.N. *Habermeier*, in: Staudinger § 705 (2003) Rn. 59 – auch zu der Frage, ob im Einzelfall trotz Ausschlusses einer der beiden Voraussetzungen doch eine Außengesellschaft vorliegen kann.

[174] Modell von Auxmoney, FundingCircle, Kapilendo und Lendico. Intermediärgesellschaften: FundingCircle Connect GmbH (FundingCircle), CreditConnect GmbH (Auxmoney); Lendico Connect GmbH (Lendico), Kapilendo Funding GmbH (Kapilendo).

BGB,[175] sondern um einen Kommissionsvertrag. Dieser verpflichtet die Intermediärgesellschaft, sich um den Abschluss eines Vertrags mit der Kooperationsbank zu bemühen, in dem sich diese wiederum zur Übertragung der Darlehensrückzahlungsansprüche verpflichtet.

Zur Begründung dieses Ergebnisses kann auf die Darstellung des Vertragsverhältnisses zwischen Kooperationsbank und Investor beim unechten Crowdlending mit einfacher Forderungsübertragung verwiesen werden.[176] Hier wird nur noch die obligatorische Risikoentlastung der Intermediärgesellschaft näher untersucht. Diese scheint beim unechten Crowdlending mit gestreckter Forderungsübertragung über die beim Modell mit einfacher Forderungsübertragung hinauszugehen. In einigen Forderungskaufverträgen wird ein Tätigwerden der Intermediärgesellschaft nämlich in ihr freies Ermessen gestellt.[177]

Als besonderem Geschäftsbesorgungsvertrag liegt dem Kommissionsvertrag stets eine Verpflichtung zur Dienst- oder Werkleistung zugrunde, vgl. § 675 BGB. Beim unechten Crowdlending ist dies eine Dienstleistung, nämlich die, sich um den Abschluss des Darlehensvertrags zu bemühen. Auch eine Dienstleistung setzt aber eine irgendwie geartete Tätigkeitspflicht des Beauftragten voraus.[178] Ist diese ausgeschlossen, wird die wirtschaftliche zu einer rechtlichen Risikoentlastung. In diesem Fall, also bei völliger Ermessensfreiheit der Intermediärgesellschaft, selbst nach vollständiger Finanzierung eines Kreditprojekts, wäre eine Typisierung des Vertrags als Kommissionsverhältnis nicht möglich.[179]

Würde und könnte man die Erklärung der Intermediärgesellschaft isoliert betrachten, läge deshalb kein Kommissionsvertrag vor. Ihr Wortlaut ist insoweit eindeutig. Allerdings ist die Erklärung im Zusammenhang mit dem Auftreten der Intermediärgesellschaft am Markt und insbesondere mit anderen von ihr gegenüber dem Investor abgegebenen Erklärungen zu betrachten. Diese stehen im Widerspruch zu einer Ermessensfreiheit der Intermediärgesellschaft. Die Intermediärgesellschaft kann sich deshalb nicht auf die fehlende Tätigkeitspflicht berufen (venire contra factum proprium).

Bereits der öffentlichen Kooperation mit der Plattformbetreibergesellschaft ist aus Sicht der Investoren zu entnehmen, dass es beiden darum geht, die Abwicklung

---

[175] Fehlgehend *Meller-Hannich*, WM 2014 S. 2337, 2344, der zufolge „zwischen dem Einzahlenden und der auxmoney GmbH" ein Darlehensvermittlungsvertrag zustande komme.

[176] Vgl. Zweiter Teil A.II.1.a).

[177] Vgl. z. B. Vorbemerkung Nr. 4. „Vereinbarung über Verkauf, Abtretung und entgeltliche Verwaltung künftiger (Teil-)Forderungen aus einem Ratentilgungskreditvertrag mit einem Unternehmen" (FundingCircle/FundingCircle Connect): Dort wird der „Abschluss des Ausführungsgeschäfts" in das „freie Ermessen" der Intermediärgesellschaft gestellt".

[178] Vgl. statt vieler für den Dienstvertrag *Lingemann*, in: Prütting/Wegen/Weinreich § 611 Rn. 5; beim Werkvertrag ist dies primär die Herstellungspflicht, vgl. *Herrmann*, in: MüKo-BGB (2012) § 631 Rn. 58.

[179] Allgemein zur Handlungspflicht des Kommissionärs, *Koller*, in: Staub § 383 HGB Rn. 107.

von Kreditprojekten zu ermöglichen. Diese findet auch Eingang in die konkrete Vereinbarung zwischen Intermediärgesellschaft und Investor. Schließlich werden die AGB der Plattformbetreibergesellschaft in den „Forderungskaufvertrag" mit einbezogen.[180] Beide Seiten machen damit deutlich, welches Ergebnis der von ihnen geschlossene Vertrag erreichen soll, nämlich den wirtschaftlichen Leistungsaustausch zwischen Kreditnehmer und Investor. Außerdem ist es die Intermediärgesellschaft, die dem Investor den Abschluss eines Vertrags anbietet. Aus diesem Angebot muss der objektive Empfänger schließen, dass der Erfolg der Abwicklung auch vom Vertragspartner intendiert und ein Wille zur entsprechenden Verpflichtung vorhanden ist. Es kommt hinzu, dass sich der Investor gegenüber der Intermediärgesellschaft verpflichtet, schon vor Eintritt der vollständigen Finanzierung seine Beteiligungszusage als Vorschuss zu leisten.[181] Der Investor wird, wenn sich der Vertragspartner einen solchen Vorschuss zusagen lässt, davon ausgehen, dass dieser sich im Gegenzug zumindest um den Abschluss des Ausführungsgeschäfts bemühen wird.

Aus diesen Gründen ist die Intermediärgesellschaft im Falle der vollständigen Finanzierung eines Kreditprojekts verpflichtet, sich um den Abschluss des Vertrags mit der Kooperationsbank zu bemühen. Zwischen Investor und Intermediärgesellschaft wird also auch beim unechten Crowdlending mit gestreckter Forderungsübertragung ein Kommissionsvertrag geschlossen.

b) Vertragsschluss

Die Beteiligungszusage des Investors auf der Plattformseite bildet das Angebot zum Abschluss des Kommissionsvertrags.[182] Die Annahmeerklärung erfolgt in der Regel wiederum per E-Mail. Auf eine Beteiligungszusage muss die Intermediär-

---

[180] Vgl. etwa FundingCircle Connect „Forderungskaufvertrag" Vorbemerkung Nr. 1).

[181] CreditConnect, vgl. § 3 MUSTER Vertrag über den Verkauf, die Abtretung und die Verwaltung einer zukünftigen Verbraucherdarlehensforderung, vgl. Quelle Zweiter Teil Fn. 71; gegenüber FundingCircle Connect wird die Zahlung fällig, wenn ausreichend Beteiligungszusagen abgegeben wurden, vgl. § 3 Abs. 2 Vereinbarung über Verkauf, Abtretung und entgeltliche Verwaltung künftiger (Teil-)Forderungen aus einem Ratentilgungskreditvertrag mit einem Unternehmen. Auch aus den AGB von Lendico Deutschland ergibt sich die Vorleistungsverpflichtung, vgl. AGB zur Nutzung von Lendico Deutschland Nr. 6.3., vgl. Quelle Zweiter Teil Fn. 2.

[182] Der zuvor vom Plattformbetreiber an den Investor übermittelte, automatisiert erstellte Vordruck des Vertragstextes, stellt noch kein Angebot der Intermediärgesellschaft dar. Denn dieser wird unter dem Hinweis erteilt, dass zwischen versandt des Vordrucks und tatsächlicher Angabe des Angebots durch den Investor bereits eine Vollfinanzierung des Projekts eintreten kann, vgl. z. B. FundingCircle AGB für Privatanleger 6.3, vgl. Quelle Zweiter Teil Fn. 2. Dieser Hinweis wird über die Vorbemerkung Nr. 2 der Vereinbarung über Verkauf, Abtretung und entgeltliche Verwaltung künftiger (Teil-)Forderungen aus einem Ratentilgungskreditvertrag mit einem Unternehmen in den Kaufvertrag einbezogen. Folglich ist er bei der Auslegung der Erklärungen zu berücksichtigen. In diesem Fall ist eine Beteiligung nicht mehr möglich. Folglich ist der versendete Vordruck nur eine Invitatio ad offerendum.

gesellschaft reagieren, weil der Vertrag sonst gemäß § 362 HGB zustande kommt. Die Annahme ist auch beim unechten Crowdlending mit gestreckter Forderungsübertragung aufschiebend durch die Abgabe ausreichend vieler Beteiligungszusagen und auflösend durch eine Frist bedingt. Hinsichtlich der übrigen „Bedingungen", beispielsweise dem Abschluss eines Darlehensvertrags zwischen Kooperationsbank und Kreditnehmer, gilt das Gleiche wie beim Modell mit einfacher Forderungsübertragung: Diese Vereinbarungen bringen nur zum Ausdruck, was der Kommissionsvertrag ohnehin normiert.[183] Insoweit sind sie unbeachtlich.

c) Auftrag

Neben dem Kommissionsvertrag schließen Intermediärgesellschaft und Investor auch noch einen Auftrag, i.S.d. § 662 BGB. Inhalt des Auftrags ist die Forderungsverwaltung, darunter fällt neben der Ausübung der Gestaltungsrechte teilweise die Vereinbarung von Ratenplanänderungsvereinbarungen (z. B. Stundungen) mit dem Kreditnehmer. Zu diesem Zweck kann die Intermediärgesellschaft der Kooperationsbank auch Weisungen und/oder Untervollmachten erteilen.[184] Auch die Befugnis zur Mahnung bzw. zur außergerichtlichen und gerichtlichen Geltendmachung der Rückzahlungsansprüche wird auf die Kooperationsbank bzw. die Intermediärgesellschaft übertragen.[185] Diese Tätigkeit wird nicht vergütet. Teilweise vereinbarte pauschale Zahlungsverpflichtungen[186] sind lediglich Aufwendungsersatz i.S.d. § 670 BGB.

---

[183] Im Einzelnen finden sich diese Bedingungen bei FundingCircle/FundingCircle Connect in § 2 Abs. 3 Vereinbarung über Verkauf, Abtretung und entgeltliche Verwaltung künftiger (Teil-)Forderungen aus einem Ratentilgungskreditvertrag mit einem Unternehmen (Zugesandt im Rahmen eines eigenen Vertragsabschlusses; CreditConnect § 4 Vertrag über Verkauf, Abtretung und Verwaltung einer zukünftigen Verbraucherdarlehensforderung, vgl. Quelle Zweiter Teil Fn. 71.

[184] (Credit Connect) § 7 Abs. 2 MUSTER Servicingvertrag, abrufbar unter: https://www.auxmoney.com/contact/dokumente/lender/AnlageD.pdf, zuletzt abgerufen am: 30.11.2015; teilweise wird damit auch die Plattformbetreibergesellschaft beauftrag, etwa bei FundingCircle, vgl. § 7 und § 8 Vereinbarung über Verkauf, Abtretung und entgeltliche Verwaltung künftiger (Teil-)Forderungen aus einem Ratentilgungskreditvertrag mit einem Unternehmen.

[185] (Credit Connect) § 4 Abs. 9 MUSTER Servicingvertrag, Quelle Zweiter Teil Fn. 184; (Lendico) § 12 Vereinbarung über Verkauf, Abtretung und entgeltliche Verwaltung künftiger (Teil-)Forderungen aus einem Verbraucherkreditvertrag; (FundingCircle) § 12 Vereinbarung über Verkauf, Abtretung und entgeltliche Verwaltung künftiger (Teil-)Forderungen aus einem Ratentilgungskreditvertrag mit einem Unternehmen.

[186] Credit Connect, https://www.auxmoney.com/kredit/info/kosten.html, zuletzt abgerufen am 30.11.2015; FundingCircle/FundingCircle Connect, § 7 Abs. 3 Vereinbarung über Verkauf, Abtretung und entgeltliche Verwaltung künftiger (Teil-)Forderungen aus einem Ratentilgungskreditvertrag mit einem Unternehmen, hier z. B. 1 % der Investitionssumme.

d) Abtretung oder gewillkürte Vertragsübernahme

So wie beim unechten Crowdlending mit einfacher Forderungsübertragung stellt sich die Frage nach dem Wesen der Verfügung, mittels derer dem Investor das Forderungsrecht übertragen wird. Zur Herleitung der Einwilligung des Kreditnehmers zur Übertragung des Vertrags auf den Investor kann nach oben verwiesen werden[187].

Entscheidend ist damit letztlich wiederum die Vereinbarung zwischen ursprünglicher Vertragspartei und dem Übernehmer. Dabei ist insbesondere eine Besonderheit beim unechten Crowdlending mit gestreckter Forderungsübertragung zu würdigen. Nämlich der Umstand, dass es zu einem Zwischenerwerb der Intermediärgesellschaft kommt, wenn auch nur für eine juristische Sekunde. Letztlich ändert dieser Zwischenerwerb nichts daran, ob der Investor Vertragspartei oder nur Inhaber des Forderungsrechts wird.

Als Vorgabe muss man erneut annehmen, dass, sofern dem Investor sämtliche Neben- und Gestaltungsrechte übertragen werden sollen und eine Ermächtigung zur Forderungsverwaltung durch den Investor erteilt wird, von einer Vertragsübernahme auszugehen ist[188]. Sollen die Gestaltungsrechte hingegen bei der Kooperationsbank oder der Intermediärgesellschaft verbleiben, spricht dies für eine Abtretung.[189]

Ein zusätzliches Indiz für die Vereinbarung einer Vertragsübernahme ist mit Blick auf die obige Argumentation, dass beim Crowdlending mit gestreckter Forderungsübertragung teilweise auch Ansprüche für den Rückabwicklungsfall inklusive etwaiger Nutzungsersatzansprüche antizipiert auf die Intermediärgesellschaft und weiter auf die Investoren übertragen werden.[190]

---

[187] Vgl. Zweiter Teil A.II.1.c).

[188] Dies ist etwa bei Lendico der Fall vgl. § 2 Abs. 2 Vereinbarung über Verkauf, Abtretung und entgeltliche Verwaltung künftiger (Teil-)Forderungen aus einem Verbraucherkreditvertrag (Lendico Connect); FundingCircle § 2 Abs. 2 Vereinbarung über Verkauf, Abtretung und entgeltliche Verwaltung künftiger (Teil-)Forderungen aus einem Ratentilgungskreditvertrag mit einem Unternehmen (FundingCircle Connect); bei Auxmoney wird man wohl nur von einer Abtretung sprechen können, da hier keine Verpflichtung zur Übertragung selbständiger und unselbständiger Gestaltungsrechte bestehen soll, vgl. § 1 Abs. 2 MUSTER Vertrag über den Verkauf, die Abtretung und die Verwaltung einer zukünftigen Verbraucherdarlehensforderung (Credit Connect), Quelle Zweiter Teil Fn. 71.

[189] Vgl. zur Herleitung dieser Indizien Zweiter Teil A.II.1.c) und zur Frage, ob die Gestaltungsrechte ungeachtet der Intention der Parteien überhaupt frei übertragbar sind, unten Zweiter Teil B.I.3.a)bb)(6).

[190] So etwa bei Lendico § 4 Vereinbarung über Verkauf, Abtretung und entgeltliche Verwaltung künftiger (Teil-)Forderungen aus einem Verbraucherkreditvertrag (Lendico Connect); FundingCircle § 5 Vereinbarung über Verkauf, Abtretung und entgeltliche Verwaltung künftiger (Teil-)Forderungen aus einem Ratentilgungskreditvertrag mit einem Unternehmen (FundingCircle Connect).

3. Zwischen der Kooperationsbank und der Intermediärgesellschaft[191]

Wie im Verhältnis zwischen Investor und Kooperationsbank ist auch hier zunächst zu prüfen, ob zwischen Kooperationsbank und Intermediärgesellschaft ein Kommissions- oder aber ein Forderungskaufvertrag geschlossen wird, der seinen Namen dann zu Recht tragen würde.

Für die Typisierung als Kommissionsvertrag spricht, dass die Vereinbarung bei objektiver Auslegung das Ziel verfolgt, die Kooperationsbank vom wirtschaftlichen Risiko des Darlehensvertrags zu befreien. Allerdings erfolgt der Vertragsschluss zwischen Kooperationsbank und Intermediärgesellschaft nach Angaben der Plattformbetreibergesellschaften erst, nachdem der Darlehensvertrag zwischen Kooperationsbank und Kreditnehmer geschlossen wurde.[192]

In solchen Fällen, also wenn der in Rede stehende Vertrag erst im Anschluss an das „Ausführungsgeschäft" geschlossen wird, liegt regelmäßig ein Kaufvertrag vor.[193] Und zwar deshalb, weil es dem Geschäftsbesorger dann nicht mehr möglich ist, die Interessen des Kommittenten wahrzunehmen.[194]

Man muss vorliegend aber dem Umstand Rechnung tragen, dass die Kooperationsbank zum Zeitpunkt des Vertragsschlusses mit der Intermediärgesellschaft bereits berechtigt ist, vom Plattformbetreiber den Ersatz der mit Valutierung des Darlehens entstandenen Kosten gegen Übertragung der Rückzahlungsansprüche zu verlangen.[195] Erst durch den Vertragsschluss zwischen Intermediärgesellschaft und Kooperationsbank wird diese Berechtigung gegenstandslos. Die Vereinbarung begründet also keine neue causa für die Übertragung der Darlehensrückzahlungsansprüche. Es wird nur die Person ausgetauscht, von der die Kooperationsbank Aufwendungen ersetzt verlangen kann und der sie die Rückzahlungsansprüche zu übertragen hat. Damit nimmt die Kooperationsbank letztlich dauerhaft die Interessen einer Dritten Partei wahr, nämlich die der beiden Gesellschafter der Doppelgesellschaft. Aus diesem Grund ist auch das Verhältnis zwischen Intermediärgesellschaft und Kooperationsbank als Kommissionsvertrag zu qualifizieren.

---

[191] Der Bewertung, der vertraglichen Beziehungen zwischen Kooperationsbank und Intermediärgesellschaft, muss vorangestellt werden, dass dem Bearbeiter die zugrundeliegenden Vertragsdokumente nicht vorliegen, da die Plattformbetreibergesellschaften diese Dokumente nicht herausgegeben haben. Teilweise wurde jedoch, auf elektronische Anfrage hin, Auskunft hinsichtlich dieser Dokumente gegeben. Die Bewertung dieser Vertragsbeziehung erfolgt auf Grundlage dieser Auskünfte sowie Informationen und Erklärungen, die die Plattformbetreibergesellschaften auf ihren Internetseiten und andernorts im Laufe des Gesetzgebungsverfahrens zum Kleinanlegerschutzgesetz abgegeben haben.

[192] Vgl. Zweiter Teil A.I.4.

[193] RG, Urteil vom 4.3.1921 – III 390/20 – RGZ 101, 380, 381.

[194] *Koller*, in: Staub HGB § 383 Rn. 127.

[195] Vgl. Zweiter Teil A.I.4.b)bb).

4. Zwischen dem Kreditnehmer und der Intermediärgesellschaft

Nur der Vollständigkeit halber sei erwähnt, dass auf Grund der zwischen Intermediärgesellschaft und Investor vereinbarten Vorausabtretung die Intermediärgesellschaft für eine juristische Sekunde Inhaber des Anspruchs gemäß § 488 Abs. 1 BGB wird.[196] Ebenso stehen ihr für diesen Zeitraum die möglicherweise begründeten akzessorischen Sicherungsansprüche zu. Zudem erfolgt die Sicherungsübereignung, sofern dingliche Sicherheiten überhaupt gestellt werden, an die Intermediärgesellschaft.[197]

B. Status Quo der Regulierung

Die zuvor gewonnenen Erkenntnisse haben teils weitreichende Folgen auf die, für das unechte Crowdlending geltende staatliche Regulierung, insbesondere soweit sie den bisherigen Kenntnisstand über das Crowdlending erweitern und verändern.

Zu (über)prüfen ist vor allem, welche der Parteien beim unechten Crowdlending bankaufsichtsrechtlicher Regulierung unterliegen, wer also einer Genehmigung i.S.d. § 32 Abs. 1 KWG bedarf. In diesem Zusammenhang widmet sich der folgende Abschnitt der zentralen Frage dieser Arbeit, nämlich, ob und unter welchen Bedingungen die Investoren als Betreiber des Kreditgeschäfts anzusehen sind, oder, ob die schuldrechtlichen Konstruktionen deren Aufsichtspflichtigkeit umgehen können.

Daneben gilt es nachzuvollziehen, ob und wer beim unechten Crowdlending zahlungsdienstaufsichtsrechtlich relevante Tätigkeiten verübt, inwieweit die Neuerungen im VermAnlG die Beteiligten beim unechten Crowdlending tangieren und welche Folgen eben diese Neuerung auf die gewerberechtliche Regulierung der Plattformbetreiber- und Intermediärgesellschaft haben.

I. Bankaufsichtsrechtliche Regulierung

Ob und welche Beteiligten am Crowdlending der Aufsicht durch die BaFin unterliegen, wurde in der juristischen Literatur bislang kaum näher untersucht.[198] Meist begnügt sich insbesondere die vorhandene Kommentarliteratur damit, die mögliche Aufsichtspflicht einzelner Teilnehmer festzustellen und diesbezüglich auf die all-

---

[196] Vgl. im Detail zur Herleitung dieses Ergebnisses Zweiter Teil Fn. 390.

[197] Vgl. Muster Sicherungsübereignungsvertrag (Barkredit) von Credit Connect, abrufbar unter: https://www.auxmoney.com/contact/dokumente/borrower/AnlageC.pdf, zuletzt abgerufen am 30.11.2015.

[198] Einzige wirkliche Ausnahme *Renner*, ZBB 2014 S. 261 ff., der sich aber nur mit der Frage auseinandersetzt, wie Investoren beim unechten Crowdlending aufsichtsrechtlich zu behandeln sind.

gemeinen Kriterien zu verweisen.[199] Soweit vereinzelt doch einmal konkretere Aussagen getroffen werden, sind diese sehr pauschal und unterstellen vielfach Sachverhalte, die mit der tatsächlichen Vorgehensweise der Plattformbetreibergesellschaften nicht übereinstimmen.[200]

Auch die detailreichere Darstellung Renners[201] über die aufsichtsrechtliche Verpflichtung von Investoren ist zum einen nicht vollständig, unterliegt nach der hier vertretenen Ansicht aber auch Fehleinschätzungen und übersieht wichtige Argumente, die für und wider eine Aufsichtspflicht sprechen.

Die auf Grund dessen bislang bestehenden Lücken sollen durch den folgenden Abschnitt gefüllt und fehlerhafte Annahmen widerlegt werden. In Anbetracht der Folgen genehmigungslos betriebener Geschäfte i.S.d. § 1 KWG und des starken Wachstums des unechten Crowdlending ist dies dringend notwendig.[202]

1. Besondere Relevanz der bankaufsichtsrechtlichen Genehmigungspflicht

Wer Bankgeschäfte betreiben oder Finanzdienstleistungen erbringen will, bedarf für sein Handeln einer Genehmigung nach § 32 KWG, sofern er gewerbsmäßig oder in einem Umfang tätig wird, der einen in kaufmännischer Weise eingerichteten Geschäftsbetrieb erfordert. In der Folge ist er den Regelungen des KWG unterworfen und hat seinen Geschäftsbetrieb bestimmten Vorschriften entsprechend zu gestalten.[203] Die Genehmigungspflichtigkeit hat aber auch im Falle der Zuwiderhandlung weitreichende Folgen, und zwar nicht nur für denjenigen, der selbst der Genehmigungspflicht unterliegt.

---

[199] Oberflächlich angesprochen bei *Schäfer*, in: Boos/Fischer/Schulte-Mattler § 1 KWG Rn. 51 dort vor Fn. 174; *Samm/Reschke*, in: Beck/Samm/Kokemoor § 1 Abs. 1 KWG Rn. 275 f.; *Weber/Seifert*, in: Luz/Neus/Schaber/Scharpf/Schneider/Weber § 1 Rn. 15; auch die BaFin wird bei ihren Einschätzungen wenig konkret, vgl. BaFin Merkblatt Hinweise zur Erlaubnispflicht der Betreiber und Nutzer einer internetbasierten Kreditvermittlungsplattform nach dem KWG, vgl. Quelle Zweiter Teil Fn. 64.

[200] So etwa *Weber/Seifert*, in: Luz/Neus/Schaber/Scharpf/Schneider/Weber § 1 Rn. 15, die irreführend feststellen, dass Plattformbetreibergesellschaften das Einlagengeschäft betreiben würden, sofern sie vor Abschluss eines Darlehensvertrags Zahlungen der Investoren entgegennähmen, vgl. im Detail unter Zweiter Teil B.I.3.c)bb) für das Modell mit einfacher Forderungsübertragung und Zweiter Teil B.I.4.c)cc) für das mit gestreckter Forderungsübertragung.

[201] *Renner*, ZBB 2014 S. 261 ff.

[202] Vgl. zur Marktentwicklung bereits Erster Teil C.II.

[203] Z.B. Unterlegen der Risikoaktiva mit Eigenmitteln (§ 10 KWG), Einhalten bestimmter Compliance-Anforderungen (§ 25a KWG).

a) Aufsichtsrechtliche Folgen bei Verstößen gegen § 32 KWG

Werden Geschäfte eines Kreditinstituts ohne die erforderliche Genehmigung betrieben, kann die BaFin den Betrieb dieser Geschäfte untersagen und ihre sofortige Abwicklung anweisen, vgl. § 37 Abs. 1 S. 1 KWG. Nicht nur an den Betreiber selbst kann die BaFin derartige Anweisungen richten, sondern auch an jedes Unternehmen, das in die Anbahnung, den Abschluss oder die Abwicklung der Geschäfte einbezogen ist, vgl. § 37 Abs. 1 S. 4 KWG. Sofern beim unechten Crowdlending beispielsweise die Investoren oder die Kreditnehmer ein aufsichtspflichtiges Bankgeschäft betreiben, kann die BaFin auch der Plattformbetreibergesellschaft ihre Tätigkeit untersagen.[204] Auch der Kooperationsbank könnte die weitere Zusammenarbeit mit der Plattformbetreibergesellschaft bzw. den einzelnen Investoren versagt werden.

b) Strafrechtliche Folgen bei Verstößen gegen § 32 KWG

Neben diesen gewerberechtlichen Sanktionen ist von entscheidender Bedeutung, dass der genehmigungslose Betrieb von Bankgeschäften oder Finanzdienstleistungen eine Straftat ist, vgl. § 54 Abs. 1 Nr. 2 KWG. Selbst ein fahrlässiger Verstoß steht unter Strafe, vgl. § 54 Abs. 2 KWG. Dem Täter drohen bis zu fünf Jahre Freiheitsstrafe, vgl. § 54 Abs. 1 KWG a. E.

Für das unechte Crowdlending ist abermals von besonderer Bedeutung, dass auch die Teilnehmer an der Tat bestraft werden.[205] Folglich müssten für den Fall, dass die Investoren ein nicht genehmigtes Kreditgeschäft betreiben, auch die Verantwortlichen der Plattformbetreibergesellschaften sowie die der Kooperationsbanken mit strafrechtlicher Verfolgung rechnen, vgl. § 14 Abs. 1 und Abs. 2 StGB.

c) Zivilrechtliche Folgen bei Verstößen gegen § 32 KWG

Daneben ist umstritten, ob der Betrieb eines nicht genehmigten Bankgeschäfts nicht auch zivilrechtliche Folgen hat. Diskutiert wird die Nichtigkeit der zivilrechtlichen Rechtsgeschäfte gemäß § 134 BGB.

Vorab und auch nur der Vollständigkeit halber zu erwähnen sind die diesbezüglich vertretenen Extreme: Zum einen die Annahme, dass sämtliche Rechtsgeschäfte, die unter Verstoß gegen § 32 KWG geschlossen wurden, nichtig seien, unabhängig davon, welche Tatbestände aus § 1 Abs. 1 und Abs. 1a KWG erfüllt werden,[206] zum anderen, dass die Nichtigkeitsfolge keinesfalls eintrete.[207]

---

[204] So auch *Renner*, ZBB 2014 S. 261, 267 f.

[205] Allgemein etwa *Lindemann*, in: Boos/Fischer/Schulte-Mattler § 54 Rn. 10; speziell im Hinblick auf das Crowdlending *Renner*, ZBB 2014 S. 261, 268.

[206] *Bergmann*, NJW 1953 S. 450, 451; auch LG Köln Urteil vom 11. 7. 1963 – 6 O 476/62 – NJW 1964 S. 252, 253.

An dieser Stelle sollen beide Ansichten, ungeachtet der dafür vorgebrachten Argumente, abgelehnt werden,[208] denn sie begründen die Ergebnisse zu pauschal. Dies ist im Hinblick auf die differenzierte Zielsetzung der Genehmigungspflichtigkeit der einzelnen Bankgeschäfte und Finanzdienstleistungen nicht sinnvoll.[209] Zweckmäßig ist es vielmehr, sich mit den genannten Argumenten in Abhängigkeit von den einzelnen Bankgeschäften und Finanzdienstleistungen auseinanderzusetzen.[210]

aa) Zivilrechtliche Folgen eines Verstoßes für Einlagengeschäfte

Ob der ungenehmigte Betrieb des Einlagengeschäfts zur Nichtigkeit des Vertrags führt, welcher der Einlage zugrunde liegt, ist seit Langem umstritten. Die Antwort ist insoweit von Bedeutung, als dass Einleger im Falle einer Nichtigkeit auf das Bereicherungsrecht verwiesen wären.

Teilweise wird sich für die vollständige Nichtigkeit des Vertrages ausgesprochen.[211] Seine Wirksamkeit würde zum einen das Verlustrisiko der Einleger wider der Zwecksetzung der §§ 32, 1 Abs. 1 S. 2 Nr. 1 KWG aufrechterhalten. Zum anderen wäre der Anbieter bei Wirksamkeit des Vertrags zur Perpetuierung seines strafbaren Verhaltens verpflichtet.[212]

Man könne die Nichtigkeitsfolge auch nicht nur auf Teile der Abrede beschränken, weil die Fortführung des ungenehmigten Betriebs nicht nur zum Schutz des uninformierten Einlegers verboten sei, sondern auch im Einvernehmen mit diesem.[213] Nur so könnten die Herausbildung eines unerlaubten Parallelmarktes

---

[207] LG Bremen, Urteil vom 30.4.1964 – 11 O 17/64 – NJW 1964 S. 2356, 2357; *Körner*, ZHR 1968 S. 127, 135; *Prost*, NJW 1977 S. 227, 229 f.; *Fischer*, in: Schimansky/Bunte/ Lwowski 3. Auflage § 128 Rn. 8.

[208] Die inhaltliche Auseinandersetzung folgt im Anschluss.

[209] Beispielhaft sei auf die Unterschiede der Ziele zwischen der Aufsicht über das Einlagengeschäft und der über Kreditgeschäft verwiesen, siehe unten Zweiter Teil B.I.2.a)cc).

[210] Dass sich eine einheitliche Beantwortung, im Hinblick auf die unterschiedlichen Schutzerwägungen der Bankgeschäfte und Finanzdienstleistungen, verbiete stellt, statt vieler, *Tettinger*, DStR 2006 S. 903 fest; differenzierend auch *Sack/Seibl*, in: Staudinger (2011) § 134 Rn. 258.

[211] *Tettinger*, DStR 2006 S. 903, 904; *Kramer*, S. 102 f., der aber diese Aussage auf den S. 100 ff. relativiert, indem er die Folgen der Nichtigkeit darauf reduziert, dass dem Einleger die vorteilhaften Rechte erhalten bleiben, er das Geld also nach § 607 BGB a.F. zurückfordern, die vertraglichen Zinsen verlangen und Rechte etwa aus Nebenpflichtverletzungen geltend machen könne, vgl. im Ergebnis a.a.O. S. 130; OLG Stuttgart Urteil vom 1.4.1980 – 6 U 184/79 – NJW 1980 S. 1798, 1800; im Grundsatz auch *Lünterbusch*, S. 97 ff.

[212] Aus diesem Grund lehnte der BGH im Urteil vom 25.6.1962 – VII ZR 120/61 – BGHZ 37, 258, 262 – NJW 1962 S. 2010, 2011 die Nichtigkeit eines Vertrags ab, der gegen das RBeratG verstieß; dem Ansatz folgend OLG Stuttgart, Urteil vom 1.4.1980 – 6 U 184/79 – NJW 1980 S. 1798, 1800.

[213] *Tettinger*, DStR 2006 S. 903, 904.

verhindert und der Vorrang des öffentlichen Wirtschaftsrechts vor der Privatautonomie durchgesetzt werden. Die Vorteile des Einlegers aus dem nichtigen Geschäft blieben auf Grund der geltenden Vermutung erhalten, dass der Bereicherungsschuldner nach der Lebenserfahrung bestimmte wirtschaftliche Vorteile gezogen habe, die er zusätzlich zur Einlage herausgeben müsse.[214]

Gegen dieses Ergebnis richtet sich die weit überwiegende Mehrheit in Rechtsprechung und Literatur, teils mit denselben Argumenten, aber mit unterschiedlichen Ergebnissen.

So wird wohl überwiegend vertreten, dass das der Einlage zugrundeliegende Rechtsgeschäft vollständig wirksam sei.[215] Schließlich richte sich das Verbot aus § 32 KWG nur gegen die Vornahme ungenehmigter Geschäfte, nicht aber gegen das abgeschlossene Rechtsgeschäft.[216] Außerdem werde nur dieses Ergebnis dem Schutz des Einlegers gerecht.[217] Die Nichtigkeit des Vertrags würde ihm die Vorteile aus dem Geschäft rauben, was keinesfalls das Ziel des § 32 KWG sei. Außerdem würde dem eigentlich zu schützenden Einleger die Schwäche des Bereicherungsrechts aufgezwungen. Die durch die Nichtigkeit hervorgerufene Rechtsunsicherheit sei vom Gesetzgeber keineswegs intendiert.[218]

Es wird aber auch dafür gestritten, den Vertrag grundsätzlich als wirksam, die Fälligkeitsabrede der Parteien aber als nichtig anzusehen. Dieses Ergebnis wird entweder auf § 134 BGB gestützt[219] oder mit einer Analogie zu § 15 Abs. 5 KWG begründet[220].

---

[214] Vgl. die Nachweise bei *Tettinger*, DStR 2006 S. 903 Fn. 59.

[215] VGH Kassel Urteil vom 20.5.2009 – 6 A 1040/08 – WM 2009 S. 1889, 1893; zustimmend *Schürmann*, in: Schimansky/Bunte/Lwowski § 69 Rn. 9; KG Berlin, Urteil vom 4.12.2001 – 14 U 103/01 – juris, wobei diese Ansicht nicht nur den im Folgenden dargestellten Bedenken ausgesetzt ist, sondern auch die Feststellung, dass es sich im beurteilten Fall um ein Einlagengeschäft handelte zu bezweifeln ist. Schließlich war zwischen den Parteien eine Verlustbeteiligung des „Einlegers" vereinbart. Dieses Problem erkennt auch das Gericht selbst, vgl. a.a.O. Rn. 5, lässt die Entscheidung darüber dann aber bewusst offen.

[216] *Fischer*, in: Boos/Fischer/Schulte-Mattler § 32 Rn. 27; *Schürmann*, in: Schimansky/Bunte/Lwowski § 69 Rn. 9.

[217] VGH Kassel Urteil vom 20.5.2009 – 6 A 1040/08 – WM 2009 S. 1889, 1893; zustimmend *Schürmann*, in: Schimansky/Bunte/Lwowski § 69 Rn. 9.

[218] *von Livonius/Bernau*, EWiR 2009 S. 125, 126, deren Verweis auf VG Frankfurt, Beschluss vom 16.11.2004 – 9 G 3823/04 [V] – WM 2005 S. 516, 519 insoweit wenig zielführend ist, als hier gerade um den erlaubnisfreien Betrieb eines Finanzkommissionsgeschäfts ging.

[219] VG Frankfurt a.M., Urteil vom 21.2.2008 – 1 E 5085/06 – juris Rn. 72 ff.; VG Frankfurt Urteil vom 19.06.2008 1 E 2566/07 – ZIP 2009 S. 213, 215; VG Frankfurt a.M., Beschluss vom 11.03.2010 – 1 L 271/10.F – Juris Rn. 36 f., zustimmende Anmerkung Voß BB 2010 S. 1372.

[220] *Canaris*, in: Staub 3. Auflage Bankvertragsrecht 2. Bearbeitung Rn. 1174; *Sack*, in: Staudinger (2011) § 134 Rn. 258; dem folgend OVG Berlin, Beschluss vom 11.11.1983 – OVG 1 S 16/83 – Beckmann/Bauer § 37 (Nr. 24); zur Kritik gegenüber dieser Lösung, die sich darauf beruft, dass es an einer erforderlichen Regelungslücke fehlt, ausdrücklich VG Frankfurt, Urteil vom 21.2.2008 – 1 E 5085/06 – juris Rn. 75; dem folgend *Mai*, ZBB 2010 S. 222, 227; *Renner*, in: Staub Bankvertragsrecht Vierter Teil Rn. 56, der im Fall der Nichtigkeit der Fälligkeits-

Die vollständige Nichtigkeit des Vertrags wird dabei mit den zuvor genannten Gründen abgelehnt.[221] Den Befürwortern seiner vollständigen Wirksamkeit hingegen wird ein ähnliches Argument entgegengehalten, das auch für die vollständige Nichtigkeit ins Feld geführt wird. Nämlich, dass die vollständige Aufrechterhaltung der vertraglichen Pflichten sowohl das strafbewährte Verhalten des Anbieters als auch das Verlustrisiko des Einlegers perpetuieren würde.[222] Beides lasse sich nur vermeiden, wenn die Fälligkeitsabrede unwirksam und die Rückforderung umgehend möglich sei, wozu § 134 BGB bzw. § 15 Abs. 5 KWG analog neben der Nichtigkeit der vertraglichen Fälligkeitsabrede auch den Ausschluss der gesetzlichen Fälligkeitsfrist des § 609 BGB a.F. (heute § 488 Abs. 3 S. 2 BGB) herbeiführen müssten.[223] Dies sei insbesondere im Hinblick auf Maßnahmen gemäß § 37 KWG erforderlich, da ein einseitiges Festhalten des Einlegers an der vertraglichen Vereinbarung sonst auch einer angeordneten Abwicklung der Geschäfte im Wege stehen könnte.[224]

Außerdem stünde die Annahme der vollständigen Wirksamkeit im Widerspruch zu § 134 BGB a.E. Schließlich umfasse der Zweck des KWG neben dem Schutz der Einleger auch das Vertrauen in die Stabilität des Finanzsystems. Dieses würde aber bei Fortgeltung des Vertrages verfehlt.[225]

Die soeben genannten Argumente sucht wiederum die Ansicht zu entkräften, die sich für die vollständige Wirksamkeit des Geschäftes ausspricht:

Zum einen mit dem Hinweis darauf, dass der Einleger auch bei der Annahme einer Teilnichtigkeit auf bereicherungsrechtliche Ansprüche verwiesen sei,[226] zum anderen mit der Feststellung, dass eine Perpetuierung strafbarer oder gesetzeszweckwidriger Zustände auch bei vollständiger Wirksamkeit des Vertrags nicht zu befürchten sei und die Wirksamkeit des Vertrags den Maßnahmen i.S.d. § 37 KWG nicht im Wege stünde. Der Einleger habe nämlich einen Schadensersatzanspruch

---

abrede von einer unregelmäßigen Verwahrung ausgeht, die ohnehin nach § 695 BGB jederzeit kündbar ist; für das Crowdlending geht er ohnehin von diesem Ergebnis aus, wenn die Plattformbetreibergesellschaft Geld der Investoren entgegennimmt, vgl. *Renner*, ZBB 2014 S. 261, 268. Dieser Aussage steht jedoch wiederum entgegen, dass, mit dem einseitigen Kündigungsrecht, die Maßnahmen der BaFin nach § 37 KWG nicht effektiv durchgesetzt werden können, wenn die Einleger ihr Kapital beim Kreditinstitut belassen möchten.

[221] Etwa bei VG Frankfurt, Urteil vom 19.06.2008 1 E 2566/07 – ZIP 2009 S. 213, 215; *Mai* ZBB 2010 S. 222, 227.

[222] VG Frankfurt, Urteil vom 19.06.2008 – 1 E 2566/07 – ZIP 2009 S. 213, 215; VG Frankfurt, Urteil vom 21. Februar 2008 – 1 E 5085/06 – juris Rn. 73; *Sack*, in: Staudinger (2011) § 134 Rn. 258.

[223] Vgl. Quellen Zweiter Teil Fn. 71.

[224] VG Frankfurt, Urteil vom 19.06.2008 1 E 2566/07 – ZIP 2009 S. 213, 215; zustimmend *Müller-Grune*, in: Beck/Samm/Kokemoor § 32 Rn. 27.

[225] Etwa VG Frankfurt, Beschluss vom 11. März 2010 – 1 L 271/10.F – juris Rn. 36.

[226] VGH Kassel, Urteil vom 20.5.2009 – 6 A 1040/08 – WM 2009 S. 1889, 1893 f.; zustimmend *Schürmann*, in: Schimansky/Bunte/Lwowski § 69 Rn. 9.

gegen den Anbieter aus § 823 Abs. 2 BGB i.V.m. § 32 KWG.[227] Dieser sei auch auf Auflösung des Vertrags gerichtet.[228] Dem Anbieter hingegen sei ein Kündigungsrecht nach § 314 BGB zuzusprechen, mit dem er den strafbaren Zustand zu beenden in der Lage sei.[229]

Darüber hinaus würden zivilrechtliche Vereinbarungen den Maßnahmen nach § 37 KWG ohnehin nicht entgegenstehen.[230] Ein Verwaltungsakt, der zur sofortigen Rückzahlung der Einlagen verpflichte, habe schließlich privatrechtsgestaltende Wirkung.[231] Er würde also auch die Anleger dazu verpflichten, auf die vertragsgemäße Erfüllung zu verzichten, oder gestatte die einvernehmliche Abwicklung des Vertrags.

Zu diesen Äußerungen verhalten sich dann abermals die Befürworter der Unwirksamkeit der Fälligkeitsabrede wie folgt: So wenden sie sich gegen die Annahme, auch im Fall der Teilnichtigkeit sähe sich der Einleger auf das Bereicherungsrecht verwiesen. Dies sei gerade nicht der Fall, da der ansonsten wirksame Vertrag einen Rechtsgrund i.S.d. § 812 ff. bilde.[232]

Auch der Feststellung, dass es auf Lösungsrechte bzw. die durch Nichtigkeit der Fälligkeitsabrede geschaffene Möglichkeit der Durchsetzung von Maßnahmen nach § 37 KWG nicht ankomme, wird entgegengetreten.[233] Rein praktische Gründe sprächen gegen diesen Ansatz. So könne die beabsichtigte Wirkung des Verwaltungsaktes nur eintreten, wenn dieser auch gegenüber den einzelnen Einlegern bekannt gemacht würde, was praktisch meist unmöglich sei. Auch auf eine öffentliche

---

[227] Annahme des Schadensersatzanspruchs für genehmigungslos betriebenes Einlagengeschäft BGH, Urteil vom 11.6.2006 – VI ZR 340/04 – WM 2006 S. 1896, 1897; generell zur Bewertung von § 32 KWG als Schutzgesetz i.S.d. § 823 Abs. 2 BGB und den Folgen eines genehmigungslosen Betriebs von Bankgeschäften bzw. Finanzdienstleistungen u.a. bei BGH, Urteil vom 21.4.2005 – III ZR 238/03 – WM 2005 S. 1217 f.; BGH, Urteil vom 19.1.2006 – III ZR 105/05 – BGHZ 166, 29, 37 – NJW-RR 2006, S. 630 ff.; BGH, Urteil vom 7.12.2009 – II ZR 15/08 – WM 2010 S. 262, 263 und BGH, Urteil vom 23.11.2010 – VI ZR 244/09 – WM 2011, 20, 21; *Schürmann*, in: Schimansky/Bunte/Lwowski § 69 Rn. 9.

[228] Etwa *Fischer*, in: Boos/Fischer/Schulte-Mattler § 32 Rn. 27; *Hammen*, WuB I L 1. § 37 KWG 1.09. S. 695, 697; BGH, Urteil vom 21.4.2005 – III ZR 238/03 – WM 2005 S. 1217 f.

[229] *Hammen*, WuB I L 1. § 37 KWG 1.09 S. 695, 697; zustimmend *Schürmann*, in: Schimansky/Bunte/Lwowski § 69 Rn. 9; VG Frankfurt, Beschluss vom 11.03.2010 – 1 L 271/10.F – Juris Rn. 36 f.

[230] VGH Kassel, Urteil vom 20.5.2009 – 6 A 1040/08 – WM 2009 S. 1889, 1894; wohl auch BVerwG, Urteil vom 15.12.2010 – 8 C 37.09 – BKR 2011 S. 208, 211 f., welches feststellt, dass die Frage der Nichtigkeit des zugrundeliegenden Vertrags für die Möglichkeit des Erlassen von Maßnahmen unbeachtlich sei.

[231] VGH Kassel, Urteil vom 20.5.2009 – 6 A 1040/08 – WM 2009 S. 1889, 1894; BVerwG, Urteil vom 15.12.2010 – 8 C 37.09 – BKR 2011 S. 208, 211 f. ließ offen, ob sich allein durch diese Maßnahme das Leistungsverhältnis zwischen Unternehmen und Einlegern umgestaltet und sich die ursprünglichen Leistungsansprüche in Sekundäransprüche umwandeln.

[232] *Mai*, ZBB 2010 S. 222, 230; generell zur Problematik der Anwendbarkeit des Bereicherungsrechts bei Teilnichtigkeit *Sack/Seibl*, in: Staudinger § 134 (2011) Rn. 113.

[233] VG Frankfurt, Beschluss vom 11.3.2010 – 1 L 271/10.F – juris Rn. 37.

Bekanntmachung könne die BaFin nicht zurückgreifen, da es an der dafür erforderlichen Ermächtigungsgrundlage fehle, vgl. § 41 Abs. 3 S. 1 VwVfG. Selbst der Weg über eine Allgemeinverfügung sei ausgeschlossen, da ein ausreichendes Maß an Bestimmtheit nicht hergestellt werden könne. Dies würde nämlich die Bezeichnung der von ihr betroffenen Einlagevertragsbeziehungen erfordern, die mit Blick auf das Bankgeheimnis regelmäßig nicht benennbar wären.[234]

Ein weiteres Gegenargument solle sodann die Feststellung liefern, dass ein Lösungsrecht des Anbieters mit den Grundsätzen des § 314 BGB nicht vereinbar sei, weil der Gesetzesverstoß aus seiner Sphäre stamme und ihn deshalb nicht zur Kündigung berechtigen könne.[235] Der Wirksamkeit des Vertrages sei einzig mit einem außerordentlichen Kündigungsrecht des Einlegers zu begegnen.

bb) Stellungnahme

Im Hinblick auf die einlegerschützende Wirkung der §§ 32 Abs. 1 i.V.m. § 1 Abs. 1 S. 2 Nr. 1 KWG[236] ist es überzeugend, dass alle Ansichten dem Einleger die Möglichkeit einräumen, seine Einlage jederzeit zurückzuverlangen und damit verhindern, dass er länger als gewollt einem Verlustrisiko ausgesetzt wird.

Die Absicht, dies gleichzeitig auf Kosten des Einlegers zu erreichen, indem man den Vertrag vollständig für nichtig erklärt und ihn damit auf bereicherungsrechtliche Ansprüche verweist, steht im Widerspruch zu eben diesem Zweck, weshalb man dieser Ansicht nicht folgen kann.

Aber auch die anderen bislang vertretenen Ansichten weisen Schwächen auf. Und zwar insoweit, als sie dem Anbieter des Einlagengeschäfts die Möglichkeit bieten, sich jederzeit vom Vertrag zu lösen, um eine Perpetuierung des strafbaren Zustandes zu verhindern. Dem kann nicht zugestimmt werden.

Strafbar ist nach § 54 KWG nur der erlaubnisfreie Betrieb des Einlagengeschäfts. Da es sich bei § 54 KWG um ein Tätigkeitsdelikt handelt, hat der Anbieter die Straftat bereits mit Aufnahme des Betriebs verwirklicht.[237] Als Dauerdelikt kann der fortgesetzte Betrieb des Einlagengeschäfts zwar zu einer Steigerung der Schuld führen, die wiederum Grundlage für die Strafzumessung ist, vgl. § 46 Abs. 1 StGB.[238] Betrieben wird das Geschäft aber eben nur, wenn und solange es auf Fortsetzung der

---

[234] VG Frankfurt, Beschluss vom 11.3.2010 – 1 L 271/10.F – juris Rn. 37.

[235] *Wiederholt/Pätzold-Schwarz*, EWiR 2010 S. 469, 470; allgemein zur Anwendbarkeit des § 314 BGB auf Opfer von Straftaten, nicht aber auf deren Täter *Krebs*, in: NK-BGB Schuldrecht Band 2/1 § 314 Rn. 33; *Unberath*, in: BeckOK-BGB § 314 Rn. 12; *Weth*, in: JurisPK-BGB Band 2 § 314 Rn. 15; *Gaier*, in: MüKo-BGB (2016) § 314 Rn. 12 f.

[236] Vgl. im Detail Zweiter Teil B.I.2.a)bb)(3) und Zweiter Teil B.I.2.a)cc)(1).

[237] *Janssen*, in: MüKo-StGB § 54 KWG Rn. 19; zum Begriff des Tätigkeitsdelikts *Roxin*, AT I § 10 Rn. 103.

[238] *Stree/Kinzig*, in: Schönke/Schröder (2012) § 46 Rn. 21; zum Begriff des Dauerdelikts *Roxin*, AT I § 10 Rn. 105.

Tätigkeit gerichtet ist, nicht mehr, sobald noch bestehende Verpflichtungen erfüllt und die Geschäfte beendet werden sollen.[239] Das heißt, der Anbieter muss zur Beendigung des strafrechtlich relevanten Verhaltens die Gelder nicht unmittelbar zurückzahlen.

Konsequent und interessengerecht ist deshalb nur eine, nämlich die folgende Lösung:

Dem Einleger ist, in Übereinstimmung mit der bisherigen m.M., ein Kündigungsrecht aus § 314 BGB zuzusprechen, welches ihm neben dem Rückabwicklungsanspruch aus § 823 Abs. 2 BGB i.V.m. § 32 KWG die Möglichkeit gibt, den Anbieter jederzeit zur Rückzahlung der Einlage samt der bis zu diesem Zeitpunkt zu zahlenden Zinsen zu verpflichten.

Der Annahme einer Nichtigkeit der Fälligkeitsabrede ist indes eine Absage zu erteilen. Dass dadurch auch der Anbieter zur jederzeitigen Rückzahlung der Einlage berechtigt würde, mag noch im Interesse des zu schützenden Einlegers liegen. Der Anbieter würde aber darüber hinaus in die Lage versetzt, dem Einleger einseitig Vorteile aus dem Vertrag zu nehmen, indem mit der vorzeitigen Rückzahlung durch den Anbieter auch der Anspruch auf vereinbarte Zinsen für den restlichen Zeitraum der Vertragslaufzeit verloren ginge.

Der Vertrag ist also, diesmal in Übereinstimmung mit der herrschenden Meinung, als vollständig wirksam anzusehen. Allerdings ist im Widerspruch zu ihr dem Anbieter kein außerordentliches Kündigungsrecht zuzusprechen. Wer das Einlagengeschäft vorsätzlich oder fahrlässig ohne Genehmigung betreibt, dem kann die Abwicklung des Vertrags nicht unzumutbar sein, insbesondere, weil dies wie gesehen zur Beendigung der strafbaren Handlung nicht erforderlich ist.

In Abweichung des Ansatzes der h.M. wird man dem Anbieter des Einlagengeschäfts außerdem erlauben, unter Verweis auf seine fehlende Genehmigung die eingegangene Verpflichtung jederzeit zu erfüllen, aber natürlich nicht durch Berufen auf die oben abgelehnte Nichtigkeit der Fälligkeitsabrede, sondern unter Aufrechterhaltung der Zinspflicht. Das bedeutet, dass er die Einlage samt aller, auch für die zukünftige Belassung der Einlage, zu zahlenden Zinsen zurückzuzahlen hat.

So, aber auch nur so wird im Ergebnis sowohl den Zielen der Erlaubnispflichtigkeit des Einlagengeschäfts, der Privatautonomie der Parteien als auch der Fähigkeit des Staates, seine Maßnahmen gemäß § 37 KWG durchzusetzen, ausreichend Rechnung getragen.

Dogmatisch ist für dieses Ergebnis weder ein Rückgriff auf § 134 BGB noch analog auf § 15 Abs. 3 KWG erforderlich. Vielmehr ist die Zweifelsregelung des § 271 Abs. 2 BGB in diesen Fällen als widerlegt anzusehen. Obwohl also eine Leistungszeit vereinbart ist, darf der Anbieter zur effektiven Durchsetzung staatli-

---

[239] Zutreffend *Wiederholt/Pätzold-Schwarz*, EWiR 2010 S. 469, 470; allgemein *Schäfer*, in: Boos/Fischer/Schule-Mattler § 54 Rn. 6.

cher Anordnungen bzw. zum Schutz des Einlegers und des Vertrauens der Allgemeinheit in das Finanzsystem bereits vor Ablauf der Zeit leisten.

cc) Zivilrechtliche Folgen eines Verstoßes für Kreditgeschäfte

Die Frage, wie sich ein Verstoß gegen § 32 KWG auf die Rechtsgeschäfte auswirkt, die dem genehmigungslos betriebenen Kreditgeschäft zu Grunde liegen, wird ebenfalls unterschiedlich beantwortet.

Teilweise wird sich auch hier für die Nichtigkeit des Vertrags ausgesprochen. § 32 Abs. 1 KWG i.V.m. § 1 Abs. 1 S. 2 Nr. 2 KWG solle die Gläubiger der Bank schützen, nicht aber ihre Schuldner, zu denen der Darlehensnehmer nach Valutierung des Darlehens gehöre.[240] Man müsse Kreditnehmern deshalb das Recht absprechen, die Valutierung des Darlehens zu verlangen, um einen Mittelabfluss zu verhindern. Wurde die Valuta bereits ausgezahlt, sei zur Vermeidung unbilliger Härten für den Kreditnehmer die Lösung in Übereinstimmung mit den Grundätzen über Wucherdarlehen zu wählen. Der Kreditnehmer habe also keine Zinsen zu entrichten und die Valuta erst zum vereinbarten Zeitpunkt zurückzuzahlen.[241] Die Nichtigkeitsfolge sei auch zur Durchsetzung des Gesetzeszwecks gegenüber Kreditgebern mit Sitz im Ausland erforderlich.[242] Auch diese könnten das Kreditgeschäft im „Inland" betreiben.[243] Ihnen wäre aber mit Maßnahmen nach § 37 KWG nicht beizukommen, weil diese ihnen gegenüber nicht durchsetzbar seien. Der effektive Schutz der Kunden werde deshalb nur durch die Nichtigkeit des Vertrages gewährleistet.[244]

Für die Wirksamkeit der Verträge spricht sich hingegen der weit überwiegende Teil der Rechtsprechung und Literatur aus.[245] Wie beim Einlagengeschäft wird dies damit begründet, dass sich das Verbot als gewerbepolizeiliche Vorschrift nicht gegen die rechtliche Wirkung der Geschäfte selbst richte, sondern allein die öffentliche Ordnung zu schützen und nur die genehmigungslose Vornahme der Geschäfte zu verhindern suche.[246] Zudem diene die Aufsicht über das Kreditgeschäft nicht dem Schutz des Kreditnehmers.[247] Gegen die Übertragung der Grundsätze über Wu-

---

[240] *Kramer*, S. 99 ff.

[241] *Kramer*, S. 101 f.

[242] *Elixmann*, EWiR 2009 S. 553, 554.

[243] Zu den Kriterien wann dies der Fall ist, vgl. unten Zweiter Teil C.II.

[244] *Elixmann*, EWiR 2009 S. 553, 554.

[245] BGH, Urteil vom 14.07.1966 – III ZR 240/64 – WM 1966 S. 1101, 1102; BGH, Urteil vom 21.04.1972 – V ZR 52/70 – WM 1972 S. 853; BGH, Urteil vom 23.1.1980 – VIII ZR 91/79 – BGHZ 76, 119, 126 f. – NJW S. 1980, 1394; OLG Hamm, Urteil vom 8.7.1983 – 7 U 14/83 – WM 1984 S. 1445, 1447, *Lünterbusch*, S. 82 ff.; *Sack*, in: Staudinger (2011) § 134 Rn. 258; *Körner*, ZHR 1968 S. 137, 134 f.

[246] BGH, Urteil vom 14.07.1966 – III ZR 240/64 – WM 1966 S. 1101, 1102; BGH, Urteil vom 23.4.2968 – VI ZR 217/65 – NJW 1968 S. 2286; BGH, Urteil vom 21.04.1972 – V ZR 52/70 – WM 1972 S. 853.

[247] *Canaris*, in: Staub 3. Auflage Bankvertragsrecht 2. Bearbeitung Rn. 1174.

cherdarlehen wird in diesem Zusammenhang eingewandt, dass der Kreditnehmer dadurch – gesetzeszweckwidrig – zu unseriösen Banken getrieben werde, dürfe er dort doch darauf hoffen, seiner Zinspflicht zu entgehen.[248]

dd) Stellungnahme

Abermals überzeugt argumentativ keine der beiden Ansichten. Insbesondere weil beide darauf abstellen, dass das KWG den Schutz der Gläubiger der Kreditinstitute, nicht aber den der Kreditnehmer bezwecke. Insoweit wird verkannt, dass auch das isoliert betriebene Kreditgeschäft der Aufsicht nach §§ 32 Abs. 1 KWG unterliegt.[249] Daraus muss man folgern, dass §§ 32 Abs. 1 i.V.m. § 1 Abs. 1 S. 2 Nr. 1 KWG auch dem Schutz der Kreditnehmer dient.[250]

Sofern die Mindermeinung sich in Missachtung dieses Umstands für die Nichtigkeit des Vertrages ausspricht, schadet sie dem Kreditnehmer gesetzeszweckwidrig, weil sie ihm der Möglichkeit beraubt, am Vertrag festzuhalten. Insoweit ist auch der bei Vertretern der m.M. zu findende Verweis auf ein Urteil des VG Frankfurt irreführend.[251]

Zum einen weil sich das VG Frankfurt in diesem Urteil nur für die Teilnichtigkeit der Fälligkeitsabrede ausgesprochen hatte,[252] zum anderen, weil sich das Urteil nur auf ein unerlaubt betriebenes Einlagengeschäft bezog.

Würde man diese Entscheidungsgrundsätze auf den erlaubnisfreien Betrieb des Kreditgeschäfts erstrecken, müsste der Kreditnehmer mit einem jederzeitigen Entzug der Valuta rechnen. Dies stünde aber im unmittelbaren Widerspruch zum Gesetzeswerk, welches auch und gerade vor dem unerwarteten Entzug von Krediten schützen soll.[253]

Konsequent ist es deshalb die Nichtigkeit des Vertrages abzulehnen. Allerdings muss auch die bislang herrschende Meinung hinsichtlich des Schutzzwecks der §§ 32 Abs. 1 i.V.m. § 1 Abs. 1 S. 2 Nr. 2 KWG erweitert werden. Der Vertrag ist zwar als wirksam anzusehen, dem Kreditnehmer aber die Möglichkeit einzuräumen, sich von der Bindung mit einem unseriösen Vertragspartner zu lösen, ohne dabei selbst jederzeit mit dem Entzug der Darlehensvaluta rechnen zu müssen. Deshalb ist ihm ein außerordentliches Kündigungsrecht i.S.d. § 314 BGB zuzusprechen.

---

[248] *Körner*, ZHR 1968 S. 127, 134 f.

[249] Vgl. Zweiter Teil B.I.2.a)cc).

[250] Vgl. Zweiter Teil B.I.2.a)cc)(2).

[251] Bei *Elixmann*, EWiR 2009 S. 553, 554.

[252] VG Frankfurt, Urteil vom 19.06.2008 1 E 2566/07 – ZIP 2009 S. 213 ff.

[253] Entwurf eines Gesetzes über das Kreditwesen BT-Drucks. 3/1114 vom 25. Mai 1959 S. 19; vgl. im Detail zu allen Zielen der Aufsicht über das Kreditgeschäft Zweiter Teil B.I.2.a) bb) sowie für den isolierten Betrieb des Kreditgeschäfts Zweiter Teil B.I.2.a)cc)(2).

2. Genese und teleologische Grundlagen des Einlagen- und Kreditgeschäfts

Im Zentrum dieser Arbeit steht die Frage, ob die Aneinanderreihung von Rechtsgeschäften die Investoren beim unechten Crowdlending von einer Genehmigungspflicht gemäß §§ 32 Abs. 1 i.V.m. § 1 Abs. 1 S. 2 Nr. 1 KWG befreit.

Bevor diese Frage beantwortet und zudem überprüft wird, welche der beteiligten Parteien sonst noch Bankgeschäfte betreiben oder Finanzdienstleistungen erbringen, soll vorab, als Grundlage für eine methodengerechtes Vorgehen, die Genese des Kreditwesengesetzes allgemein und des § 1 Abs. 1 S. 2 Nr. 2 KWG im Besonderen dargestellt sowie Sinn und Zweck der Aufsicht über das Kreditgeschäft herausgearbeitet werden.

Weil die Aufsicht über das Kreditgeschäft seit jeher in einem besonderen ökonomischen Zusammenhang mit dem Einlagengeschäft steht und das Verhältnis zu diesem von entscheidender Bedeutung für die teleologische Bewertung der Aufsicht über das Kreditgeschäft ist, ist auch das Einlagengeschäft Teil des vorangestellten Abschnitts.

a) Historischer und teleologischer Hintergrund

aa) Genese der Regulierung des Einlagen- und Kreditgeschäfts i.S.d. KWG

(1) Reichsgesetz über das Kreditwesen vom 05.12.1934

Das Einlagen- und Kreditgeschäft wurde erstmalig mit dem Reichsgesetz über das Kreditwesen vom 05.12.1934 (im Folgenden: KWG (1934)) einer einheitlichen staatlichen Aufsicht unterstellt.[254] Die „Annahme und Abgabe von Geldbeträgen ohne Rücksicht darauf, ob Zinsen vergütet werden", zählte gemäß § 1 Abs. 1 S. 2 lit. a) KWG (1934) zu den Bank- und Sparkassengeschäften. Wer derartige Geschäfte betreiben wollte, bedurfte gemäß § 3 Abs. 1 S. 2 KWG (1934) der Zulassung durch den Reichskommissar.[255]

---

[254] RGBl. I 1939, S. 1203; vor Inkrafttreten dieses Gesetzes unterstanden Sparkassen als „traditionell unselbständige Anstalten ihrer Kommunen" auch nur einer kommunalen Aufsicht bzw. waren einer landesspezifischen Aufsicht unterstellt, vgl. *Christoph Müller*, S. 69; eine ausführliche Darstellung der Regulierung von Sparkassen findet sich bei *Ruland* S. 4 ff. Sonstige öffentliche Banken hingegen unterlagen zwar auch einer staatlichen Aufsicht, allerdings hingen Art und Umfang der Aufsicht etwa davon ab, zu welchem Zweck und von wem die Banken gegründet wurden. Je nachdem kamen unterschiedliche Satzungen und Gesetze zur Anwendung, vgl. *Christoph Müller*, S. 71 f.

[255] Diese Regelung übernahm das Gesetz über das Kreditwesen vom 25.09.1939 (RGBl. I S. 1955) fast inhaltsgleich. Lediglich die Zuständigkeit für die Erteilung der erforderlichen Erlaubnis wurde vom Reichskommissar, vgl. § 3 Abs. 1 S. 2 KWG (1934), auf das Reichsaufsichtsamt übertragen, vgl. § 3 Abs. 1 S. 2 KWG (1939).

Trotz des insoweit widersprüchlichen Wortlauts zog schon damals der isolierte Betrieb eines der beiden Geschäfte eine Zulassungspflichtigkeit des Betreibers nach sich.[256] Über den Wortlaut des § 3 KWG (1934) hinaus und obwohl der Gesetzgeber von einer derartigen Einschränkung Abstand genommen hatte,[257] war anerkannt, dass eine Erlaubnispflicht für die Abgabe von Geldbeträgen nur bestand, wenn „geschäftsmäßig" gehandelt wurde.[258] Nur wer Geldbeträge kurzfristig und gerichtet auf häufigen Umsatz des Kapitals verleihen und sich zwecks der Darlehensvergabe an einen größeren Personenkreis wenden wollte, unterstand der Aufsicht.

(2) Gesetz über das Kreditwesen vom 10. 06. 1961

Mit Inkrafttreten des Gesetzes über das Kreditwesen vom 10. 06. 1961[259] (im Folgenden: KWG (1961)) wurde auch auf dem Gebiet der BRD eine einheitliche Aufsicht installiert.[260] Im Vergleich zum KWG (1934) wurden die aufsichtspflichtigen Tätigkeiten vom Wortlaut her enger gefasst. Bankgeschäfte waren von nun an „die Annahme fremder Gelder als Einlagen ohne Rücksicht darauf, ob Zinsen vergütet werden", § 1 Abs. 1 S. 2 Nr. 1 KWG (1961), sowie die „Gewährung von Gelddarlehen und Akzeptkrediten", § 1 Abs. 1 S. 2 Nr. 2 KWG (1961).

---

[256] *Reichardt*, § 1 Anm. 17 S. 38 f.; später auch bestätigt durch OLG Stuttgart, Urteil vom 21. 02. 1958 – 1 Ss 622/57 – NJW 1958 S. 1360 f.

[257] So wurde im Gesetzentwurf zum KWG 1934, abgedruckt bei *Christoph Müller*, S. 466, der dem Untersuchungsausschuss vorgelegt wurde, die Bankeigenschaft und damit die Zulassungspflicht noch davon abhängig gemacht, dass die Bankgeschäfte „gewerbsmäßig oder in Ausführung der ihnen gestellten Aufgaben" betrieben.

[258] Die h.M. stützte dieses Ergebnis insbesondere auf einen Bescheid des Reichskommissars für Kreditwesen, vom 18. 09. 1935 (Tgb.-Nr. 19 9499/35 III), abgedruckt bei Beck/Samm/Kokemoor A 1/2, der auch die private Kreditvergabe der staatlichen Aufsicht unterstellen wollte, sofern diese Darlehensvergabe „geschäftsmäßig" betrieben wurde, vgl. *Schwennicke*, WM 2010 S. 542, 544 unter Verweis auf die damalige Kommentarliteratur, *Fridrich Müller*, S. 14; *Pröhl*, Kommentar zum Reichsgesetz über das Kreditwesen 1. Auflage 1935 § 1 Anm. 4a S. 55; *Pröhl*, Kommentar zum Reichsgesetz über das Kreditwesen 2. Auflage 1939 § 1 Anm. 4a S. 92; *Reichardt*, § 1 Anm. 10 S. 36; die Rechtsprechung machte die Erforderlichkeit eines derartigen Geschäftsumfangs an den Formulierungen „Unternehmung" und „Betreiben" fest, vgl. OVG Rheinlang-Pfalz, Urteil vom 26.01.1954 – 2 C 133/53 – DVBl 1954 S. 373; zur Frage, wann der Umfang eines Gewerbebetriebs, auch durch das Ausleihen eigener und fremder Gelder im Rahmen der privaten Vermögensverwaltung, erreicht sein sollte *Metz*, Bank-Archiv 1934/1935 S. 35, 36.

[259] BGBl. I 1961 S. 881.

[260] Nach Kriegsende war die Bankaufsicht in den einzelnen Besatzungszonen separat ausgeübt worden, wobei zumindest in den drei westlichen Besatzungszonen das KWG weiter angewendet wurde, vgl. dazu im Detail *Christoph Müller*, S. 453 ff.; im Überblick *Fischer*, in: Boos/Fischer/Schulte-Mattler Einf KWG Rn. 8.

Durch die separate Aufzählung der Geschäfte brachte der Gesetzgeber nun auch optisch zum Ausdruck, dass das Einlagen- und Kreditgeschäft isoliert betrieben der Aufsicht unterliegen sollte.[261] Auch der Erlaubnistatbestand erfuhr eine Neuerung. Er wurde eingeschränkt. Allerdings nahm der Gesetzgeber Abstand von dem bis dahin angewandten ungeschriebenen Merkmal der „Geschäftsmäßigkeit" und ersetzte es durch eine quantitative Grenze. Ein genehmigungspflichtiges Bankgeschäft lag nur noch vor, sofern es in einem Umfang betrieben wurde, das einen in kaufmännischer Weise eingerichteten Geschäftsbetrieb erforderte, § 32 Abs. 1 i.V.m. § 1 Abs. 1 KWG (1961).

Als Grund für diese Einschränkung gab der Gesetzgeber an, dass das KWG seinen Zweck nur erfüllen könne, wenn man den Betrieb von Bankgeschäften eines gewissen Umfangs überwache.[262] „Zwergunternehmen" seien hingegen für die gesamtwirtschaftliche Zielsetzung des Gesetzes ohne Interesse.[263] Damit entschied sich der Gesetzgeber bewusst gegen eine Genehmigungspflicht gewerbsmäßig betriebener Bankgeschäfte.[264]

(3) Sechstes Gesetz zur Änderung des Gesetzes über das Kreditwesen
    vom 22. 10. 1997

Im Jahr 1997 wurde mit dem Sechsten Gesetz zur Änderung des Gesetzes über das Kreditwesen vom 22. 10. 1997[265] unter anderem die Richtlinie 93/22/EWG über Wertpapierdienstleistungen vom 10. Mai 1993[266] in deutsches Recht umgesetzt. Anders als der Tatbestand des Kreditgeschäfts wurde der des Einlagengeschäfts damit verändert und um einen Auffangtatbestand ergänzt. Auch die Annahme „anderer rückzahlbarer Gelder des Publikums" war von nun an ein Einlagengeschäft.[267]

---

[261] Entwurf eines Gesetzes über das Kreditwesen BT-Drucks. 3/1114 vom 25. Mai 1959 S. 27; weshalb schon damals die Literatur weit überwiegend davon ausging, dass auch die Kreditvergabe aus eigenen Mitteln ein Bankgeschäft darstellt, vgl. *Bähre/Schneider*, KWG-Kommentar 2. Auflage 1976 § 1 Nr. 8; *ders.*, KWG-Kommentar 3. Auflage 1986 § 1 Nr. 8; *Pröhl*, 1962 § 1 Anm. 3 b) aa); diese Bewertung im Hinblick auf das isoliert betriebene Einlagengeschäft in Frage stellend *Schneider*, DB 1991 S. 1865, 1868 f.

[262] Entwurf eines Gesetzes über das Kreditwesen BT-Drucks. 3/1114 vom 25. Mai 1959 S. 27.

[263] Schriftlicher Bericht des Wirtschaftsausschusses über den von der Bundesregierung eingebrachten Entwurf eines Gesetzes über das Kreditwesen und den vom Bundesrat eingebrachten Entwurf eines Gesetzes über Zinsen, sonstige Entgelte und Werbung der Kreditinstitute, vgl. zu BT-Drucks. 3/2563 vom 15. 3. 1961 S. 2. Ebenda stellte er fest, dass soweit diese „Zwergunternehmen" unseriöse Geschäfte betrieben, häufig polizeirechtliche oder strafrechtliche Tatbestände ein staatliches Eingreifen ermöglichen würden.

[264] Für die Aufsicht über den gewerbsmäßigen Betrieb der Bankgeschäfte hatte sich der Bundesrat in seiner Stellungnehme ausgesprochen, abgedruckt BT Drucks 3/1114 S. 56.

[265] BGBl. I 1997 S. 2518.

[266] ABl. EG L 141 vom 11.06.1993 S. 27.

[267] BGBl. I 1997 S. 2519.

Daneben erweiterte der Gesetzgeber den Anwendungsbereich des § 32 Abs. 1 S. 1 KWG.[268] Der Genehmigung bedurfte ab sofort nicht mehr nur der, welcher Bankgeschäfte in einem Umfang betrieb, die einen in kaufmännischer Weise eingerichteten Geschäftsbetrieb erforderten, sondern auch schon der, der dies gewerbsmäßig tat.

bb) Telos der Regulierung des Einlagen- und Kreditgeschäfts

(1) Zweck des § 32 KWG

In Rechtsprechung und Literatur wird § 32 KWG und den die Erlaubnispflicht flankierenden Regelungen ein allgemeiner Schutzzweck für die Funktionsfähigkeit und Integrität des Kredit- und Finanzmarkts zugeschrieben, die die Stabilität des Finanzsystems wahren soll.[269] Es solle verhindert werden, dass Institute ihre Geschäfte aufnehmen, die finanziell, personell oder organisatorisch nicht in der Lage sind, die von ihnen übernommenen Aufgaben dauerhaft zu erfüllen.[270]

(2) Zweck der Regulierung des Einlagen- und Kreditgeschäfts

Die sehr allgemeine und abstrahierende Beschreibung des Gesetzeszwecks ist auf den mit der Zeit stark gewachsenen Anwendungsbereich des KWG zurückzuführen, insbesondere darauf, dass die heutige Aufsichtsbehörde, BaFin, durch das Gesetz über die integrierte Finanzdienstleistungsaufsicht vom 22.04.2002[271] zu einer sektorenübergreifenden Aufsicht wurde und seitdem mehrere Aufsichtsbehörden in sich vereint.[272] Er lässt sich aber auch präzisieren, indem man untersucht, worin das Gefahrenpotential der einzelnen regulierten Gewerbe, für die Integrität des Kredit- und Finanzmarkts liegt.

Beim Einlagen- und Kreditgeschäft wird dies schon durch einen Blick auf den historischen Ursprung des KWG deutlich. Die Einführung des KWG (1934) erfolgte als Reaktion des Gesetzgebers auf die Banken- und Wirtschaftskrise des Jahres 1931.[273] Sie war vornehmlich durch den Abzug der Einlagen ausländischer Investoren hervorgerufen worden, der zu Zahlungsschwierigkeiten deutscher Kreditin-

---

[268] BGBl. I 1997 S. 2546.

[269] BVerwG, Urteil vom 15.12.2010 8 C 37/09 – BKR 2011 S. 208, 210; *Müller-Grune*, in: Beck/Samm/Kokemoor § 32 Rn. 1.

[270] Entwurf eines Gesetzes über das Kreditwesen BT-Drucks. 3/1114 vom 25. Mai 1959 S. 26; *von Goldbeck*, in: Luz/Neus/Schaber/Schneider/Weber § 32 Rn. 1.

[271] BGBl. I 2002 S. 1310.

[272] Die Bundesaufsichtsämter für das Kreditwesen (BAKred), das Versicherungswesen (BAV) und für Wertpapierhandel (BAWe) wurden durch dieses Gesetz in der BaFin vereinigt, vgl. *Müller-Grune*, in: Beck/Samm/Kokemoor § 32 Rn. 7; *Heun*, JZ 2012 S. 235, 239.

[273] Vgl. die Allgemeine Begründung zum Gesetz über das Kreditwesen vom 5. Dezember 1934, abgedruckt bei *Jessen*, S. 35 ff.; aus heutiger Sicht *von Goldbeck*, in: Luz/Neus/Schaber/Schneider/Weber § 32 Rn. 1.

stitute führte und Auswirkungen auf die gesamte Volkswirtschaft hatte.[274] Derartige Vorfälle sollten für die Zukunft verhindert werden. Diese Intention behielt auch der Gesetzgeber des KWG von 1961 bei.[275]

(3) Ökonomischer Hintergrund

Auch heute noch ist der Schutz vor systemischen Krisen auf dem Kreditmarkt und ihrer volkswirtschaftlichen Folgen als Grund für die Aufsicht der BaFin über das Einlagen- und Kreditgeschäft erkennbar. Ein funktionierender Kreditmarkt ist aus ökonomischer Sicht damals wie heute auf die Existenz von Finanzintermediären („Banken") angewiesen.[276] Denn anders als auf einem Markt „vollkommener Konkurrenz"[277] kommt es in der Realität durch Externalitäten, den Missbrauch von Marktmacht, bestehende Informationsasymmetrien und Koordinationsschwierigkeiten oder hohen Transaktionskosten zu Marktversagen.[278]

So bestehen auf dem Kreditmarkt Differenzen hinsichtlich von Fristen[279], Risiko[280] und Losgrößen[281] der angebotenen und nachgefragten Kredite.[282] Diese ohne

---

[274] Zum Verlauf der Krise, seiner Gründe und Auswirkungen siehe *Christoph Müller*, S. 57 ff.

[275] So stellte der schriftliche Bericht des Wirtschaftsausschusses über den von der Bundesregierung eingebrachten Entwurf eines Gesetzes über das Kreditwesen und den vom Bundesrat eingebrachten Entwurf eines Gesetzes über Zinsen, sonstige Entgelte und Werbung der Kreditinstitute, vgl. zu BT-Drucks. 3/2563 vom 15. 3. 1961, auf S. 2 fest: „So kann in wirtschaftlich labilen Zeiten der gefürchtete allgemeine Run auf die Bankschalter entstehen, der die gesamte Kreditwirtschaft in die Gefahr des Zusammenbruches führen kann und dessen Folgen die gesamte Volkswirtschaft treffen".

[276] Vgl. auch *Renner*, ZBB 2014 S. 261, 270, der mit der ökonomischen Erklärung allgemein die Gefahren des Kreditgeschäfts darlegt, allerdings nicht darauf eingeht, inwieweit dieser Zweck schon bei der Entstehung der Aufsicht über das Einlagen- und Kreditgeschäft maßgeblich war.

[277] Der vollkommene und friktionslose Markt wird auch „Arrow-Debreu"-Modell genannt und wird auf *Kenneth Arrow* und *Gerard Debreu* zurückgeführt, vgl. z. B. bei *Santos*, S. 41, 43 f.; *Erlei/Leschke/Sauerland*, S. 43.
Zu den Annahmen dieses Modells zählen beispielsweise, gleichmäßige Informationsverteilung, rationale Handlungen der Marktteilnehmer, freier Marktzugang und reine Mengenanpassung durch die Marktteilnehmer (Anbieter und Nachfrager können Preise durch Verhalten nicht beeinflussen). Dieses Marktgefüge führe, in Verbindung mit einem wirtschaftlichen Gleichgewicht zwischen Angebot und Nachfrage, letztlich zu einem „pareto-optimalen" Zustand. Kein Marktteilnehmer könne seine wirtschaftliche Situation dann mehr verbessern, ohne dass dies negative Auswirkungen auf den Zustand eines anderen Marktteilnehmers haben würde. Deshalb wären regulatorische Eingriffe in diesem Markt nicht nur unnötig, sondern hätten sogar negative Auswirkungen auf die Güterallokation. Ausführlicher Überblick über die Annahmen des Models bei *Pindyck/Rubinfeld*, 8.1 S. 287 ff.; *Fritsch*, Teil I 2.3 S. 25 ff.; *Erlei/Leschke/Sauerland*, S. 44 f.; *Varian*, 22.2 S. 442 f.; zu den Folgen von Eingriffen in den Markt etwa *Stiglitz/Walsh*, Zweiter Teil Kap. 10 S. 256 f.

[278] Umfangreiche Darstellung der Annahmen bei *Horsch*, S. 100 ff.

[279] Banken transformieren Fristen, indem sie Sparern ermöglichen jederzeit über ihre Einlagen zu verfügen, und mit Hilfe dieser Einlagen längerfristige Kredite ausgeben, vgl. etwa *Bofinger*, 11.2.1 S. 179.

Kreditinstitute zu überwinden war und ist für die Marktteilnehmer kaum oder nur zu sehr ungünstigen Bedingungen möglich. Die Banken treten deshalb als Finanzintermediär zwischen beide Parteien und ermöglichen so eine Fristen-, Risiko- und Losgrößentransformation.

Daneben sind die Finanzintermediäre auch für die Reduktion bestehender Informationsasymmetrien obligatorisch:[283] Zum einen weil nur sie das Versorgungsproblem auf dem Kreditmarkt minimieren können, welches aus dem Liquiditätsrisiko der Sparer resultiert. Diesen fehlt nämlich die Gewissheit, zu welchem Zeitpunkt in der Zukunft Ereignisse eintreten werden, die zu einem persönlichen Liquiditätsbedarf führen.[284] Zur Vermeidung von Illiquidität müssen Sparer deshalb Kapital frei verfügbar halten. Dies würde eine optimale Allokation des Geldes verhindern, da der Sparer dies selbst dann täte, wenn das die Liquidität erfordernde Ereignis ausbleibt. Die Bank nimmt dem Sparer sein Liquiditätsrisiko, indem sie ihm die Option gibt, sein Geld, gebündelt durch den Intermediär, entgeltlich an Dritte weiterzugeben, andererseits aber jederzeit und ohne Wertverlust über sein Kontoguthaben zu verfügen.[285]

Zum anderen hilft die Existenz des Finanzintermediärs über den Umstand hinweg, dass dem Sparer bei unmittelbarem Leistungsaustausch mit dem Kreditnehmer zu wenig kreditrelevante Information über diesen zur Verfügung stehen, um die Zahlungsbereitschaft und -fähigkeit des Kreditnehmers stets objektiv einschätzen und die zweck- und pflichtmäßige Verwendung des Kredits effektiv überprüfen zu können.[286] Die Folge wäre, dass der einzelne Sparer selbstschützend von einer schlechteren Leistungsfähigkeit oder -bereitschaft des Kreditnehmers ausgeht und deshalb nur eine qualitativ minderwertige Gegenleistung zu erbringen bereit sein wird. Es käme zu einer sogenannten Negativauslese (adverse selection).[287] Der Finanzintermediär überbrückt diese Gefahren, indem er die Überwachung vor („Screening"[288]) und nach Vertragsschluss („Monitoring"[289]) übernimmt.

---

[280] Durch die Masse an Passiva (Einlagen), kann die Bank Kredite an viele Einzelpersonen ausgeben. Somit minimiert sie die Ausfallrisiken, was die Sicherheit des Kapitals erhöht, vgl. etwa *Bofinger*, 11.2.1 S. 179.

[281] Losgrößen werden schließlich durch die Bündelung kleinerer Kapitalbeträge zur Ausreichung auch großer Kredite genutzt, vgl. etwa *Bofinger*, 11.2.1 S. 179.

[282] *Gurley/Shaw*, S. 124 f.; unter Berufung auf diese *Santos*, S. 41, 44; *Theurl*, S. 9, 14; ein Überblick dazu auch bei *Santomero*, S. 576 ff.; *Diamond*, 1996 S. 51 ff.; *Rudolph*, S. 560 ff.

[283] Etwa *Diamond/Dybvig*, S. 401 ff.; *Bryant*, S. 335, 338 ff.; *Jacklin/Bhattacharya*, S. 568 ff.

[284] *Bryant*, S. 335, 338 ff.; *Diamond/Dybvig*, S. 401, 405 ff.

[285] *Bryant*, S. 335, 338 ff.; *Diamond/Dybvig*, S. 401, 402; *Diamond*, 1997 S. 928 ff.; *Goldstein/Paunzner*, S. 1293 ff.

[286] *Theurl*, S. 9, 14.

[287] *Stiglitz/Weiss*, S. 393 ff.; ausführlich zur Principal-Agent-Problematik *Heinke/Steiner*, in: Büschgen/Everling S. 684 f.

[288] Zurückgeführt auf *Stiglitz*, The American Economic Review 1975 S. 283 ff.

Letztendlich sind diese Tätigkeiten des Intermediär Garant für einen funktionsfähigen Kreditmarkt. Selbst da, wo die Tätigkeiten durch Individuen selbst vorgenommen werden könnten, hat der Einsatz des Finanzintermediärs eine effizienzsteigernde Kostenreduktion zur Folge,[290] insbesondere, weil vermieden werden kann, dass bestimmte Kosten mehrfach anfallen.[291]

Die daraus resultierende Kanalisierung und Bündelung des Kapitals führt aber zu einem neuen Marktversagen, welches aus ökonomischer Sicht die Regulierung des Einlagen- und Kreditgeschäfts rechtfertigt[292] und auch § 32 KWG prägt.

(a) „Bank-Run-Argument"

Eine Form des Marktversagens wird auf die durch Banken erfüllten Transformationen zurückgeführt.[293] Genau genommen auf das Spannungsverhältnis zwischen der Entgegennahme sofort fälliger Einlagen auf der Passiv- und der Gewährung langfristiger Kredite auf der Aktivseite. In der ökonomischen Literatur wird das daraus resultierende Problem als „Bank-Run" bezeichnet.[294]

Indem die Banken langfristige Kredite ausreichen, begeben sie sich der Fähigkeit, allen Einlegern jederzeit ihre Einlagen zurückzuzahlen. Kommt es nun in der Bevölkerung zu der begründeten oder auch unbegründeten Angst, dass die wirtschaftliche Lage der Bank oder der Kreditnehmer schlecht ist, und schätzen Sparer

---

[289] *Diamond*, 1984 S. 393 ff.; *Diamond*, 1996 S. 51 ff.

[290] Etwa für die Kostensenkung im Hinblick auf die Reduktion von Informationsasymmetrien *Horsch*, S. 113, der in diesem Zusammenhang von einer effizienten Modifizierung der Asymmetrien spricht; allgemein zur Kostensenkung durch Finanzintermediäre *Heun*, JZ 2012 S. 235, 236.

[291] *Diamond*, 1996 S. 51, 54; *Diamond*, 1984 S. 393, 394 f.; unter Verweis auf diesen *Santos*, S. 41, 45; *Rudolph*, S. 563 ff.

[292] Der Aussage liegt die neo-institutionalistische Regulierungstheorie zugrunde, die als „heute einflussreichste Theorie" der Regulierungsökonomik gilt vgl. *Damrau*, S. 17. Ihr zu Folge ist ein staatlicher Eingriff in einen Markt nur zu rechtfertigen, wenn er ein Marktversagen beseitigt oder vermindert. Dies wiederum ist der Fall, wenn die Kosten der Regulierung (= Kosten für den Regulierer plus Kosten für den Regulierten) die Nutzen nicht übersteigt, vgl. z.B. *Theurl*, S. 9, 12; *Fritsch*, Teil I 3.4 S. 72 ff.; *Pindyck/Rubinfeld*, 9.2 S. 325 ff.
Die neo-institutionalistische Regulierungstheorie zählt zu den normativen Theorien, die mittels abstrakter Annahmesysteme Problemstellungen für die Realität entwickeln und daraus das Erfordernis regulatorischer Eingriffe ableiten, vgl. z.B. *Damrau*, S. 16 ff.; *Horsch*, S. 94 ff.
Das Gegenstück zu den normativen Theorien bildet die positive Regulierungstheorie. Sie verfolgt das Ziel bestehende Regulierung und tatsächliche Beobachtungen mit Hilfe von Hypothesen zu erklären. Die Überprüfung der These erfolgt dann mittels empirischer Untersuchungen. Diese dienen letztlich einer Überprüfung der Effizienz von Regelungen bezüglich des angestrebten Zwecks. Sie können den hinter der Regelung stehenden Zweck jedoch nicht begründen, weshalb diese Theorien im weiteren Verlauf der Arbeit nicht berücksichtigt werden. Zum Unterschied zwischen positivem und normativem Ansatz vgl. z.B. *Stiglitz/Walsh*, S. 22 f.; genauere Darstellung m.w.N., *Fest*, S. 16 ff.; *Damrau*, S. 23.

[293] *Bryant*, S. 335, 339 f.; *Diamond/Dybvig*, 1983 S. 401 ff.

[294] *Bryant*, S. 335, 339 f.; *Diamond/Dybvig*, 1983 S. 401 ff.

ihren Liquiditätsbedarf dann falsch ein, oder stellt sich heraus, dass die Zentralbank entgegen der bis dahin herrschenden Annahme doch nicht bereit ist, zahlungsunfähige Banken mit Kapital zu versorgen, kommt es zu einem Wettlauf der Sparer um die Einlagen.[295] Dieses Szenario lässt sich durch Ansteckung weiterer Banken bis hin zu einem vollkommenen Systemzusammenbruch weiterentwickeln.[296]

Zuletzt war dieses Phänomen in Griechenland zu sehen, wo Mitte 2015 erst sämtliche Banken geschlossen wurden und später nur noch begrenzt Bargeld abgehoben werden konnte, um einen Zusammenbruch des Bankensektors zu vermeiden.[297]

(b) Informationsasymmetrien durch delegierte Überwachung

Die andere Form des Marktversagens besteht darin, dass der Abbau der Informationsasymmetrien zwischen Kreditnehmer und Sparer diese nur verlagert.

Der Sparer muss nicht mehr selbst jeden einzelnen Kreditnehmer überprüfen und überwachen. Ihm steht dafür aber ein anderer unbekannter Dritter gegenüber: die Bank. Sie generiert zwar Informationen über die Kreditnehmer und über die allgemeine Marktlage, die für die Sparer nicht oder kaum einsehbar sind,[298] und kann zudem durch Diversifizierung ihrer Investitionen die Einlagen der Sparer absichern,[299] eine völlige Risikolosigkeit entsteht aber nicht.[300] Deshalb bleibt es dabei, dass der Sparer wie auch sonst im Wirtschaftsalltag seinen Vertragspartner überwachen muss, um ein pflichtgemäßes Handeln der Bank im Interesse des Sparers zu gewährleisten.[301]

---

[295] Von einem begründeten Bank-Run wird gesprochen, wenn die wirtschaftliche Lage der Bank bzw. der Kreditnehmer schlecht ist und durch eine asymmetrische Informationsverteilung einige Sparer mit dem Abzug ihrer Einlagen beginnen, was eine Panik bei den übrigen Sparern auslöst. Ein unbegründeter Bank-Run liegt hingegen vor, wenn die wirtschaftliche Situation der Banken und ihrer Kreditnehmer den Abzug des Geldes eigentlich nicht nahelegen würde, sich in der Bevölkerung aber dennoch die Angst ausbreitet, bei zu langem Zuwarten nicht mehr auf die Spareinlagen zurückgreifen zu können, vgl. *Theurl*, S. 9, 15 ff.; zu dem Nachteil einer Absicherung vor Bank-Runs durch Einlagensicherung, vgl. *Tirole*, 1994 S. 469, 473 f.

[296] Statt vieler: *Tirole*, 1994 S. 469, 473 der vom „systemic risk" spricht; auch *Santos*, S. 41, 46, dort wird das „Systemic Risk Argument" gebraucht; ein Überblick zu den Auswirkungen auf andere wirtschaftszeige bei *Dewatripont/Tirole*, 1993 S. 12, 16.

[297] Vgl. Medienberichte hierzu etwa unter: http://www.sueddeutsche.de/wirtschaft/finanzkrise-in-griechenland-griechische-banken-bleiben-bis-dienstag-geschlossen-1.2556181 und http://www.zeit.de/wirtschaft/2015-06/griechische-banken-bleiben-am-montag-geschlossen, zuletzt abgerufen am 30. 11. 2015.

[298] *Diamond*, 1996 S. 51, 54.

[299] Zur Risikominimierung durch Diversifizierung *Diamond*, 1984 S. 393, 400 ff.

[300] *Dewatripont/Tirole*, 1993 S. 12, 17.

[301] Sonst tritt das sog. Principal-Agent-Problem auf, vgl. etwa *Theurl*, S. 9, 17; allgemein zu diesem Problem: *Pindyck/Rubinfeld*, 17.4 S. 641 ff.; *Bofinger*, S. 53; *Dewatripont/Tirole*, 1993 S. 12, 17 ff.

Dazu ist der einzelne Sparer mit Blick auf die Komplexität der Aufgabe meist nicht fähig.[302] Hinzu kommt, dass ihm ein so geringer Anteil an der Bilanzsumme der Bank zusteht, dass sich eine Überwachung für ihn nicht lohnt und er sich deshalb auf eine effiziente Überwachung durch die übrigen Gläubiger verlassen wird.[303] Um eine funktionsfähige Kontrolle sicherzustellen, ist diese Aufgabe deshalb an Dritte, z. B. Regulierungsbehörden zu delegieren.[304]

cc) Telos der Regulierung des isoliert betriebenen Einlagen- und Kreditgeschäfts

Sowohl die Entstehungsgeschichte des KWG als auch der ökonomische Hintergrund verdeutlichen, weshalb der kumulative Betrieb des Einlagen- und Kreditgeschäfts einer staatlichen Aufsicht unterliegt.[305] Im Grundsatz unumstritten und vom Gesetzgeber seit Einführung des KWG (1961) im Wortlaut und Systematik des Gesetzes niedergelegt stehen aber auch der isolierte Betrieb des Einlagen- oder Kreditgeschäfts unter staatlicher Aufsicht.[306] Der Zweck, den der Gesetzgeber damit verfolgt, ist nicht gleichermaßen eindeutig.[307]

Weil sich bis heute die Einschätzung des Gesetzgebers bestätigt hat und der isolierte Betrieb eines dieser beiden Bankgeschäfte die Ausnahme ist,[308] waren die

---

[302] *Dewatripont/Tirole*, 1993 S. 12, 16.

[303] *Dewatripont/Tirole*, 1993 S. 12, 17 ff.; dies bezeichnet man im Allgemeinen als „free rider" (zu Deutsch: „Trittbrettfahrer"), vgl. *Pindyck/Rubinfeld*, 18.6 S. 688 f.

[304] *Tirole*, S. 469, 477; *Dewatripont/Tirole*, 1994 S. 193 ff., S. 201 ff.

[305] *Renner*, ZBB 2014 S. 261, 270.

[306] Entwurf eines Gesetzes über das Kreditwesen BT-Drucks. 3/1114 vom 25. Mai 1959 S. 27; im Übrigen auch schon für das Kreditgeschäft i.S.d. KWG 1934 angeordnet, durch den Bescheid des Reichskommissars für das Kreditwesen vom 18. 09. 1935 – Tgb.-Nr. 19 499/35 III, Quelle Zweiter Teil bei Fn. 258; BVerwG, Urteil vom 25. 06. 1980 1 C 13.74 – GewArch 1981 S. 70 ff.; für das Kreditgeschäft BVerwG, Urteil vom 22. 04. 2009 – 8 C 2.09 – WM 2009 S. 1553, 1554 f.; VG Berlin, Urteil vom 19. 08. 1996 – 25 A 41.94 – WM 1997 S. 218, 221; VG Frankfurt, Beschluss vom 11. 10. 2004 – 9 E 993/04 [V] – WM 2005 S. 503, 506 f.; *Weber/ Seifert*, in: Luz/Neus/Schaber/Scharpf/Schneider/Weber § 1 Rn. 15; *Samm/Reschke*, in: Beck/ Samm/Kokemoor § 1 Rn. 198; *Brogl*, in: Reischauer/Kleinhans § 1 Rn. 66; *Schwennicke*, in: Schwennicke/Auerbach § 1 KWG Rn. 35; für das Einlagengeschäft *Schäfer*, in: Boos/Fischer/ Schulte-Mattler § 1 Rn. 33; ausführliche Herleitung bei *Hammen*, WM 1998 S. 741 ff.; a.A. *Schneider*, DB 1991 S. 1865, 1868 f.; explizit gegen die Ansicht Schneiders, VG Berlin, Urteil vom 18.8 1996 – VG 25 A 41.94 – WM 1997 S. 218, 221; teilweise wird sich dafür ausgesprochen die Darlehensvergabe, welche der privaten Vermögensverwaltung dient von der Erlaubnispflicht auszunehmen, vgl. *Schwennicke*, WM 2010 S. 542, 548 ff.; *ders.*, in: Schwennicke/Auerbach, § 1 KWG Rn. 6; *Renner*, ZBB 2014 S. 261, 265 ff. Näher dazu unten Zweiter Teil B.I.3.a)bb)(7)(a).

[307] *Renner*, ZBB 2014 S. 261, 271.

[308] Derzeit sind nur ca. 6,4 % der Kreditinstitute (115 von 1810), welche die BaFin in ihrer Unternehmensdatenbank als Institute i.S.d. § 1 Abs. 1b KWG führt, nicht als Einlagenkreditinstitute (entspricht den heutigen CRR-Instituten gemäß § 1 Abs. 3d KWG a.F. vgl. *Möslein*, BKR 2013 S. 397, 401) angegeben. Sie betreiben demnach nicht das Einlagen- und das Kre-

Gelegenheiten für die Rechtsprechung und die Literatur, sich zu dem Hintergrund der Regelung zu äußern, nur vereinzelt gegeben. Der Anreiz hierzu war außerdem gering.

Mit der Entwicklung des Crowdlending tritt die Frage nach der Anwendbarkeit der Vorschriften des KWG auf isoliert betriebene Bankgeschäfte, insbesondere das Kreditgeschäft, in einer bisher nicht gegebenen Häufigkeit auf. Damit steigt auch die Bedeutung des teleologischen Hintergrunds der Aufsicht über einen derartigen Betrieb und erfordert eine genauere Darstellung.

(1) Zweck der Regulierung des Einlagengeschäfts

Die Aufsicht über das isoliert betriebene Einlagengeschäft hat einen eindeutigen und insofern auch unumstrittenen teleologischen Hintergrund. Sie soll die Einleger vor dem Verlust ihrer Einlage schützen und so das Vertrauen in Kreditinstitute stärken.[309] Insofern ist es auch unbedeutend, ob das Aktivgeschäft des Kreditinstituts im Betrieb anderer Bankgeschäfte besteht oder nicht.[310]

(2) Zweck der Regulierung des Kreditgeschäfts

Weniger offensichtlich ist der Zweck der Genehmigungspflicht des isoliert betriebenen Kreditgeschäfts.

Die Kommentarliteratur begnügt sich meist mit der Feststellung, dass eine solche Pflicht besteht[311]. Der dahinterstehende Normzweck wird aber nicht genannt.[312] Teilweise wird sogar konstatiert, der Grund für die Aufsicht der BaFin über das

---

ditgeschäft. Lediglich 2 dieser 1810 Kreditinstitute betreiben isoliert das Kreditgeschäft. Dass entspricht gerade einmal ca. 0,11 % der Kreditinstitute. Unter den Kreditinstituten, welche in der Unternehmensdatenbank der BaFin zu finden sind, befinden sich lediglich fünf, die allein das Einlagengeschäft betreiben. Dass sind gerade einmal ca. 0,28 % aller Kreditinstitute. Die Unternehmensdatenbank ist abrufbar unter: https://portal.mvp.bafin.de/database/InstInfo/suche Form.do?RAP=126c6d0e%3A14d1f1223ce%3A-183e, zuletzt abgerufen am: 27.11.2015.

[309] Entwurf eines Gesetzes über das Kreditwesen BT-Drucks. 3/1114 vom 25. Mai 1959 S. 20 f.; *Reschke*, in: Beck/Samm/Kokemoor § 1 Rn. 69 ff.; *Schäfer*, in: Boos/Fischer/Schulte-Mattler § 1 Rn. 33; BGH, Urteil vom 15.2.1979 – III ZR 108/76 – BGHZ 74, 144, 147 f. – NJW 1979, 1354; *Rost*, S. 74; VG Frankfurt, Beschluss vom 11.3.2010 – 1 L 271/10.F – juris Rn. 36.

[310] BVerwG, Urteil vom 27.03.1984 1 C 125.80 – WM 1984 S. 1364, 1367 f.; BGH, Urteil vom 19.03.2013 – VI ZR 56/12 – BGHZ 197, 1, 12 Rn. 23 – NJW-RR 2013 S. 675, 677; *Schäfer*, in: Boos/Fischer/Schulte-Matter § 1 Rn. 33; mehr Quellen Zweiter Teil bei Fn. 306.

[311] *Szagunn/Haug/Ergenzinger*, § 1 Rn. 33; *Schäfer*, in: Boos/Fischer/Schulte-Mattler § 1 Rn. 48; *Samm/Reschke*, in: Beck/Samm/Kokemoor § 1 Rn. 198; *Schwennicke*, in: Schwennicke/Auerbach § 1 Rn. 35; ganz ohne Begründung etwa *Weber/Seifert*, in: Luz/Neus/Schaber/Scharpf/Schneider/Weber § 1 Rn. 15; zur Begründung dieses Umstandes vgl. oben Zweiter Teil B.I.2.a)aa).

[312] Eine positive Ausnahme bildet insoweit *Papier*, JuS 1980 S. 265, 269, der im Zusammenhang mit der Frage nach Amtshaftungsansprüchen, die drittschützende Funktion des § 32 KWG näher betrachtet und auch den Schutz der Schuldner von Kreditinstituten als Zweck des § 32 KWG herausarbeitet. Dem folgend *Rost*, S. 76.

Kreditgeschäft als solchem bleibe offen.[313] Dieses Ergebnis wäre, sofern es sich bewahrheitete, nicht tragbar, da auch der aufsichtsrechtliche Eingriff in die Gewerbefreiheit der Kreditgeber einer Rechtfertigung bedarf.[314] Ohne einen legitimen Zweck müsste man die Aufsicht über das isoliert betriebene Kreditgeschäft für verfassungswidrig erklären.

Soweit kommt es aber nicht, weil das isoliert betriebene Kreditgeschäft sehr wohl legitime Zwecke verfolgt. Sie sind zum einen währungspolitischer, zum anderen ordnungspolitischer Natur.[315] Wenn auch versteckt, sind sie schon den Gesetzgebungsmaterialien zum KWG (1961) zu entnehmen und wurden auch von der Rechtsprechung bereits formuliert.

Aus währungspolitischer Sicht ist eine Aufsicht über Kreditinstitute notwendig, da diese maßgeblich an der Geldschöpfung beteiligt sind,[316] sei es durch die Vergabe von Krediten an Unternehmer und Verbraucher oder auch durch Interbankenkredite. Die Aufsicht über Kreditinstitute i.S.d. § 1 Abs. 1 S. 2 Nr. 2 KWG ermöglicht es dem Staat, einen Überblick über den Umfang dieses Wertschöpfungsprozesses und damit über die im Umlauf befindliche Geldmenge zu behalten.[317] Dass dieses Ziel auch legitim ist, wenn lediglich eigene Mittel vergeben werden, ist offenkundig. Schließlich spielt es für die Geldschöpfung keine Rolle, wessen Geld in Umlauf gebracht wird.[318]

Der ordnungspolitische Ansatz einer Genehmigungspflichtigkeit von Kreditinstituten und damit auch von Betreibern des Kreditgeschäfts ist aber nicht nur dem Schutz der Allgemeinheit gewidmet, sondern vorgelagert auch auf all diejenigen, die vom Geschäftsgebaren der Kreditinstitute betroffen werden. So formuliert der Gesetzgeber grundlegend, dass die von § 1 Abs. 1 KWG erfassten Bankgeschäfte „im Interesse der Gesamtwirtschaft oder einer Vielzahl schutzwürdiger Beteiligter der staatlichen Aufsicht bedürfen".[319]

Der gegenüber dem Kreditinstitut schutzwürdige Beteiligte ist beim isoliert betriebenen Kreditgeschäft in erster Linie der Kreditnehmer, auch wenn der Gesetz-

---

[313] *Renner*, ZBB 2014 S. 261, 271.

[314] BVerfG, Urteil vom 11.6.1958 – 1 BvR 596/56 – BVerfGE 7, 377 ff. – NJW 1958, 1035 ff.; BVerfG, Beschluss vom 25.2.1969 – 1 BvR 224/67 – BVerfGE 25, 236 ff. – NJW 1969, 1571.

[315] Entwurf eines Gesetzes über das Kreditwesen BT-Drucks. 3/1114 vom 25. Mai 1959 S. 19.

[316] Entwurf eines Gesetzes über das Kreditwesen BT-Drucks. 3/1114 vom 25. Mai 1959 S. 19.

[317] OLG Stuttgart, Urteil vom 21.02.1958 1 Ss 622/57 – NJW 1958 S. 1360, 1361; VG Berlin, Urteil vom 19.08.1996 – 25 A 41.94 – WM 1997 S. 218, 222.

[318] OLG Stuttgart, Urteil vom 21.02.1958 1 – Ss 622/57 – NJW 1958 S. 1360, 1361.

[319] Schriftlicher Bericht des Wirtschaftsausschusses über den von der Bundesregierung eingebrachten Entwurf eines Gesetzes über das Kreditwesen und den vom Bundesrat eingebrachten Entwurf eines Gesetzes über Zinsen, sonstige Entgelte und Werbung der Kreditinstitute, vgl. zu BT-Drucks. 3/2563 vom 15.3.1961 S. 2.

geber andernorts den Anschein erweckt, das KWG habe neben den systemischen Gefahren nur gläubigerschützende Funktion.[320]

Nur der Kreditnehmer steht dem Kreditinstitut gegenüber und ist unmittelbar den Gefahren ausgesetzt, die aus dem isoliert betriebenen Kreditgeschäft hervorgehen: den „zweifelhaften" und „unsoliden" Geschäften des Kreditinstituts.[321]

Dies bezieht sich zunächst einmal auf den Schutz vor benachteiligenden und wirtschaftlich nicht vertretbaren Vertragsbedingungen, denen sich wirtschaftlich schwache Kreditnehmer andernfalls ausgesetzt sehen könnten.[322] Die Aufsicht kann und soll dies natürlich nicht durch die Kontrolle einzelner Geschäfte oder vertraglicher Inhalte verhindern.[323] Durch die Prüfung und Überwachung der verantwortlichen Personen (vgl. etwa § 32 Abs. 1 S. 2 Nr. 2–4, 6c KWG) wirkt sie dem Markteintritt unseriöser Kreditinstitute aber entgegen und schafft so einen abstrakten Schutz.[324]

Daneben existiert aber ein weiterer bedeutender Gesetzeszweck, den der Gesetzgeber so formuliert, dass „Zahlungsstockungen, mangelhafte Kreditversorgung und unerwartete(r) Entzug von Krediten (vermieden werden sollen), ... (die) zwangsläufig schwere Schäden nicht nur im Kundenkreis der betroffenen Kreditinstitute, sondern darüber hinaus auch in weiteren Teilen der Wirtschaft" verursachen.[325] Dass der Gesetzgeber diese Gefahren in der Gesetzesbegründung primär auf

---

[320] So schreibt der Gesetzgeber im Entwurf eines Gesetzes über das Kreditwesen BT-Drucks. 3/1114 vom 25. Mai 1959 S. 20, dass er sein Ziel darin sieht, „die Funktionsfähigkeit des Kreditapparates zu wahren und die Gläubiger der Kreditinstitute nach Möglichkeit vor Verlusten zu schützen".

[321] Schriftlicher Bericht des Wirtschaftsausschusses über den von der Bundesregierung eingebrachten Entwurf eines Gesetzes über das Kreditwesen und den vom Bundesrat eingebrachten Entwurf eines Gesetzes über Zinsen, sonstige Entgelte und Werbung der Kreditinstitute, vgl. zu BT-Drucks. 3/2563 vom 15. 3. 1961.

[322] LVG Hamburg, Urteil vom 27. 10. 1959 – II a VG 1043/59 – Beckmann/Bauer § 1 Abs. 1 S. 2 Nr. 2 (Nr. 1).

[323] Schriftlicher Bericht des Wirtschaftsausschusses über den von der Bundesregierung eingebrachten Entwurf eines Gesetzes über das Kreditwesen und den vom Bundesrat eingebrachten Entwurf eines Gesetzes über Zinsen, sonstige Entgelte und Werbung der Kreditinstitute, vgl. zu BT-Drucks. 3/2563 vom 15. 3. 1961 S. 2.

[324] So zum Schutzzweck des § 32 KWG allgemein von *Goldbeck*, in: Luz/Neus/Schaber/Scharpf/Schneider/Weber § 32 Rn. 1; VGH Kassel, Beschluss vom 12. 12. 2007 – 6 TG 1743/07 – NJW-RR 2008 S. 1011, 1014; BVerwG, Urteil vom 22. 04. 2009 – 8 C 2.09 – WM 2009 S. 1553, 1555; LVG Hamburg, Urteil vom 27. 10. 1959 – II a VG 1043/59 – Beckmann/Bauer § 1 Abs. 1 S. 2 Nr. 2 (Nr. 1); VG Berlin, Urteil vom 19. 08. 1996 – 25 A 41.94 – WM 1997 S. 218, 222; Schriftlicher Bericht des Wirtschaftsausschusses über den von der Bundesregierung eingebrachten Entwurf eines Gesetzes über das Kreditwesen und den vom Bundesrat eingebrachten Entwurf eines Gesetzes über Zinsen, sonstige Entgelte und Werbung der Kreditinstitute, vgl. zu BT-Drucks. 3/2563 vom 15. 3. 1961 S. 2.

[325] Entwurf eines Gesetzes über das Kreditwesen BT-Drucks. 3/1114 vom 25. Mai 1959 S. 19; inhaltlich ähnlich im Schriftlicher Bericht des Wirtschaftsausschusses über den von der Bundesregierung eingebrachten Entwurf eines Gesetzes über das Kreditwesen und den vom

Funktionsstörungen im Zusammenhang mit dem Einlagengeschäft zurückführt, deutet nur darauf hin, dass er diesen Fall – zutreffend[326] – als Regelfall betrachtet. Dies ist im Übrigen aber nicht weiter von Bedeutung. Der Einlagenabzug mag ein Auslöser für die Unfähigkeit der Bereitstellung von Kapital oder seiner Rückforderung durch das Kreditinstitut sein. Die wirtschaftlichen Folgen treten aber gleichermaßen ein, wenn der Grund ein anderer ist.

Besondere Bedeutung verdient in diesem Zusammenhang und im Hinblick auf das unechte Crowdlending der Umstand, dass §§ 32 Abs. 1 i.V.m. 1 Abs. 1 S. 2 Nr. 2 KWG dem „unerwarteten" Entzug von Kapital entgegenwirken soll, denn diese Gefahr besteht für die Kreditnehmer nur im Anschluss an die Valutierung des Darlehens. Den Begriff „unerwartet" darf man dabei nicht in seinem umgangssprachlichen Sinn verstehen, sondern man hat eine wirtschaftliche Betrachtung heranzuziehen. Der Abzug des Kapitals kann seine wirtschaftlichen Folgewirkungen schließlich auch dann entfalten, wenn der Kreditnehmer mit einer Kündigung rechnet oder rechnen muss.

Der Gesetzeszweck lässt sich deshalb zweifach unterteilen: Zum einen in den Schutz vor rechtswidrigem, weil unberechtigtem Abzug von Kapital, zum anderen den wirtschaftlich nicht sinnvollen oder vermeidbaren Entzug der Kredite. Beide Teile lassen sich auch aus den Voraussetzungen herleiten, die für eine Genehmigung gegeben sein müssen, nämlich die Zuverlässigkeit und fachliche Eignung der verantwortlichen Personen des Kreditinstituts (vgl. § 32 Abs. 1 S. 2 Nr. 3, 4, 6c KWG).

Was den Schutz vor rechtswidrigem Entzug von Krediten angeht, wird der Kreditnehmer natürlich schon durch die Voraussetzungen der einfachen oder der außerordentlichen Kündigung geschützt, schließlich darf der Kreditgeber das Kapital außerhalb dieser Voraussetzungen ohnehin nicht entziehen.

Der abstrakt präventive Schutzzweck des KWG geht über den dadurch geschaffenen Schutz hinaus. Die Qualifikation und Eignung der Verantwortlichen sorgt dafür, dass Kündigungen in der Regel nur von denjenigen ausgesprochen werden können, die über die Expertise verfügen, zu beurteilen, wann etwa die Voraussetzungen einer Kündigung nach § 490 BGB vorliegen und wann nicht. Das ist notwendig, da die Gefahr durchaus besteht, dass insbesondere wirtschaftlich unerfahrene Kreditnehmer unberechtigten Kündigungen Folge leisten und sich den wirtschaftlich nachteiligen Folgen ausgesetzt sehen.

Abstrakten Schutz liefern die § 32 Abs. 1 i.V.m. § 1 Abs. 1 S. 2 Nr. 2 KWG aber eben auch in Fällen, in denen ein Kreditinstitut vor der Entscheidung steht, ein Darlehen (rechtmäßig) zu kündigen. Dann können die Zuverlässigkeit und fachliche Eignung der verantwortlichen Personen darüber entscheiden, ob der Kreditgeber

---

Bundesrat eingebrachten Entwurf eines Gesetzes über Zinsen, sonstige Entgelte und Werbung der Kreditinstitute, vgl. zu BT-Drucks. 3/2563 vom 15.3.1961 S. 2. Dort steht sinngemäß, dass der vorzeitige Rückruf von Krediten im großen Umfang zu erheblichen Funktionsstörungen in der kreditnehmenden Wirtschaft führen könne.

[326] Vgl. Zweiter Teil Fn. 308.

vom Kündigungsrecht Gebrauch macht oder nicht. Auch wenn beispielsweise die Voraussetzungen einer Kündigung nach § 490 Abs. 1 BGB vorliegen, kann die wirtschaftliche Expertise und Weitsicht des Kreditgebers ihn abhalten, sie auszusprechen, etwa weil er in der Lage ist, zu erkennen, dass er mit einer Kündigung den Großteil seines Kapitals verlieren, ein Zuwarten hingegen seine Chancen auf Rückzahlung eines größeren Anteils verbessern würde, weil die wirtschaftlichen Schwierigkeiten des Kreditnehmers oder des Marktes, auf dem er tätig wird, nur temporär sind. Schließlich dürfte er auch in der Lage sein, über die Sinnhaftigkeit von Zwischenfinanzierungen zu entscheiden bzw. dem Kreditnehmer etwa durch Stundung oder Prolongation des Kredites eine bessere Ausgangslage zu verschaffen und so letztlich für alle Beteiligten den wirtschaftlichen Erfolg zu optimieren.

§ 32 Abs. 1 i.V.m. § 1 Abs. 1 S. 2 Nr. 2 KWG dient also dem Schutz der Gesamtwirtschaft und, dem vorgelagert, auch dem abstrakten Schutz der einzelnen Kreditnehmer und der mit ihnen wirtschaftlich in Verbindung stehenden Personen.[327]

3. Aufsichtspflichtigkeit der Teilnehmer am unechten Crowdlending mit einfacher Forderungsübertragung

Im nun folgenden Abschnitt soll die historische und teleologische Grundlage fruchtbar gemacht werden. Differenziert nach den beiden Modellen des unechten Crowdlending werden die einzelnen Teilnehmer auf ihre bankaufsichtsrechtliche Genehmigungspflichtigkeit hin untersucht. Begonnen wird jeweils mit der zentralen Frage des unechten Crowdlending, nämlich ob die Investoren einer Genehmigungspflicht gemäß § 32 Abs. 1 i.V.m. § 1 Abs. 1 S. 2 Nr. 2 KWG unterliegen oder ob die Abfolge rechtsgeschäftlicher Vereinbarungen sie davor bewahrt.

a) Keine aufsichtspflichtigen Bankgeschäfte der Investoren

Gemäß § 1 Abs. 1 S. 2 Nr. 2 KWG betreibt das Kreditgeschäft, wer Gelddarlehen gewährt und der Genehmigungspflicht nach § 32 KWG unterliegt, wer dies gewerbsmäßig oder in einem Umfang tut, der der Einrichtung eines in kaufmännischer Weise eingerichteten Geschäftsbetriebs bedarf. Würde der Darlehensvertrag unmittelbar zwischen Kreditnehmer und dem Investor selbst geschlossen (echtes Crowdlending), wäre zumindest das Tatbestandsmerkmal des Kreditgeschäfts als erfüllt anzusehen.[328]

---

[327] *Papier*, JuS 1980 S. 265, 269; dem folgend *Rost*, S. 76.
[328] So auch *Renner*, ZBB 2014 S. 261, 267.

aa) Kein Factoring der Investoren

Vorab sei kurz festgestellt, dass die Investoren beim unechten Crowdlending mit einfacher Forderungsübertragung kein Factoring betreiben.[329] Dies ist notwendig, da diese beiden Geschäfte im Alternativverhältnis zueinander stehen. Der Betrieb von Factoring durch die Teilnahme am unechten Crowdlending würde den gleichzeitigen Betrieb eines Kreditgeschäfts ausschließen.[330]

Beim Factoring müssen die Forderungen zur Finanzierung des Veräußerers erworben werden,[331] und zwar laufend auf Grundlage eines Rahmenkaufvertrags.[332]

Zwar fällt auch der Erwerb von Forderungen auf Grund eines Kommissionsvertrags unter den Tatbestand des Kaufs einer Forderung i.S.d. § 1 Abs. 1a S. 2 Nr. 9 KWG,[333] aber dieses Rechtsgeschäft hat für die Kooperationsbank als Anschlusskunden nicht die für Factoring erforderliche Finanzierungsfunktion.

Durch Factoring soll dem Forderungsverkäufer Liquidität zur Verfügung gestellt werden, die er wegen des eingegangenen Rechtsgeschäfts sonst nicht besäße.[334] Das ist eine Wirkung, die die Veräußerung der Forderungen beim unechten Crowdlending für die Kooperationsbank nicht hat. Schließlich schließt sie den Darlehensvertrag nur ab, um die Forderung zum „Erwerbspreis" weiter zu veräußern. Selbst wenn sie von der Plattformbetreiber- oder der Intermediärgesellschaft für ihre Tätigkeit entlohnt wird, bleibt es bei diesem Ergebnis. Die Kooperationsbank würde dann zwar einen Zufluss von Kapital verzeichnen, aber nicht als Erlös der Veräußerung einer Forderung, sondern als Entgelt für ihre Dienstleistung.

---

[329] Insoweit fehlerhaft und zudem ohne Begründung *Samm/Reschke*, in: Beck/Samm/Kokemoor § 1 Abs. 1 KWG Rn. 276.

[330] Bericht des Finanzausschusses zu dem Entwurf eines Jahressteuergesetzes 2009 BT-Drucks. 16/11108 vom 27.11.2008 S. 55; *Schwennicke*, in: Schwennicke/Auerbach § 1 Rn. 144.

[331] Ausdrücklicher Wille des Gesetzgebers in BT-Drucks. 16/11108 S. 55; *Schäfer*, in: Boos/Fischer/Schulte-Mattler § 1 Rn. 150e; *Schwennicke*, in: Schwennicke/Auerbach § 1 Rn. 143.

[332] BaFin Merkblatt – Hinweise zum Tatbestand des Factoring, III Nr. 2, 5. Januar 2009, abrufbar unter: http://www.bafin.de/SharedDocs/Veroeffentlichungen/DE/Merkblatt/mb_0901 05_tatbestand_factoring.html, zuletzt abgerufen am: 26.11.2915; *Schäfer*, in: Boos/Fischer/Schulte-Mattler § 1 Rn. 150c; *Schwennicke*, in: Schwennicke/Auerbach § 1 Rn. 142.

[333] BaFin Merkblatt – Hinweise zum Tatbestand des Factoring, III Nr. 1, 5. Januar 2009, vgl. Quelle Zweiter Teil Fn. 332; *Schwennicke*, in: Schwennicke/Auerbach § 1 Rn. 141; *Reschke*, in: Beck/Samm/Kokemoor § 1 Abs. 1a Rn. 679.

[334] *Bette*, S. 39; *Martinek*, in: Schimansky/Bunte/Lwowski § 102 Rn. 2.

bb) Der Erwerb der Rückzahlungsansprüche: Ein Kreditgeschäft

Der gewerbliche Erwerb von Darlehensforderungen als solchen ist kein neues Phänomen.[335] Ob es sich in den bislang bekannten Fällen um Kreditgeschäfte handelt, wird in der Literatur ebenfalls seit Längerem diskutiert.[336]

(1) Ursprung des Problems

Seinen Ursprung hat diese Frage in Kreditportfolio-Transaktionen zwischen Kreditinstituten und Nicht-Banken.[337] Neben der Kostensenkung im Forderungsmanagement war und ist Zweck solcher Geschäfte die Liquiditätsbeschaffung sowie die Reduktion des für die Ausgabe von Krediten vorzuhaltenden Eigenkapitals.[338] Letztlich dient die Veräußerung damit der Bonitätssteigerung, was sich in einem verbesserten Rating der Bank niederschlagen und so deren Refinanzierung erleichtern soll.[339]

Zu den üblichen Transaktionen zählen die umwandlungsrechtliche Ausgliederung und Abspaltung sowie der Forderungsverkauf.[340] Bei der Ausgliederung und Abspaltung kommt es zur (partiellen) Gesamtrechtsnachfolge einer eigens dafür gegründeten Gesellschaft, deren Anteile dann an den Investor veräußert werden. Beim Forderungsverkauf hingegen werden entweder die Rückzahlungsansprüche an den Dritten abgetreten oder dieser übernimmt unter Zustimmung des Kreditnehmers die Stellung als Darlehensvertragspartei.[341]

---

[335] Zum historischen Hintergrund der Veräußerungen notleidender und anderer Kredite vgl. *Hofmann/Walter*, WM 2004 S. 1566 m.w.N.; zum Begriff der notleidenden Kredite ebenda S. 1566, 1568.

[336] Von dem „Erwerb von Darlehensforderungen" werden alle Fälle erfasst, in denen ein Dritter einen Anspruch auf Rückzahlung der Valuta und der zu zahlenden Zinsen erhält. Unabhängig davon, welches Rechtsgeschäft oder welche Kette von Rechtsgeschäften diesen Umstand herbeiführt. Beispielsweise, ob der Erwerb auf einer Abtretung basiert, oder ob eine Vertragsübernahme vereinbart worden ist. Sofern diese Differenzierung von Relevanz sein sollte, wird im Folgenden von „abtretungsweisem Forderungserwerb" oder etwa der „Übernahme von Darlehensverträgen" gesprochen werden.

[337] *Hofmann/Walter*, WM 2004 S. 1566 f.

[338] Zu den wirtschaftlichen Hintergründen statt vieler: *Nobbe*, ZIP 2008 S. 97 f.; *Langenbucher*, NJW 2008 S. 3169; *Reifner*, BKR 2008 S. 142 ff.

[339] Vgl. Quellen Zweiter Teil Fn. 338.

[340] Daneben sind auch synthetische Transaktionen in Form der Transformation des Risikos auf Kreditderivate sowie Unterbeteiligungen der Investoren an den Kreditforderungen durch BGB Innengesellschaften üblich. Für eine detailliertere Darstellung aller hier genannten Möglichkeiten *Nobbe*, ZIP 2008 S. 97, 98 f.

[341] Zu den unterschiedlichen Formen der Übertragung vgl. etwa BaFin Merkblatt – Hinweise zum Tatbestand des Kreditgeschäfts Nr. 1 a) bb) Abs. 4 vom 8. Januar 2009 Stand: April 2014, vgl. Quelle Zweiter Teil Fn. 134; *Nobbe*, ZIP 2008 S. 97, 98; *Samm/Reschke*, in: Beck/Samm/Kokemoor § 1 Abs. 1 Rn. 206; mit stärkerer Differenzierung im Hinblick auf die verfolgten Zwecke *Reifner*, BKR 2008 S. 142, 143 f.

(2) Bislang vertretene Lösungsansätze

Auf Grundlage dieser Praktiken wird die Übernahme von Rückzahlungsansprüchen im Hinblick auf das Tatbestandsmerkmal des Kreditgeschäfts i.S.d. § 1 Abs. 1 S. 2 Nr. 2 KWG unterschiedlich bewertet.

Die BaFin spricht sich bis heute gegen ihre Einordnung als Kreditgeschäft aus,[342] und zwar unabhängig davon, ob die Übernahme durch Abtretung, Vertragsübernahme oder mittels Ausgliederung und Abspaltung erfolgt. Vom überwiegenden Teil der Literatur und den unterinstanzlichen Gerichten erhält sie dabei Zuspruch.[343]

Die Begründung für dieses Ergebnis variiert in Abhängigkeit des Übertragungsvorgangs.

Sofern Darlehensrückzahlungsansprüche abgetreten werden, wird die fehlende Schutzbedürftigkeit des Kreditnehmers vor einem Erwerb in den Vordergrund gerückt. Das Darlehen werde von einem staatlich lizensierten Kreditinstitut ausgereicht und ebendieses bleibe dem Kreditnehmer auch nach der Abtretung verpflichtet. Schließlich habe die Abtretung nur einen Gläubigerwechsel zur Folge. Nicht nur der mit Abschluss des Darlehensvertrags begründete Pflichtenkreis werde weiterhin von einem lizenzierten Kreditinstitut erfüllt.[344] Dieses sei dem Kreditnehmer grundsätzlich auch zum Schadensersatz verpflichtet, wenn der Zessionar sich pflichtwidrig verhalte.[345]

Kommt es hingegen zu einer Vertragsübernahme, steht dem Kreditnehmer also ein neuer Vertragspartner gegenüber, soll kein Kreditgeschäft vorliegen, weil der Übernehmer das Darlehen nicht „gewährt" habe.[346] Was erforderlich ist, damit man

---

[342] BaFin Merkblatt – Hinweise zum Tatbestand des Kreditgeschäfts Nr. 1 a) bb) Abs. 4 vom 8. Januar 2009 Stand: April 2014, vgl. Quelle Zweiter Teil Fn. 134.

[343] *Schäfer*, in: Boos/Fischer/Schulte-Mattler § 1 Rn. 46; *Samm/Reschke*, in: Beck/Samm/Kokemoor § 1 Abs. 1 Rn. 206; *Schwennicke*, in: Schwennicke/Auerbach § 1 Rn. 36 (Nr. 4); *Heer*, BKR 2012 S. 45, 47; OLG Frankfurt, Urteil vom 17.06.2010 – 16 U 229/08 – Rn. 56 juris, zuletzt abgerufen am 25.11.2015; OLG Frankfurt, Urteil vom 16.12.2010 – 3 U 11/10 – Rn. 12 juris, zuletzt abgerufen am 25.11.2015; LG Nürnberg/Fürth, Urteil vom 25.04.2008 – 10 O 11030/06 – BeckRS 2009 00374, zuletzt abgerufen am 25.11.2015.

[344] *Samm/Reschke*, in: Beck/Samm/Kokemoor § 1 Abs. 1 Rn. 206; BaFin Merkblatt – Hinweise zum Tatbestand des Kreditgeschäfts Nr. 1 a) bb) Abs. 4 vom 8. Januar 2009 Stand: April 2014 vgl. Quelle Zweiter Teil Fn. 134.

[345] *Samm/Reschke*, in: Beck/Samm/Kokemoor § 1 Abs. 1 Rn. 206; BaFin Merkblatt – Hinweise zum Tatbestand des Kreditgeschäfts Nr. 1 a) bb) Abs. 4 vom 8. Januar 2009 Stand: April 2014, vgl. Quelle Zweiter Teil Fn. 134.

[346] *Schäfer*, in: Boos/Fischer/Schulte-Mattler Rn. 46; *Heer*, BKR 2012 S. 45, 47; so auch schon *Szagunn/Haug/Ergenzinger*, § 1 Rn. 31; kritisch *Samm/Reschke*, in: Beck/Samm/Kokemoor § 1 Abs. 1 Rn. 225, allerdings ohne die, in der vorigen Ergänzungslieferung noch vorzufindende Feststellung, dass dieses Ergebnis für Vertragsübernahmen kaum begründbar sei; diese Argumentation findet sich bezogen auf die Abtretungsfälle bei *Samm/Reschke*, in: Beck/Samm/Kokemoor § 1 Abs. 1 Rn. 206, 223; mangels erkennbarer Differenzierung im Ergebnis wohl auch *Brogl*, in: Reischauer/Kleinhans § 1 Rn. 64, obwohl dieser die offene

vom Gewähren eines Darlehens sprechen könne, wird dabei aber unterschiedlich definiert:

Teilweise wird unter „Gewähren" die eine Rückzahlungsverpflichtung erstmalig auslösende Hingabe von Geld verstanden.[347] Andere sehen grundsätzlich nur den Abschluss des schuldrechtlichen Geschäfts als erfasst an.[348] Wieder andere setzen bei der Gläubigerposition des Kreditgebers an und gehen davon aus, dass ein Darlehen gewähre, wer den Rückzahlungsanspruch originär erwerbe.[349]

Es finden sich aber auch Befürworter einer Genehmigungspflichtigkeit des Erwerbs von Rückzahlungsansprüchen, teilweise beschränkt auf Fälle der Vertragsübernahme.[350] Nur selten werden diese Bewertungen jedoch begründet.[351]

Während für die Aufsichtspflichtigkeit des abtretungsweisen Forderungserwerbs, soweit ersichtlich, gar keine Argumente vorgebracht werden, finden sich für Fälle der Vertragsübernahme zumindest zwei:

Zum einen wird dies darauf zurückgeführt, dass der Schutzzweck des KWG ansonsten leer liefe,[352] zum anderen wird es am Tatbestandsmerkmal des „Gewährens" festgemacht.[353] Im Widerspruch zur herrschenden Meinung sei darunter nicht allein die Hingabe der Valuta, sondern auch ihr Belassen beim Kreditnehmer zu subsumieren.[354] Ein solches Begriffsverständnis sei schließlich auch bei anderen

---

Unterbeteiligung bei der Erstvergabe als Kreditgeschäft bewertet; *Friedrich/Bühler*, WM 2015 S. 911, 912.

[347] *Brogl*, in: Reischauer/Kleinhans § 1 Rn. 64; ohne darauf abzustellen, dass die Hingabe den Rückzahlungsverpflichtung originär auslöst auch *Schäfer*, in: Boos/Fischer/Schulte-Mattler § 1 Rn. 46; *Szagunn/Haug/Ergenzinger*, § 1 Rn. 31; *Jahn*, in: Schimansky/Bunte/Lwowski § 114a Rn. 41, der sich später jedoch in Widerspruch hierzu setzt und die Vertragsübernahme als Kreditgeschäft bezeichnet a.a.O. Rn. 42.

[348] BaFin Merkblatt – Hinweise zum Tatbestand des Kreditgeschäfts Nr. 1 a) aa) vom 8. Januar 2009 Stand: April 2014, vgl. Quelle Zweiter Teil Fn. 134; *Samm/Reschke*, in: Beck/Samm/Kokemoor § 1 Abs. 1 Rn. 205; *Heer*, BKR 2012 S. 45, 47; so wohl auch *Schwennicke*, in: Schwennicke/Auerbach § 1 Rn. 34, der neben der Hingabe von Geld explizit auch die Schuldumwandlung nennt.

[349] *Heemann*, in: Grieser/Heemann S. 623, 628.

[350] *Hofmann/Walter*, WM 2004 S. 1566, 1569; sowie *Theewen*, WM 2004 S. 105, 112; *Nobbe*, WM 2005 S. 1537, 1548; *ders.*, ZIP 2008 S. 97, 99; *Renner*, ZBB 2014 S. 261, 267; *Samm/Reschke*, deuteten in: Beck/Samm/Kokemoor § 1 Abs. 1 Rn. 205, in der Fassung vor der Ergänzungslieferung vom August 2015, noch an, dass zumindest die Übernahme des Darlehensvertrags ein Kreditgeschäft sein müsse. Der Hinweis darauf, dass ein anderes Ergebnis nicht überzeugend sei, findet sich, soweit ersichtlich nun nicht mehr.

[351] Dies kritisiert *Heer*, BKR 2012 S. 45, 47 zu Recht.

[352] So ehemals zutreffend *Samm/Reschke*, in: Beck/Samm/Kokemoor § 1 Abs. 1 Rn. 205, in der Fassung vor der Ergänzungslieferung August 2015, allerdings nur im Hinblick auf die Vertragsübernahme; *Renner*, ZBB 2014 S. 261, 267 spricht sich aus diesem Grund generell für die Bewertung der Übernahme von Rückzahlungsforderungen als Kreditgeschäft aus.

[353] *Teichmann*, BKR 2011 S. 324 ff.

[354] *Teichmann*, BKR 2011 S. 324 ff.

zivilrechtlichen Normen üblich, in denen „Gewähren" zum Tatbestand gehört.[355] Außerdem habe sich schon bei Einführung des KWG (1961) die im Vordringen befindliche Lehre im Einklang mit der Rechtsprechung zum Darlehensvertrag, entgegen dem Wortlaut des § 607 BGB a.f., für die Konsensualvertragstheorie ausgesprochen. In Übereinstimmung mit dieser, mittlerweile in § 488 BGB auch normierten Theorie umfasst das Gewähren eines Darlehens auch die Pflicht, dieses beim Kreditnehmer zu belassen.[356] Darüber hinaus würde dieses Ergebnis auch vom vertrauensschützenden Zweck des KWG gestützt.[357]

Der BGH hat sich bisher für keine der beiden Ansichten entschieden, sondern die Frage vielmehr bewusst unbeantwortet gelassen.[358] Auch das BVerwG hat sich zu dieser Frage noch nicht geäußert, ging aber in einem Urteil vom 22.4.2009 zumindest davon aus, dass wesentliche zum Vertragsschluss hinführende Schritte neben deren Abschluss *und Abwicklung* zum Betrieb der Geschäfte i.S.d. § 32 KWG gehören.[359]

(3) Stellungnahme zu den bisherigen Ansätzen

Trotz ihrer Gegensätzlichkeit haben bemerkenswerterweise beide bislang vertretenen Ansichten zwei gemeinsame Schwächen.

Die erste besteht darin, dass sich die Vertreter beider Ansichten so sehr vom Telos der Regulierung des isoliert betriebenen Kreditgeschäfts entfernt haben, dass keine Seite in der Lage ist, ihre Ergebnisse schlüssig zu begründen.

Von den Befürwortern einer Genehmigungspflicht für die Übernahme von Rückzahlungsansprüchen wird in der Folge der Anwendungsbereich der Norm teils so sehr erweitert, dass selbst solche Geschäfte einer Aufsicht unterstellt werden müssten, denen die mit der Aufsicht zu unterbindenden Gefahren gar nicht innewohnen. Oder aber die Eröffnung des Anwendungsbereichs wird mit einem Gesetzeszweck begründet, den die Aufsicht über das isoliert betriebene Kreditgeschäft gar nicht verfolgt. Die Anhänger der herrschenden Meinung hingegen verwechseln teilweise den Schutzzweck der Aufsicht über das Kreditgeschäft mit dem der Aufsicht über das Einlagengeschäft. Das führt, wenig überraschend, auch zu keinem sinnvollen Ergebnis. Den Höhepunkt ihrer Fehlerhaftigkeit erreicht die herrschende Meinung jedoch da, wo sie die Genehmigungspflicht eines Sachverhalts verneint, obwohl ihm die typischen Gefahren eines Kreditgeschäfts innewohnen. Die herr-

---

[355] Gemeint sind § 535 BGB sowie § 1969 BGB, vgl. *Teichmann*, BKR 2011 S. 324, 325.

[356] *Teichmann* führt insbesondere den Beschluss des RG vom 30.06.1939 – RGZ 161, 52 ff. an, die er als einen „Markstein" für die Konsensualvertragstheorie bezeichnet.

[357] *Teichmann*, BKR 2011 S. 324, 326.

[358] BGH, Urteil vom 19.04.2011 – XI ZR 256/10 – ZIP 2011 S. 1195, 1196; die Entscheidung konnte hier offen gelassen werden, weil eine fehlende Genehmigung nach § 32 KWG die Übertragung der Forderung selbst nicht beeinträchtigt.

[359] BVerwG, Urteil vom 22.4.2009 – 8C 2.09 – BVerwGE 133 S. 358, 362 – WM 2009 S. 1553, 1555.

schende Meinung rechtfertigt ihr Ergebnis dort nicht nur mit den falschen, von der Aufsicht über das isoliert betriebene Kreditgeschäft gar nicht verfolgten Zielen. Auch die Annahmen, die sie ihrer Rechtfertigung der Genehmigungsfreiheit zu Grund legt, stellen sich als nicht zutreffend heraus.

Auslöser für diese Entfernung vom Telos dürfte die zweite Schwäche beider Ansätze sein. Es wird stets versucht ein Ergebnis im Hinblick auf den jeweiligen formalen Übertragungsakt zu finden, der dem Forderungserwerb zu Grunde liegt. Dabei zeigen die besonderen Bedingungen beim unechten Crowdlending, dass eine sinnvolle Antwort nicht allein am formalen Übertragungsakt festgemacht werden kann.

All diese Behauptungen sollen nun im Detail nachgewiesen werden. Im Anschluss daran wird dann eine eigene, am Telos des § 1 Abs. 1 S. 2 Nr. 2 KWG orientierte Definition des Tatbestandmerkmals „Gewähren" entwickelt, und an Hand dieser Definition beantwortet, ob und wann die Investoren beim unechten Crowdlending mit einfacher Forderungsübertragung ein Kreditgeschäft betreiben und wann nicht.

(a) Kritik an der bisherigen Mindermeinung

Die Ansicht, die uneingeschränkt von einer Tatbestandsmäßigkeit des Erwerbs von Rückzahlungsansprüchen ausgeht, ist in ihrer Pauschalität nicht überzeugend. Sie geht deutlich über den Gesetzeszweck hinaus, denkt man etwa an den Erwerb bereits fälliger Rückzahlungsansprüche oder solcher aus bereits gekündigten Darlehensverträgen. Die Tätigkeit des Zessionars ist in einem solchen Fall darauf beschränkt, die Forderung durchzusetzen.[360] Ein besonderes Schutzbedürfnis des Darlehensschuldners gegenüber sonstigen Schuldnern, dem man mit der Anwendung des KWG zu genügen hätte, existiert dann nicht.

Abgesehen von diesen Fällen liefert die Mindermeinung bislang kaum gute Argumente, die für die Tatbestandsmäßigkeit eines Erwerbs von Rückzahlungsansprüchen sprechen würden.

Sie legt zwar überzeugend dar, dass dem Tatbestandsmerkmal des „Gewährens" sowohl ein bereitstellendes, als auch ein zeitlich andauerndes Element zu entnehmen sind. Diese Feststellung, mag sie auch in die richtige Richtung deuten, lässt jedoch die eigentlich entscheidende Frage unbeantwortet. Nur weil das Kreditgeschäft diese kumulative Verpflichtung umfasst, ist schließlich nicht gesagt, dass auch derjenige, der allein der Belassenspflicht nachkommt, den Tatbestand des „Kreditgeschäfts" erfüllt und einer Genehmigung bedarf. Mit anderen Worten: Ob der Abschluss des Darlehensvertrags oder die Valutierung des Darlehens konstitutive Voraussetzung eines Kreditgeschäfts ist, bleibt offen.

Aus dem Zirkel ihrer Argumentation führen die m.M. auch die zusätzlich angestellten teleologischen Erwägungen nicht. Sie stützt sich insoweit nämlich auf

---

[360] So in der Tendenz wohl auch *Reifner*, BKR 2008 S. 142, 144.

einen Teilzweck des KWG, den die Regulierung des isoliert betriebenen Kreditgeschäfts gar nicht verfolgt: das Vertrauen des Publikums in die Kreditwirtschaft.[361] Dies ergibt sich aus dem Kontext der Gesetzesbegründung, auf den sich die m.M. in diesem Zusammenhang beruft. Dort äußert der Gesetzgeber, dass die Bereitschaft der Gläubiger ihre Mittel dem Kreditapparat anzuvertrauen, schwindet, *„wenn sich nicht jeder einzelne Gläubiger eines Kreditinstituts darauf verlassen kann, daß seine Gelder von diesem sicher angelegt und termingerecht zurückgezahlt werden"*.[362] Außerdem könnten Verluste der Einleger eines Instituts auch „das Vertrauen in die anderen Kreditinstitute" beeinträchtigen.[363]

Diese Formulierungen machen deutlich, dass nur das Vertrauen derjenigen geschützt werden soll, die ihr Kapital für die Kreditvergabe durch Dritte zur Verfügung stellen. Fehlendes Vertrauen der Darlehensnehmer hingegen ist für die Aufsichtspflichtigkeit des isoliert betriebenen Kreditgeschäfts nicht von Belang, würde dies vor Abschluss des Darlehensvertrags doch höchstens dazu führen, dass der Kreditnehmer sich einen anderen Vertragspartner sucht. Hat er den Vertrag erst abgeschlossen und die Valuta erhalten, ist sein Vertrauen in die Solvenz des Kreditinstituts nicht mehr von Bedeutung. Denn ist ihm das Kapital auf Zeit überlassen, dann muss er, sofern er seine Raten ordnungsgemäß zahlt, keinen unerwarteten Kapitalentzug fürchten.

(b) Kritik an der bislang herrschenden Meinung

(aa) Kritik an der Argumentation beim abtretungsweisen
      Forderungserwerb

So wenig die m.M. Gründe für eine Genehmigungspflichtigkeit der Zessionare liefert, ist die herrschende Meinung in der Lage, das Gegenteil zu begründen.

Beinahe gehaltlos ist die Feststellung, der Zedent werde durch die Zession nicht aus dem Vertrag entlassen und den Pflichtenkreis des Darlehensgebers habe deshalb auch nach der Zession ein staatlich beaufsichtigtes Kreditinstitut zu erfüllen. Es nützt dem Kreditnehmer nichts, wenn das Kreditinstitut ihm gegenüber zur Einhaltung der Pflichten aus § 241 Abs. 2 BGB verpflichtet bleibt, er bis zur Beendigung der Vertragsbeziehung aber gar nicht mehr in Kontakt mit dem Kreditinstitut tritt.

Da ist es schon überzeugender, wenn hinzugefügt wird, dass der Zedent für die Pflichtverletzungen des Zessionars einzustehen habe.[364] Bei genauerem Hinsehen

---

[361] *Teichmann*, BKR 2011 S. 324, 326.

[362] Entwurf eines Gesetzes über das Kreditwesen BT-Drucks. 3/1114 vom 25. Mai 1959 S. 19.

[363] Vgl. Quellen Zweiter Teil Fn. 362.

[364] Darlehensvertrag BaFin Merkblatt – Hinweise zum Tatbestand des Kreditgeschäfts Nr. 1 a) bb) Abs. 4 vom 8. Januar 2009 Stand: April 2014 vgl. Quelle Zweiter Teil Fn. 134; ebenso, allerdings ohne Nachweise oder genauere Begründung, *Samm/Reschke*, in: Beck/Samm/Kokemoor § 1 Abs. 1 Rn. 206.

fehlt es aber auch diesem Argument an Durchschlagskraft. In erster Linie liegt das daran, dass eine solche Einstandspflicht nach überwiegender Ansicht nicht existiert.[365]

Befürwortet wird die Haftung eines Zedenten, weil dem Schuldner das Insolvenzrisiko des Zessionars nicht ohne sein Zutun auferlegt werden dürfe.[366] Dies gelte nicht nur für den Fall der Rückabwicklung ihm gegenüber erbrachter Leistungen, sondern konsequenterweise auch dann, wenn der neue Schuldner der Annexpflichten, der Zessionar, diese verletzt. Schließlich habe sich der Gläubiger der Annexpflichten den Zedenten, nicht aber den Zessionar als deren Schuldner ausgesucht.

Dem wird mit Verweis auf die vom Gesetzgeber in den §§ 398 ff. BGB getroffenen Wertentscheidung widersprochen.[367] Mit Einführung dieser Normen habe er die Möglichkeit für den Gläubiger geschaffen, Annexpflichten ohne Zustimmung des Schuldners auf einen Dritten zu übertragen und sich so eines Teils der Stellung als Vertragspartner auch ohne Beteiligung des Schuldners zu entledigen. Sofern sich der Schuldner nicht durch die Vereinbarung eines Abtretungsverbots dagegen wehre, müsse er sich allein mit dem Zessionar auseinandersetzen.[368]

Zu dem gleichen Ergebnis gelangt man, wenn man § 399 Fall 2 BGB nicht als Einschränkung der Verfügungsbefugnis des Gläubigers oder seiner Privatautonomie ansieht, sondern § 398 BGB als Erweiterung seiner Verfügungsmacht und als Einschränkung des Selbstbestimmungsrechtes des Schuldners versteht.[369] Entscheidend für die Frage, ob der Gläubiger eine Forderung abtreten dürfe, ist dann, ob die Vertragsparteien dem Gläubiger die entsprechende Verfügungsmacht eingeräumt haben. § 399 BGB bringe die Maßgeblichkeit einer solchen Vereinbarung zum Ausdruck.[370] § 398 BGB wiederum stelle eine Vermutung dafür auf, dass das Interesse des Gläubigers an der Berechtigung zur Übertragung das Interesse des Schuldners am Verbleib des Gläubigers in seiner Stellung im Regelfall überwiege.[371] Wenn die Auslegung der Parteivereinbarung nichts Gegenteiliges ergibt, muss man daraus folgern, dass eine Einstandspflicht ausgeschlossen ist, denn man kann jemandem nicht erst eine Befugnis zu etwas erteilen und ihn dann dafür verantwortlich machen, dass er von dieser Befugnis Gebrauch gemacht hat.

---

[365] Dafür *Nörr*, in: Nörr/Scheyhing/Pöggeler § 4 III 1. c) S. 42; dagegen *Dörner*, S. 156 f.; konsequenterweise wohl auch *Berger*, S. 244; explizit dagegen, im Fall der unberechtigten Kündigung eines Darlehens durch den Zessionar, *Mülbert*, in: Staudinger (2015) § 490 Rn. 229.

[366] *Nörr*, in: Nörr/Scheyhing/Pöggeler § 4 III 1. c) S. 42; zum Fall der Einstandspflicht des Zedenten bei Rückabwicklung des Vertragsverhältnisses siehe zuvor § 4 III 1. b) S. 41 f.

[367] *Dörner*, S. 154 ff.

[368] *Dörner*, S. 157.

[369] *Berger*, S. 244.

[370] *Berger*, S. 244 f.

[371] *Berger*, S. 244 f.

Letztlich braucht man diese Frage hier aber gar nicht zu entscheiden. Allein maßgeblich ist, dass die herrschende Meinung, den durch die §§ 32 Abs. 1 i.V.m. § 1 Abs. 1 S. 2 Nr. 2 KWG bezweckten Schutz der Kreditnehmer mit einer Einstandspflicht nicht bewirken kann.

Durch die Genehmigungspflicht des Kreditinstituts soll der Kreditnehmer nach Valutierung des Darlehens vor dem unerwarteten Entzug des Kapitals geschützt werden.[372] Aufsichtsrechtlich relevant ist damit allein der Fall, bei dem der Entzug des Kapitals auf einer Pflichtverletzung des Zessionars beruht. Diese Gefahr realisiert sich insbesondere bei unberechtigter Kündigung eines Darlehensvertrags. Spricht der Zessionar diese aus, verstößt er gegen die Pflicht, das Darlehen beim Kreditnehmer zu belassen.[373] Dieser Pflicht des Zedenten ist er im Rahmen der Zession regelmäßig beigetreten.[374] Gemäß § 425 BGB haftet der Zedent diesbezüglich im Regelfall deshalb nicht.

Selbst wenn man abgesehen von diesem Fall und trotz der überzeugenden Gegenargumente von einer Einstandspflicht zum Schutz des Schuldners vor der Insolvenz des Zedenten ausgeht, kann dies immer noch nicht begründen, weshalb ein Zessionar das Tatbestandsmerkmal des Kreditgeschäfts i.S.d. § 1 Abs. 1 S. 2 Nr. 2 KWG nicht erfüllt. Sofern man von einer Pflichtverletzung ausgeht, die nicht mit dem Entzug der Darlehensvaluta zusammenhängt, ist diese Einstandspflicht ohnehin nur von geringer praktischer Bedeutung: Sofern der Kreditnehmer noch im Besitz der Valuta ist, kann er seinen Schadensersatzanspruch, zumindest in Höhe der Rückzahlungsansprüche, durch Aufrechnung befriedigen.

Entscheidend sind dann abermals teleologische Erwägungen: Zum einen ist der Schutz vor der Zahlungsunfähigkeit von Kreditinstituten nur Zweck der Aufsicht über das isoliert oder in Kombination mit dem Kreditgeschäft betriebene Einlagengeschäft, nicht aber der Aufsicht über das isoliert betriebene Kreditgeschäft.[375] Zum anderen bietet eine Haftung des Zedenten keinen der staatlichen Aufsicht über den Zessionar gleichwertigen Schutz[376]. Der Kreditnehmer würde auf einen repressiven zivilrechtlichen Schutz verwiesen. Dabei beabsichtigt das Gesetz ihn schon präventiv vor Schaden zu bewahren, indem es dem Entzug des Kapitals oder

---

[372] Vgl. Zweiter Teil B.I.2.a)cc)(2).

[373] *Mülbert*, in: Staudinger (2015) § 490 Rn. 229; zur Bewertung der unberechtigten Ausübung eines Gestaltungsrechts als objektive Pflichtverletzung etwa BGH, Urteil vom 16. 1. 2009 – V ZR 133/08 – NJW 2009 S. 1262 ff.

[374] *Mülbert*, in: Staudinger (2015) § 490 Rn. 229; so im Übrigen auch der Fall beim unechten Crowdlending vgl. Zweiter Teil A.I.6.b)bb).

[375] Vgl. Zweiter Teil B.I.2.a)cc)(1).

[376] Diese Überlegung stellt *Müller-Grune*, in: Beck/Samm/Kokemoor § 32 Rn. 27 an. Allerdings nicht im Hinblick darauf, ob das, für den Kreditnehmer erreichte, Schutzniveau im Fall der Abtretung durch die subsidiäre Haftung des Kreditinstituts aufrechterhalten werden kann. Sondern hinsichtlich der Frage, ob die zivilrechtliche Folge eines Verstoßes gegen § 32 KWG die Nichtigkeit des Rechtsgeschäfts gemäß § 134 BGB zur Folge haben müsste, um die Ziele des Gesetzgebers effektiv durchzusetzen.

sonstiger unseriöser Handlungen der Kreditinstitute vorbeugt, etwa durch die Überprüfung der Geschäftsleiter oder derer fachliche Eignung.

Der Fortfall dieses präventiven Schutzes kann auch eine subsidiäre Haftung des Zedenten nicht ausgleichen. Prozessuale Probleme bei der Durchsetzung des Anspruchs und die Gefahr, Pflichtverletzungen, etwa die fehlende Berechtigung zur Kündigung, erst gar nicht zu bemerken, schließen die Gleichwertigkeit des Schutzes aus.

Das Haftungsargument der herrschenden Meinung wird im Übrigen auch den durch die Aufsicht zu vermeidenden Folgewirkungen eines Entzugs der Valuta nicht gerecht.[377] Betroffen davon werden nämlich gerade die Personen, die in Geschäftsbeziehungen mit den Kreditnehmern stehen. Diesen würde eine Einstandspflicht des Zedenten im Fall eines unberechtigten Entzugs des Darlehens ohnehin kaum nützen. Sie können nur unter besonderen Umständen und auch nur vom Kündigenden Schadensersatz verlangen.[378]

Geschäftspartner des Kreditnehmers werden zudem auch von den Folgen einer rechtmäßigen, aber aus wirtschaftlicher Sicht nicht notwendigen Kündigung des Kreditgebers betroffen.[379] Solche Kündigungen stellen regelmäßig keine Pflichtverletzung dar,[380] weshalb eine Einstandspflicht des Zedenten hier ohnehin bedeutungslos wäre.

Die Aufsicht und Kontrolle der Geschäftsleiter und verantwortlichen Personen (§ 32 Abs. 1 Nr. 2–4 KWG) sowie ihres Geschäftsplans und dessen Umsetzung (§ 32 Abs. 1 Nr. 5 KWG) stellen aber auch sicher, dass ein Kreditinstitut genügend Expertise besitzt und diese weiter entwickelt, um ihrem ökonomischen Zweck gerecht zu werden[381] und ihre Kenntnisse im Interesse ihrer Kunden einzusetzen. Das kann durchaus bedeuten, dass ein Kreditinstitut die Vertragsbeziehung fortsetzt, obwohl die Kündigungsvoraussetzungen erfüllt sein mögen, weil seine Kenntnisse und Fähigkeiten ihm die Einschätzung erlauben, dass der beispielsweise in Krise befindliche Markt des Kreditnehmers bald einen Aufschwung erleben wird und dieser dann in der Lage sein wird, sämtliche Forderungen zu bedienen. Dem Gesetzeszweck entsprechend würde dies langfristig den wirtschaftlichen Erfolg des Kreditnehmers, seiner Geschäftspartner und auch des Kreditinstituts sicherstellen. Dass auch der Zedent über derartige Weitsicht verfügt, ist ohne Genehmigungspflicht hingegen nicht sichergestellt.

---

[377] Vgl. Quellen Zweiter Teil Fn. 325.

[378] *Mülbert*, in: Staudinger (2015) § 490 Rn. 232 ff.

[379] Vgl. Zweiter Teil B.I.2.a)cc)(2).

[380] Vgl. statt vieler *Buchner/Krepold*, in: Schimansky/Bunte/Lwowski § 79 Rn. 174; *Weber*, DStR 2014 S. 213.

[381] Vgl. Zweiter Teil B.I.2.a)bb)(4).

Endgültig an Bedeutung verliert die Argumentation der herrschenden Meinung, wenn man ihr den Sachverhalt des unechten Crowdlending mit einfacher Forderungsübertragung zugrunde legt:

Der Kreditnehmer sucht sich die Zessionare hier selbst aus. Er bringt die Kooperationsbank sogar in die Position, die Stellung als Vertragspartei gänzlich auf die Zessionare zu übertragen.[382] Wenn er aber damit einverstanden ist, dass die Kooperationsbank aus allen Verpflichtungen und damit sicher auch aus einer – in Wahrheit nicht bestehenden – Haftung für Pflichtverletzungen der Investoren entlassen wird, dann muss man darin zumindest auch die Vereinbarung eines konkludenten Ausschlusses dieser Haftung erblicken, wenn die Kooperationsbank selbst dem Kreditnehmer weiterhin verpflichtet bleibt, die Rückzahlungsansprüche also nur abtritt.[383]

(bb) Kritik an der Argumentation unabhängig vom Übertragungsakt

Um den Erwerb von Rückzahlungsansprüchen vom Anwendungsbereich des § 1 Abs. 1 S. 2 Nr. 2 KWG auszunehmen, kann die herrschende Meinung argumentativ damit nur noch auf ihre Auslegung des Tatbestandsmerkmals „Gewähren" zurückgreifen. Die unterschiedlichen Definitionen, welche die Vertreter der herrschenden Meinung hierzu entwickelt haben, sind, wie sich im Folgenden zeigen wird, jedoch widersprüchlich und lassen meist nicht einmal alle bekannten Geschäftspraktiken unter sich subsumieren, auch wenn diese unumstritten zu den Kreditgeschäften zählen.

Zu dem hier vertretenen Ergebnis gelangte man natürlich nicht, wenn unter „gewähren" nur die „erstmalige Hingabe von Geld" zu verstehen wäre,[384] und selbst dann nicht, wenn man dieses Kriterium insoweit konkretisiert, dass durch die Hingabe des Geldes die Rückzahlungsverpflichtung erstmalig ausgelöst werden muss.[385]

Diese Begriffsauslegung ist aber ohnehin fehlerhaft, was ihre Vertreter eigentlich selbst erkennen müssten, wenn sie beinahe im gleichen Atemzug erklären, dass auch eine Schuldumwandlung oder die Prolongation eines bereits bestehenden Darlehensvertrags als Kreditgeschäft einzustufen ist.[386] So unstreitig dieses Ergebnis

---

[382] Zur Herleitung dieses Ergebnisses siehe Zweiter Teil A.II.1.c).

[383] In der Tendenz mag auch die BaFin von diesem Ergebnis ausgehen, da sie eine Einstandspflicht des Zedenten nur annimmt, sofern der Schuldner der Zession nicht „zugestimmt" hat, vgl. BaFin Merkblatt – Hinweise zum Tatbestand des Kreditgeschäfts Nr. 1 a) bb) Abs. 4 vom 8. Januar 2009 Stand: April 2014 vgl. Quelle Zweiter Teil Fn. 134.

[384] Vgl. Zweiter Teil Fn. 347.

[385] Vgl. so etwa *Brogl*, Zweiter Teil Fn. 347.

[386] *Schäfer*, in: Boos/Fischer/Schulte-Mattler § 1 Rn. 46; *Szagunn/Haug/Ergenzinger*, § 1 Rn. 31; *Schwennicke*, in: Schwennicke/Auerbach § 1 Rn. 34; zur Schuldumwandlung und ihrer Qualifikation als Kreditgeschäft *Kort*, WM 1989 S. 1833 ff.

wiederum ist, so sehr zeigt es doch: Für ein Kreditgeschäft ist die erstmalige Hingabe von Geld nicht erforderlich.[387]

Ebenso wenig ließe sich ein solches Ergebnis begründen, wenn die Einschätzung der BaFin zutreffend wäre, und nur derjenige ein Darlehen gewährte, der den schuldrechtlichen Vertrag abschließt.[388]

Diese Begriffsauslegung ist aber schon insoweit nicht überzeugend, als dass ihr die Annahme zugrunde gelegt wird, *„die Gewährung eines Darlehens"* sei *„zwingende Voraussetzung zur Schaffung der Forderung, die nunmehr übertragen wird"*.[389] Denn wird ein Rückzahlungsanspruch bereits im Voraus der Valutierung abgetreten oder die Stellung als Vertragspartei übertragen, entsteht die Forderung originär in der Hand des Dritten.[390]

Im Übrigen kommt auch diese Definition nicht ohne Widersprüche zu ihren Ergebnissen aus. So dürfte man, ihr folgend, nicht zu dem Ergebnis kommen, dass die Übernahme von Krediteröffnungs- und ähnlichen Verträgen ein Kreditgeschäft ist. Dies ist jedoch unstreitig der Fall.[391] Konstitutiv, um Anspruchsgegner des Valu-

---

[387] Den beschriebenen Widerspruch zeigt *Heemann* auf, in: Grieser/Heemann S. 623, 627.

[388] Quellen zu dieser Ansicht Zweiter Teil bei Fn. 348.

[389] *Heer*, BKR 2012 S. 45, 47, dessen Verweis auf *Jahn*, in: Schimansky/Bunte/Lwowski 3. Auflage 2007 § 114a Rn. 40 geht insoweit ins Leere.

[390] Ein Direkterwerb findet nach zutreffender h.M. nur statt, wenn die Rechtsgrundlage für die Forderung bei Abtretung schon und bei Entstehung der Forderung noch vorhanden ist, vgl. z.B. *Busche*, in: Staudinger (2012) § 398 Rn. 73; *Grüneberg*, in: Palandt § 398 Rn. 12; *Westermann*, in: Erman § 398 Rn. 12; *Müller*, ZIP 1994 S. 342, 346 f.; *Larenz*, LSR/AT § 34 III S. 585 f.; *Armbrüster*, NJW 1991 S. 606, 607 f.; BGH, Beschluss vom 18.12.1967 – V ZB 6/67 – NJW 1968 S. 493, 495; BGH, Urteil vom 22.2.1956 – IV ZR 164/55 – NJW 1956 S. 665;

Beim Darlehensvertrag tritt ein Direkterwerb demnach auch dann ein, wenn der Darlehensvertrag erst im Anschluss an Abtretung geschlossen wird. Denn der Rückzahlungsanspruch entsteht ohnehin erst, wenn die Valuta ausgezahlt ist.

A.A. z.B. *Esser/Schmidt*, § 37 I 3.a); *Rutkowsky*, NJW 1957 S. 858; OLG Hamburg, Urteil vom 11.08.1955 – 1 U 319/54 – MDR 1956 S. 227, demnach ist bei einer Vorausabtretung stets von einem Direkterwerb auszugehen. Begründet wird dies unter anderem damit, dass der Direkterwerb gerade Zweck der Vorausabtretung sei. Zudem sollte der Zedent nicht nur tatsächlich durch die Kürze der Zeit, sondern auch rechtlich an einer widersprüchlichen Verfügung gehindert werden.

Einer wieder a.A. zur Folge, findet stets ein Durchgangserwerb statt. Schließlich könne der Tatbestand, der die Abtretung wirksam mache, in seiner Bedeutung nicht seinerseits durch die Vorausverfügung beeinträchtigt werden. Des Weiteren sei mit dieser Lösung eine Anwendung der §§ 404 ff. BGB besser zu begründen vgl. z.B. *Egert*, 1974 S. 60 f.; in diese Richtung gehend RG, Urteil vom 29.9.1903 – VII 198/03 – RGZ 55, 334 f.; RG, Urteil vom 1.10.1907 – VII 524/06 – RGZ 67, 166, 167.

Ausführliche Darstellung des Problems bei *Serick* Band IV § 47 IV.

[391] Zur Qualifikation der Vertragsübernahme von Kreditlinien oder revolvierender Darlehen als Kreditgeschäft siehe *Heemann*, in: Grieser/Heemann S. 623, 628 f.; *Schwennicke*, in: Schwennicke/Auerbach § 1 Rn. 34; *Jahn*, in: Schimansky/Bunte/Lwowski § 114a Rn. 42; *Schilmar/Breitenreicher/Wiedenhofer*, DB 2005 S. 1367, 1371; auch *Brogl*, in: Reischauer/Kleinhans § 1 Rn. 64 wird man so verstehen müssen, wenn er die Neubegründung einer Forderung nach Übernahme als Kreditgeschäft bezeichnet; ebenso geht *Wittig*, in einem Vortrag

tierungsanspruchs zu werden, der sich unmittelbar aus den Krediteröffnungsverträgen ergibt, ist ein schuldrechtlicher Vertragsschluss mit dem Kreditnehmer also nicht. Es genügt vielmehr dessen Zustimmung.[392]

Soweit ersichtlich können alle bislang diskutierten Fälle einzig unter die von Heemann entwickelte Definition subsumiert werden. Dieser zur Folge betreibt das Kreditgeschäft, also gewährt Gelddarlehen, wer „als Darlehensgeber" entweder „durch den Abschluss eines Darlehensvertrages oder den Beitritt zu einem bestehenden Darlehensvertrag und der jeweiligen Auszahlung der Darlehensvaluta oder durch eine Schuldumwandlung eines bestehenden Schuldverhältnisses (was auch ein Darlehensvertrag sein kann) in einen (neuen) Darlehensvertrag, eine Darlehensforderung erwirbt" (originärer Forderungserwerb).[393]

Wäre „Gewähren" eines Gelddarlehens tatsächlich so zu definieren, müsste man entgegen der hier vertretenen Auffassung die Investoren vom Tatbestand des § 1 Abs. 1 S. 2 Nr. 2 KWG ausnehmen. Obwohl sie die Rückzahlungsansprüche originär erwerben,[394] fehlt es für die so verstandene Aufsichtspflicht an dem Vertragsschluss zwischen ihnen und dem Kreditnehmer und an der Valutierung durch sie. Die Definition Heemanns ist aber auch nicht vollends konsistent: Bei genauem Hinsehen bedürfte auch das Kreditinstitut für die beim unechten Crowdlending mit einfacher Forderungsübertragung betriebene Tätigkeit keiner Genehmigung, weil es die Rückzahlungsansprüche selbst gar nicht erwirbt.[395] Das hätte aber die Konsequenz, dass Crowdlending letztlich vollständig ohne die Beteiligung eines Kreditinstituts betrieben werden könnte, indem etwa der Plattformbetreiber die bisher vom Kreditinstitut ausgeübten Funktionen erfüllte.

(cc) Zusätzliche Argumente gegen die herrschende Meinung

Diese Unzulänglichkeiten der bislang entwickelten Begriffsbestimmungen, haben für sich genommen nur zur Folge, dass sie die fehlende Tatbestandsmäßigkeit des Erwerbs von Rückzahlungsansprüchen nicht begründen können. Das Gegenteil

---

auf dem Bankrechtstag 2005, wiedergegeben von *Knopf/Mock* ZBB 2005 S. 298, 305 davon aus, dass die Übernahme „bloß teilvalutierter Darlehen" ein Kreditgeschäft ist. Dies muss auch die BaFin anerkennen, die bereits im Abschluss des Darlehensvorvertrags den Betrieb eines Kreditgeschäfts erblickt, vgl. BaFin Merkblatt – Hinweise zum Tatbestand des Kreditgeschäfts Nr. 1 a) aa) vom 8. Januar 2009 Stand: April 2014 vgl. Quelle Zweiter Teil Fn. 134. Wenn aber schon die mittelbare Verpflichtung zur Valutierung eines Darlehens ein Kreditgeschäft sein soll, dann doch erst recht die unmittelbare Verpflichtung. Zur Abgrenzung des Darlehensvorvertrags vom Krediteröffnungsantrag *Freitag*, in: Staudinger (2015) § 488 Rn. 115.

[392] Zum Vertragstypus des Krediteröffnungsvertrags und den daraus resultierenden Ansprüchen siehe *Freitag*, in: Staudinger (2015) § 488 Rn. 43 ff.; *Mülbert*, in: Staudinger § 488 (2015) Rn. 412 ff.; *Berger*, in: MüKo-BGB Vorbem. § 488 (2016) Rn. 57; *Renner*, in: Staub Bankvertragsrecht Vierter Teil Rn. 102 ff.

[393] *Heemann*, in: Grieser/Heemann S. 623, 628, der unter Darlehensforderung den Anspruch auf Rückzahlung subsumiert, vgl. dort Fn. 26.

[394] Zur Entstehung des Rückzahlungsanspruchs beim Zessionar siehe Zweiter Teil Fn. 390.

[395] Zur Entstehung des Rückzahlungsanspruchs beim Zessionar siehe Zweiter Teil Fn. 390.

zeigen sie aber nicht. Für letzteres sprechen aber zwei bislang, soweit ersichtlich, noch nicht genannte Gründe:

Der erste knüpft an dem unbestrittenen Ergebnis an, dass Prolongationen den Tatbestand des Kreditgeschäfts erfüllen. Dies ist so, weil der Inhaber der Forderung mit dem Angebot zur Prolongation eine eigenständige „Kreditentscheidung" trifft, also von seinem Willen der Zugang des Schuldners zum Kredit abhängt.[396]

Genau dies tun auch die Investoren beim unechten Crowdlending mit einfacher Forderungsübertragung. Sie sind es, die die maßgebliche Kreditentscheidung treffen. Schließlich erhält der Kreditnehmer nur dann die Möglichkeit, einen Darlehensvertrag mit der Bank zu schließen, wenn ausreichend viele Beteiligungszusagen der Investoren vorliegen. Nach Abschluss der Kommissionsverträge ist die Kooperationsbank der Möglichkeit beraubt, einem abschlusswilligen Kreditnehmer den Vertragsschluss zu verweigern, wenn die Investoren darauf bestehen. Die Investoren können eine entsprechende Erklärung des Kreditinstituts notfalls gerichtlich durchsetzen, vgl. § 894 ZPO.

Der zweite Grund hängt mit dem Telos der Aufsicht über das Kreditgeschäft zusammen und knüpft inhaltlich bei der zuvor geäußerten Kritik an der Argumentation der herrschenden Meinung bezüglich des abtretungsweisen Forderungserwerbs an.[397] Die Aufsicht über das isoliert betriebene Kreditgeschäft soll wie bereits erwähnt vor dem Entzug von Krediten schützen.[398] Verneint man mit der herrschenden Meinung die Tatbestandsmäßigkeit des Erwerbs von Rückzahlungsansprüchen, forciert man diese Gefahr aber geradezu, denn im Anschluss an die Forderungsübertragung oder Übernahme der Stellung als Vertragspartner, wird verantwortlich und oder willens, sich mit dem Kreditnehmer auseinanderzusetzen, nur noch der Zessionar oder neue Vertragspartner sein.[399] Schließlich ist es sein Geld, das dem Verlustrisiko ausgesetzt ist.

Gerät der Kreditnehmer nun in wirtschaftliche Schwierigkeiten, wäre es deshalb am neuen Gläubiger bzw. am neuen Vertragspartner, auf selbige zu reagieren. Auch ihm blieben grundsätzlich drei Optionen: Kündigen, Zuwarten, oder Vereinbarung einer Zwischenfinanzierung.

---

[396] Im Vergleich wird derjenige gegenüber dem der Kreditnehmer aus dem ursprünglichen Vertrag einen Anspruch auf konditionelle Vertragsanpassung hat (sog. unechte Abschnittsfinanzierung), nicht als Betreiber eines Kreditgeschäfts angesehen, vgl. etwa *Schäfer*, in: Boos/Fischer/Schulte-Mattler § 1 Rn. 46; Abgrenzung auch bei BaFin Merkblatt – Hinweise zum Tatbestand des Kreditgeschäfts Nr. 1 a) bb) Abs. 4 vom 8. Januar 2009 Stand: April 2014 vgl. Quelle Zweiter Teil Fn. 134; *Samm/Reschke*, in: Beck/Samm/Kokemoor § 1 Abs. 1 Rn. 229; *Heer* BKR 2012 S. 45, 47.

[397] Vgl. zuvor Zweiter Teil B.I.3.a)bb)(3)(b)(aa).

[398] Vgl. im Detail Zweiter Teil B.I.2.a)cc)(2).

[399] Das ist auch der Grund weswegen der Gesetzgeber in § 493 Abs. 4 BGB die Informationspflichten, insbesondere die Pflicht zur Information über die Bereitschaft die Vertragsbeziehung zu verlängern, auf den Zessionar erstreckt hat, vgl. BT-Drucks. 16/9821 S. 15.

Während im Hinblick auf die Existenz des § 32 KWG bezweifelt werden muss, dass ein nicht lizenzierter Forderungsübernehmer die notwendige Eignung und Expertise besitzt zu entscheiden, ob ein Zuwarten dazu führen könnte, dass der Kreditnehmer von selbst die wirtschaftlichen Probleme überwindet, dürfte der Erwerber zumindest davon absehen, mit dem Kreditnehmer in irgendeiner Form, abgesehen vielleicht von der Vereinbarung einer Stundung, über Zwischenfinanzierung zu beraten. Schließlich würde er dann, aber eben auch nur dann, Gefahr laufen, sich gemäß § 54 KWG strafbar zu machen. Damit bleibt dem Erwerber einzig die Möglichkeit zu kündigen, um das Risiko des vollständigen Kapitalverlusts zu minimieren.

Letztlich verstärkt der genehmigungslose Erwerb von Darlehensrückzahlungsansprüchen damit die Gefahr, dass der neue Inhaber dem Kreditnehmer das Kapital „unerwartet" entzieht. Dies verhindert in Verbindung mit § 54 KWG eine dauerhafte wirtschaftliche Kooperation zwischen Kreditnehmer und Erwerber und wirkt so dem Zweck der §§ 32 Abs. 1 i.V.m. § 1 Abs. 1 S. 2 Nr. 2 KWG entgegen.

(c) Zwischenergebnis

Es ist festzuhalten, dass die Mindermeinung, deren Vertreter sich grundsätzlich für die Genehmigungspflichtigkeit des Erwerbs von Rückzahlungsansprüchen aussprechen, auf Grund fehlender Argumente und fehlerhafter Interpretation der Teleologie des Kreditgeschäfts, bislang nicht überzeugen kann.

Im Gegensatz dazu bringt die bislang herrschende Meinung zwar Argumente hervor, die hier jedoch widerlegt werden konnten. Die Annahme, Zessionare von Rückzahlungsansprüchen würden einer Genehmigungspflicht entgehen, ist fehlerhaft und ihre Begründung nicht überzeugend. Insbesondere, weil dieses Ergebnis nur erreicht wird, indem der Kreditnehmer auf einen sekundären prozessualen Schutz verwiesen, ihm also der präventive Schutz der Aufsicht verwehrt wird, wodurch auch die im wirtschaftlichen Umfeld der Kreditnehmer tätigen Personen um notwendig schützende Strukturen gebracht werden. Außerdem muss man der herrschenden Meinung vorwerfen, dass sie in letzter Konsequenz einem Teilzweck des KWG entgegenwirkt. Denn wer sowohl den Zessionar eines Rückzahlungsanspruchs, als auch den Übernehmer eines Darlehensvertrags per se vom Anwendungsbereich des § 1 Abs. 1 S. 2 Nr. 2 KWG ausnimmt, der riskiert nicht nur, dass der Erwerber bzw. Übernehmer der Eignung i.S.d. § 32 KWG entbehrt, der hindert ihn auch wirtschaftlich sinnvoll, etwa auf Zahlungsschwierigkeiten eines Kreditnehmers, zu reagieren. Schließlich müsste er dazu gegebenenfalls sonstige Bankgeschäfte erbringen, wodurch er sich, auf Grund der fehlenden Genehmigung i.S.d. § 32 KWG, gemäß § 54 KWG strafbar machen würde.

(4) Eigener Ansatz: Gesetzeszweckorientierte Tatbestandsinterpretation

Nachdem nun festgestellt wurde, dass keine der bislang vertretenen Ansichten überzeugen kann, weil keine von beiden alle vom Gesetzgeber verfolgten Teilzwecke des KWG berücksichtigt, soll nun eine eigene Definition des Tatbestandsmerkmals „Gewähren" vorgetragen werden, die sämtliche Facetten der Aufsicht über das isoliert betriebene Kreditgeschäft Rechnung trägt und bislang bestehende Widersprüche ausräumt:

Ein Gelddarlehen gewährt nicht nur, wer gegenüber dem Kreditnehmer die Verpflichtung übernimmt, ein Darlehen zu einem vereinbarten Zeitpunkt auszuzahlen oder Kapital zur Auszahlung eines Darlehens auf Wunsch des Kreditnehmers bereitzuhalten und wer den Kreditnehmer dadurch dem Risiko der eigenen Illiquidität aussetzt, sondern auch, wer im Anschluss an die Valutierung berechtigt und befähigt ist, die Valuta wieder zu entziehen.[400]

(5) Übertragung des eigenen Ansatzes auf die Vertragsübernahme von Darlehensverträgen

Damit ist die Vertragsübernahme eines nicht fälligen und nicht gekündigten Darlehensvertrags ein Kreditgeschäft i.S.d. § 1 Abs. 1 S. 2 Nr. 2 KWG. Nur der Übernehmer ist in diesem Fall berechtigt und befähigt, dem Kreditnehmer das Kapital zu entziehen. Seine abstrakt präventive Schutzwirkung kann § 32 KWG also nur entfalten, wenn auch er einer Genehmigung bedarf.

(6) Übertragung des eigenen Ansatzes auf die Zession von Rückzahlungsansprüchen

Ist das Ergebnis im Fall der Vertragsübernahme einheitlich zu bewerten, erscheint es möglich, im Fall der abtretungsweisen Forderungsübernahme anders zu entscheiden. Schließlich ist denkbar, dass die Zession der Rückzahlungsansprüche zu einem Auseinanderfallen der Anspruchsinhaberschaft und der Kündigungsberechtigung führt. Ob im Ergebnis der abtretungsweise Forderungserwerb als Kreditgeschäft zu qualifizieren ist hängt also davon ab, dass der Zessionar neben dem Rückzahlungs- und Zinsanspruch auch Inhaber der Kündigungsrechte wird.

Die Antwort auf diese Frage steht im Zusammenhang mit der äußerst strittigen Problematik, ob, wann und unter welchen Bedingungen die Übertragung von Gestaltungsrechten möglich ist und/oder dem Willen der Zessionsparteien unterliegt.

(a) Abtretbarkeit von Gestaltungsrechten generell

Die Abtretbarkeit von Gestaltungsrechten wird seit Langem und noch immer weit überwiegend von der Typik des in Rede stehenden Gestaltungsrechts abhängig ge-

---

[400] Das grundsätzlich der zur Kündigung Berechtigte die Gefahren des Kreditentzugs realisieren kann leuchtet ein. Die Berechtigung allein kann jedoch nicht ausreichen. Es ist ebenso wichtig, dass der Inhaber des Kündigungsrechts auch in der Lage ist, dieses gegenüber dem Kreditnehmer durchzusetzen. Das kann beispielsweise der stille Zessionar nicht, dem der Schuldner § 410 Abs. 1 S. 2 BGB entgegenhalten kann.

macht.[401] Unterschieden wird dabei zwischen selbstständigen und unselbstständigen Gestaltungsrechten.[402] Letztere werden wiederum in forderungsbezogene und vertragsbezogene Gestaltungsrechte unterteilt. Selbstständige Gestaltungsrechte sind dabei solche, die nicht an das Vorhandensein eines anderen Schuldverhältnisses oder an eine andere Rechtsposition des Inhabers gebunden sind.[403] Unselbstständige Gestaltungsrechte hingegen sind notwendigerweise mit einem Schuldverhältnis verknüpft: Entweder mit einer Forderung, dann handelt es sich um ein sogenanntes forderungsbezogenes Gestaltungsrecht, oder aber mit einem Schuldverhältnis im weiteren Sinne, was zur Qualifikation als vertragsbezogenes Gestaltungsrecht führt.

Sofern nicht vertragliche oder gesetzliche Regelungen eine Übertragbarkeit explizit ausschließen, können selbstständige Gestaltungsrechte nach ganz herrschender Einschätzung gemäß §§ 413, 398 BGB frei übertragen werden.[404] Weil forderungsbezogene Gestaltungsrechte der Durchsetzung einer Forderung dienen, wird ihnen die freie Übertragbarkeit abgesprochen. Aufgrund ihrer Akzessorietät zu der Forderung, gingen sie gemeinsam mit dieser auf den Zessionar über.[405] Dies wird auf eine Analogie zu § 401 BGB oder § 413 BGB gestützt.[406]

Vertragsbezogene Gestaltungsrechte hingegen gehen nicht ipso iure auf den Zessionar über.[407] Ihre Übertragbarkeit wird zwar im Grundsatz nicht in Frage gestellt, umstritten ist jedoch, durch welchen Verfügungstatbestand sie übertragen werden können. In jedem Fall ausreichend ist eine Vertragsübernahme, wobei einige Stimmen darin die einzige Möglichkeit der Übertragung sehen.[408] Inhaber der ver-

---

[401] Die erstmaligen Überlegungen zur Übertragbarkeit der Gestaltungsrechte werden *Seckel*, in: Festgabe Koch S. 205, 220 ff. zugeschrieben, vgl. etwa *Schürnbrand*, AcP 204 [2004] S. 177. Dort stellt *Seckel*, zutreffend fest: „Hinsichtlich der Übertragbarkeit und des Übergangs der Gestaltungsrechte allgemeingültige Sätze aufzustellen, wird der Theorie noch manches Kopfzerbrechen verursachen."

[402] Vgl. schon *v. Tuhr*, I S. 225 ff.; *Steinbeck*, S. 44 ff.; *Schürnbrand*, AcP 204 [2004] S. 177, 180 f.; *Busche*, in: Staudinger (2012) § 413 Rn. 13; *Nörr*, in: Nörr/Scheyhing/Pöggeler § 4 IV 3 S. 47 ff.; auf diese Differenzierung rekurrierend auch BGH, Urteil vom 1. 6. 1973 – V ZR 134/72 – NJW 1973 S. 1793; 1794; *Grüneberg*, in: Palandt § 398 Rn. 19 f.

[403] Beispielsweise das Wiederkaufsrecht (§ 497 BGB) vgl. *Scheyhing/Nörr*, in: Nörr/Scheyhing/Pöggeler § 15 III S. 179; *Busche*, in: Staudinger (2012) § 413 Rn. 11.

[404] Vgl. etwa BGH, Urteil vom 20. 2. 2003 – IX ZR 102/02 – NJW 2003 S. 1858, 1859.

[405] *Nörr*, in: Nörr/Scheyhing/Pöggeler § 4 IV 3b) S. 48; *Esser/Schmidt*, § 37I 3b S. 311; *Busche*, in: Staudinger (2012) § 401 Rn. 35; *Schürnbrand*, AcP 204 [2004] S. 177, 190.

[406] *Busche*, in: Staudinger (2012) § 401 Rn. 35; *Schürnbrand*, AcP 204 [2004] S. 177, 190; *Rohe*, in: Beck-OK § 401 Rn. 7; *Larenz*, LSR/AT I § 34 VI S. 601 führt dieses Ergebnis auf die generelle Akzessorietät dieser Rechte zurück; *Klimke*, S. 273 f.; *Pieper*, S. 166 f. hingegen geht davon aus, dass dieses Ergebnis sich aus der Natur der forderungsbezogenen Gestaltungsrechte selbst ergebe.

[407] *Schürnbrand*, AcP 204 [2004] S. 177, 203; *Esser/Schmidt*, § 37I 3b S. 311; *Rohe*, in: BeckOK-BGB § 401 Rn. 10.

[408] Für die Vertragsübernahme als einzigen Weg der Übertragung *Seetzen*, AcP 169 [1969] S. 352, 365; wohl auch *v. Tuhr*, I S. 226; generell *Dörner*, S. 294; *Rohe*, in: BeckOK-BGB § 398 Rn. 66.

tragsbezogenen Gestaltungsrechte sollte grundsätzlich nämlich die Partei des Schuldverhältnisses bleiben, weil sie durch die Ausübung hauptsächlich betroffen würde.[409]

Diese Lösung sieht sich allerdings dem Vorwurf ausgesetzt, dass auch ein Zessionar ein berechtigtes Interesse daran habe, nicht ohne seinen Zuspruch des Anspruchs gegen den Schuldner verlustig zu gehen.[410] Aus diesem Grund solle die Geltendmachung von Gestaltungsrechten nur einvernehmlich erfolgen dürfen, sofern diese die Rechtspositionen beider Zessionsparteien betreffen.[411]

Aber auch dieser Versuch, den widerstreitenden Interessen gerecht zu werden, wird vielfach auf Grund seiner fehlenden Praktikabilität abgelehnt.[412] Schließlich sei ein einvernehmliches kooperatives Handeln von Zedent und Zessionar keineswegs selbstverständlich, die Lähmung der „gemeinsamen" Rechtspositionen gegenüber dem Schuldner vielmehr zu erwarten. Interessengerecht sei dies keineswegs.

Deshalb wird versucht, den Interessen beider Seiten gerecht zu werden, indem man sich für eine Übertragbarkeit unselbstständiger Gestaltungsrechte auch im Zusammenhang mit der Zession von Forderungen ausspricht. Die Zuordnung der Gestaltungsrechte obliege grundsätzlich der Entscheidung der Zessionsparteien.[413]

In diesem Zusammenhang wird auch Kritik an der bisherigen Systematisierung von Gestaltungsrechten geübt.[414] Sie nehme vorweg was eigentlich erst zu begründen sei.[415] Deshalb wird sogar gefordert, nicht mehr auf sie zurückzugreifen.[416]

---

[409] Etwa *Pieper*, S. 167; *Seetzen*, AcP 169 [1969] S. 352, 365.

[410] So noch *Roth*, in: MüKo-BGB (6. Auflage 2012) § 398 Rn. 99.

[411] Für ein Zustimmungsrecht des Zessionars: *Seetzen*, AcP 169 [1969] 352, 365 f.; *Larenz*, LSR/AT I § 34 I 578; *Grüneberg*, in: Palandt § 398 Rn. 20; für die einvernehmlichen Ausübung des Rücktrittsrechts: *Gernhuber*, FS Raiser S. 95; noch *Roth*, in: MüKo-BGB (6. Auflage 2012) § 398 Rn. 92; *Rohe*, in: BeckOK-BGB § 398 Rn. 66; für den Fall der Übertragung vertragsbezogener Gestaltungsrechte, ein Zustimmungsrecht des Zedenten erwägend RG, Urteil vom 21. 10. 1903 – V 177/03 – RGZ 55, 402, 404.

[412] *Nörr*, in: Nörr/Scheyhing/Pöggeler § 4 IV 3d) S. 51; *Dörner*, S. 296.

[413] BGH, Urteil vom 1. 6. 1973 – V ZR 134/72 – NJW 1973 S. 1793, 1794; BGH, Urteil, vom 21. 6. 1985 – V ZR 134/84 – NJW S. 1985 2640, für das Rücktrittsrecht, welches beim Zedenten verbleibt, wenn es nicht separat übertragen wird; OLG Naumburg, Urteil vom 10. 12. 1999 – U 110 7/97 – NJW-RR 2001 S. 423; *Gernhuber*, FS Raiser S. 80, der den Parteiwillen insoweit als maßgeblich erachtet, als der Übergang vom Zweck der Zession abhängen soll; so auch *Westermann*, in: Erman § 398 Rn. 29; differenzierend nach dem Inhalt der Forderung *Nörr*, in: Nörr/Scheyhing/Pöggeler § 4 IV c) S. 48 ff.; *Dörner*, S. 298; *Schwenzer*, AcP 182 [1982] S. 214, 221 spricht sich dafür aus, die Übertragung der Gestaltungsrechte vom Typ des vereinbarten Kausalgeschäfts abhängig zu machen; *Busche*, in: Staudinger (2012) § 413 Rn. 13; solange nicht beispielsweise übergeordneten Strukturprinzipien der Vertragsfreiheit Grenzen setzen auch *Schürnbrand*, AcP 204 [2004] S. 177, 185 ff., 207; *Wicke*, MittBayNot 2002 S. 385.

[414] Explizit *Schwenzer*, AcP 182 [1982] S. 214, 219; *Bydlinski*, Die Übertragung von Gestaltungsrechten S. 10 f.

[415] *Schwenzer*, AcP 182 [1982] S. 214, 219; dem folgend *Bydlinski*, Die Übertragung von Gestaltungsrechten S. 10 f.

Natürlich ist auch diese Ansicht keineswegs unbestritten. So wird ihr insbesondere vorgeworfen, sie setze den Schuldner hinsichtlich der Ausübung des Gestaltungsrechts den Motiven und Interessen eines Dritten aus. Dieser könne dann ohne den Willen des Schuldners auf dessen Rechtsposition einwirken, was dem BGB grundsätzlich fremd sei.[417] Außerdem wird festgestellt, dass eine Lösung von den bislang gängigen Kategorien allein deshalb nicht sinnvoll sei, weil das Strukturprinzip der Akzessorietät eine privatautonome Übertragung der traditionell als forderungsbezogen qualifizierten Gestaltungsrechte stets ausschließe.[418]

Dass darüber hinaus auch noch darüber gestritten wird, ob unselbstständige Gestaltungsrechte auch an überhaupt nicht am Schuldverhältnis beteiligte Dritte übertragen werden können, sei der Vollständigkeit halber erwähnt, ist für den weiteren Verlauf der Arbeit aber nicht von Belang.[419]

(b) Stellungnahme

Abzulehnen ist es, traditionell als vertragsbezogen qualifizierte Gestaltungsrechte verpflichtend einer einvernehmlichen Ausübung durch beide Zessionsparteien zu unterwerfen, zumindest sofern keine Teilzession erfolgt und der Zedent Inhaber des übrigen Anspruchs bleibt.[420] Die praktischen Nachteile dieser Lösung lassen kein anderes Ergebnis zu. Es ist deshalb im Grundsatz von der privatautonomen Übertragbarkeit von Gestaltungsrechten auszugehen, sofern die Entscheidungsfreiheit nicht durch zwingende Rechtssätze beschränkt wird.[421] Schließlich handelt es sich bei den Gestaltungsrechten um subjektive Rechte, über die der Inhaber gemäß Art. 2 Abs. 1 GG grundsätzlich frei verfügen können muss, wenn die Verfügungsbefugnis nicht in gerechtfertigter Weise beschränkt wird.[422]

Die traditionelle Einteilung der Gestaltungsrechte in selbstständig und unselbstständig sowie forderungs- und vertragsbezogen muss indes nicht aufgegeben werden. Denn wie zutreffend festgestellt wird, bringt diese Einteilung lediglich die

---

[416] *Schwenzer*, AcP 182 [1982] S. 214, 221; *Bydlinski*, Die Übertragung von Gestaltungsrechten S. 10 f. hingegen fordert an der Einteilung festhalten, diese allerdings erst im Anschluss an die individuelle Prüfung jedes Gestaltungsrechts vornehmen, also erst dann, wenn die Frage nach der freien Übertragbarkeit bereits beantwortet ist.

[417] *Seetzen*, AcP 169 [1969] S. 352, 365; *Freitag*, in: Staudinger (2015) § 488 Rn. 260 hinsichtlich der Übertragung des Kündigungsrechts nach § 490 BGB.

[418] *Schürnbrand*, AcP 204 [2004] S. 177, 186.

[419] Dafür etwa *Heermann*, § 7 Rn. 64; *Steinbeck*, S. 95; *Schürnbrand*, AcP 204 [2004] S. 177, 204, 207; *Klimke*, S. 274; *Schreiber*, in: Soergel (2009) § 413 Rn. 4; dagegen *Roth*, in: MüKo-BGB (2016) § 399 Rn. 19.

[420] In diesem Fall werden beide Parteien Inhaber des Kündigungsrechts. Die Ausübung des Kündigungsrechts von mehreren zur Kündigung berechtigten wird unten, Zweiter Teil B.I.3.a) bb)(7)(c)(aa), im Detail dargestellt, weshalb an dieser Stelle darauf verwiesen werden soll.

[421] Überzeugend *Schürnbrand*, AcP 204 [2004] S. 177, 182 ff.

[422] Zur Bewertung von Gestaltungsrechten als subjektive Rechte etwa *Bydlinski*, Die Übertragung von Gestaltungsrechten S. 11, mit weiteren, teils auch kritischen Nachweisen.

Akzessorietät einiger Hilfsrechte zum Ausdruck, deren freie Übertragbarkeit auf Grund des gleichnamigen Strukturprinzips ohnehin ausgeschlossen ist.[423]

Man sollte jedoch davon absehen, die einzelnen Rechte, etwa „die Kündigungsrechte", abstrakt einer dieser Kategorien zuzuschreiben. Vielmehr ist es sinnvoll, das jeweilige Gestaltungsrecht zunächst einzeln zu betrachten und dabei insbesondere die gesamte Interessenlage zu berücksichtigen.[424]

Ob und wann nichtakzessorische Gestaltungsrechte auf den Zessionar übergehen oder beim Zedenten verbleiben, muss auf einer zweiten Stufe entschieden werden. Sofern keine Strukturprinzipien einen Übergang oder einen Verbleib zwingend vorgeben, sollte die Auslegung der Vereinbarung darüber entscheiden. Dabei sollte dann, aber auch nur dann, das der Zession zugrunde liegende Kausalgeschäft Beachtung finden.[425] Ansonsten ist die causa belanglos. Die akzessorischen Rechte gehen nämlich auch dann auf den Zessionar über, wenn die rechtsgeschäftliche Übereinkunft eine Ausübung durch diesen nicht zwangsläufig vorsieht.[426]

Dass man es damit im Ergebnis der Entscheidung der Zessionsparteien überlässt, wer in den Rechtskreis des Schuldners eingreifen kann, ist insofern überzeugend, als dass dieser sich durch ein Abtretungsverbot gegen die Übertragung sowohl der Forderung als auch der nicht akzessorischen Gestaltungsrechte schützen kann.[427] Außerdem muss er bei Vorliegen der tatbestandlichen Voraussetzungen des Gestaltungsrechts ohnehin mit der Ausübung desselben rechnen.[428] Vor Rechtsunsicherheiten, denen er sich in der Folge der Abtretung ausgesetzt sieht, schützen ihn die §§ 404 ff. BGB im Übrigen ausreichend.[429]

(c) Zwischenergebnis

Weil die Übertragung von Gestaltungsrechten, also auch die der Kündigungsrechte eines Darlehensvertrags grundsätzlich möglich ist, ist es folglich ebenso möglich, dass der Erwerb von Darlehensrückzahlungsansprüchen den Tatbestand des Kreditgeschäfts i.S.d. § 1 Abs. 2 S. 2 Nr. 2 KWG erfüllt.

---

[423] *Schürnbrand*, AcP 204 [2004] S. 177, 186.

[424] So wie schon *Bydlinski*, Die Übertragung von Gestaltungsrechten S. 11 es forderte.

[425] So generell vorgeschlagen bei *Schwenzer*, AcP 182 [1982] S. 214, 221 ff.

[426] Abzulehnen ist es deshalb, beispielsweise bei Sicherungszession, den Verbleib akzessorischer Gestaltungsrechte beim Zedenten zu fordern. Dafür allem Anschein nach *Seetzen*, AcP 169 [1969] S. 352, 366 und *Schwenzer*, AcP 182 [1982] S. 214, 244. Das Kausalverhältnis kann vielmehr den Zedenten zur Geltendmachung berechtigen. Sind sie aber akzessorisch, gehen sie auf den Zessionar über, damit dieser sie bei Bedarf und kausalgeschäftlicher Berechtigung, auch durchsetzen kann.

[427] *Schwenzer*, AcP 182 [1982] S. 214, 220.

[428] *Schwenzer*, AcP 182 [1982] S. 214, 220; *Schürnbrand*, AcP 204 [2004] S. 177, 204 f.

[429] *Nörr*, in: Nörr/Scheyhing/Pöggeler § 4 IV 5 S. 52; zustimmend *Schürnbrand*, AcP 204 [2004] S. 177, 184.

Von entscheidender Bedeutung und im Anschluss zu prüfen ist deshalb, ob die Rechte zur Kündigung eines Darlehensvertrags durch eine Parteivereinbarung auf den Zessionar übertragen werden müssen, das Vorliegen eines Kreditgeschäfts also von der Parteivereinbarung abhängt, oder ob auf Grundlage des Akzessorietätsgrundsatzes ein Übergang ipso iure erfolgt, und folglich jeder Erwerb eines betagten Rückzahlungsanspruchs ein Kreditgeschäft ist.

Die Antwort auf diese Frage ist, das sei vorab bemerkt, auch und gerade beim unechten Crowdlending von besonderer Relevanz, wo die Parteien den Übergang des Kündigungsrechts teilweise auszuschließen versuchen.[430]

(d) Problem: Übergang der Darlehenskündigungsrechte ipso iure?

Generell wird im Hinblick auf die Frage nach der Übertragbarkeit von Kündigungsrechten zwischen sogenannten Fälligkeits- und Beendigungskündigungen unterschieden.[431] Fälligkeitskündigungen sind solche, die ausgeübt die Fälligkeit der in Rede stehenden Forderung herbeiführen, während Beendigungskündigungen die bis dahin bestehenden Pflichten beenden.[432] Im Hinblick auf den traditionellen Sprachgebrauch ist die Qualifikation als Fälligkeits- oder Beendigungskündigung meist Synonym für die Einteilung in forderungs- bzw. vertragsbezogene Gestaltungsrechte.[433]

Ob es sich bei einem Recht zur Kündigung eines Darlehensvertrags um eine Fälligkeits- oder Beendigungskündigung in diesem Sinne handelt, ist umstritten. Während einige sie als Fälligkeitskündigung bewerten,[434] gehen andere davon aus, dass ihr Beendigungswirkung zukomme.[435] Wieder andere sprechen der Kündigung sowohl einen fällig stellenden als auch einen beendenden Charakter zu.[436]

---

[430] Vgl. Zweiter Teil bei Fn. 154.

[431] Etwa schon *Molitor*, S. 36 m.w.N.; *Freitag*, in: Staudinger (2015) § 488 Rn. 260; auch Aufhebungskündigung genannt, so bei *v. Tuhr*, I S. 130 dort Fn. 33; *Mülbert*, in: Staudinger (2015) § 488 Rn. 292.

[432] Begriffsbestimmung, statt vieler, bei *Esser/Schmidt*, I 1 § 20 III S. 324.

[433] Sofern ein Kündigungsrecht als Fälligkeitskündigung qualifiziert wird, wird sein akzessorischer Übergang mit der Hauptforderung befürwortet, vgl. etwa BGH, Urteil vom 22. 3. 2006 – IV ZR 6/04 – NJW-RR 2006 S. 1091, 1094, während dies bei Einordnung als Beendigungskündigung abgelehnt wird, das Recht deshalb beim Zedenten verbleiben soll, vgl. am Beispiel des Darlehenskündigungsrechts sowie des Rechts zur Kündigung eines Mietvertrags bei Zession des Mietzinsanspruchs *Freitag*, in: Staudinger (2015) § 488 Rn. 260.

[434] BGH, Urteil vom 22. 3. 2006 – IV ZR 6/04 – NJW-RR 2006 S 1091, 1094; dem folgend *Busche*, in: Staudinger (2012) § 401 Rn. 35; *Stürner*, in: Jauernig § 401 Rn. 3; OLG Hamm, Urteil vom 22. 4. 1977 – 19 U 249/79 – BB 1978 S. 1540, 1542; *Bittner*, in: Staudinger (2014) § 271 Rn. 15; *Esser/Schmidt*, I 1 § 15 II 3. S. 255 f. und § 20 I 2. S. 321; *Gernhuber*, § 3 IV 5. S. 68 f.; widersprüchlich *Steinbeck*, S. 45 f. einerseits Kündigung durch Darlehensnehmer als Fälligkeitskündigung bezeichnend, während auf S. 46 das Kündigungsrecht generell als das Schuldverhältnis für die Zukunft beendend bezeichnet.

[435] BGH, Urteil vom 9. 6. 2002 – XI ZR 323/01 – WM 2002 S 1764; OLG Hamm, Urteil vom 22. 9. 1999 – 31 U 57/99 – NJW-RR 2000, S. 714; *Mülbert*, in: Staudinger (2015) § 488

Für die Einordnung als Fälligkeitskündigung spreche, dass der Rückzahlungsanspruch überwiegend als betagter Anspruch qualifiziert werde und es insofern nur
konsequent sei, dass die Kündigung dann die Fälligkeit herbeiführe.[437]

Dafür, dass es sich hingegen um eine Beendigungskündigung handele wird
vorgebracht, dass jeder Kündigung in einem Dauerschuldverhältnis Beendigungswirkung zukomme.[438] Die Kündigung sei funktional mit dem Rücktritt gleichzusetzen.[439] Die Hauptleistungspflichten würden schließlich durch die Ausübung ex
nunc erlöschen, der Vertrag dann in Form des Abwicklungsschuldverhältnisses
fortbestehen.[440] Auch dogmatisch wird die Bewertung als Beendigungskündigung
untermauert. Die Qualifikation als Fälligkeitskündigung könne nicht erklären,
weshalb mit Ausübung der Kündigung die Belassenspflicht enden sollte.[441] Bei
Fortgeltung der Belassenspflicht müsste auch die Zinszahlungsverpflichtung bis zur
Rückzahlung des Darlehens konsequenterweise fortbestehen, was aber nicht der Fall
sei.[442]

(e) Stellungnahme

Die Argumente der beiden Ansichten machen deutlich, dass die Kündigung eines
Darlehens weder allein als Fälligkeits- noch als Beendigungskündigung qualifiziert
werden kann, erfüllt sie doch beide Wirkungen. Einerseits die beendende, hinsichtlich der Berechtigung zum Behaltendürfen der Valuta,[443] andererseits die fäl-
ligstellende, hinsichtlich des betagten Anspruchs auf Rückzahlung der Valuta.[444]

Rn. 292; *Freitag*, in: Staudinger (2015) § 488 Rn. 260; *Mülbert*, AcP 192 [1992] S. 447, 488;
Häuser, in: Soergel (12. Auflage 1998) § 609 Rn. 1; *Bydlinski*, in: MüKo-BGB (2016) § 425
Rn. 4; *Berger*, in: MüKo-BGB (2016) § 488 Rn. 221; *Rohe*, in: BeckOK-BGB § 488 Rn. 111.

[436] *Larenz*, LSR/BT II/1 § 51 I S. 300, wobei er der Kündigung sowohl die Eigenschaft als
Fälligkeitskündigung (im Hinblick auf die Rückerstattungsanspruch) als auch als Aufhebungskündigung (im Hinblick auf den Charakter des Darlehensvertrags als ein Dauerschuldverhältnis) zuweist. So auch schon *Wolf*, I § 8 T II d) S. 428.

[437] Argument bei *Mülbert*, AcP 192 [1992] S. 447, 466, er sieht dieses Argument schlüssig
aber nur im Hinblick auf die Realvertragstheorie vorgebracht.

[438] *Freitag*, in: Staudinger (2015) § 488 Rn. 260; *Gschnitzer*, JherJb 76 [1926] S. 317,
334 ff.; OLG Hamm, Urteil vom 22. 9. 1999 – 31 U 57/99 – NJW-RR 2000, S. 714.

[439] *Mülbert*, in: Staudinger (2015) BGB § 488 Rn. 292.

[440] *Mülbert*, in: Staudinger (2015) BGB § 488 Rn. 292; *Berger*, in: MüKo-BGB (2016)
§ 490 Rn. 20.

[441] *Mülbert*, AcP 192 [1992] S. 447, 466.

[442] *Mülbert*, AcP 192 [1992] S. 447, 466.

[443] Umstritten ist hingegen, ob die Verpflichtung zur Zinszahlung auch endet. Dafür, dass
die Pflicht zur Zinszahlung in Analogie zu § 551 Abs. 1 BGB a.F. erst erlischt, sobald das
Darlehen vollständig zurückgezahlt wurde, etwa m.w.N. *Larenz*, LSR/BT II/1 § 51 III S. 305.
Die wohl h.M. sieht die Zinspflicht als beendet an, sobald die Berechtigung des Kreditnehmers
zum behalten dürfen erlischt, wobei abweichende Vereinbarungen zulässig sein sollen, vgl.
etwa BGH, Urteil vom Urteil vom 8. 2. 2000 – XI ZR 313/98 – NJW 2000 S. 1408, 1409; *Berger*,
in: MüKo-BGB (2016) § 488 Rn. 196.

[444] So zutreffend *Larenz*, LSR/BT II/1 § 51 I S. 300.

Aus diesem Grund ist es nicht möglich, das Recht zur Kündigung eines Darlehensvertrags auf Grundlage der einen oder der anderen Wirkung als forderungsbezogenes oder vertragsbezogenes Gestaltungsrecht zu qualifizieren und in der Folge einen Übergang ipso iure anzunehmen oder abzulehnen. Diese Aussage muss man sogar auf den gesamten Kontext der Rechte zur Kündigung von Gebrauchsüberlassungsverträgen erweitern. Beispielhaft sei das viel besprochene Recht zur Kündigung eines Mietvertrags genannt. Auch diesem Recht kommt genau genommen nämlich sowohl beendende als auch fällig stellende Wirkung zu.[445]

Der Verbleib des Kündigungsrechts darf deshalb in keinem der beiden Fälle auf die Einordnung des Kündigungsrechts als Fälligkeits- oder Beendigungskündigung gestützt werden. Maßgeblich muss vielmehr sein, ob Gründe vorliegen, die der freien Zuweisung des Kündigungsrechts widersprechen und eine zwingende Zuweisung des Kündigungsrechts nahelegen.

In der traditionellen Terminologie gesprochen muss also geprüft werden, ob losgelöst von der Eigenschaft einer Fälligkeits- oder Beendigungskündigung das Recht zur Kündigung eines Darlehensvertrags ein forderungs- oder ein vertragsbezogenes Gestaltungsrecht ist, und, ob das Strukturprinzip der Akzessorietät die Möglichkeit einer privatautonomen Disposition darüber verhindert.[446]

So oder so ist erforderlich, dass die Voraussetzungen einer analogen Anwendung des § 401 BGB vorliegen. Die notwendige Regelungslücke hinsichtlich des Übergangs von Gestaltungsrechten ist anerkannt.[447] Somit bleibt die Frage nach der vergleichbaren Interessenlage.

Ein Auseinanderfallen zwischen Forderung und Kündigungsrecht müsste von der Rechtsordnung missbilligt werden. Dass dies nicht bei jeder Übertragung von Forderungen aus einem Darlehensvertrag der Fall ist, zeigt ein Blick auf die häufig als Vergleichsmaßstab herangezogene Zession des Mietzinsanspruchs.

Dort wird die Vergleichbarkeit der Interessenlage und damit die Akzessorietät des Kündigungsrechts zum Mietzinsanspruch grundsätzlich verneint,[448] denn das Kündigungsrecht sei zur Durchsetzung der Mietzinsforderung weder notwendig noch hilfreich. Allein das Kündigungsrecht wegen Zahlungsverzugs wird als akzessorisch

---

[445] Beendende Wirkung hinsichtlich der Verpflichtung zur Überlassung der Mietsache, als auch fällig stellende Wirkung hinsichtlich der Abwicklungspflichten, konkret des Herausgabeanspruchs nach § 546 BGB, vgl. zur Fälligkeit des Rückgabeanspruch mit Beendigung des Mietverhältnisses etwa *Ehlert*, in: BeckOK-BGB § 546 Rn. 19; zur beendenden Wirkung *ders.*, in: BeckOK-BGB § 542 Rn. 11.

[446] Zur Ordnungsfunktion der Akzessorietät, die eine Trennung von Haupt- und Nebenrecht auch bei entsprechender Anwendung des § 401 BGB verhindert, *Schürnbrand*, AcP 204 [2004] S. 177, 187 unter Verweis auf BGH, Urteil vom 19.3.1998 – IX ZR 242-97 – NJW 1998 S. 2134, 2135.

[447] Statt vieler *Dörner*, S. 294; *Schürnbrand*, AcP 204 [2004] S. 177, 186; *Wicke*, Mitt-BayNot 2002 S. 385.

[448] *Dörner*, S. 318 f.; *Bydlinski*, Die Übertragung von Gestaltungsrechten S. 187.

angesehen.[449] Nicht etwa, weil dieses Kündigungsrecht der Durchsetzung der Forderung durch den Zessionar selbst dient, sondern, weil er durch den Übergang des Kündigungsrechts davor geschützt werde, dass der Zedent ihm seinen Anspruch entreißt, wenn der Schuldner in Zahlungsverzug gerät.

Auf die Zession des Darlehensrückzahlungsanspruchs lässt sich dieses Ergebnis nicht wirklich übertragen, denn forderungstypologisch kann man die Zession des Mietzinsanspruchs nur mit dem ebenfalls synallagmatischen Darlehenszinsanspruch vergleichen. Würde dieser isoliert zediert, ließe sich die fehlende Akzessorietät der Kündigungsrechte ohne Weiteres feststellen. Schließlich ist auch dem Inhaber des Zinsanspruchs nicht damit geholfen, dass er das ganze Darlehensverhältnis beenden kann, sollte der Schuldner andere Pflichten als die zur Zinszahlung verletzen.

Vorliegend und wohl auch generell von größerer Bedeutung ist die kumulative Übertragung von Darlehenszins- und Rückzahlungsanspruch. Damit einher geht eine entscheidende Änderung. Das Kündigungsrecht des Darlehensgebers dient dem Schutz des wirtschaftlichen Werts, welchen er dem Kreditnehmer überlassen hat.[450] Besonders deutlich wird dies in § 490 BGB. Er knüpft daran an, dass wirtschaftliche Schwierigkeiten des Kreditnehmers eine vollständige Rückzahlung der Valuta gefährden. Zum Schutz und zur effektiven Durchsetzung der Forderung ist es also unbedingt notwendig, dass der Inhaber des Rückzahlungsanspruchs auch Inhaber des Kündigungsrechts ist. Sämtliche Kündigungsrechte sind aus diesem Grund als akzessorisch zum Darlehensrückzahlungsanspruch anzusehen.[451] Aus diesem Grund können die Kündigungsrechte nicht beim Zedenten verbleiben, wenn auch der Rückzahlungsanspruch abgetreten wird.

Dieses Resultat wird auch durch die Eigentumslage beim Darlehensvertrag gestützt. Das Eigentum an dem als Valuta zur Verfügung gestellten Geld geht im

---

[449] *Dörner*, S. 318; zustimmend *Bydlinski*, Die Übertragung von Gestaltungsrechten S. 187.

[450] Vgl. statt vieler *Berger*, in: MüKo-BGB (2016) § 490 Rn. 1, am Beispiel des Kündigungsrechts i.S.d. § 490 BGB.

[451] So *Larenz*, LSR/BT II/1 § 34 IV S. 601; auch *Nörr*, in: Nörr/Scheyhing/Pöggeler § 4 IV 3e) S. 51, der Vertragskündigungen, die zur Realisierung einer Forderung dienen wie etwa die Kündigung einer Lebensversicherung oder eines Bausparvertrags dem Zessionar zuspricht. Unter Verweis auf das nicht veröffentlichte Urteil des OLG Frankfurt, vom 4. 1. 1990 – 3 U 230/88, wiedergegeben bei *Steinbeck*, S. 86 f. (Kündigungsrecht Lebensversicherung) und BGH, Urteil vom 17. 10. 1989 – XI ZR 39/89 – NJW 1990 S. 513 (Kündigungsrecht Bausparvertrag). Wobei aus der Wiedergabe bei Steinbeck nicht eindeutig hervorgeht, ob das Kündigungsrecht separat übertragen oder kraft Gesetzes auf den Zessionar überging. Im wörtlichen Zitat heißt es dort: „*Auch wenn er hierauf* (gemeint ist die Kündigung durch den Zedenten, im Falle des Verbleibs des Kündigungsrechts beim Zedenten) – *im Falle der Notwendigkeit der Realisierung der Sicherheit – einen schuldrechtlichen Anspruch hätte, seine Klage also erfolgreich wäre, erscheint dieser Weg zu umständlich, zeitraubend und wirtschaftlich unvernünftig. Die grundsätzliche Mitabtretung des Kündigungsrechts schmälert auch die Interessen des Zedenten nicht in unzumutbarer Weise.*" Auch der Verweis auf das Urteil ist nicht wirklich zielführend, da sich lediglich aus dem Sachverhalt ergibt, dass der Zessionar das Darlehen gekündigt hat. Keine Stellung wird dazu genommen, ob die Kündigung wirksam gewesen wäre und ob der Zessionar Inhaber des Kündigungsrechts wurde oder ob er lediglich Bevollmächtigter war.

Gegensatz zum Eigentum an Vertragsgegenständen sonstiger Gebrauchsüberlassungsverträge auf den Schuldner über.[452]

Man stelle sich vor, dass nicht nur der synallagmatische Zinsanspruch aus einem Mietvertrag, sondern auch der aus dem Vertrag resultierende Rückgewähranspruch aus § 546 BGB auf den Zessionar übertragen wird. Auch wenn dieser typologisch dem Rückgewähranspruch aus § 488 Abs. 1 BGB entspricht, wäre der Übergang sämtlicher Kündigungsrechte auf den Zessionar ohne Berücksichtigung der Eigentumslage weiterhin nicht indiziert, eine Akzessorietät zwischen Kündigungsrecht und mietvertraglichem Rückgewähranspruch beim Mietvertrag also nicht gegeben. Denn sofern der zedierende Vermieter Eigentümer der Mietsache ist und bleibt, steht ihm, auch nach der Zession, der Anspruchs aus § 985 BGB zu. Dieser konkurriert mit dem abgetretenen Anspruch aus § 546 BGB.[453] Ein Interesse des Eigentümers daran, über die Beendigung des Rechts zum Besitz i.S.d. § 985 BGB zu entscheiden, bleibt also bestehen.

Weil der Zedent eines Darlehensrückzahlungsanspruchs nicht mehr Eigentümer des überlassenen Kapitals ist, ist er im Anschluss an die Zession des Rückgewähranspruchs auch nicht mehr anderweitig berechtigt die Valuta zurückzuverlangen. Damit besteht dann aber auch kein objektives Interesse mehr für ihn, über die Kündigung des Vertrags zu entscheiden.

Vergleichbar ist die Interessenlage bei einer Zession von Rückzahlungs- und Darlehenszinsanspruch mit der Übertragung des Rückgewähranspruchs aus § 546 BGB und des Mietzinsanspruchs deshalb nur, wenn man auch einen Übergang des Eigentums an der Mietsache vom Vermieter auf den Zessionar unterstellt. Tut man dies, ist auch beim Vermieter ein Interesse daran, über die Beendigung des Mietverhältnisses entscheiden zu können, nicht mehr zu erkennen. Der Übergang des Kündigungsrechts auf den Zessionar müsste einer entsprechenden Vereinbarung deshalb regelmäßig entnommen werden. § 566 BGB, der das Mietverhältnis insgesamt auf den Erwerber überträgt, bringt auch dies zum Ausdruck.

Natürlich führt all dies nicht zur Akzessorietät zwischen Kündigungsrecht des Mietvertrags und den übertragenen Ansprüchen. Der wertende Vergleich zeigt aber, dass eine Akzessorietät zwischen Darlehensrückzahlungsanspruch und dem Recht zur Kündigung des Darlehens besteht.

Der Vollständigkeit halber sei speziell für diesen Fall noch einmal klargestellt, was oben bereits generell festgehalten wurde.[454] Durch den Übergang der Kündigungsrechte ipso iure wird nicht in unzulässiger Weise in den Rechtskreis des Schuldners eingegriffen.[455] Der Schuldner kann und muss sich gegen die Übertragung des Rückzahlungsanspruchs schützen, wenn er eine derartige Situation

---

[452] *Freitag*, in: Staudinger (2015) § 488 Rn. 24.

[453] Vgl. statt Vieler *Teichmann*, in: Jauernig § 546 Rn. 1.

[454] Vgl. Zweiter Teil B.I.3.a)bb)(6)(b).

[455] So aber *Freitag*, in: Staudinger (2015) § 488 BGB Rn. 260.

vermeiden will. Sich anderen Motiven und Interessen bei der Ausübung des Kündigungsrechts ausgesetzt zu sehen, führt nicht zu einer inhaltlichen Veränderung des Rechts und ist deshalb auch nicht gemäß § 399 BGB unwirksam.[456] Motive sind bei der Ausübung von Gestaltungsrechten in den Grenzen des § 242 BGB unbeachtlich, setzen diese doch nur das Vorliegen bestimmter Tatbestandsmerkmale voraus.

Im Hinblick auf das unechte Crowdlending ist dieses Ergebnis erst recht überzeugend, schließlich suchen sich die Kreditnehmer die Investoren hier selbst als Gläubiger bzw. sogar als Vertragspartner aus.

(f) Zwischenergebnis

Sofern nicht allein der Darlehenszinsanspruch, sondern auch der Rückzahlungsanspruch i.S.d. § 488 Abs. 1 BGB auf den Zessionar übertragen wird, gehen sämtliche Kündigungsrechte analog § 401 BGB auf den Zessionar über. Die Zuweisung dieser Rechte unterliegt also nicht der privatautonomen Entscheidung der Zessionsparteien, sondern erfolgt ipso iure. Das Recht zur Kündigung eines Darlehensvertrags ist akzessorisch zum Rückzahlungsanspruch aus § 488 Abs. 1 BGB. Damit steht fest, dass auch die abtretungsweise Übernahme von Rückzahlungsansprüchen ein Kreditgeschäft ist.

(7) Konsequenz für die Investoren beim unechten Crowdlending mit einfacher Forderungsübertragung

Für die Investoren beim unechten Crowdlending mit einfacher Forderungsübertragung gilt dieses Ergebnis auch. Der Erwerb der Forderungen ist unabhängig vom Erwerbstatbestand ein Kreditgeschäft.[457] Dem Wortlaut des § 32 KWG zufolge bedürften die Investoren folglich einer Genehmigung für den Erwerb der Rückzahlungsansprüche, sofern sie gewerbsmäßig handeln, oder in einem Umfang, der einen eingerichteten Geschäftsbetrieb erfordert.

Letzteres ist in ständiger Verwaltungspraxis und bestätigt durch Rechtsprechung[458] und Literatur[459] als erfüllt anzusehen, wenn mehr als 20 Einzeldarlehen bei

---

[456] Überzeugend *Schwenzer*, AcP 182 [1982] S. 214, 220; a.A. *Freitag*, in: Staudinger (2015) § 488 BGB Rn. 260; *Seetzen*, AcP 169 [1969] 352, 365; *Schreiber*, in: Soergel (2009) § 401 Rn. 2.

[457] Auch *Renner*, ZBB 2014 S. 261, 267 spricht sich für dieses Ergebnis aus. Wie oben Zweiter Teil (Fn. 352) bereits erwähnt, lediglich mit dem Verweis darauf, dass die Regelungen des KWG sonst zu leicht zu umgehen wären, aber ohne eine tiefergehende inhaltliche Auseinandersetzung mit den einzelnen Argumenten.

[458] BVerwG, Urteil vom 24. 6. 1975 – I C 35/69 – Beckmann/Bauer § 1 Abs. 1 S. 1 KWG (Nr. 31); BVerwG, Urteil vom 25. 6. 1980 – I C 13.74 – GewArch 1981 S. 70 ff. für ausschließlich aus Eigenmitteln vergebene Kredite; OLG Frankfurt, Urteil vom 29. 7. 1964 – 1 Ss 421/64 – NJW 1965 S. 264, 265; VG Berlin, Urteil vom 21. 2. 1994 – VG 25 A 207.01 – WM 1994 S. 2238, 2240.

einem Gesamtkreditvolumen von 500.000 € oder – unabhängig von dem Kreditvolumen – 100 Einzeldarlehen vergeben werden. Vorausgesetzt, der Investor betreibt
lediglich das Kreditgeschäft.[460] Deutlich eher liegt der gewerbsmäßige Betrieb des
Kreditgeschäfts vor. Nach herrschender Meinung und dem Willen des Gesetzgebers
nämlich schon dann, wenn die Tätigkeit auf eine gewisse Dauer angelegt ist und der
Betreiber mit Gewinnerzielungsabsicht handelt.[461]

(a) Keine „schutzzweckbezogene einschränkende" Auslegung
   des Gewerbebegriffs

(aa) Vorschlag der Literatur

Es wird jedoch dafür gestritten, das Tatbestandsmerkmal des gewerbsmäßigen
Betriebs „schutzzweckbezogen einschränkend" auszulegen und die Bagatellgrenzen
aus der zweiten Tatbestandsalternative darauf zu übertragen, zumindest sofern es
sich um Kreditvergabe im Rahmen der privaten Vermögensverwaltung handelt.[462]

Wie auch sonst habe man den Gewerbebegriff dem Zweck der zugrundeliegenden
Vorschrift entsprechend auszulegen.[463] Da der Schutzzweck des § 1 Abs. 1 S. 2 Nr. 2
KWG durch die Vergabe geringvolumiger Kredite aber gerade nicht beeinträchtigt
werde, dürfe der Gewerbebegriff diese Tätigkeiten nicht erfassen.[464] Nur so könne
gewährleistet werden, dass die zweite Tatbestandsalternative überhaupt noch einen
Anwendungsbereich behalte.[465] Insoweit stimme das KWG begrifflich dann auch mit
der GewO überein, für die anerkannt sei, dass die bloße Verwaltung des eigenen
Vermögens negatives Tatbestandsmerkmal eines Gewerbes ist.[466]

---

[459] *Schwennicke*, in: Schwennicke/Auerbach § 1 Rn. 8; *Brogl*, in: Reichsauer/Kleinhans § 1
Rn. 29; *Weber/Seifert*, in: Luz/Neus/Schaber/Scharpf/Schneider/Weber § 1 Rn. 18; *Schäfer*, in:
Boos/Fischer/Schulte-Mattler § 1 Rn. 21; *Reschke*, in: Beck/Samm/Kokemoor § 1 Rn. 56.

[460] Entwurf eines Gesetzes zur Umsetzung von EG-Richtlinien zur Harmonisierung bank-
und wertpapieraufsichtsrechtlicher Vorschriften BT-Drucks. 13/7142 vom 6.3.1997 S. 62;
BaFin Merkblatt – Hinweise zur Erlaubnispflicht der Betreiber und Nutzer einer internetbasierten Kreditvermittlungsplattform nach dem KWG 14. Mai 2007, vgl. Quelle Zweiter Teil
Fn. 64.

[461] *von Goldbeck*, in: Luz/Neus/Schaber/Scharpf/Schneider/Weber § 32 Rn. 11; *Schwen-
nicke*, in: Schwennicke/Auerbach § 1 Rn. 6; *Reschke*, in: Beck/Samm/Kokemoor § 1 Rn. 48;
Brogl, in: Reichsauer/Kleinhans § 1 Rn. 21 ff.; *Schäfer*, in: Boos/Fischer/Schulte-Mattler § 1
Rn. 18.

[462] Generell *Schwennicke*, WM 2010 S. 542, 548, 550; konkret im Hinblick auf die Investoren beim Crowdlending *Renner*, ZBB 2014 S. 261, 266 f.

[463] *Renner*, 2014 S. 261, 266 f.

[464] *Schwennicke*, WM 2010 S. 542, 548; *Renner*, 2014 S. 261, 266 f.

[465] *Schwennicke*, WM 2010 S. 542, 547.

[466] *Schwennicke*, WM 2010 S. 542, 547 f.

Außerdem entspräche dieses Ergebnis der Bewertung des Gesetzgebers, der die private Vergabe von Krediten auch vom Anwendungsbereich der §§ 491 ff. BGB ausgenommen habe.[467]

Wegen der fehlenden Eignung, den Schutzzweck zu gefährden, sei ein anderes Begriffsverständnis zudem nicht mit Art. 14 Abs. 1 S. 2 GG in Einklang zu bringen. Das erzeugte faktische Verbot privater Kreditvergabe sei verfassungswidrig.[468] Europarechtliche Vorgaben stünden einem eingeschränkten Begriffsverständnis nicht entgegen.

(bb) Stellungnahme

Soweit die Vertreter dieser Ansicht sich darauf berufen, dass die europarechtlichen Vorgaben diesem Ergebnis nicht im Wege stehen, ist ihnen zuzustimmen. Die Richtlinie, auf welche die Einführung des in Rede stehenden Tatbestandsmerkmals zurückgeht, hatte das Verbot gewerbsmäßigen Handelns nur für Wertpapierdienstleistungen vorgegeben.[469] Auch in darauf folgenden Richtlinien wurde keine Verpflichtung ausgesprochen, den gewerbsmäßigen Betrieb des Kreditgeschäfts für sich genommen zu untersagen.[470]

Weiter kann man den Ausführungen aber nicht folgen. Schon die Behauptung, mit der Einführung des Tatbestandsmerkmals in § 1 Abs. 1 KWG sei der Gesetzgeber der Richtlinie 2000/12/EG vom 20.3.2000[471] zuvorgekommen, ist wenig überzeugend.[472] Schließlich wurde das Gesetz zur Umsetzung zur Richtlinie 93/22/EWG vom Bundesrat bereits am 5.5.1997 beschlossen,[473] und damit deutlich bevor der Entwurf der Richtlinie am 15.12.1997 durch die Kommission angenommen

---

[467] *Schwennicke*, WM 2010 S. 542, 548.

[468] *Schwennicke*, WM 2010 S. 542, 549.

[469] Vgl. Art. 1 S. 1 RL 93/22/EWG des Rates vom 10.5.1993 über Wertpapierdienstleistungsrichtlinien ABl. EG L 141 vom 11.6.1993 S. 27 ff.; insoweit weißt *Schwennicke*, WM 2010 auch zu Recht darauf hin, dass die Annahme des VGH, Beschluss vom 12.12.2007 – 6 TG 1743/07 – NJW-RR 2008 S. 1011, 1012, fehlerhaft ist, die Richtlinie verpflichte den Mitgliedstaat auch zum Verbot des gewerbsmäßig betriebenen Kreditgeschäfts.

[470] Die Regelung des Art. 1 S. 1 RL 93/22/EWG des Rates vom 10.5.1993 über Wertpapierdienstleistungsrichtlinien wurde inhaltsgleich auch in Art. 3 S. 1 der Richtlinie 2000/12/EG des Europäischen Parlaments und des Rates vom 20. März 2000 über die Aufnahme und Ausübung der Tätigkeit der Kreditinstitute, ABl. EU L 126/1 vom 26.5.2000, und deren Neufassung übernommen, vgl. Art. 5 S. 1 der Richtlinie 2006//48/EG vom 14. Juni 2006 über die Aufnahme und Ausübung der Tätigkeit der Kreditinstitute (Neufassung) – ABl. EU L 177/1 vom 30.6.2006 S. 16.

[471] Vom 26.5.2000 über die Aufnahme und Ausübung der Tätigkeit der Kreditinstitute, Abl. EG NR. L 126 vom 26.5.2000.

[472] So aber *Schwennicke*, WM 2010 S. 542, 545.

[473] BR-Drucks. 417/97 vom 13.6.1997.

wurde.[474] Der Einfluss der Richtlinie 2000/12/EG auf die 6. KWG Novelle ist also zumindest zweifelhaft.

Fehlerhaft ist außerdem die Annahme, dass allein die Einführung des § 1 Abs. 1a KWG der Umsetzung der RL 93/22/EWG diente.[475] Der Gesetzgeber hat mit dem Emissionsgeschäft ein von der Richtlinie als Wertpapierdienstleistung qualifiziertes Geschäft[476] nämlich in § 1 Abs. 1 Nr. 10 KWG als Bankgeschäft normiert. Allein deshalb, und zumindest für diesen Tatbestand musste der Gesetzgeber die Gewerbsmäßigkeit auch in § 1 Abs. 1 KWG aufnehmen.

Entscheidend gegen die Begründung einer „schutzzweckbezogen einschränkenden" Auslegung des Tatbestandsmerkmals der Gewerbsmäßigkeit spricht, dass diese auf fehlerhafte teleologische Erwägungen gestützt wird. Letztlich wird damit der gleiche Fehler begangen wie von den Gegnern einer Genehmigungspflicht des Erwerbs von Rückzahlungsforderungen. Diese gehen nämlich allein vom gläubigerschützenden Charakter der Aufsicht über das Kreditgeschäft aus und reaktivieren damit nur die Einwände, die gegen die Aufsichtspflichtigkeit des isoliert betriebenen Kreditgeschäfts sprechen.[477]

Deshalb ist auch der Vergleich zum Gewerbebegriff der GewO nicht zielführend. Nicht nur, weil er im Widerspruch zu der Feststellung steht, dass es einen einheitlichen Gewerbebegriff ohnehin nicht gibt und man diesen gesetzesspezifisch auszulegen hat,[478] sondern auch, weil sich die Gefahren des isoliert betriebenen Kreditgeschäfts auch realisieren können, wenn der Kreditgeber die Kredite im Rahmen der privaten Vermögensverwaltung vergibt.

Zusätzlich wird das Argument durch den Sachverhalt beim Crowdlending entkräftet. Im Gewerberecht bildet die private Vermögensverwaltung ein negatives Tatbestandsmerkmal des Gewerbebegriffs, weil die markttypischen Risiken, denen die GewO entgegenwirken will, bei derartigen Geschäften nicht auftreten.[479] Beim Crowdlending werden die Investoren aber über das Internet, damit in der Öffentlichkeit, und eben nicht allein im privaten Bereich aktiv. Selbst der Gewerbebegriff der Gewerbeordnung wäre hier deshalb einschlägig.

---

[474] Der Ablauf des Gesetzgebungsverfahrens zu der Richtlinie 2000/12/EG des Europäischen Parlaments und des Rates vom 20. März 2000 über die Aufnahme und Ausübung der Tätigkeit der Kreditinstitute ist abrufbar unter: http://eur-lex.europa.eu/legal-content/DE/HIS/?uri=CELEX:32000L0012, zuletzt abgerufen am 30. 11. 2015.

[475] So *Schwennicke*, WM 2010 S. 542, 545.

[476] Anhang Abschnitt A RL 93/22/EWG des Rates vom 10. 5. 1993 über Wertpapierdienstleistungsrichtlinien ABl. L 141 vom 11. 6. 1993 S. 46.

[477] Vgl. Quelle Zweiter Teil bei Fn. 306.

[478] So aber selbst *Renner*, ZBB 2014 S. 261, 266.

[479] *Pielow*, in: BeckOK-GewO § 1 Rn. 181 ff.; *Ennuschat*, in: Tettinger/Wank/Ennuschat § 1 Rn. 69 ff.; *Kahl*, in: Landmann/Rohmer Einl. Rn. 55, allerdings nicht als negatives Tatbestandsmerkmal des Gewerbebegriffs, sondern der Gewinnerzielungsabsicht, vgl. a.a.O. Rn. 61.

Dieser Umstand stellt zudem den Verweis auf das Verbraucherkreditrecht in Frage. Ungeachtet dessen nahm der Gesetzgeber die private Kreditvergabe ohnehin nur vom Anwendungsbereich der §§ 491 ff. BGB aus, da sie zur damaligen Zeit keine große praktische Bedeutung hatte und er annahm, dass derartige Kredite oft aus altruistischen Motiven gewährt würden.[480] Beide Annahmen sind im Hinblick auf die Entwicklung des Crowdlending als überholt anzusehen.[481]

Auch die verfassungsrechtlichen Überlegungen dieser Ansicht gehen im Grundsatz fehl, weil der Gesetzeszweck zu eingeschränkt interpretiert wird. Natürlich wäre die Vergabe von Krediten unterhalb der Bagatellgrenze oder auch aus dem privaten Vermögen nicht geeignet, die Schutzziele des KWG zu vereiteln, wenn diese allein im „Schutz von Gläubigern vor Verlusten von Instituten" bestehen würde.[482] Die Ziele der Genehmigungspflicht eines isoliert betriebenen Kreditgeschäfts können aber sehr wohl erreicht werden, und zwar auch, wenn die Kredite im Rahmen der privaten Vermögensverwaltung vergeben werden. Wo der Gesetzgeber die Grenze zum aufsichtspflichtigen Verhalten setzt, bleibt seiner Entscheidung überlassen, wobei ihm wie üblich ein weiter Ermessensspielraum zuzusprechen ist.[483]

Zu guter Letzt ist auch die Feststellung fehlerhaft, dass durch die Einführung des Tatbestandsmerkmals der Gewerbsmäßigkeit in § 32 und § 1 Abs. 1 KWG kein Anwendungsbereich mehr für die zweite Tatbestandsalternative bleibt. Zu denken ist beispielsweise an die zinslose Vergabe von Darlehen, die anerkanntermaßen auch ein Kreditgeschäft ist.[484] Da es hier an der erforderlichen Gewinnerzielungsabsicht fehlt, unterliegen diese Geschäfte nur der Genehmigungspflicht, sofern sie die Bagatellgrenzen überschreiten.[485]

---

[480] Entwurf eines Gesetzes über Verbraucherkredite, zur Änderung der Zivilprozeßordnung und anderer Gesetze BT-Drucks. 11/5462 vom 25.10.89 S. 17.

[481] Vgl. diesbezüglich auch die Daten der Marktentwicklung in Deutschland in Erster Teil C.II.

[482] So *Schwennicke*, WM 2010 S. 542, 550.

[483] BVerfG, Beschluss vom 9.3.1994 – 2 BvL 43/92 – BVerfGE 90, 145, 173 – NJW 1994 S. 1577, 1579.

[484] VG Berlin, Urteil vom 19.8.1996 – VG 25 A 41.94 – WM 1997 S. 218 ff. In diesem Fall hatte ein Studentenwerk zinsfreie Darlehen gewährt. Dieser Bewertung folgen auch *Samm/ Reschke*, in: Beck/Samm/Kokemoor § 1 Abs. 1 Rn. 208; vgl. diesbezüglich zum atypischen Crowdlending, Erster Teil A.IV.5.

[485] *Samm/Reschke*, in: Beck/Samm/Kokemoor § 1 Rn. 48, der sich dafür ausspricht, nicht auf die Gewinnerzielungsabsicht, sondern die Entgeltlichkeit abzustellen; *Schäfer*, in: Boos/ Fischer/Schulte-Mattler § 1 Rn. 18; die Genehmigungspflicht, in solchen Fällen, erst bei Überschreitung der Bagatellschwellen eingreifen zu lassen ist zweckmäßig. Schließlich dominieren bei zinsloser Kreditvergabe altruistische Motive die in der Regel durch besondere (Nähe)Beziehungen hervorgerufen werden dürften. Wer sein Geld Dritten aus derartigen Gründen überlässt, wird regelmäßig auch bei der Betreuung des Kredits bzw. bei der Frage danach, ob er dem Dritten das Kapital entzieht großzügiger und damit auch wirtschaftlich ungefährlicher für den Kreditnehmer entscheiden. Wird die Bagatellschwelle überschritten, ist es aber dennoch sinnvoll eine Genehmigung zu verlangen, da dann regelmäßig die Gefahr

(b) Kein Verstoß gegen das Transparenzgebot

Die Unanwendbarkeit des Tatbestandsmerkmals der Gewerbsmäßigkeit auf das isoliert betriebene Kreditgeschäft ließe sich jedoch begründen, wenn der Gesetzgeber durch die Ausweitung der Erlaubnispflicht auf den gewerbsmäßigen Betrieb von Bankgeschäften gegen bindende Vorgaben des europäischen Gesetzgebers verstoßen hätte.

Der Europäische Gerichtshof hat diesbezüglich festgestellt, dass ein Mitgliedstaat grundsätzlich nicht gehindert ist, durch eine nationale Regelung die Anwendbarkeit der Bestimmungen der Richtlinie 93/22/EWG auf von ihr nicht erfasste Geschäfte auszudehnen, da die Richtlinie im Hinblick auf eine notwendige Harmonisierung lediglich Mindestvoraussetzungen statuiert.[486] Aus der nationalen Regelung müsse aber klar hervorgehen, dass diese Erweiterung keine Umsetzung der Richtlinie darstellt, sondern auf dem autonomen Willen des nationalen Gesetzgebers beruht, um Verwirrungen hinsichtlich der Anerkennung der für die betreffenden Tätigkeiten und Wirtschaftsteilnehmer erteilten Zulassung in den anderen Mitgliedstaaten zu vermeiden.

Dass diese Voraussetzungen hinsichtlich der Erweiterung auf den gewerbsmäßigen Betrieb von Bankgeschäften erfüllt sind, hat der hessische VGH zutreffend festgestellt,[487] ohne jedoch die folgenden Anknüpfungspunkte explizit zu benennen.

Der Gesetzgeber macht in der Gesetzesbegründung klar, dass der „neue (Absatz 1) Satz 1… *entsprechend* der Vorgabe des Artikels 1 Nr. 2 der Wertpapierdienstleistungsrichtlinie an das gewerbsmäßige Betreiben des Bankgeschäftes" anknüpft.[488]

Wo der Gesetzgeber unmittelbar und abschließend die Umsetzung der Richtlinie beabsichtigte, zeigte er dies durch eine abweichende Wortwahl. Dann stellt er nämlich fest, dass die Regelung auf den Vorgaben der Richtlinie „*beruht*".[489]

---

bestehen wird, dass der Kreditgeber den Überblick über seinen Kreditnehmer verliert und letztlich doch wirtschaftlich folgenreiche Entscheidungen trifft, wenn er nicht die erforderlichen Eignung besitzt.

[486] EuGH Urteil vom 21.11.2002 – C 356/00 – Slg. 2002 10797 ff.; dem folgend VGH Hessen, Beschluss vom 6.1.2006 – 6 TG 985/05 – ESVGH 56 S. 140 ff.; wiederholt in VGH Hessen, Beschluss vom 12.12.2007 – 6 TG 1743/07 – NJW-RR 2008 S. 1011, 1012 f.; VGH Hessen, Urteil vom 26.5.2010 – 6 A 1676/08 – ESVGH 61, 9 ff. allerdings unter Aufgabe der Rechtsprechung, dass § 1 Abs. 1a S. 2 Nr. 1 KWG gegen Europarecht verstößt.

[487] VGH Hessen, Beschluss vom 12.12.2007 – 6 TG 1743/07 – NJW-RR 2008 S. 1011, 1012 f.; a.A. *Renner*, ZBB 2014 S. 261, 266.

[488] Entwurf eines Gesetzes zur Umsetzung von EG-Richtlinien zur Harmonisierung bank- und wertpapieraufsichtsrechtlicher Vorschriften BT-Drucks. 13/7142 vom 6.3.1997 S. 62.

[489] So für das Emissionsgeschäft aus § 1 Abs. 1 S. 2 Nr. 10 KWG im Entwurf eines Gesetzes zur Umsetzung von EG-Richtlinien zur Harmonisierung bank- und wertpapieraufsichtsrechtlicher Vorschriften BT-Drucks. 13/7142 vom 6.3.1997 S. 63 und bezüglich der Finanzdienstleistungen aus § 1 Abs. 1a S. 2 Nr. 1–4 KWG, Entwurf eines Gesetzes zur Umsetzung

Im Übrigen ruft das Tatbestandsmerkmal der Gewerbsmäßigkeit im Hinblick auf die Systematik des § 1 KWG auch keine Unsicherheit darüber hervor, ob der Gesetzgeber es auch auf das isoliert betriebene Kreditgeschäft erstrecken wollte. Schließlich werden in § 1 Abs. 1 S. 1 KWG fast nur solche Tätigkeiten zu Bankgeschäften erklärt, die von der Richtlinie gar nicht geregelt werden.[490] Außerdem hat der Gesetzgeber das Tatbestandsmerkmal der Gewerbsmäßigkeit auch in § 32 KWG aufgenommen und damit noch einmal zum Ausdruck gebracht, es auch auf all diejenigen Bankgeschäfte und Finanzdienstleistungen anzuwenden, die bereits vor der Richtlinie 93/22/EWG der Genehmigungspflicht unterlagen.

Der Gesetzgeber stellt sogar für eines dieser nicht von der Richtlinie erfassten und in seiner isolierten Form auch sonst nicht auf europarechtliche Vorgaben zurückgehenden Bankgeschäfte fest, dass das Tatbestandsmerkmal der Gewerbsmäßigkeit auch darauf anzuwenden ist.[491]

Dass dem Gesetzgeber nicht bewusst war, dass er das Tatbestandsmerkmal der Gewerbsmäßigkeit auch auf das isoliert betriebene Kreditgeschäft erstrecken würde, ist zudem im Hinblick auf die Genese des KWG nicht überzeugend. Schließlich wurde bereits mehrfach erwogen, alle Bankgeschäfte und damit auch das Kreditgeschäft bereits bei gewerbsmäßigem Betrieb der Aufsicht zu unterstellen.[492]

Eine Rechtsunsicherheit, wie sie der EuGH zur Voraussetzung für einen Verstoß gegen das Transparenzgebot gemacht hat, hat der deutsche Gesetzgeber also nicht geschaffen.[493]

(c) Zwischenergebnis

Eine „schutzzweckorientierte einschränkende" Auslegung des Gewerbebegriffs ist weder angezeigt noch möglich. Ebenso wenig ist der gewerbsmäßige Betrieb des Kreditgeschäfts wegen Verstoßes gegen das Transparenzgebot von der Aufsichtspflicht der Bankgeschäfte auszunehmen.

---

von EG-Richtlinien zur Harmonisierung bank- und wertpapieraufsichtsrechtlicher Vorschriften BT-Drucks. 13/7142 vom 6.3.1997 S. 65.

[490] Auszunehmen ist allein § 1 Abs. 1 S. 2 Nr. 10 KWG, der das Emissionsgeschäft als Bankgeschäft normierte, vgl. BGBl. 1997 S. 2520.

[491] Beispielhaft nennt er den gewerbsmäßigen Betrieb des Einlagengeschäft als aufsichtspflichtiges Geschäft, vgl. Entwurf eines Gesetzes zur Umsetzung von EG-Richtlinien zur Harmonisierung bank- und wertpapieraufsichtsrechtlicher Vorschriften BT-Drucks. 13/7142 vom 6.3.1997 S. 62.

[492] Vgl. insbesondere Zweiter Teil bei Fn. 264; allgemein zur Genese des Einlagen und Kreditgeschäfts im KWG, vgl. Zweiter Teil B.I.2.a)aa).

[493] Zum Sachverhalt des Urteils des EuGH vom 21.11.2002 – C 356/00 – Slg. 2002 10802 ff., wo unsicher war, ob der Gesetzgeber bestimmte Fälle über den Anwendungsbereich der Richtlinie hinaus regeln wollte.

(d) Eigener Ansatz: Genehmigungspflichtigkeit nur unter
     besonderen Umständen

Obwohl damit der gewerbsmäßige Betrieb des Kreditgeschäfts der Genehmigungspflicht unterliegt, erfüllen die Investoren beim unechten Crowdlending mit einfacher Forderungsübertragung regelmäßig selbst dann nicht den Tatbestand des § 32 KWG, wenn sie Forderungen gewerbsmäßig erwerben, also auf eine gewisse Dauer angelegt und mit Gewinnerzielungsabsicht handeln. Man muss sogar konstatieren, dass eine Genehmigungspflichtigkeit sogar dann regelmäßig entfällt, wenn sie mit ihren Beteiligungszusagen die Bagatellschwellen überschreiten, die einen in kaufmännischer Weise eingerichteten Geschäftsbetrieb erforderlich machen.

(aa) Kein individuelles Kündigungsrecht der einzelnen Investoren

Der Umstand, der den Erwerb von Rückzahlungsansprüchen zu einem Kreditgeschäft macht, ist die Fähigkeit des Erwerbers, dem Kreditnehmer das Darlehen zu entziehen.[494] Diese Fähigkeit wird beim unechten Crowdlending mit einfacher Forderungsübertragung aber nicht nur auf einen, sondern im Regelfall auf mehrere Personen übertragen. Damit stellt sich die Frage, ob die einzelnen Investoren ihren Anteil an der Darlehensforderung individuell kündigen können. Nur wenn dies unabhängig von den anderen Investoren möglich wäre, ginge von ihnen die Gefahr aus, der mit einer Genehmigungspflicht beizukommen wäre. Ist dies hingegen nicht der Fall, können also die beteiligten Investoren den Darlehensvertrag nur gemeinschaftlich kündigen, müsste man die Gesamtheit der beteiligten Investoren als Betreiber des Kreditgeschäfts qualifizieren und überprüfen, ob sie gemeinsam eine der Tatbestandsalternativen des § 32 Abs. 1 KWG erfüllen.

Unbeachtlich für die Bewertung ist, dass die Investoren die Plattformbetreiber-, die Intermediärgesellschaft oder die Kooperationsbank zur Ausübung des Kündigungsrechts ermächtigen. Schließlich verliert der Bevollmächtigende durch die Bevollmächtigung keineswegs die Fähigkeit, eine Rechtshandlung selbst vorzunehmen.[495]

Ebenso wenig würde die Berechtigung, den Darlehensvertrag gegenüber dem Kreditnehmer zu kündigen, dadurch beeinträchtigt, dass sich die Investoren gegenüber der Plattformbetreiber-, der Intermediärgesellschaft oder dem Kreditinstitut schuldrechtlich dazu verpflichten, von einer eigenmächtigen und unkoordinierten Geltendmachung etwaiger Gestaltungsrechte abzusehen. Denn als schuldrechtliche Vereinbarung hat sie auf das Verhältnis zu einem Dritten, hier dem Kreditnehmer, grundsätzlich keine Auswirkung.[496]

---

[494] Vgl. Zweiter Teil B.I.3.a)bb)(4).

[495] *Schubert*, in: MüKo-BGB (2015) § 164 Rn. 20; *Wolf/Neuner*, § 49 Rn. 3.

[496] *Mansel*, in: Jauernig § 241 Rn. 4; *Sutschet*, in: BeckOK-BGB § 241 Rn. 8 f.

Unbeeinflusst bleibt das Ergebnis auch davon, dass die Investoren die Identität des Kreditnehmers regelmäßig gar nicht mitgeteilt bekommen[497], denn ihnen steht ein Anspruch gegen die Kooperationsbank oder die Intermediärgesellschaft zu, die Identität zu erfahren.[498] Dass die Investoren von diesem Anspruch keinen Gebrauch machen und die Abwicklung des Kreditprojekts der Plattformbetreiber-, der Intermediärgesellschaft oder dem Kreditinstitut überlassen, ändert nichts daran, dass sie ein ihnen ggf. zustehendes Kündigungsrecht im Zweifel auch ausüben könnten.

Letztendlich gilt es zu klären, ob die Kündigung des Darlehensvertrags generell nur von einer Mehrheit von Kreditgebern bzw. Rückzahlungsanspruchsgläubigern einheitlich für und gegen alle gekündigt werden kann. Oder aber, ob zumindest auf Grund der Besonderheiten beim unechten Crowdlending mit einfacher Forderungsübertragung nur eine einheitliche Kündigung möglich ist.

Im Gegensatz zum Rücktrittsrecht, welches nach § 351 BGB stets einheitlich ausgeübt werden muss, schreibt das Gesetz für das Kündigungsrecht keine der beiden Lösungen vor. Da eine entsprechende oder ähnliche Regelung auch für andere Gestaltungsrechte existiert,[499] kann § 351 BGB nach allgemeiner Ansicht auch nicht analog auf das Kündigungsrecht angewendet werden.[500]

Ganz herrschend wird eine Pflicht zur einheitlichen Kündigung dennoch angenommen, sofern eine unteilbare Leistungspflicht beendet werden soll, welche gesamtschuldnerisch zu erbringen ist.[501] Eine Kündigung kann dann nur durch alle oder gegenüber allen Gesamtschuldnern erklärt werden.[502]

Hintergrund dieses Ergebnisses ist, dass es keinem der Gesamtschuldner möglich sein dürfe, die Gläubigerrechte, welche den Beteiligten gleichzeitig aus dem Vertrag

---

[497] Vgl. etwa § 3 Abs. 2 AGB von Smava: „Um Ihre Privatsphäre zu schützen, bleiben sowohl Kreditnehmer als auch Anleger grundsätzlich anonym; … Die Identität des Kreditnehmers bzw. Anlegers wird der jeweiligen Gegenseite nur offen gelegt, wenn dies zur Durchsetzung von Ansprüchen gegenüber der Gegenseite erforderlich ist.", abrufbar unter: https://www.smava.de/agb.html, zuletzt abgerufen am 29.11.2015.

[498] Sowohl in den AGB a.a.O. vereinbart und außerdem in § 402 BGB für den Zessionar festgeschrieben.

[499] Entsprechende Regelung für die Minderung in § 441 Abs. 2 BGB und § 638 Abs. 2 BGB; spezielle Regelung auch in § 461 BGB für das Wiederkaufsrecht und § 472 BGB für das Vorkaufsrecht.

[500] Ganz h.M. schon RG, Urteil vom 19.6.1917 – III 25/17 – RGZ 90, 328, 330; *Kaiser*, in: Staudinger (2012) § 351 Rn. 3; *Gaier*, in: MüKo-BGB (2016) § 351 Rn. 7; *Grüneberg*, in: Palandt § 351 Rn. 2.

[501] RG, Urteil vom 19.6.1917 – III 25/17 – RGZ 90, 328, 330; RG, Urteil vom 28.11.1932 – VIII 371/32 – RGZ 138, 183, 186; BGH, Urteil vom 1.12.1971 – VIII ZR 88/70 – NJW 1972, 249, 250; BGH, Urteil vom 28.6.2000 – VIII ZR 240/99 – NJW 2000 S. 3133; BGH, Urteil vom 16.3.2005 – VIII ZR 14/04 – NJW 2005 S. 1715; *Kaiser*, in: Staudinger (2012) § 351 Rn. 3; *Ehlert*, in: BeckOK-BGB § 542 R. 20a und b; *Bieber*, in: MüKo-BGB (2008) § 542 Rn. 18; *Teichmann*, in: Jauernig § 535 Rn. 3.

[502] Vgl. Zweiter Teil Fn. 500.

zustehen, ohne Mitwirkung der übrigen Berechtigten zum Erlöschen zu bringen.[503] Gleichzeitig dürfe die Kündigung durch einen Gesamtschuldner aber auch nicht nur die Beendigung des Vertragsverhältnisses zwischen dem Kündigenden und beispielsweise dem Vermieter herbeiführen.[504] Schließlich hätte die Kündigung sonst keine beendende, sondern eine umgestaltende Wirkung,[505] und das zum Nachteil des Kündigungsgegners. Er bliebe den verbleibenden Vertragspartnern vollständig verpflichtet, obwohl er seine Ansprüche gegen den Kündigenden verlustig ginge.[506]

In der Folge wird deshalb allgemein befürwortet, dass nur mit Wirkung für und gegen Gesamtschuldner gekündigt werde dürfe.[507] Der durch diese Lösung entstehende Widerspruch zu § 425 Abs. 2 BGB könne durch eine Reduktion des Anwendungsbereichs dieser Norm auf die Fälligkeitskündigung vermieden werden.[508]

Auf die Kündigung eines Darlehensvertrags kann man dieses Ergebnis jedoch nicht uneingeschränkt übertragen.[509] Schließlich ist die Pflicht, dem Kreditnehmer die Valuta zu verschaffen und zu belassen, grundsätzlich teilbar.[510] Folglich ist nicht nur eine anteilige Verpflichtung und Berechtigung denkbar, sondern es besteht grundsätzlich auch die Möglichkeit, einen Darlehensvertrag teilweise zu kündigen.[511] Bei anteiliger Berechtigung – *vice versa* Verpflichtung – einer Mehrheit von Darlehensgebern wird dem Einzelnen deshalb zutreffenderweise das Recht zugesprochen, seine Teilforderung individuell fällig zu stellen, den Vertrag also insoweit zu kündigen,[512] was überzeugt.

---

[503] RG, Urteil vom 19. 6. 1917 – III 25/17 – RGZ 90, 328, 330; RG, Urteil vom 28. 11. 1932 – VIII 371/32 – RGZ 138, 183, 186.

[504] RG, Urteil vom 28. 11. 1932 – VIII 371/32 – RGZ 138, 183, 186.

[505] RG, Urteil vom 19. 6. 1917 – III 25/17 – RGZ 90, 328, 330; RG, Urteil vom 28. 11. 1932 – VIII 371/32 – RGZ 138, 183, 186.

[506] RG, Urteil vom 19. 6. 1917 – III 25/17 – RGZ 90, 328, 330; RG, Urteil vom 28. 11. 1932 – VIII 371/32 – RGZ 138, 183, 186.

[507] Eine individuelle Kündigung wird jedoch teilweise für möglich gehalten, um einen ansonsten eintretenden Widerspruch zum Selbstbestimmungsrecht der Gesamtschuldner zu vermeiden, vgl. *Oetker*, S. 277 ff. Etwa wenn dieser sonst in Unzumutbarer Weise an der Vertragsbeziehung festgehalten würde, weil der Dritte seine Zustimmung verweigert.

[508] Statt Vieler m.w.N. *Schürnbrand* (2003), S. 104.

[509] So wohl auch *Wenzel*, S. 301, der ebenfalls feststellt, dass die Frage nach der Pflicht zur einheitlichen Kündigung von Dauerschuldverhältnissen bislang nur für gesamtschuldnerisch zur erbringende unteilbare Leistungen entschieden wurde.

[510] Vgl. Zweiter Teil A.I.6.b)bb).

[511] Teilkündigungen von Darlehensverhältnisses sind nach einhelliger Ansicht grundsätzlich zulässig: Schon *Hopt/Mülbert*, WM 1990 Sonderbeilage Nr. 3 S. 7; BGH, Urteil vom 4. 5. 1999 – XI ZR 137/98 – WM 1999 S. 1206, 1207; bestätigt für die Teilkündigung eines Kontokorrentkredits BGH, Urteil vom 1. 7. 2009 – 3 U 37/09 – WM 2010 S. 402, 404; dem folgend *Berger*, in: MüKo-BGB (2008) § 488 Rn. 232; sowie *Rohe*, in: BeckOK-BGB § 488 Rn. 38.

[512] Für das Recht zur Teilkündigung eines Darlehens durch einen von drei Erben, dem der Teilanspruch zuvor abtretungsweise von der Erbengemeinschaft übertragen wurde OLG München, Urteil vom 21. 07. 1999 – 7 U 2213/99 – juris Rn. 48 ff.; für die anteilige Kündigung

Natürlich kann auch eine teilbare Leistung als ungeteilte Leistungspflicht gesamtschuldnerisch übernommen werden.[513] Dann ist auch für den Darlehensvertrag das oben genannte Ergebnis zweckmäßig. In der Folge wird deshalb auch zu Recht angenommen, dass ein Darlehensvertrag, der mit mehreren, gesamtschuldnerisch haftenden Darlehensnehmern geschlossen wurde, nur gegenüber allen Darlehensnehmern gekündigt werden kann.[514] Auch hier hätte sonst die Kündigung durch oder gegenüber nur einem Darlehensnehmer die unbilligen Auswirkungen.

Aber auch bei anteiliger Verpflichtung und Berechtigung der Darlehensgeber muss nicht immer eine individuelle Kündigung möglich sein. Denn auch ein Ausschluss des Rechts zur Teilkündigung obliegt der privatautonomen Entscheidung der Darlehensvertragsparteien,[515] mit der Folge, dass ein Darlehensvertrag dann nur im Ganzen gekündigt werden kann.

Dies wird beispielsweise im systematisch vergleichbaren Fall der Kündigung zentralisierter Konsortialverträge angenommen.[516] Allerdings wird im Rahmen der Begründung dieses Ergebnisses die Grenze zu der Frage nach der grundsätzlichen Möglichkeit einer anteiligen Kündigung des Darlehensvertrags verwischt. So wird gefolgert, dass keine Teilkündbarkeit des Darlehens, sondern nur eine einheitliche und vollständige Kündigung in Betracht komme, weil die Gewährung der einzelnen Kreditanteile beim zentralisierten Konsortialkredit miteinander „stehe und falle".[517] Genau genommen lässt sich daraus aber weder ein Argument für noch gegen die anteilige Kündbarkeit entwickeln, sonst würde dies die Möglichkeit einer Teilkündigung von Darlehensverträgen grundsätzlich in Frage stellen. Der Kreditnehmer wird ein Darlehen regelmäßig nur dem vollen Umfang nach aufnehmen, weil er den damit verfolgten Zweck mit Hilfe des ganzen Betrags zu erreichen sucht. Demnach wäre bei der Beteiligung mehrerer Darlehensgeber die Teilkündigung regelmäßig

---

von dezentralisierten Konsortialkrediten durch die einzelnen Konsorten *De Meo*, 3. Kapitel Rn. 139 S. 171 und *Hadding/Häuser*, in: Schimansky/Bunte/Lwowski 3. Auflage § 87 Rn. 50.

[513] § 427 BGB stellt bei Übernahme einer teilbaren Leistung durch Mehrere gemeinschaftlich, sogar eine Vermutung dafür auf.

[514] BGH, Urteil vom 9.7.2002 – XI ZR 323/01 – JZ 2002 S. 1164; zustimmende Anmerkung *Edenfeld*, JZ 2002 S. 1165 ff.; ebenso *Vortmann*, EWiR 2002 S. 1077, 1078; OLG München, Urteil vom 24.10.2007 – 7 U 1707/07 – WM 2008 S. 1151, 1154; *Berger*, in: MüKo-BGB (2008) § 488 Rn. 232.

[515] Diskutiert, jedoch wegen der besonderen Umstände des Einzelfalls im Ergebnis abgelehnt, bei OLG München, Urteil vom 21.07.1999 – 7 U 2213/99 – juris Rn. 48 ff.

[516] *Hadding/Häuser*, in: Schimansky/Bunte/Lwowski (3. Auflage) § 87 Rn. 50; *Freitag*, in: Staudinger (2015) § 488 Rn. 79; *Wenzel*, S. 302; *De Meo*, 3. Kapitel Rn. 139 S. 171; für dezentralisierte Konsortialverträge fordern *Hadding/Häuser*, in: Schimansky/Bunte/Lwowski (3. Auflage) § 87 Rn. 50 und *De Meo*, 3. Kapitel Rn. 138 S. 171 eine individuelle außenwirksame Kündigungsmöglichkeit. Die Vergleichbarkeit ist insoweit gegeben, als sich auch beim zentralisierten Konsortialvertrag die Konsorten als Teilgläubiger eines einheitlichen Schuldverhältnisses gegenüber dem Kreditnehmer verpflichten, vgl. *Wenzel*, S. 245 ff.

[517] Vgl. *Wenzel*, S. 301.

ausgeschlossen. Entscheidend kann deshalb nur die Vereinbarung der Darlehensvertragsparteien sein.

Auch beim Crowdlending ist zu differenzieren zwischen der Möglichkeit den
Darlehensvertrag als solchen anteilig zu kündigen, und der Berechtigung der Investoren, ihre Teilforderung eigenmächtig fällig zu stellen.

Ersteres ist ohne Weiteres zu bejahen, denn Gründe dafür, weshalb der Kreditnehmer das Darlehen vollständig einbehalten können sollte, obwohl der anteilige
Verlust absehbar ist, bzw. sonstige Gründe für die anteilige Kündigung, sind nicht
ersichtlich.

Das Recht zur Kündigung ihrer Teilforderungen ist den Investoren hingegen
abzusprechen. Im Außenverhältnis ist nur eine gemeinschaftliche, wenn auch anteilige, Kündigung durch alle Investoren zuzulassen.[518] Eine solche Beschränkung
des Kündigungsrechts ist bei objektiver Auslegung der vertraglichen Vereinbarung
zwischen Kreditnehmer und Kooperationsbank und im Falle einer Vertragsübernahme durch die Investoren auch dieser Vereinbarung zu entnehmen. Maßgeblich für
dieses Ergebnis ist, dass dem Kreditnehmer im Darlehensvertrag oder zumindest in
den AGB der Plattformbetreibergesellschaft verdeutlicht wird, dass die Verwaltung
des Darlehensvertrags von einer zentralen Stelle abgewickelt wird, er sich also
ausschließlich mit dieser auseinanderzusetzen hat.[519] Würde man jedem einzelnen
Investor ein individuelles Recht zur Kündigung seiner Teilforderung zusprechen,
wären die Konsequenzen für den einzelnen Kreditnehmer untragbar. Bedenkt man,
dass schon bei einer beispielhaften Kreditsumme von 25.000 € und einem Min-
destbeteiligungswert von 250 € der Kreditnehmer sich im schlimmsten Fall mit 100
unterschiedlichen Personen auseinandersetzen müsste.

Auch der Erklärung der Kooperationsbank muss man einen entsprechenden Inhalt
entnehmen. Schließlich wird sie kommissionarisch für die Investoren tätig. Folglich
hat sie beim Abschluss des Darlehensvertrags deren Interessen und Willen zu folgen.
Der Erklärung der Investoren, die die Grundlage für den Kommissionsvertrag und
möglicherweise auch die Vertragsübernahmevereinbarung bildet, ist bei objektiver
Auslegung in diesem Zusammenhang ebenfalls zu entnehmen, dass eine Kündigung
der Teilforderungen durch die Investoren ausgeschlossen sein soll. Nicht nur, weil sie
gegenüber der Plattformbetreibergesellschaft ausdrücklich erklären, dass sie mit der
einheitlichen Verwaltung einverstanden sind.[520] sondern auch, weil dies verhindert,
dass andere Investoren ihre Teilforderungen eigenmächtig zurückfordern, dadurch

---

[518] Für den zentralisierten Konsortialkredit *De Meo*, 3. Kapitel Rn. 139 S. 171; *Hadding/
Häuser*, in: Schimansky/Bunte/Lwowski (3. Auflage) § 87 Rn. 50; *Wenzel*, S. 301 f.

[519] Etwa bei Finmar § 9 Muster für einen Kreditvertrag: Vertrag über einen über die
CrowdlendingPlattform www.finmar.com vermittelten Kredit mit der Fidor Bank AG, abrufbar
unter: www.finmar.com/fileadmin/media/Recht/Musterkreditvertrag.pdf, zuletzt abgerufen am
19.11.2015; § 13 AGB von Smava, vgl. Quelle Zweiter Teil Fn. 2.

[520] Siehe oben Zweiter Teil bei Fn. 496.

Liquidität beim Kreditnehmer abziehen und möglicherweise dessen Insolvenz herbeiführen.

(bb) Konsequenz: Regelmäßig keine Genehmigungspflichtigkeit der Investoren

Als Zwischenergebnis ist also festzuhalten, dass der einzelne Investor nicht berechtigt ist seine Teilforderung fällig zu stellen und den Darlehensvertrag insoweit eigenmächtig zu kündigen. Dieses Recht steht den Investoren nur gemeinschaftlich zu. Gemeinschaftlich können sie dann auch eine Teilkündigung des Darlehensvertrags aussprechen.

Letztlich geht damit von einem einzelnen Investor aber auch nicht die Gefahr aus, der die Aufsicht durch die BaFin entgegenwirken soll. Er betreibt beim unechten Crowdlending mit einfacher Forderungsübertragung deshalb regelmäßig auch dann kein aufsichtspflichtiges Kreditgeschäft, wenn er gewerbsmäßig tätig wird oder in kaufmännischem Umfang Teilforderungen erwirbt.

Von diesem Grundsatz gibt es zwei Ausnahmen:

1. *Ein Investor betreibt aufsichts- bzw. genehmigungspflichtiges Kreditgeschäft, wenn er allein Kreditprojekte vollständig finanziert und dies gewerbsmäßig oder in einem Umfang tut, der einen in kaufmännischer Weise eingerichteten Geschäftsbetrieb erfordert.*

2. *Wenn eine Gruppe von Investoren gewerbsmäßig Kreditprojekte vollständig finanziert oder die von der Gruppe vollständig finanzierten Kreditprojekte einen kaufmännischen Umfang erreichen.*

(cc) Verfassungsrechtliche Unterstützung dieses Ergebnisses

Dieses Ergebnis ist im Übrigen auch verfassungsrechtlich das einzig überzeugende. Die Genehmigungspflicht des § 32 Abs. 1 KWG greift in die Grundrechte der Investoren aus Art. 12 Abs. 1 GG, Art. 14 Abs. 1 GG und Art. 2 Abs. 1 GG ein.[521]

Einer Genehmigungspflicht für Investoren, die außerhalb der oben genannten Grenzen gewerbsmäßig tätig werden oder sich in kaufmännischem Umfang an Kreditprojekten beteiligen, mag man noch die Eignung zusprechen, den Gesetzeszweck zur erreichen[522], entfaltet die Kontrolle der Voraussetzungen des § 32 KWG ihre positiven Wirkungen dann doch zumindest hinsichtlich der genehmigungspflichtigen Mitkündigungsberechtigten. Selbiges gilt für die Erforderlichkeit, also

---

[521] Ohne Bezeichnung der einzelnen Grundrechte, aber den Eingriffscharakter darstellend, Entwurf eines Gesetzes über das Kreditwesen BT-Drucks. 3/1114 vom 25. Mai 1959 S. 19; explizit *Schwennicke*, WM 2010 S. 542, 549, wobei Art. 14 GG nur bei der Nutzung privaten Vermögens tangiert sein soll.

[522] Zur Geeignetheit eines Eingriffs als Möglichkeit den Zweck einer Regelung zu erreichen, vgl. etwa *Pieroth/Schlink/Kingreen/Poscher*, § 6 IV 4c)aa) Rn. 301.

die Prüfung, ob nicht mildere Mittel zur Verfügung stehen, die den Zweck in gleicher Weise erfüllen.[523] Insbesondere eine Genehmigungspflicht der Plattformbetreibergesellschaft für die von ihr hervorgerufenen Gefahren scheidet derzeit aus, obwohl diese denen eines Kreditgeschäfts entsprechen.[524]

Allerdings wäre dieser Eingriff unverhältnismäßig. Die Anforderungen, die einzelne Investoren für die Erteilung einer Genehmigung erfüllen müssten, stünden außer Verhältnis zu dem Einfluss, den sie auf die zu vermeidenden Gefahrenquellen haben. Ihnen käme nämlich nur eine Blockadefunktion zur Vermeidung von Kündigungen zu. Andere Teilzwecke der Aufsicht über das Kreditgeschäft, etwa die Förderung wirtschaftlich vernünftiger Entscheidungen, namentlich der Entscheidung über Anschlussfinanzierungen oder ähnliches, hinge vom Zuspruch nichtlizenzierter und deshalb möglicherweise ungeeigneter und unseriöser Individuen ab.

Auch im Hinblick auf Art. 3 GG ist festzustellen, dass die Annahme einer Genehmigungspflicht von einzelnen Investoren innerhalb der oben geschilderten Grenzen verfassungswidrig wäre. Allein ihre gewerbsmäßige Beteiligung oder der Umfang ihres Vorgehens lässt ihren Einfluss auf die Realisierung einzelner Gefahren nämlich nicht steigen. Die Ungleichbehandlung gegenüber den nicht genehmigungspflichtigen Investoren ließe sich deshalb nicht rechtfertigen.

(dd) Zwischenergebnis

Nicht auf Grund einer schutzzweckbezogen eingeschränkten Auslegung des Gewerbebegriffs i.S.d. § 1 Abs. 1 KWG und auch nicht wegen eines Verstoßes des § 1 Abs. 1 S. 2 Nr. 2 KWG gegen das Transparenzgebot sind die Investoren beim unechten Crowdlending mit einfacher Forderungsübertragung regelmäßig von einer Genehmigungspflicht i.S.d. § 32 KWG befreit. Die Aufsicht über privat ausgegebene Kredite entspricht zuweilen nämlich sehr wohl dem Zweck der Aufsicht über das isoliert betriebene Kreditgeschäft. Außerdem geht aus der Regelung des § 1 Abs. 1 KWG eindeutig hervor, dass der Gesetzgeber das Tatbestandsmerkmal „gewerbsmäßig", über die Vorgaben der Richtlinie 93/22/EWG hinausgehend, auf sämtliche Bankgeschäfte erstrecken wollte.

Maßgeblich für die weitestgehende Genehmigungsfreiheit der Investoren ist vielmehr, dass ein Investor allein die Risiken regelmäßig nicht realisieren kann, welche eine Genehmigungspflichtigkeit des Erwerbs von Rückzahlungsansprüchen oder der Übernahme von Darlehensverträgen überhaupt begründen. Aus diesem Grund unterliegen Investoren grundsätzlich selbst dann keiner Genehmigungspflicht i.S.d. § 32 KWG, wenn sie Forderungen- oder Darlehensverträge in einem Umfang erwerben, der einen eingerichteten Geschäftsbetrieb erfordert.

---

[523] Zur Geeignetheit eines Eingriffs *Ipsen*, § 3 III Rn. 191.
[524] Vgl. Zweiter Teil B.I.3.c).

cc) Der Abschluss der Kommissionsverträge: Derzeit kein Kreditgeschäft

Neben dem Erwerb der Darlehensforderungen gibt es beim unechten Crowdlending mit einfacher Forderungsübertragung noch einen weiteren Anknüpfungspunkt, der zu einer Genehmigungspflicht der einzelnen Investoren führen könnte. Formal ist dies der Abschluss der Kommissionsverträge durch die Investoren.

Mit Abschluss dieses Vertrags übernehmen die Investoren anteilig die aus dem späteren Darlehensvertrag resultierenden wirtschaftlichen Risiken.[525] Dies ist dem Kreditnehmer auch bekannt und bewusst, die Folgen dieses Umstands werden teilweise sogar ausdrücklich im Vertrag mit dem Kreditnehmer vereinbart.[526] Weil der Kreditnehmer weiß, dass die Kooperationsbank den Darlehensvertrag nur abschließt, weil die Investoren ihr das notwendige Kapital zur Valutierung des Darlehens zur Verfügung stellen, ist die Beteiligung des Investors als Geschäftsgrundlage (i.S.d. § 313 BGB) des Vertrags zwischen Kreditinstitut und Kreditnehmer zu qualifizieren. Das hat weitreichende Folgen:

Stellt sich die Unwirksamkeit einer Beteiligungszusage im Anschluss an den Abschluss des Darlehensvertrags heraus, widerruft der Investor sie oder kann der Investor seine Leistungspflicht nicht erfüllen, fällt diese Geschäftsgrundlage weg. In der Folge ist die Kooperationsbank dazu berechtigt, den Vertrag in entsprechender Höhe anzupassen, vgl. § 313 Abs. 1 BGB, oder ggf. den ganzen Vertrag zu kündigen, vgl. § 313 Abs. 3 BGB.[527]

Hier gilt es sich noch einmal vor Augen zu führen, dass die Aufsicht über das Kreditgeschäft auch mangelnder Kreditversorgung entgegenwirken soll.[528] Wenn die Möglichkeit des Kreditnehmers, das zugesagte Darlehen auch tatsächlich in Anspruch zu nehmen, aber auch von den einzelnen Investoren abhängt, ist zu überlegen, ob die Investoren nicht aus diesem Grund als Betreiber des Kreditgeschäfts zu

---

[525] Vgl. insbesondere Zweiter Teil A.II.1.a)cc)(2).

[526] Einige Anbieter nehmen die Folge, dass der Darlehensvertrag bei Unwirksamkeit von Kommissionsverträgen ebenfalls in entsprechender Höhe unwirksam ist, in die Vertragsdokumente auf, etwa Vorbemerkung der Vereinbarung über Verkauf, Abtretung und entgeltliche Verwaltung künftiger (Teil-)Forderungen aus einem Verbraucherkreditvertrag von Lendico.

[527] Bei der nach § 13 Abs. 3 BGB vorzunehmenden Interessenabwägung hat man auch die vertraglichen Pflichten des Kreditinstituts gegenüber den übrigen Investoren mit einzubeziehen. Sofern der Kooperationsbank dennoch ein Kündigungsrecht zusteht und sie dieses ausübt, scheidet eine Schadensersatzpflicht gegenüber den übrigen Investoren, gestützt auf die Kündigung, grundsätzlich aus. Eine Haftung wegen schuldhafter Herbeiführung der Unwirksamkeit der Beteiligungszusage bleibt davon unberührt.

[528] Zu dem diesbezüglichen Zweck des KWG siehe oben Zweiter Teil B.I.2.a)cc)(2). Deshalb wird etwa auch die Übernahme von Kreditlinie oder revolvierenden Darlehen als Kreditgeschäft eingestuft, vgl. etwa *Heemann*, in: Grieser/Heemann S. 623, 628 f. Denn der Übernehmer wird verpflichtet das Darlehen jederzeit oder vereinbarungsgemäß zu valutieren, vgl. Quellen Zweiter Teil Fn. 392, und muss in der Folge das erforderliche Kapital im entscheidenden Zeitpunkt vorhalten.

qualifizieren sind. Weil die Bereitstellung des Kapitals allein Pflicht des einzelnen Investors ist, würde er dieses insoweit auch allein betreiben.

Sofern die tatsächliche Auszahlung des Darlehens davon abhängt, dass der Vertrag mit dem Investor wirksam ist und dies auch bleibt, scheidet die Annahme eines Kreditgeschäfts hingegen aus. Denn die Aufsicht über das Kreditgeschäft soll nicht davor schützen, dass die Nichtigkeitsfolge bestimmter Vorschriften eintritt.

Die Verknüpfung der Leistungsfähigkeit des Investors mit dem Valutierungsanspruch des Kreditnehmers über § 313 BGB erfüllt hingegen das Risiko mangelnder Kreditversorgung. Kann der Investor seine Verbindlichkeit aus dem Kommissionsvertrag nämlich nicht begleichen, würde das Darlehen in entsprechender Höhe nicht valutiert. Allerdings führt die derzeitige Abwicklung der Kreditprojekte dazu, dass die Investoren der Genehmigungspflicht entgehen, und zwar, weil die Kooperationsbank den Darlehensvertrag erst dann abschließt, wenn sie den Vorschuss sämtlicher Investoren erhalten hat. Dies wird dadurch sichergestellt, dass die Abgabe einer Beteiligungszusage beim unechten Crowdlending mit einfacher Forderungsübertragung nur möglich ist sofern das Konto des Investors in entsprechender Höhe gedeckt ist. Ab diesem Moment, ist der Kreditnehmer nicht mehr dem Insolvenzrisiko der Investoren, sondern nur noch dem der Kooperationsbank ausgesetzt. Der Tatbestand des Kreditgeschäfts ist damit nicht erfüllt.

dd) Kein aufsichtspflichtiges Einlagengeschäft der Investoren

Der Vollständigkeit halber sei erwähnt, dass die Investoren auch dann kein Einlagengeschäft betreiben, wenn sie sich an einem Modell beteiligen, welches die Verlustrisiken aller Anleger im Wege eines Verrechnungsmodells vergemeinschaftet.[529] Zwar ist es bei diesem Modell denkbar, dass Investoren Gelder, die sie bereits erhalten haben, wieder an die Kooperationsbank zurückzuzahlen haben,[530] allerdings sind diese Rückzahlungsansprüche in ihrer Rechtswirksamkeit nicht unbedingt. Es muss schließlich erst ein besonderer Umstand hinzutreten, der die Rechtswirkung des Anspruchs entstehen lässt.[531] Derart bedingte Ansprüche erfüllen den Tatbestand des § 1 Abs. 1 S. 2 Nr. 1 KWG nicht.[532]

---

[529] Gemeint ist das Verrechnungsmodell, welches etwa bei der Plattform Smava vorzufinden ist, vgl. Zweiter Teil A.I.6.c).

[530] Vgl. etwa § 22 AGB von Smava, vgl. Quelle Zweiter Teil Fn. 2.

[531] Zur Wirkung des Eintritts der Bedingung vgl. etwa *Mansel*, in: Jauernig § 158 Rn. 2; *Westermann*, in: MüKo-BGB (2015) § 158 Rn. 9.

[532] *Brogl*, in: Reischauer/Kleinhans § 1 Rn. 53; *Schwennicke*, in: Schwennicke/Auerbach § 1 Rn. 13.

ee) Zwischenergebnis

Die Investoren betreiben beim unechten Crowdlending mit einfacher Forderungsübertragung derzeit weder aufsichtspflichtige Kredit- noch Einlagengeschäfte.

b) Aufsichtspflichtige Geschäfte der Kooperationsbank

aa) Einlagen- und Kreditgeschäft

Wenig überraschend ist, dass die Kooperationsbank mit ihrer Beteiligung am unechten Crowdlending mit einfacher Forderungsübertragung sowohl das Einlagen- als auch das Kreditgeschäft betreibt.

Die Einlagenqualität der Gelder, welche die Investoren auf ihre Konten einzahlen, ist bis zum Abschluss eines Kommissionsvertrags gegeben. Im Anschluss daran verlieren sie diese Eigenschaft. Denn durch den Abschluss des Kommissionsvertrags entfällt die unbedingte Rückzahlungsverpflichtung der Kooperationsbank.[533]

Das Kreditgeschäft betreibt die Kooperationsbank insoweit, als dass sie gegenüber dem Kreditnehmer das Risiko eingeht, ihn tatsächlich mit dem zugesagten Kapital zu versorgen. Dass die Verpflichtung, die Valuta auch beim Kreditnehmer zu belassen teilweise übertragen wird, ändert daran nichts, denn von der Kooperationsbank geht originär ein Teil des Risikos aus, dem die Genehmigungspflicht des Kreditgeschäfts entgegenwirken will.

bb) Keine Anlagevermittlung aber Finanzkommissionsgeschäft

Mit dem Kleinanlegerschutzgesetz hat der Gesetzgeber in § 1 Abs. 2 Nr. 7 VermAnlG auch „sonstige Anlagen" zu Vermögensanlagen erklärt. Unter den Tatbestand fallen die beim unechten Crowdlending veräußerten Darlehensrückzahlungsansprüche.[534] Nach § 1 Abs. 11 KWG zählen diese Vermögensanlagen zu den Finanzinstrumenten i.S.d. KWG. Dieser Umstand wirft die Frage auf, ob die Kooperationsbank beim unechten Crowdlending mit einfacher Forderungsübertragung neben dem Einlagen- und Kreditgeschäft auch Finanzkommissionsgeschäfte i.S.d. § 1 Abs. 1 S. 2 Nr. 4 KWG betreibt oder Anlagen vermittelt i.S.d. § 1 Abs. 1a S. 2 Nr. 1 KWG.

Anlagevermittlung im Sinne dieser Norm ist die Vermittlung von Geschäften über die Anschaffung und die Veräußerung von Finanzinstrumenten. Ein Finanzkommissionsgeschäft hingegen ist die Anschaffung und die Veräußerung von Finanzinstrumenten im eigenen Namen für fremde Rechnung.

---

[533] Vgl. im Detail Zweiter Teil B.I.4.c)cc).

[534] Zur Qualifikation der Rückzahlungsansprüche als Vermögensanlagen i.S.d. VermAnlG siehe unten Zweiter Teil B.III.1.

Die Kooperationsbank erfüllt den insoweit klaren Wortlaut von § 1 Abs. 1 S. 2 Nr. 4 KWG. Wie im ersten Teil dargelegt, erwirbt sie die Rückzahlungsansprüche auf Grund eines Kommissionsvertrags.[535] Sie handelt demnach im eigenen Namen und für fremde Rechnung. Dies ist das entscheidende Abgrenzungskriterium gegenüber der Anlagevermittlung, deren Tatbestand erfüllt wäre, wenn sie im fremden Namen und für fremde Rechnung tätig würde.[536]

Die Kooperationsbank erfüllt also den Tatbestand des § 1 Abs. 1 S. 2 Nr. 4 KWG und bedarf für die Vermittlungstätigkeit im Rahmen des unechten Crowdlending mit einfacher Forderungsübertragung einer Genehmigung gemäß § 32 KWG.[537]

c) Aufsichtspflichtige Geschäfte der Plattformbetreibergesellschaft

aa) Kreditgeschäft

Soweit ersichtlich wird bislang nicht diskutiert, ob die Plattformbetreibergesellschaft das Kreditgeschäft i.S.d. § 1 Abs. 1 S. 2 Nr. 2 KWG betreibt. Diese Überlegung ist aber insofern bemerkenswert, als sie zwei Teilrisiken realisieren kann, denen die Aufsicht über den Betrieb von Kreditgeschäften entgegenwirken soll.

Zum einen nimmt sie entscheidenden Einfluss auf die Inhalte des Darlehensvertrags. Zum anderen ist sie es, die die Forderungsverwaltung für die Investoren übernimmt und damit auch die maßgebliche Entscheidung über den Entzug des Darlehens trifft.

Aus teleologischen Gründen wäre es also naheliegend, die Plattformbetreibergesellschaft einer Aufsicht zu unterstellen.

Diesem Ergebnis steht jedoch zunächst einmal der Wortlaut des § 1 Abs. 1 S. 2 Nr. 2 KWG entgegen. Der Aufsicht unterliegen soll demnach nämlich nur, wer Gelddarlehen gewährt. Darunter ist zwar nicht allein der Abschluss des Darlehensvertrags zu verstehen, zumindest aber eine irgendwie geartete originäre Verpflichtung oder Berechtigung gegenüber dem Kreditnehmer auf Grund des Darlehensvertrags.[538]

Was die Einflussnahme der Plattformbetreibergesellschaft auf die Inhalte des Darlehensvertrags angeht, scheidet eine Einordnung als Kreditgeschäft aber auch

---

[535] Vgl. Zweiter Teil A.II.1.a).

[536] *Schäfer*, in: Boos/Fischer/Schulte-Mattler § 1 Rn. 58.

[537] Anders als die Intermediärgesellschaft, vgl. Zweiter Teil B.I.4.c)dd)(2), erbringt die Kooperationsbank beim unechten Crowdlending mit einfacher Forderungsübertragung nicht nur Dienstleistungen, die Vermögensanlagen i.S.d. § 1 Abs. 2 VermAnlG zum Gegenstand haben. Eine entsprechende Anwendung des Ausnahmevorschriften der § 2 KWG scheidet hier deshalb aus.

[538] Zur Definition des Tatbestandsmerkmals „gewähren" vgl. oben Zweiter Teil B.I.3.a) bb)(4).

darüber hinaus aus. Schließlich wird die rechtlich bindende Vereinbarung mit dem Kreditnehmer durch einen Dritten, die Kooperationsbank, herbeigeführt, welche der staatlichen Aufsicht unterliegt. Dies sichert eine ausreichende Kontrolle der Vertragsinhalte, denn sie ist bei der Auslagerung von Tätigkeiten, die für die Durchführung von Bankgeschäften, Finanzdienstleistungen oder sonstigen institutstypischen Dienstleistungen wesentlich sind, verpflichtet, Vorkehrungen zu treffen, um übermäßige zusätzliche Risiken zu vermeiden vgl. § 25b Abs. 1 S. 1 KWG. Ob die Kooperationsbank ihre Verpflichtungen zur ordnungsgemäßen Organisation ihres Betriebs ausreichend erfüllt oder ob die Übertragung bestimmter Aufgaben an die Plattformbetreibergesellschaft diesen widerspricht, ist eine von diesem Ergebnis losgelöst zu beantwortende Frage.

Allerdings ist die Plattformbetreibergesellschaft auf Grund der Bevollmächtigung durch die einzelnen Investoren in der Lage, das Risiko des Entzugs von Krediten zu realisieren, ohne dass mit den Investoren ein staatlich beaufsichtigtes Kreditinstitut die Handlungen der Plattformbetreibergesellschaft überwachen würde.

Aber auch dies kann nicht rechtfertigen, dass die Plattformbetreibergesellschaft einer Genehmigung i.S.d. § 32 KWG bedarf. Die Bevollmächtigung allein ist vom Wortlaut des § 1 Abs. 1 S. 2 Nr. 2 KWG nicht umfasst. In der Folge wäre methodisch nur eine analoge Anwendung des § 32 KWG denkbar.

Art. 103 Abs. 2 GG steht dem nicht entgegen, solange die Analogie in der Folge nicht auch auf § 54 KWG erstreckt wird. Art. 103 Abs. 2 GG gilt für den Erlaubnistatbestand nämlich in erster Linie, soweit er von der strafrechtlichen Blankettnorm (§ 54 KWG) in Bezug genommen wird.[539]

Ein Analogieverbot ist aber der enumerativen Aufzählung des § 1 Abs. 1 S. 2 KWG zu entnehmen.[540] Der Katalog der Bankgeschäfte ist abschließend und eine Erweiterung – mittlerweile ausschließlich[541] – durch Gesetzesänderung möglich.[542]

---

[539] BVerfG, Beschluss BVerfG vom 5. 4. 2006 – 1 BvR 2780/04 – NJW 2006 S. 3340, 3341; dem folgend *Schwennicke*, in: Schwennicke/Auerbach § 54 Rn. 9; *Schröder*, 6. Kapitel Rn. 954b f.

[540] Schon *Canaris*, BB 1978 S. 227, 228.

[541] Die früher in § 1 Abs. 1 S. 3 KWG normierte Verordnungsermächtigung wurde durch die 6. KWG-Novelle gestrichen, da etwaige Erweiterungen in der Praxis stets nur durch Gesetzesänderung erfolgten, vgl. Entwurf eines Gesetzes zur Umsetzung von EG-Richtlinien zur Harmonisierung bank- und wertpapieraufsichtsrechtlicher Vorschriften BT-Drucks. 13/7142 vom 6. 3. 1997 S. 65. Schon vorher wurde eine analoge Anwendung jedoch ausgeschlossen, vgl. *Canaris*, BB 1978 S. 227, 228.

[542] Entwurf eines Gesetzes über das Kreditwesen BT-Drucks. 3/1114 vom 25. Mai 1959 S. 27: „erschöpfende Aufzählung"; *Schäfer*, in: Boos/Fischer/Schulte-Mattler § 1 Rn. 27 und § 4 Rn. 4; *Schwennicke*, in: Schwennicke/Auerbach § 1 Rn. 9.

bb) Einlagengeschäft

Was das Einlagengeschäft angeht, so wird häufig festgestellt, dass für die Plattformbetreibergesellschaft zumindest die Gefahr bestehe, als Betreiber dieses Bankgeschäfts qualifiziert zu werden.[543]

Voraussetzung nach § 1 Abs. 1 S. 2 Nr. 1 KWG wäre die Annahme fremder Gelder als Einlagen oder anderer unbedingt rückzahlbarer Gelder des Publikums durch die Plattformbetreibergesellschaft, und das der jeweilige Rückzahlungsanspruch nicht in Inhaber- oder Orderschuldverschreibungen verbrieft wird.

Für die Plattformbetreibergesellschaft beim unechten Crowdlending mit einfacher Forderungsübertragung erübrigt sich eine Prüfung dieses Tatbestands, weil sie, soweit ersichtlich, keine Gelder von den Investoren entgegennimmt. Vielmehr zahlen die Investoren die Gelder auf ihre Konten bei dem kooperierenden Kreditinstitut ein. Zu der Frage, unter welchen Bedingungen die Plattformbetreibergesellschaften das Einlagengeschäft betreiben, sollten sie Gelder der Investoren entgegennehmen, sei an dieser Stelle auf die Ausführungen zum Modell mit gestreckter Forderungsübertragung verwiesen.[544]

cc) Keine aufsichtspflichtige Anlagevermittlung
i.S.d. § 1 Abs. 1a S. 2 Nr. 1 KWG

(1) Tatbestand des § 1 Abs. 1a S. 2 Nr. 1 KWG im Verhältnis Investor/Kooperationsbank erfüllt

Die Tätigkeit der Plattformbetreibergesellschaft ermöglicht den Investoren einen Vertragsschluss über den Erwerb einer Vermögensanlage, beim unechten Crowdlending mit einfacher Forderungsübertragung mit der Kooperationsbank.[545] Damit erfüllt sie den Tatbestand des § 1 Abs. 1a S. 2 Nr. 1 KWG.[546] Dabei liegt keine aufsichtsfreie „Vermittlung eines Vermittlers" vor,[547] denn die Kooperationsbank, mit welcher der Investor kontrahiert, ist kein Anlagevermittler.[548]

---

[543] *Mitschke*, BaFin Journal 05/2007 S. 3, 4; *Weber/Seifert*, in: Luz/Neus/Schaber/Scharpf/ Schneider/Weber § 1 Rn. 15; BaFin Merkblatt – Hinweise zur Erlaubnispflicht der Betreiber und Nutzer einer internetbasierten Kreditvermittlungsplattform nach dem KWG vom 14. Mai 2007 Nr. 2, vgl. Quelle Zweiter Teil Fn. 64.

[544] Zweiter Teil B.I.4.c)cc).

[545] Vgl. Zweiter Teil B.I.4.c)dd)(3) zum Vergleich beim unechten Crowdlending mit gestreckter Abtretung.

[546] Allgemein *Begner*, BaFin Journal 9/2012 S. 11, 13; für das Crowdinvesting *Nietsch/ Eberle*, DB 2014 S. 1788, 1790; *Nastold*, in: ZVertriebsR 2014 S. 366; allgemein zur Feststellung, dass die Vermittlung von Vermögensanlagen Anlagevermittlung betreiben und damit eine Finanzdienstleistung i.S.d. KWG erbringen, vgl. VG Frankfurt a.M., Urteil vom 25. 2. 2013 – 9 K 3960/12.F – juris Rn. 23.

[547] Vgl. generell hierzu *Brogl*, in: Reischauer/Kleinhans § 1 Rn. 193; *Schwennicke*, in: Schwennicke/Auerbach § 1 Rn. 84; *Weber/Seifert*, in: Luz/Neus/Schaber/Scharpf/Schneider/ Weber § 1 Rn. 38.

(2) Tatbestand des § 2 Abs. 6 Nr. 8e KWG durch
Plattformbetreibergesellschaft erfüllt

In der Folge bedürfte die Plattformbetreibergesellschaft deshalb grundsätzlich einer Genehmigung i.S.d. § 32 Abs. 1 KWG.[549] Allerdings erfüllt die Plattformbetreibergesellschaft bei diesem Geschäftsmodell den Ausnahmetatbestand des § 2 Abs. 6 Nr. 8e KWG.[550]

Sie vermittelt durch ihre Handlungen Vermögensanlagen i.S.d. § 1 Abs. 2 Nr. 7 VermAnlG.[551] Die Vermittlung ist dabei die einzige von ihr erbrachte Finanzdienstleistung. Außerdem hält sie die zusätzlichen Voraussetzungen des § 2 Abs. 6 Nr. 8e Hs. 2 Var. 6 KWG ein. Die Plattformbetreibergesellschaft ist beim unechten Crowdlending mit einfacher Forderungsübertragung nämlich, soweit ersichtlich, nicht befugt, sich bei der Erbringung dieser Finanzdienstleistungen Eigentum oder Besitz an den Geldern oder Anteilen von Kunden zu verschaffen.

(3) Keine Anlagevermittlung im Verhältnis Kreditnehmer – Kooperationsbank

Die Plattformbetreibergesellschaft betreibt im Übrigen auch keine Anlagevermittlung zwischen Kreditnehmer und Kooperationsbank. Zwar ist auch der öffentlich angebotene Abschluss eines Darlehensvertrags unter § 1 Abs. 2 Nr. 7 VermAnlG zu subsumieren.[552] Allerdings setzt der Wortlaut des § 1 Abs. 1a S. 2 Nr. 1 KWG die Vermittlung eines Geschäfts, welches auf die Anschaffung und die Veräußerung der Finanzinstrumente gerichtet ist, voraus. Eine Anschaffung impliziert jedoch, dass das Finanzinstrument zumindest vorübergehend im Eigentum des Erwerbers verbleibt. Beim unechten Crowdlending mit einfacher Forderungsübertragung werden die Rückzahlungsansprüche von der Kooperationsbank an die Investoren im Voraus abgetreten. Eine Anschaffung des Finanzinstruments durch die Kooperationsbank liegt also nicht vor.

(4) Zwischenergebnis

Die Plattformbetreibergesellschaft betreibt beim unechten Crowdlending mit einfacher Forderungsübertragung keine aufsichtspflichtigen Bankgeschäfte und erbringt auch keine aufsichtspflichtigen Finanzdienstleistungen.

---

[548] Vgl. Zweiter Teil B.I.3.b)bb).

[549] Mit diesem Ergebnis für die Plattformbetreibergesellschaft beim Crowdinvesting *Nietsch/Eberle* DB 2014 S. 2575, 2577; *Riethmüller*, DB 2015 S. 1451, 1454 spricht sich hingegen auch beim Crowdinvesting dafür aus, dass statt § 1 Abs. 1a S. 2 Nr. 1 KWG wohl regelmäßig § 34 f GewO einschlägig sein wird.

[550] *Nastold*, ZVertriebsR 2014 S. 366; sowohl diese Vorschrift, als auch die Parallelvorschrift aus § 2a Abs. 1 Nr. 7e WpHG sind auf sämtliche Vermögensanlagen und damit auch auf die i.S.d. § 2a VermAnlG anwendbar, vgl. *Riethmüller*, DB 2015 S. 1451, 1453; *Bujotzek/Mocker*, BKR 2015 S. 358, 359.

[551] Vgl. Zweiter Teil B.III.1.

[552] Vgl. Zweiter Teil B.III.1.b).

d) Kein aufsichtspflichtiges Einlagengeschäft des Kreditnehmers

Auch von den Kreditnehmern wird nach Ansicht der BaFin und Teilen der Literatur möglicherweise ein Bankgeschäft betrieben. Ihre Beteiligung am unechten Crowdlending sei unter Umständen als Betrieb des Einlagengeschäfts zu qualifizieren.[553] Diese Annahme erweist sich bei näherem Hinsehen für die derzeit aktiven Plattformen jedoch als fehlerhaft. Die Besonderheiten des (unechten) Crowdlending schließen eine solche Bewertung aus.

Ausschlaggebend für dieses Ergebnis ist am Ende, dass das KWG zwischen dem Einlagengeschäft und dem Kreditgeschäft als zwei unterschiedlichen Bankgeschäften differenziert. Daraus folgt, dass es einen Unterschied zwischen der Aktivseite des Einlagengeschäfts und der Passivseite des Kreditgeschäfts geben muss.[554] Sonst wären beinahe die gesamte kreditnehmende Wirtschaft als Betreiber des Einlagengeschäfts zu qualifizieren und die Unterscheidung zwischen § 1 Abs. 1 S. 2 Nr. 1 und Nr. 2 KWG belanglos.[555] Aus der Differenzierung zwischen den beiden Tatbeständen ist deshalb zu folgern, dass ein Rechtsgeschäft nur entweder Kredit- oder aber Einlagengeschäft sein kann.[556]

Schon die bislang begründungslos vorgetragene aber zutreffende Annahme, die Tätigkeit der Investoren stelle ein Kreditgeschäft dar, schließt eine Qualifikation der Kreditnehmer als Betreiber des Einlagengeschäfts aus.

Es gibt aber noch weitere bislang nicht genannte Gründe, die für die Annahme sprechen, dass allein die Investoren das Kreditgeschäft, die Kreditnehmer aber keinesfalls das Einlagengeschäft betreiben. Sie sollen im Folgenden dargestellt werden, wobei die rechtsgeschäftliche Umgehungskonstruktion des unechten Crowdlending der Einfachheit halber hinweg gedacht und unterstellt wird, dass die Verträge, den wirtschaftlichen Interessen der Parteien entsprechend, unmittelbar zwischen Investoren und Kreditnehmern geschlossen werden.

Man sähe sich auch hier der Frage ausgesetzt, ob der Abschluss des Darlehensvertrags ein Kreditgeschäft der Investoren oder aber ein Einlagegeschäft der Kreditnehmer ist. Die zivilrechtliche Typisierung als Darlehensvertrag indiziert keines der beiden Ergebnisse.[557]

---

[553] BaFin Merkblatt Hinweise zur Erlaubnispflicht der Betreiber und Nutzer einer internetbasierten Kreditvermittlungsplattform nach dem KWG 14. Mai 2007 Nr. 1, vgl. Quelle Zweiter Teil Fn. 64; *Mitschke*, BaFin Journal 05/07 S. 3, 4; *Weber/Seifert*, in: Luz/Neus/Schaber/Scharpf/Schneider/Weber § 1 Rn. 15.

[554] *Canaris*, BB 1978 S. 227, 228; *Horn*, ZGR 1976 S. 435, 437 ff.

[555] *Canaris*, BB 1978 S. 227, 228; dem folgend *Ruhl*, S. 152.

[556] Aus diesem Grund sind auch Interbankenkredite entweder als Einlagengeschäft des eines Instituts oder als Kreditgeschäft des anderen zu bewerten, *Schäfer*, in: Boos/Fischer/Schulte-Mattler § 1 Rn. 51; *Canaris*, in: Staub Bankvertragsrecht 2. Auflage Rn. 1166; *Ergenzinger*, in: Szagunn/Haug § 1 Rn. 31.

[557] *Canaris*, BB 1978 S. 227, 228; *Renner*, in: Staub Bankvertragsrecht 5. Aufl. Vierter Teil Rn. 22.

Vor der Einführung der weiten Tatbestandsalternative des § 1 Abs. 1 S. 2 Nr. 1 Alt. 2 KWG durch die 6. KWG-Novelle,[558] wurden Einlagen- und passives Kreditgeschäft allein am Tatbestandsmerkmal der Entgegennahme von Geldern „als Einlage" abgegrenzt.[559] Als solche werden sie entgegengenommen, wenn sie „von einer Vielzahl von Geldgebern auf der Grundlage typisierter Verträge darlehensweise oder in ähnlicher Weise laufend entgegengenommen und ihrer Art nach nicht banküblich besichert werden".[560]

Sind diese Merkmale erfüllt, wird dem jedoch lediglich eine Indizwirkung zugesprochen.[561] Die endgültige Abgrenzung findet durch Abwägen der Umstände des Einzelfalls und, nach herrschender Meinung, unter Berücksichtigung der bankwirtschaftlichen Verkehrsauffassung statt, die durch den Schutzzweck des KWG geprägt wird.[562]

Nun wurde durch die 6. KWG-Novelle der Auffangtatbestand eingefügt, dass ein Einlagengeschäft auch in der Annahme anderer rückzahlbarer Gelder des Publikums zu sehen ist, was später noch insoweit präzisiert wurde, dass die Rückzahlbarkeit dieser Gelder unbedingt sein muss.[563] Auch im Anschluss an diese Änderung wird noch an der Differenzierung unter Berücksichtigung der bankwirtschaftlichen Verkehrsauffassung festgehalten.[564] Was insoweit verwunderlich ist, als das Einlagengeschäft in Folge der Gesetzesänderung über das Geschäft mit Einlagen hinausgeht.[565] Zumindest an dem Tatbestandsmerkmal „als Einlage" kann man diese Differenzierung nicht mehr festmachen.

Letztendlich ist die Einschätzung dennoch richtig, denn es bleibt dabei: Aus der enumerativen Aufzählung der Bankgeschäfte muss man folgern, dass zwischen der Passivseite des Kreditgeschäfts und dem Einlagengeschäft ein Unterschied besteht.

---

[558] s.o. Zweiter Teil B.I.2.a)aa)(3).

[559] *Canaris*, BB 1978 S. 227, 228; BGH, Urteil vom 09.03.1995 – III ZR 55/94 – NJW 1995, S. 1494 1495.

[560] M.w.N. *Schwennicke*, in: Schwennicke/Auerbach § 1 Rn. 17.

[561] BGH, Urteil vom 09.03.1995 – III ZR 55/94 – NJW 1995, S. 1494 1495.

[562] BGH, Urteil vom Urteil vom 13.4.1994 – II ZR 16/93 – NJW 1994 S. 1801, 1805; BVerwG, Urteil vom 27.3.1984 – 1 C 125/80 – WM 1984 S. 1364, 1367; OVG Berlin, Beschluss vom 23.11.1983 – OVG 1 S 14/83 – WM 1984 S. 865, 867; BGH, Urteil vom 09.03.1995 – III ZR 55/94 – NJW 1995, S. 1494 1495; *Horn*, ZGR 1976 S. 435, 440ff.; m.w.N. *Renner*, in: Staub Bankvertragsrecht Vierter Teil Rn. 22; a.A. etwa *Schütz*, JZ 1964 S. 91, 92 und *Schönle*, § 7 I 1 b), die nach Initiative bzw. Interessenrichtung des Kapitalgebers differenzieren und diesbezüglich eine Einteilung in „gebrachtes" und „geholtes" Geld für maßgeblich erachtet. Zur Kritik an der Einteilung in Abhängigkeit der Initiative des Geschäfts siehe etwa *Horn*, ZGR 1976 S. 435, 439.

[563] Eingefügt durch das Gesetz zur Umsetzung der Richtlinie 2002/87/EG des Europäischen Parlaments und des Rates vom 16. Dezember 2002 (Finanzkonglomeraterichtlinie-Umsetzungsgesetz) vom 21.12.2004 BGBl. I S. 3610.

[564] *Ruhl*, S. 152; *Demgensky/Erm*, WM 2001 S. 1445, 1454 spricht sich für eine teleologische Einschränkung des neuen Tatbestandes aus.

[565] *Brogl*, in: Reischauer/Kleinhans § 1 Rn. 44.

Dies macht eine Differenzierung weiterhin erforderlich. Die Einführung des Auffangtatbestands hat jedoch Auswirkungen auf die bankwirtschaftliche Verkehrsauffassung. Der Gesetzgeber wollte die Qualifikation als Einlagengeschäft schließlich von den subjektiven Zwecksetzungen der Vertragsparteien lösen, insbesondere sollte sie nicht mehr davon abhängen, dass die hereingenommenen Gelder dazu dienen, durch Ausnutzung der Zinsspanne Gewinne zu erzielen.[566] Selbst wenn dies der Fall ist, kann deshalb nicht gefolgert werden, dass die bankwirtschaftliche Verkehrsauffassung das Geschäft vom Tatbestand des Einlagengeschäfts ausnehmen würde.

In Anbetracht dieser Ausgangslage ist ein erstes Indiz für den Ausschluss eines durch die Kreditnehmer betriebenen Einlagengeschäfts darin zu sehen, dass die Kreditnehmer derzeit von Seiten der Plattformbetreibergesellschaft maximal zwei Kredite gleichzeitig über die Plattformen aufnehmen können. Eine laufende Entgegennahme von Geldern ist also allein über das Crowdlending nicht möglich.

Das entscheidende Argument ist jedoch, dass es der Beteiligung der Investoren beim Crowdlending an dem von der Verkehrsanschauung mit einer Einlage verbundenen Zweck der Einlagensicherheit fehlt. Die (relative) Sicherheit von Einlagen wird im Regelfall durch eine Risikostreuung des annehmenden Instituts gewährleistet und dessen Wirkung von dem einlegenden Dritten angestrebt.[567]

Beim unechten Crowdlending ist genau das Gegenteil der Fall. Die Risikostreuung soll und muss der Investor selbst vornehmen.[568] Er tritt also in die Position desjenigen, der durch Diversifizierung den Erhalt seines Vermögens sicherstellen bzw. dessen Wachstum wahrscheinlich machen kann. Crowdlending wird deshalb auch zu Recht als neue Form der (riskanten) Geld*anlage* angesehen.[569]

Damit muss logischerweise eine Qualifikation als Einlage beim Kreditnehmer ausscheiden. Dies gilt im Übrigen auch, sofern die Investoren durch bestimmte Verrechnungsabreden am Risiko anderer Kreditprojekte beteiligt werden und dadurch das Ausfallrisiko der eigenen Anlage reduzieren,[570] denn die Diversifizierung nehmen auch hier die Investoren vor, nicht etwa die Kooperationsbank, die Plattformbetreibergesellschaft oder die Kreditnehmer.

---

[566] Entwurf eines Gesetzes zur Umsetzung von EG-Richtlinien zur Harmonisierung bank- und wertpapieraufsichtsrechtlicher Vorschriften BT-Drucks. 13/7142 vom 6.3.1997 S. 62 f.; BGH, Urteil vom 23.11.2010 – VI ZR 244/09 – WM 2011 S. 20, 21 f.; VG Frankfurt a.M., Urteil vom 21.2.2008 – 1 E 5085/06 – juris Rn. 56; *Brogl*, in: Reischauer/Kleinhans § 1 Rn. 50; *Schwennicke*, in: Schwennicke/Auerbach § 1 Rn. 24.

[567] *Horn*, ZGR 1976 S. 435, 441.

[568] Darauf werden die Investoren teilweise auch von den Plattformbetreibergesellschaften explizit hingewiesen. So etwa bei FundingCircle unter: https://www.fundingcircle.com/de/geld-anlegen-unternehmen-5.html, zuletzt abgerufen am 30.11.2015. Dort heißt es: „Doch der wirksamste Schutz gegen mögliche Verluste ist und bleibt die Diversifizierung, also die Streuung Ihres Investitionsbetrags auf viele Einzelprojekte".

[569] Etwa die Stiftung Warentest Finanztest 06/2013 S. 14 f.

[570] Vgl. Zweiter Teil A.I.6.c).

Letztendlich ist auch nur dieses Ergebnis mit Telos des § 1 Abs. 1 S. 2 Nr. 1 KWG vereinbar. Dieser soll dem Publikum die Möglichkeit geben, Geld sicher bei einem Dritten belassen zu können, ihm aber keineswegs die Möglichkeit rauben, auf diese Sicherheit zu verzichten und riskantere Geschäfte vorzunehmen.[571] Insbesondere wird das Vertrauen des Sparers in die Kreditwirtschaft nicht entgegen dem Gesetzeszweck beeinträchtigt, schließlich bewegt sich der Investor wissentlich außerhalb des Bereichs sicherer Bankeinlagen.[572]

Diese Bewertung ändert sich auch nicht, wenn man die vertragliche Umgehungsstruktur beim unechten Crowdlending wieder hinzieht, weil man aus teleologischen Gründen das Verhältnis zwischen Investoren und Kreditnehmer als maßgeblich erachten muss, da nur ihnen der Verlust des Kapitals droht.

Selbst wenn man nur das Verhältnis zwischen Kooperationsbank und Kreditnehmer als maßgeblich betrachtet, ist die Entgegennahme der Gelder durch die Kreditnehmer aus den oben genannten Gründen als Investition der Kooperationsbank zu bewerten. Dies wird umso deutlicher, als der Begriff des Einlagengeschäfts dann nur anhand der ersten Tatbestandsalternative des § 1 Abs. 1 S. 2 Nr. 1 KWG zu messen wäre, denn lizenzierte Kreditinstitute zählen nicht zum „Publikum" i.S.d. § 1 Abs. 1 S. 2 Nr. 1 Alt. 2 KWG.[573]

Aus diesem Grund betreiben die Kreditnehmer beim unechten Crowdlending mit einfacher Forderungsübertragung kein Einlagengeschäft.

4. Aufsichtspflichtigkeit der Teilnehmer am unechten Crowdlending mit gestreckter Forderungsübertragung

a) Kein aufsichtspflichtiges Kreditgeschäft der Investoren

Die Bewertung der Frage, ob die Investoren beim unechten Crowdlending das Kreditgeschäft betreiben, ist unabhängig davon zu beantworten, ob die Rückzahlungsansprüche einfach oder gestreckt auf sie übertragen werden. Schließlich übernehmen sie die Rückzahlungsansprüche so oder so unmittelbar nach Abschluss des Darlehensvertrags und sind damit gleichermaßen Quelle eben der Gefahren, die auch die Investoren beim unechten Crowdlending mit einfacher Forderungsübertragung hervorrufen.

---

[571] *Horn*, ZGR 1976 S. 435, 441; dies wird auch deutlich, wo die Überlassung von Geldern an Dritte zu deren Investition nicht als Einlagen qualifiziert werden, sofern der Anleger Gewinn und Verlust dieser Anlagen trägt, so bei BGH, Urteil vom 9. 2. 2011 – 5 StR 563/10 – NSTZ 2011, S. 410, 411.

[572] Darauf wird er schließlich auch hingewiesen, vgl. Finmar AGB § 10 Abs. 1, vgl. Quelle Zweiter Teil Fn. 7; versteckt bei Smava AGB § 34 Abs. 4, vgl. Quelle Zweiter Teil Fn. 2.

[573] *Schwennicke*, in: Schwennicke/Auerbach § 1 Rn. 28; *Brogl*, in: Reischauer/Kleinhans § 1 Rn. 37, 52.

Daraus folgt, dass auch die Investoren beim unechten Crowdlending mit gestreckter Forderungsübertragung solange nicht als aufsichtspflichtige Betreiber des Kreditgeschäfts anzusehen sind, wie nicht ein Investor für sich genommen Kreditprojekte vollständig finanziert und dies gewerbsmäßig oder in kaufmännischem Umfang tut, eine Gruppe von Investoren gewerbsmäßig Kreditprojekte vollständig finanziert oder dies von einer Gruppe von Investoren getan wird.[574]

b) Aufsichtspflichtige Geschäfte der Kooperationsbank

aa) Einlagen- und Kreditgeschäft

Wie auch beim unechten Crowdlending mit einfacher Forderungsübertragung betreibt die Kooperationsbank auch im Modell mit gestreckter Forderungsübertragung das Einlagen- und das Kreditgeschäft.[575] Lediglich der Geschäftspartner der Kooperationspartner ist beim Einlagengeschäft ein anderer. Schließlich führen, im Gegensatz zur Intermediärgesellschaft, die Investoren nicht notwendigerweise ein Konto bei der Kooperationsbank.

bb) Keine Anlagevermittlung und kein Finanzkommissionsgeschäft

Die Kooperationsbank erbringt wie beim unechten Crowdlending mit einfacher Forderungsübertragung keine Anlagevermittlung.[576] Allerdings betreibt sie beim Modell mit gestreckter Abtretung auch kein Finanzkommissionsgeschäft. Insoweit wird auch sie im Anwendungsbereich des § 2 Abs. 6 Nr. 8a KWG tätig.[577]

c) Aufsichtspflichtige Geschäfte der Plattformbetreiber- und Intermediärgesellschaft

aa) Kein Factoring

Selbst wenn die Plattformbetreibergesellschaft beim Modell mit gestreckter Forderungsübertragung gegenüber der Kooperationsbank verpflichtet ist, diese von den wirtschaftlichen Risiken des Darlehensvertrags zu befreien, bis die Intermediärgesellschaft diese Pflicht erfüllt, betreibt die Plattformbetreibergesellschaft kein Factoring.[578]

---

[574] Vgl. im Detail Zweiter Teil B.I.3.a)bb)(4).

[575] Vgl. Zweiter Teil B.I.3.b)aa).

[576] Vgl. Zweiter Teil B.I.3.b)bb).

[577] Zur Eigenschaft der Intermediärgesellschaft als Kreditinstitut vgl. unten Zweiter Teil B.I.4.c)dd)(2).

[578] Zur Herleitung dieser Pflicht und zur Qualifikation des zugrundeliegenden Vertrags als Rahmenkommissionsvertrags vgl. oben Zweiter Teil A.I.4.b)bb)(3).

Die erforderliche Rahmenvereinbarung läge mit dem Rahmenkommissionsvertrag grundsätzlich zwar vor,[579] allerdings übernimmt die Plattformbetreibergesellschaft die Forderungen praktisch ohnehin nicht. Von einem für das Factoring erforderlichen fortlaufenden Erwerb kann also nicht gesprochen werden.[580] Im Übrigen dient die Übernahme durch die Intermediärgesellschaft ebenso wenig wie die durch die Investoren einer Finanzierung der Kooperationsbank.[581]

Der Tatbestand des § 1 Abs. 1a S. 2 Nr. 9 KWG ist also in mehrfacher Hinsicht nicht erfüllt.

bb) Kreditgeschäft

Was die Frage nach dem Betrieb des Kreditgeschäfts durch die beiden Gesellschaften angeht, ist sie insoweit zu verneinen, als dass sich ihre Tätigkeit mit der einer Plattformbetreibergesellschaft beim unechten Crowdlending mit einfacher Forderungsübertragung deckt. Insbesondere die Berechtigung, die Darlehensverträge für alle Investoren zu verwalten, kann eine Genehmigungspflichtigkeit der beiden Gesellschaften nicht begründen.[582]

Die Intermediärgesellschaft ist letztlich nichts anderes als der verlängerte Arm der Investoren auf dem Weg zur Abwicklung des Kreditprojekts. Sowohl der wirksame Abschluss des Kommissionsvertrags zwischen Kooperationsbank und Intermediärgesellschaft als auch die Bereitstellung der Gelder durch die Intermediärgesellschaft sind deshalb Geschäftsgrundlage des Darlehensvertrags zwischen Kooperationsbank und Kreditnehmer.

Bei diesem Geschäftsmodell ist der Kreditnehmer also grundsätzlich auch noch dem Liquiditätsrisiko der Intermediärgesellschaft ausgesetzt.[583] Allerdings wird eine daraus resultierende Gefahr für die Kreditnehmer wirksam ausgeschlossen, indem die Gelder, welche die Kooperationsbank zur Valutierung des Darlehens verwendet, auf einem Konto der Intermediärgesellschaft bei der Kooperationsbank gebündelt eingezahlt werden.

Die Gefahr des unerwarteten Entzugs von Krediten geht beim unechten Crowdlending mit gestreckter Forderungsübertragung zwischenzeitlich von der Intermediärgesellschaft aus. Im Gegensatz zur Plattformbetreibergesellschaft beim

---

[579] Zur Voraussetzung einer Rahmenvereinbarung vgl. etwa *Schäfer*, in: Boos/Fischer/Schulte-Mattler § 1 Rn. 150c.

[580] Vgl. zu dem Erfordernis eines fortlaufenden Erwerbs ebenfalls *Schäfer*, in: Boos/Fischer/Schulte-Mattler § 1 Rn. 150c.

[581] Vgl. zum Ausschluss des Factoring bei den Investoren oben Zweiter Teil B.I.3.a)aa).

[582] Zum Analogieverbot, welches dieses Ergebnis begründet vgl. oben Zweiter Teil B.I.3.c) aa).

[583] Vgl. zur Eigenschaft dieser beiden Umstände als Geschäftsgrundlagen des Darlehensvertrags beim unechten Crowdlending mit einfacher Forderungsübertragung Zweiter Teil B.I.3.a)cc).

unechten Crowdlending mit einfacher Forderungsübertragung erwirbt sie nämlich die Rückzahlungsansprüche bzw. übernimmt die Position als Vertragspartner.[584] Dies schließt, entsprechend den obigen Erkenntnissen, stets auch die Gestaltungsrechte ein, die zum Entzug des Darlehens berechtigen.[585]

Bei formaler Betrachtung könnte man deshalb überlegen, die Intermediärgesellschaft ebenso wie die Investoren zu behandeln, und den Tatbestand des Kreditgeschäfts deshalb als erfüllt ansehen. Weil die Intermediärgesellschaft aber nur für eine juristische Sekunde Inhaberin der Forderung wird[586] und in der Folge das ihr zustehende Kündigungsrecht praktisch gar nicht ausüben kann, muss dies abgelehnt werden. Folglich könnte auch ihre Genehmigungspflichtigkeit die aus der originär darlehensvertraglichen Kündigungsberechtigung herrührenden Gefahren nicht verhindern.

Beim unechten Crowdlending mit gestreckter Forderungsübertragung betreiben deshalb weder die Plattformbetreiber- noch die Intermediärgesellschaft das Kreditgeschäft.

cc) Einlagengeschäft

Eine Besonderheit bietet das unechte Crowdlending mit gestreckter Forderungsübertragung insoweit, als dass die Auszahlung der Valuta und die Rückzahlung der Raten nicht unmittelbar zwischen den Konten der Investoren und denen der Kreditnehmer abgewickelt werden. Vielmehr werden die Gelder derzeit über das Konto der Intermediärgesellschaft bei der Kooperationsbank geleitet.[587]

Dem Investor könnte im Anschluss an den Überweisungsvorgang bzw. den Einzug durch die Kooperationsbank ein schuldrechtlicher Anspruch auf Rückzahlung des Geldes gegen die Intermediärgesellschaft zustehen. Deshalb kommt sie ihm gegenüber als Betreiber des Einlagengeschäfts in Betracht,[588] denn sie nimmt das Geld vom Investor i.S.d. § 1 Abs. 1 S. 2 Nr. 2 KWG an.[589] Dass sie es zeitgleich der

---

[584] Vgl. Zweiter Teil B.I.3.a)bb)(6)(d).

[585] Vgl. Zweiter Teil B.I.3.a)bb)(6)(d).

[586] Auch die Intermediärgesellschaft erwirbt die Forderung zuvor direkt, wie der Investor beim unechten Crowdlending mit einfacher Forderungsübertragung vgl. Zweiter Teil Fn. 390.

[587] § 3 Abs. 2 Vereinbarung über Verkauf, Abtretung und entgeltliche Verwaltung künftiger (Teil-)Forderungen aus einem Verbraucherkreditvertrag (Lendico Connect); § 3 Abs. 1 MUSTER Vertrag über den Verkauf, die Abtretung und die Verwaltung einer zukünftigen Verbraucherdarlehensforderung (CreditConnect); § 3 Abs. 2 Vereinbarung über Verkauf, Abtretung und entgeltliche Verwaltung künftiger (Teil-)Forderungen aus einem Ratentilgungskreditvertrag mit einem Unternehmen (FundingCircle Connect).

[588] Allgemein zur Rückzahlungsverpflichtung als Voraussetzung des Betriebs von Einlagengeschäften, *Reschke*, in: Beck/Samm/Kokemoor § 1 Rn. 109 ff.

[589] Von einer Annahme von Geld i.S.d. § 1 Abs. 1 S. 2 Nr. 1 KWG ist nämlich bereits auszugehen, wenn Gelder nicht so schnell wie technisch möglich weitergeleitet werden. In-

Kooperationsbank überlässt, die damit ihr gegenüber selbst das Einlagengeschäft betreibt, ist insoweit unerheblich, als das Geld auf dem Firmenkonto bei der Kooperationsbank (auch) der Verfügungsgewalt der Intermediärgesellschaft unterliegt.

Falsch ist es deshalb, wenn behauptet wird, die Führung von Verrechnungskonten der Investoren bei der Kooperationsbank schließe ein Einlagengeschäft des „Betreibers" aus.[590]

In ihrer Tendenz richtig, aber im Ergebnis ebenso unzureichend ist die Feststellung, der „Betreiber" würde das Einlagengeschäft dann betreiben, wenn er sich die Geldbeträge schon vor Abschluss konkreter Darlehensverträge einzahlen ließe.[591] Diese Bewertung geht letztlich nämlich nicht weit genug. Die Entgegennahme von Geld ist nämlich kein Einlagengeschäft, wenn sie im Rahmen von Geschäftsbesorgungsverhältnissen erfolgt.[592] Dann fehlt es an der unbedingten Rückzahlungsverpflichtung des Annehmenden. Für die Intermediärgesellschaft bedeutet dies, dass die Entgegennahme der Gelder, also der Eingang der Gelder auf dem firmeneigenen Konto, nach Abschluss der Kommissionsverträge mit den Investoren kein Einlagengeschäft darstellt.

Dies gilt im Übrigen auch für die Rückführung der Gelder. Und zwar unabhängig davon, ob diese planmäßig im Rahmen der Abwicklung des Kreditprojekts erfolgt oder ob ein Kreditprojekt gar nicht zustande kommt. Aus Sicht der Kreditnehmer liegt dann kein Einlagengeschäft vor, weil sie mit der Zahlung auf das Konto der Intermediärgesellschaft allein die eigene Verbindlichkeit aus dem Darlehensvertrag erfüllen will.

Aus Sicht der Investoren wird die Intermediärgesellschaft hingegen ebenfalls im Rahmen des Geschäftsbesorgungsverhältnisses tätig. Die Rückführung von Geldern muss vom Tatbestand des § 1 Abs. 1 S. 2 Nr. 1 KWG ausgenommen sein, wenn dies auch die Entgegennahme zur Weiterleitung an den Empfänger ist.

---

nerhalb von 24 Stunden wäre stets als ausreichend anzusehen, vgl. *Demgensky/Erm*, WM 2001 S. 1445, 1448 Fn. 43; *Schwennicke*, in: Schwennicke/Auerbach § 1 Rn. 14.

[590] So oder zumindest missverständlich und wegen der fehlenden Unterscheidung der einzelnen Crowdlending Modelle zu undifferenziert, Frerichs S. 119; in diese Richtung gehend muss man wohl auch *Renner*, ZBB 2014 S. 261, 265 verstehen, wenn er sagt: „Die deutschen Anbieter des P2P-Lending vermeiden allerdings problematische Gestaltungen, indem sie selbst Anlegern keine Konten anbieten."

[591] *Mitschke*, BaFin Journal 05/2007 S. 3, 4; *Weber/Seifert*, in: Luz/Neus/Schaber/Scharpf/Schneider/Weber § 1 Rn. 15.

[592] BaFin Merkblatt- Hinweise zum Tatbestand des Einlagengeschäfts I Nr. 5 d), Stand: März 2014, abrufbar unter: http://www.bafin.de/SharedDocs/Veroeffentlichungen/DE/Merkblatt/mb_140311_tatbestand_einlagengeschaeft.html, zuletzt abgerufen am 14.12.2915; *Reschke*, in: Beck/Samm/Kokemoor § 1 Rn. 156.

dd) Anlagevermittlung und Finanzkommissionsgeschäft

Durch die Einführung des § 1 Abs. 2 Nr. 7 VermAnlG stellt sich auch mit Blick auf die Plattformbetreiber- und Intermediärgesellschaft die Frage, ob nicht eine von beiden eine aufsichtspflichtige Anlagevermittlung oder auch das Finanzkommissionsgeschäft betreibt.

(1) Keine Anlagevermittlung der Intermediärgesellschaft

Eine Anlagevermittlung der Intermediärgesellschaft kann an dieser Stelle kurz abgelehnt werden, und zwar aus den gleichen Gründen, die auch die Vermittlungstätigkeit der Kooperationsbank im Modell mit einfacher Forderungsübertragung von diesem Tatbestand ausnehmen.[593]

(2) Finanzkommissionsgeschäft der Intermediärgesellschaft

Auf die obige Argumentation kann auch in weiten Teilen zurückgegriffen werden, wenn es um die Frage geht, ob die Intermediärgesellschaft als Finanzkommissionär tätig wird oder nicht. Der Tatbestand ist hier wie dort erfüllt.[594]

Anders als die Kooperationsbank erbringt die Intermediärgesellschaft aber keine zusätzlichen aufsichtspflichtigen Geschäfte. Das führt zu der Frage, ob eine Genehmigung nach § 32 KWG wirklich erforderlich ist. Das KWG selbst privilegiert nämlich denjenigen, dessen Dienstleistungen allein Finanzinstrumente in Form von Vermögensanlagen i.S.d. § 1 Abs. 2 VermAnlG zum Gegenstand haben, vgl. § 2 Abs. 1 Nr. 10 und Abs. 6 Nr. 8e KWG, und befreit ihn von der Genehmigungspflicht.

§ 2 Abs. 1 Nr. 10 KWG ist jedoch nur einschlägig, wenn diese Dienstleistungen in der kommissionarischen Veräußerung von Vermögenanlagen für Anbieter oder Emittenten i.S.d. § 1 Abs. 2 VermAnlG bestehen. § 2 Abs. 6 Nr. 8e KWG hingegen nimmt nur denjenigen vom Anwendungsbereich des KWG aus, der sonst aufsichtspflichtige Anlageberatung über und Anlagevermittlung von Vermögensanlagen erbringt. Letzteres auch nur, sofern er nicht befugt ist, sich dabei Eigentum oder Besitz an den Geldern oder den vermittelten Anteilen der Kunden zu verschaffen, vgl. § 2 Abs. 6 Nr. 8e KWG a.E.

Die Tätigkeit der Intermediärgesellschaft erfüllt weder den Tatbestand der ersten, noch den der zweiten Ausnahmeregelung. § 2 Abs. 1 Nr. 10 KWG ist dem Wortlaut nach nicht einschlägig, weil die Intermediärgesellschaft als Kommissionär für die Erwerber (Investoren), nicht aber für den Emittenten der Vermögensanlage (Kreditnehmer) tätig wird.[595] § 2 Abs. 6 Nr. 8e KWG hingegen greift schon allein deshalb

---

[593] Vgl. dazu oben Zweiter Teil B.I.3.b)bb).
[594] Vgl. auch hierzu Zweiter Teil B.I.3.b)bb).
[595] Zur Emittentenstellung des Kreditnehmers vgl. Zweiter Teil B.III.2.

nicht ein, weil die Intermediärgesellschaft kein Anlagevermittler ist, sondern das Finanzkommissionsgeschäft betreibt.[596]

Es ist aber zweckmäßig, beide Vorschriften im Wege einer Gesamtanalogie[597] auf die Intermediärgesellschaft anzuwenden. Beide Regelungen sollen schließlich sogenannte „Vertriebsvermittler" von Vermögensanlagen aus dem Anwendungsbereich der Vorschriften des KWG ausnehmen.[598] Aus Anlegerschutzgesichtspunkten wird eine Beaufsichtigung dieser Vermittler durch die BaFin nicht für notwendig, der Schutz durch das VermAnlG vielmehr als ausreichend erachtet.[599]

Genau diese Erwägungen treffen aber auch dort zu, wo die Tätigkeit des „Vertriebsvermittlers" kommissionarisch für den Erwerber der Vermögensanlagen erbracht wird und er deshalb nicht Anlagevermittler i.S.d. § 1 Abs. 1 S. 2 Nr. 4 KWG ist. Die Schutzbedürftigkeit des Anlegers kann nicht davon abhängen, ob er sich zum Erwerb der Vermögensanlage aufschiebend bedingt gegenüber dem Mittelsmann verpflichtet, bevor der Mittelsmann die Vermögensanlage selbst erworben hat, oder ob sich der Mittelsmann auflösend bedingt gegenüber dem Emittenten der Vermögensanlage verpflichtet, bevor er sie an den Anleger weiterveräußert. Das Schutzniveau, welches das VermAnlG für den Erwerber entfaltet, wird durch keine der beiden Vorgehensweisen beeinflusst. Eine vergleichbare Interessenlage besteht also.

Schwerer zu beantworten ist hingegen die Frage, ob der Gesetzgeber den kommissionarischen Erwerb von Vermögensanlagen bei Einführung der Ausnahmeregelungen nicht bedacht hat. Den Gesetzesmaterialien ist diesbezüglich keine Stellungnahme zu entnehmen. Ungeachtet dessen scheint es plausibel eine Regelungslücke anzunehmen. Die fehlende Normierung einer Ausnahmeregelung für den kommissionarischen Erwerb von Vermögensanlagen dürfte zwar insoweit bewusst sein, als Kommissionäre regelmäßig die Kommissionsgüter für die Kommittenten erwerben bzw. über Vorschusszahlungen Besitz an den Geldern des Erwerbers erlangen.[600] Damit treten ebenso regelmäßig genau die Gefahren ein, denen die Gegenausnahme aus § 2 Abs. 6 Nr. 8 KWG a.E. entgegenwirken soll (s. sogleich). Allerdings ist für die Annahme eines Kommissionsverhältnisses lediglich der Ab-

---

[596] Vgl. zuvor Zweiter Teil B.I.4.c)dd)(1) und Zweiter Teil B.I.4.c)dd)(2).

[597] Zum Begriff und den Voraussetzungen der Gesamtanalogie als Ausarbeitung eines gemeinsamen Prinzips mehrerer Vorschriften und dessen Anwendung auf gleichgelagerte Sachverhalte, siehe *Bydlinski*, Juristische Methodenlehre und Rechtsbegriff S. 478 f. und *Larenz/Canaris*, Methodenlehre der Rechtswissenschaft S. 204 ff.

[598] Beschlussempfehlung und Bericht des Finanzausschusses zum Gesetzesentwurf zur Novellierung des Finanzanlagenvermittler und Vermögensanlagenrechts BT-Drucks. 17/7453 vom 25.10.2011 S. 74; so auch *Schwennicke*, in: Schwennicke/Auerbach § 2 Rn. 22; *Albert*, in: Reischauer/Kleinhans § 2 Rn. 48.

[599] Gesetzesentwurf zur Novellierung des Finanzanlagenvermittler und Vermögensanlagenrechts BT-Drucks. 17/6051 vom 6.6.2011 S. 42; so auch *Albert*, in: Reischauer/Kleinhans § 2 Rn. 48.

[600] *Häuser*, in: MüKo-HGB (2013) § 383 Rn. 40; *Roth*, in: Koller/Kindler/Roth/Morck § 383 Rn. 20.

schluss des Verpflichtungsgeschäfts durch den Kommissionär erforderlich.[601] Erfüllt werden kann dieses aber auch unmittelbar durch und zwischen dem Kommittenten und dem Dritten.[602] Dass der Gesetzgeber auch diesen Fall der Aufsicht nach dem KWG unterwerfen wollte, ist in Anbetracht der dann fehlenden Schutzbedürftigkeit der Anleger nicht anzunehmen.

Letztlich spielt dies für die derzeit aktiven Intermediärgesellschaften aber gar keine Rolle. Denn sofern die Ausnahmeregelungen des § 2 Abs. 1 Nr. 10 und Abs. 6 Nr. 8e KWG entsprechend auf die Intermediärgesellschaft anzuwenden sind, muss dies auch für die Gegenausnahme in § 2 Abs. 6 Nr. 8e KWG a.E gelten.

Der vom Gesetzgeber privilegierte Anlagevermittler darf demnach nicht befugt sein, sich bei der Erbringung dieser Finanzdienstleitungen Eigentum oder Besitz an den Geldern oder Anteilen von Kunden zu verschaffen. § 2 Abs. 6 Nr. 8e KWG soll wie § 2 Abs. 6 Nr. 8 KWG insgesamt nur den Vertrieb stark standardisierter Produkte erleichtern, indem das Weiterleiten von Kauf- und Verkaufsgeboten von der Aufsichtspflicht befreit wird.[603] Wenn es dem Vermittler aber möglich ist, Verfügungsgewalt über die Gelder oder Anlagen des zu schützenden Anlegers zu erlangen, geht von ihm ein zusätzliches, dann wieder aufsichtspflichtiges Risiko aus.

Genau dieses Risiko erzeugt auch die Intermediärgesellschaft, allerdings nicht, weil sie für eine juristische Sekunde Inhaberin der Anlagen wird.[604] Diesbezüglich spricht neben dem Wortlaut auch der Zweck der Gegenausnahmevorschrift gegen ein Eingreifen derselben. Aufgrund der Vorausverfügung der Intermediärgesellschaft ist sie nämlich der Fähigkeit beraubt, über die Forderung zu verfügen.[605] Zu keinem Zeitpunkt erlangt sie also derartige Gewalt über die Forderung, dass sie diese entgegen dem Willen des Investors nutzen oder übertragen könnte.

---

[601] *Häuser*, in: MüKo-HGB (2013) § 383 Rn. 40.

[602] *Roth*, in: Koller/Kindler/Roth/Morck § 383 Rn. 20; *Martinek*, in: Oetker § 383 Rn. 41; *Häuser*, in: MüKo-HGB (2013) § 383 Rn. 40.

[603] Gesetzentwurf eines Gesetzes zur Umsetzung von EG-Richtlinien zur Harmonisierung bank- und wertpapieraufsichtsrechtlicher Vorschriften BT-Drucks. 13/7142 vom 6. 3. 1997 S. 71 f.; als fehlerhaft ist hingegen die Feststellung zu bewerten, die Gegenausnahme trage dem Umstand Rechnung, dass die Bereichsausnahme nicht mehr zwingend, sondern unionsrechtlich nur noch fakultativ ist, so aber *Albert*, in: Reischauer/Kleinhans § 2 Rn. 91 unter Verweis auf den Gesetzentwurf zur Umsetzung der Richtlinie über Märkte für Finanzinstrumente und der Durchführungsrichtlinie der Kommission (Finanzmarkt-Richtlinie-Umsetzungsgesetz) BT-Drucks. 16/4028 vom 12. 1. 2007 S. 91. Der Gesetzgeber hat nämlich nur den vorletzten Halbsatz, die Möglichkeit eine Genehmigung i.S.d. § 32 KWG zu beantragen, mit dieser Begründung eingeführt, vgl. Gesetzentwurf zur Umsetzung der Richtlinie über Märkte für Finanzinstrumente und der Durchführungsrichtlinie der Kommission (Finanzmarkt-Richtlinie-Umsetzungsgesetz) BT-Drucks. 16/4028- vom 12. 1. 2007 S. 91. Die Gegenausnahme hingegen war schon vorher Bestandteil des Gesetzes, vgl. BGBl. I 1997 S. 2518, 2523.

[604] Vgl. Zweiter Teil A.III.4.

[605] Zur Geltung des Prioritätsprinzips bei Vorausabtretungen etwa BGH, Urteil vom 22. 10. 2009 – IX ZR 90/08 – NJW-RR 2010 S. 192 ff.; *Ganter*, in: Schimansky/Bunte/Lwowski § 96 Rn. 178; *Roth*, in: MüKo-BGB (2016) § 398 Rn. 79.

Entscheidend ist, dass die Gelder der Investoren zunächst dem Konto der Intermediärgesellschaft gutgeschrieben werden. Sie kann also auf diese zugreifen und erlangt Besitz an ihnen. Damit erfüllt die Intermediärgesellschaft sowohl die tatbestandlichen Voraussetzungen der Gegenausnahme als auch die von ihr zu vermeidenden Gefahren.

Dagegen, dass auch die Gegenausnahme entsprechend auf den Kommissionär von Vermögensanlagen anzuwenden ist, könnte noch die Entstehungsgeschichte der beiden Ausnahmeregelungen sprechen:

Sowohl § 2 Abs. 1 Nr. 10 KWG als auch § 2 Abs. 6 Nr. 8e KWG sind durch das Gesetz zur Novellierung des Finanzanlagenvermittler- und Vermögensanlagenrechts vom 6. 12. 2011[606] in das KWG eingeführt worden. Während § 2 Abs. 1 Nr. 10 KWG damit erstmalig in das Gesetz eingeführt wurde, fügte man in den bereits existenten § 2 Abs. 6 Nr. 8 KWG lediglich eine zusätzliche Variante ein.

Von Relevanz könnte es insofern sein, dass § 2 Abs. 6 Nr. 8 KWG a.F. die in Rede stehende Gegenausnahme bereits enthielt.[607] In den neuen Tatbestand des § 2 Abs. 1 Nr. 10 KWG wurde keine entsprechende Regelung aufgenommen. Daraus könnte man folgern, dass die „Vertriebshelfer" losgelöst von der Gegenausnahme vom Anwendungsbereich des KWG befreit werden sollten, gerade weil der Gesetzgeber, soweit ersichtlich, nicht begründet, weshalb er auf die Einführung einer inhaltsgleichen Gegenausnahme in § 2 Abs. 1 Nr. 10 KWG verzichtet hat.

Diese Überlegung ist aber aufzugeben, weil der in § 2 Abs. 1 Nr. 10 KWG normierte Sachverhalt regelmäßig eine Zahlung des Erwerbers an den „Vertriebshelfer" voraussetzt. Schließlich handelt ein Finanzkommissionär stets im eigenen Namen und wird in der Folge auch aus dem Vertrag berechtigt.[608] Entscheidend ist deshalb nicht, dass der Kommissionär Gelder des Erwerbers erhält, sondern dass Letzterer wie beim Erwerb vom Emittenten selbst nur einer Person und folglich auch keinen weitreichenderen Risiken ausgesetzt ist wie er es beim Erwerb vom Emittenten oder eines nicht kommissionarisch tätigen Anbieters i.S.d. VermAnlG wäre. Den solchen Erwerbsvorgängen zugrundeliegenden Risiken wirkt allein das VermAnlG entgegen, nicht aber das KWG.

Anders ist dies im Fall der Anlagevermittlung: Hier steht der Vermittler dem Erwerber als dritte Partei gegenüber. Mit der Berechtigung des Vermittlers zur Inbesitznahme des Geldes oder der Vermögensanlage entsteht ein zusätzliches Risiko für den Erwerber in Person des Vermittlers. Mit der Ausnahmeregelung des § 1 Abs. 6 Nr. 8e KWG ist dies nicht vereinbar.

---

[606] BGBl. I 2011 S. 2481, 2493.

[607] Eingeführt durch das Gesetz zur Umsetzung von EG-Richtlinien zur Harmonisierung bank- und wertpapieraufsichtsrechtlicher Vorschriften vom 6. 3. 1997, BGBl. I 1997 S. 2518, 2523.

[608] Etwa *Häuser*, in: MüKo-HGB (2013) § 383 Rn. 40; *Hopt*, in: Baumbach/Hopt § 383 Rn. 1 ff.; *Füller*, in: Ebenroth/Boujong/Joost/Strohn § 383 Rn. 8.

Sofern die Intermediärgesellschaft, wie es derzeit üblich ist, Zugriff auf die Gelder der Investoren erlangt, ist sie deshalb als Betreiber des Finanzkommissionsgeschäfts zu qualifizieren. Da sie ohne Zweifel gewerbsmäßig handelt, unterliegt sie diesbezüglich der Genehmigungspflicht aus § 32 KWG.

(3) Teilweise Anlagevermittlung der Plattformbetreibergesellschaft

Die Plattformbetreibergesellschaft ist Anlagevermittler i. S. d § 1 Abs. 1a S. 2 Nr. 1 KWG. Denn sie ermöglicht es den Investoren, nicht nur Kenntnis von den einzelnen Kreditprojekten bzw. den Vermögensanlagen zu nehmen, sondern auch den Erwerb derselben, wenn auch nur durch einen Kommissionär.

Insbesondere liegt in der Vermittlung eines Vertragsschlusses zwischen Intermediärgesellschaft und dem Investor wie auch beim unechten Crowdlending mit einfacher Forderungsübertragung[609] keine aufsichtsfreie „Vermittlung an einen Vermittler". Schließlich ist die Intermediärgesellschaft selbst kein Anlagevermittler.[610]

Die Plattformbetreibergesellschaft erfüllt aber auch hier den Tatbestand des § 2 Abs. 6 Nr. 8e KWG und müsste demnach vom Anwendungsbereich des KWG ausgenommen sein. Denn soweit ersichtlich, erlangt die Plattformbetreibergesellschaft zu keinem Zeitpunkt Besitz an den Geldern der Investoren und erwirbt auch die Rückzahlungsansprüche nicht.

Man hat jedoch zu beachten, dass die Plattformbetreibergesellschaft als Mutter- bzw. Schwesterunternehmen der Intermediärgesellschaft neben vertraglichem auch konzernrechtlichen Einfluss auf diese hat, vgl. § 37 Abs. 1 GmbHG.[611] Von besonderer Bedeutung sind in diesem Zusammenhang insbesondere auch die personellen Verflechtungen der beiden Gesellschaften.[612]

Deshalb muss man hier zumindest die Frage gestatten, ob die Gegenausnahme des § 2 Abs. 6 Nr. 8e Hs. 2 KWG a. E. nicht doch eingreift. Eine Zugriffsmöglichkeit auf das Geld der Investoren haben nämlich auch die Geschäftsführer und Gesellschafter der Plattformbetreibergesellschaft. Mit Blick auf den Telos der Gegenausnahme kann deshalb nur überzeugen, dass auch die Plattformbetreibergesellschaft der Genehmigungspflicht des § 32 KWG unterliegt, und zwar sofern der Kreis der Personen, die rechtlich und tatsächlich für die Plattformbetreibergesellschaft Einfluss auf die Intermediärgesellschaft ausüben können und deren Zuverlässigkeit und fachliche Eignung im Rahmen der Genehmigungserteilung überprüft wird, von dem Kreis der Verantwortlichen bei der Intermediärgesellschaft abweicht oder diesen

---

[609] Vgl. Zweiter Teil B.I.3.c)cc).

[610] Zur Qualifikation der Intermediärgesellschaft als Finanzkommissionär vgl. Zweiter Teil B.I.4.c)dd)(2).

[611] Vgl zum Verhältnis zwischen Plattformbetreiber- und Intermediärgesellschaft vgl. Zweiter Teil A.III.1.

[612] Vgl. Zweiter Teil bei Fn. 163.

erweitert. Zu den angesprochenen Personen zählen insbesondere die Geschäftsleiter i.S.d. § 1 Abs. 2 KWG und die Anteilseigner i.S.d. § 32 Abs. 1 Nr. 6, Nr. 6a KWG. Letztere zumindest dann, wenn sie für sich genommen den Einfluss aus § 37 Abs. 1 GmbHG geltend machen können.[613]

Stimmen die Geschäftsleiter und der Kreis der einflussreichen Anteilseigner überein, wird die Zuverlässigkeit der verantwortlichen Person bereits im Rahmen der Genehmigung für die Intermediärgesellschaft geprüft. Eine erneute Kontrolle dieser Personen und der Abläufe ist dann unzweckmäßig. Die Gegenausnahme des § 2 Abs. 6 Nr. 8e Hs. 2 KWG a. E. ist dann teleologisch zu reduzieren.

Sind andere oder mehr Personen Geschäftsleiter bzw. einflussreiche Gesellschafter der Plattformbetreibergesellschaft, ist grundsätzlich eine Überprüfung der Zuverlässigkeit und fachlichen Eignung auch dieser Personen erforderlich, weshalb dann auch die Plattformbetreibergesellschaft einer Genehmigung gemäß § 32 KWG bedarf.

d) Kein aufsichtspflichtiges Einlagengeschäft
der Kreditnehmer

Die Kreditnehmer betreiben auch beim unechten Crowdlending mit gestreckter Forderungsübertragung kein Einlagengeschäft. Für die Begründung dieses Ergebnisses kann auf das unechte Crowdlending mit einfacher Forderungsübertragung verwiesen werden. Dass die Rückzahlungsansprüche von der Kooperationsbank über die Intermediärgesellschaft auf den Investor übertragen werden, ändert insoweit nichts.

5. Zwischenergebnis

Obwohl die Investoren beim unechten Crowdlending, modellunabhängig, den Tatbestand des Kreditgeschäfts erfüllen, unterliegen sie regelmäßig keiner Genehmigungspflicht i.S.d. § 32 KWG. Genehmigungsfrei ist auch die Partizipation der Kreditnehmer an sämtlichen derzeit betriebenen Modellen des unechten Crowdlending.

Müßig ist es zu erwähnen, dass die Kooperationsbanken sowohl das Kredit- und Einlagengeschäft betreiben als auch Finanzkommissionsgeschäfte erbringen.

Die Plattformbetreibergesellschaften sind nur beim unechten Crowdlending mit einfacher Forderungsübertragung stets von einer Genehmigungspflicht nach § 32 KWG befreit. Beim unechten Crowdlending mit gestreckter Forderungsübertragung, gilt dies nur dann, wenn der Kreis der verantwortlichen Personen i.S.d. § 32 KWG, sich mit dem der Intermediärgesellschaft deckt.

---

[613] Zu Umfang und Grenzen der Weisungsbefugnis siehe etwa *Stephan/Tieves*, in: MüKo-GmbHG § 37 Rn. 107 ff.; *Wicke*, in: Wicke § 37 Rn. 4 ff.

Die Intermediärgesellschaft bedarf hingegen immer dann der Genehmigung nach § 32 KWG, wenn Gelder der Investoren im Rahmen der Projektabwicklung auf ihr Konto bei der Kooperationsbank eingezahlt werden.

II. Zahlungsdienstaufsichtsrechtliche Regulierung

Neben einer Genehmigungspflicht nach dem KWG wird für die Plattformbetreibergesellschaften auch noch auf eine mögliche Genehmigungspflicht gemäß § 8 Abs. 1 ZAG hingewiesen,[614] und zwar auf Grund des Betriebs von Finanztransfergeschäften i.S.d. § 1 Abs. 2 Nr. 6 ZAG.

Ein Finanztransfergeschäft betreibt, wer ohne Einrichtung eines Zahlungskontos auf den Namen eines Zahlers oder eines Zahlungsempfängers einen Geldbetrag des Zahlers ausschließlich zur Übermittlung eines entsprechenden Betrags an den Zahlungsempfänger oder an einen anderen, im Namen des Zahlungsempfängers handelnden Zahlungsdienstleister entgegennimmt oder einen Geldbetrag im Namen des Zahlungsempfängers entgegennimmt und diesem verfügbar gemacht wird, vgl. § 1 Abs. 2 Nr. 6 ZAG.

Beim unechten Crowdlending mit einfacher Forderungsübertragung ist allerdings schon der Tatbestand nicht erfüllt. Die Plattformbetreibergesellschaft nimmt nämlich weder von den Investoren noch von den Kreditnehmern Gelder entgegen. Die Abwicklung der Zahlungsvorgänge nimmt vielmehr die Kooperationsbank vor. Eine Genehmigungspflichtigkeit i.S.d. § 8 Abs. 1 ZAG scheidet für sie deshalb aus.

Gleiches gilt für die Plattformbetreibergesellschaften beim unechten Crowdlending mit gestreckter Forderungsübertragung, wobei die oben angestellten Überlegungen ihres rechtlichen und tatsächlichen Einflusses auf Gelder der Investoren auch hier fruchtbar gemacht werden können.[615]

Von der Intermediärgesellschaft wird der Tatbestand des § 1 Abs. 2 Nr. 6 ZAG beim unechten Crowdlending mit gestreckter Forderungsübertragung teilweise erfüllt. Wenn die Investoren Gelder auf das Konto der Intermediärgesellschaft überweisen, nimmt sie diese entgegen. Dass im weiteren Verlauf ein Dritter mit der

---

[614] BaFin Auslegungsschreiben zum Crowdlending vom 9. Oktober 2015, abrufbar unter: http://www.bafin.de/SharedDocs/Veroeffentlichungen/DE/Auslegungsentscheidung/WA/ae_1 51009_crowdlending.html, zuletzt abgerufen am 14. 12. 2015; für das Crowdinvesting *Nastold* ZVertriebsR 2014 S. 366; Gründe dafür, dass es sich bei dem von der Intermediärgesellschaft geführten Konto um ein Treuhandkonto handelt, was laut *Nietsch/Eberle*, DB 2014 S. 1788, 1791 dazu führen soll, dass kein Zahlungsdienst i.S.d. § 1 Abs. 2 ZAG vorliegt, sind nicht ersichtlich.

[615] Vgl. zuvor Zweiter Teil B.I.4.c)dd)(3).

„Weiterleitung" der Gelder an den „Zahlungsempfänger" beauftragt wird, ist unbedeutend.[616]

Dagegen, dass die Intermediärgesellschaft deshalb einer Genehmigungspflicht
gemäß § 8 Abs. 1 ZAG unterliegt, spricht der Wortlaut des § 1 Abs. 2 Nr. 6 ZAG.
Demnach betreibt ein Finanztransfergeschäft nur, wer die Gelder „ausschließlich zur
Übermittlung" entgegennimmt. Dies tut die Intermediärgesellschaft aber nicht. Sie
erfüllt damit auch ihre Pflichten aus dem Kommissionsvertrag.

Dieses Argument lässt sich auch noch durch den Telos der Ausnahmeregelung des
§ 1 Abs. 10 Nr. 2 ZAG verstärken. Demnach liegt kein Zahlungsdienst und folglich
auch kein Finanztransfergeschäft vor, wenn die Zahlungsvorgänge zwischen Zahler
und Zahlungsempfänger von einem Handelsvertreter oder Zentralregulierer erbracht
werden, der befugt ist, den Verkauf oder Kauf von Waren oder Dienstleistungen im
Namen des Zahlers oder des Zahlungsempfängers auszuhandeln oder abzuschließen.

Hintergrund dieser Regelung ist, dass die Zahlungsdiensterichtlinie,[617] auf die
auch die Regelung des § 1 Abs. 2 Nr. 6 ZAG zurückgeht, vgl. Art. 3b Zahlungsdiensterichtlinie, nicht zwischen Haupt- und Nebengeschäft unterscheidet.[618] Wenn
der Zahlungsvorgang überhaupt nur auf Grund eines anderen Geschäfts i.S.d. § 1
Abs. 10 Nr. 2 ZAG erfolgt, dann soll das Nebengeschäft, nämlich die Abwicklung
der Zahlung keiner Genehmigung bedürfen.[619]

Wenn aber schon derjenige die Anforderungen des ZAG nicht zu befolgen hat, der
für den Leistenden anschließend Geschäfte tätigen darf, muss dies erst Recht auch für
denjenigen gelten, der Gelder entgegennimmt und weiterleitet, um einer Verpflichtung nachzukommen ein solches Geschäft abzuschließen. Aus diesem Grund
bedürfen auch die Plattformbetreiber- und die Intermediärgesellschaft beim unechten Crowdlending mit gestreckter Forderungsübertragung keiner Genehmigung
i.S.d. § 8 Abs. 1 ZAG.

---

[616] Vgl. BaFin, Merkblatt – Hinweise zum Zahlungsdiensteaufsichtsgesetz (Stand: Dezember 2011) Nr. 2 f), abrufbar unter: https://www.bafin.de/SharedDocs/Veroeffentlichungen/
DE/Merkblatt/mb_111222_zag.html?nn=2818474#doc2675944bodyText10, zuletzt abgerufen
am 29.11.2015; *Schwennicke*, in: Schwennicke/Auerbach § 1 ZAG Rn. 49.

[617] Richtlinie 2007/64/EG vom 13. November 2007, ABl. der EU L 391 vom 5.12.2007.

[618] Gesetzentwurf zur Umsetzung der aufsichtsrechtlichen Vorschriften der Zahlungsdiensterichtlinie (Zahlungsdiensteumsetzungsgesetz) BT-Drucks. 16/11613 vom 16.01.2009,
S. 37.

[619] Gesetzentwurf zur Umsetzung der aufsichtsrechtlichen Vorschriften der Zahlungsdiensterichtlinie (Zahlungsdiensteumsetzungsgesetz) BT-Drucks. 16/11613 vom 16.01.2009,
S. 37.

III. Vermögensanlagerechtliche Regulierung

1. Eröffnung des Anwendungsbereichs des VermAnlG

Nach Inkrafttreten des Kleinanlegerschutzgesetzes[620] zählen gemäß § 1 Abs. 2 Nr. 7 VermAnlG auch sonstige Anlagen, die einen Anspruch auf Verzinsung und Rückzahlung gewähren oder im Austausch für die zeitweise Überlassung von Geld einen vermögenswerten auf Barausgleich gerichteten Anspruch vermitteln, zu den Vermögensanlagen i.S.d. VermAnlG.[621]

a) § 1 Abs. 2 Nr. 7 VermAnlG anwendbar

Ob auch Ansprüche i.S.d. § 488 Abs. 1 S. 2 BGB unter die erste Tatbestandsalternative zu subsumieren sind, ist bereits jetzt umstritten.

Teilweise wird dies unter Verweis auf die Gesetzgebungsmaterialien abgelehnt.[622] Mit dem gleichen Verweis werden die von der Kooperationsbank „durch Forderungskaufverträge" angebotenen Ansprüche auch als Vermögensanlagen i.S.d. § 1 Abs. 2 Nr. 7 VermAnlG qualifiziert.[623]

Beide Ansichten sind fehlerhaft. Die Rückzahlungsansprüche vom Anwendungsbereich des § 1 Abs. 2 Nr. 7 VermAnlG auszunehmen, ist unter dem Verweis auf die Gesetzgebungsmaterialien gar nicht möglich. Zwar stellt der Gesetzgeber in der in Bezug genommenen Gesetzesbegründung ausdrücklich fest, dass *„die Tätigkeit so genannter „Crowdlending"-Plattformen (zukünftig) nicht von dem in Nummer 7 geregelten Auffangtatbestand erfasst wird"*.[624] Liest man jedoch weiter, steht dort auch geschrieben, dass *„die von dem Kreditinstitut durch Forderungskaufverträge angebotenen Teilbeträge der Kreditforderungen nach der Neufassung des § 1 grundsätzlich vom Vermögensanlagengesetz erfasst werden"*.[625] Diese Aussage wiederholt der Gesetzgeber später, indem er darauf verweist, dass beim

---

[620] Vgl. Erster Teil Fn. 1.

[621] Zur näheren Konkretisierung der beiden Tatbestandsalternativen, aber ohne Stellungnahme zu Ansprüchen aus § 488 Abs. 1 S. 2 BGB, *Bußalb/Vogel*, WM 2015 Teil I S. 1733, 1735 f.

[622] *Buck-Heeb*, NJW 2015 S. 2535; so sind wohl auch *Heisterhagen/Conreder*, DStR 2015 S. 1929 zu verstehen, wenn sie feststellen, dass die Crowdlending-Modelle keiner Prospektpflicht unterliegen.

[623] *Riethmüller*, DB 2015 S. 1451, 1456; BaFin Auslegungsschreiben zum Crowdlending Nr. 2.1. vom 9.10.2015, abrufbar unter: http://www.bafin.de/SharedDocs/Veroeffentlichungen/DE/Auslegungsentscheidung/WA/ae_151009_crowdlending.html, zuletzt abgerufen am 14.12.2015.

[624] Gesetzentwurf eines Kleinanlegerschutzgesetzes BT-Drucks. 18/3994 vom 11.02.2015 S. 39.

[625] Gesetzentwurf eines Kleinanlegerschutzgesetzes BT-Drucks. 18/3994 vom 11.02.2015 S. 39.

unechten Crowdlending – modellunabhängig – „eine Vermögensanlage angeboten und an die Darlehensgeber veräußert" werde.[626]

Wenn man also den Gesetzgebungsmaterialien eine Stellungnahme entnimmt, dann doch nur die, dass die Rückzahlungsansprüche von § 1 Abs. 2 Nr. 7 VermAnlG erfasst sind.

Die Bedeutung der Gesetzesmaterialien in der Theorie der juristischen Methodenlehre ist allerdings umstritten.[627] Gegenüber den übrigen Auslegungsmethoden wird ihnen mehrheitlich – wenn auch meist nur theoretisch[628] – nachrangige Bedeutung zugesprochen.[629] Bei jüngeren Gesetzen wird dies regelmäßig zwar anders bewertet,[630] dennoch soll das Ergebnis anhand der übrigen Auslegungsmethoden überprüft werden.[631]

Der Wortlaut lässt grundsätzlich beide Möglichkeiten zu. Er deutet eher darauf hin, dass § 1 Abs. 2 Nr. 7 VermAnlG einschlägig ist, da die Ansprüche i.S.d. § 488 Abs. 1 S. 2 BGB auf Verzinsung und Rückzahlung gerichtet sind und damit exakt den Tatbestand des § 1 Abs. 2 Nr. 7 Alt. 1 VermAnlG erfüllen.

Die Systematik der in § 1 Abs. 2 VermAnlG aufgezählten Vermögensanlagen spricht allerdings dagegen. Der Gesetzgeber hätte partiarische und Nachrangdarlehen nicht explizit in § 1 Abs. 2 Nr. 3 und 4 VermAnlG nennen müssen, wenn ohnehin jeder Rückzahlungsanspruch eine Vermögensanlage wäre.

Der Zweck der Erweiterung des § 1 Abs. 2 VermAnlG um die Nr. 7 spricht wieder dafür, auch „einfache" Rückzahlungsansprüche als erfasst anzusehen. § 1 Abs. 2 Nr. 7 VermAnlG ist als Auffangtatbestand konzipiert. Er soll die § 1 Abs. 2 Nr. 3 und 4 VermAnlG wirtschaftlich vergleichbaren Vermögensanlagen umfassen und Ge-

---

[626] Forderungsübertragung Beschlussempfehlung und Bericht des Finanzausschusses zu dem Gesetzentwurf eine Kleinanlegerschutzgesetzes BT-Drucks. 18/4708 vom 22.04.2015 S. 58.

[627] Eine Darstellung der Entwicklung und des heutigen Meinungsstands findet sich bei *Fleischer*, AcP 211 (2011) S. 317, 321 ff.

[628] In der Praxis wird meist ungeachtet der theoretischen Grundsätze entschieden, vgl. dazu etwa *Fleischer*, AcP 211 (2011) S. 317, 327 (dort Fn. 76 *„Insoweit ist seine* (BVerfG) *theoretische Proklamation zur sog. objektiven Methode ein bloßes Lippenbekenntnis."*); *Redeker/Karpenstein*, NJW 2001 S. 2825.

[629] BVerfG (st. Rspr.), Urteil vom 21.5.1952 – 2 BvH 2/52E – BVerfGE 1, 299, 312 – NJW 1952 S. 737 (Leitsätze); Beschluss vom 12.11.1958 – 2 BvL 4, 26, 40/56, 1, 7/57 – BVerfGE 8, 274, 307 – NJW 1959 S. 475, 476; Beschluss vom 15.12.1959 – 1 BvL 10/55 – BVerfGE 10, 234, 244 – NJW 1960 S. 235, 236; Beschluss vom 17.5.1960 – 2 BvL 11/59 und 11/60 – BVerfGE 11, 126, 130 ff. – NJW 1960 S. 1563, 1564; *Larenz/Canaris*, Methodenlehre der Rechtswissenschaft S. 165; *Redeker/Karpenstein*, NJW 2001 S. 2825; a.A. *Alexy*, S. 305; *Grigoleit*, ZNR 2008 S. 259,263 f.

[630] BVerfG, Beschluss vom 11.6.1980 – 1 PBvU 1/79 – BVerfGE 54, 277, 297 – NJW 1981 S. 39, 42.

[631] Siehe allgemein zu den Auslegungsmethoden, *Larenz/Canaris*, Methodenlehre der Rechtswissenschaft S. 141 ff.; *Bydlinski*, Juristische Methodenlehre und Rechtsbegriff S. 428 ff.

schäfte dieser Art damit entweder als Einlagengeschäfte der Aufsicht nach dem KWG oder aber dem VermAnlG unterwerfen.[632] Eine extensive Auslegung des Tatbestands würde die Lücken zwischen den beiden Regelungsregimen dementsprechend schließen. Weil durch den Erwerb der Forderungen bzw. die Entgegennahme der Gelder durch die Kreditnehmer kein Einlagengeschäft betrieben wird,[633] ist es nur folgerichtig, die beim unechten Crowdlending erworbenen Forderungen dem Auffangtatbestand des § 1 Abs. 2 Nr. 7 VermAnlG zu unterstellen.

b) „Veräußerung" ist kein konstitutives Tatbestandsmerkmal des § 1 Abs. 2 Nr. 7 VermAnlG

Dieses Ergebnis lässt eine andere, soweit ersichtlich noch nicht diskutierte Frage unbeantwortet. Und zwar, ob lediglich veräußerte Rückzahlungsansprüche den Tatbestand des § 1 Abs. 2 Nr. 7 VermAnlG erfassen, oder aber, ob auch die Begründung derartiger Ansprüche diesen Tatbestand erfüllt. Mit anderen Worte, ob auch echtes Crowdlending in den Anwendungsbereich des § 1 Abs. 2 Nr. 7 VermAnlG fallen würde.

Bislang wird vertreten, dass § 1 Abs. 2 Nr. 7 VermAnlG nur öffentlich angebotene und veräußerte Forderungen erfasse.[634] Das ist allerdings nicht zutreffend. Ungeachtet einer inhaltlichen Würdigung ihrer Begründung ist vorab schon auf die relative Schwäche ihrer Argumentation hinzuweisen. Sie stützt sich nämlich ausschließlich auf die Gesetzesmaterialien. Wie oben dargelegt, ist dies methodisch nicht das stärkste Argument.[635]

Im Übrigen ist das Argument aber auch inhaltlich nicht überzeugend. Der Teil der Gesetzesbegründung, auf den diese Ansicht rekurriert, stützt es nämlich keineswegs. Der Gesetzgeber ging schließlich nur davon aus, dass „diese Art der Veräußerung von Kreditforderungen(,) ... infolge der neuen Nummer 7 ein öffentliches Anbieten von Vermögensanlagen dar(stellt). Insbesondere unterfällt die Veräußerung bestehender Darlehensforderungen dem neuen Auffangtatbestand der Nummer 7, da sie als reiner

---

[632] Gesetzentwurf eines Kleinanlegerschutzgesetzes BT-Drucks. 18/3994 vom 11.02.2015 S. 38 f.

[633] Vgl. beim Modell mit einfacher Forderungsübertragung Zweiter Teil B.I.3.d) und beim Modell mit gestreckter Forderungsübertragung Zweiter Teil B.I.4.d); dass die Kooperationsbank beim unechten Crowdlending mit einfacher Forderungsübertragung bis zum Abschluss des Kommissionsvertrags das Einlagengeschäft betreibt ist insoweit irrelevant. Schließlich geht es hier nicht um den daraus resultierenden Rückzahlungsanspruch gegen die Bank, sondern um den Erwerb des Anspruchs gegen die Kreditnehmer.

[634] *Riethmüller*, DB 2015 S. 1451, 1456; weshalb dies a.a.O., als „*kapitalmarktrechtliches Novum*" bezeichnet wird, welches in den Wortlaut der Norm hätte aufgenommen werden müssen, ist unklar. Das öffentliche Angebot einer Vermögensanlage ist gemäß § 1 Abs. 1 VermAnlG ohnehin Voraussetzung für die Eröffnung des Anwendungsbereichs des VermAnlGes.

[635] Vgl. Quellen Zweiter Teil Fn. 62 ff.

Forderungsverkauf kein Einlagengeschäft im Sinne von § 1 Absatz 1 Satz 2 Nummer 1 des Kreditwesengesetzes darstellt."[636]

Der Gesetzgeber sieht in der Tätigkeit der Kooperationsbank also ein öffentliches Anbieten von Vermögensanlagen.[637] Eine Feststellung darüber, dass die Veräußerung konstitutives Merkmal der Eigenschaft als Vermögensanlage sein soll, ist dem nicht zu entnehmen. Genaugenommen ist eher das Gegenteil der Fall. Schließlich bezeichnet der Gesetzgeber die Kreditnehmer zu einem späteren Zeitpunkt noch als Emittenten der Vermögensanlage.[638] Wenn aber die Veräußerung der Forderung konstitutives Element für die Bewertung als Vermögensanlage ist, wie kann der Kreditnehmer dann ihr Emittent sein?[639]

Man muss hier konstatieren, dass die Ausführungen des Gesetzgebers einem Folgefehler unterliegen. Wie im ersten Teil dieser Arbeit gesehen, wird entgegen seiner Annahme, kein Forderungskauf-, sondern ein Kommissionsvertrag zwischen dem Investor und der Kooperationsbank bzw. der Intermediärgesellschaft geschlossen.[640] Folgerichtig hat man das Angebot auf der Internetseite der Plattformbetreibergesellschaft auch nicht als öffentliches Angebot der Kooperationsbank, sondern als Angebot des Kreditnehmers zu bewerten, welches der Investor durch die Kooperationsbank bzw. die Intermediärgesellschaft wahrnimmt.[641] Die angebotene Vermögensanlage muss dann aber der Darlehensvertrag als solcher sein.

Argumente gegen dieses Ergebnis lassen sich nicht finden. Selbst auf die Systematik des § 1 Abs. 2 VermAnlG lässt sich nicht zurückgreifen. Denn der Umstand, dass § 1 Abs. 2 Nr. 3 und 4 VermAnlG partiarische und Nachrangdarlehen als Vermögensanlagen benennt, spricht allein dafür, sonstige Darlehensansprüche vom Anwendungsbereich des VermAnlG auszunehmen, nicht aber deren erstmalige Entstehung.

Es sprechen sogar noch mehr Gründe für die hier vertretene Ansicht, nämlich sowohl der Wortlaut als auch der Telos des § 1 Abs. 2 Nr. 7 VermAnlG. Der Investor

---

[636] Gesetzentwurf eines Kleinanlegerschutzgesetzes BT-Drucks. 18/3994 vom 11.02.2015 S. 39.

[637] Zunächst nur in Bezug auf das unechte Crowdlending mit einfacher Forderungsübertragung, später jedoch ergänzt auf das Modell mit gestreckter Übertragung, vgl. Beschlussempfehlung und Bericht des Finanzausschusses zu dem Gesetzentwurf eine Kleinanlegerschutzgesetzes BT-Drucks. 18/4708 vom 22.04.2015 S. 58.

[638] Beschlussempfehlung und Bericht des Finanzausschusses zu dem Gesetzentwurf eine Kleinanlegerschutzgesetzes BT-Drucks. 18/4708 vom 22.04.2015 S. 58.

[639] *Riethmüller*, DB 2015 S. 1451, 1456 verweist lediglich darauf, dass der RegE ein anderes Ergebnis nahegelegt hätte, setzt sich insoweit aber nicht ausreichend damit auseinander, dass der Gesetzgeber diese Aussage präzisiert hat.

[640] Für das unechte Crowdlending mit einfacher Forderungsübertragung vgl. Zweiter Teil A.II.1.a) für das unechte Crowdlending mit gestreckter Forderungsübertragung vgl. Zweiter Teil A.III.2.a).

[641] Siehe im Detail zur Eigenschaft des Kreditnehmers als Emittent Zweiter Teil B.III.2. und der reinen Vermittlerfunktion der Kooperationsbank Zweiter Teil B.III.4.a).

würde nämlich auch beim Abschluss des Darlehnsvertrags im eigenen Namen einen Anspruch auf Verzinsung und Rückzahlung erwerben, wie es § 1 Abs. 2 Nr. 7 Alt. 1 VermAnlG vorsieht.[642] Außerdem macht es aus Sicht eines Investors, der als Anleger das Schutzobjekt des VermAnlG ist,[643] keinen Unterschied, ob der Rückzahlungsanspruch an ihn übertragen wird oder er ihn erstmalig erwirbt. Die Fehlerhaftigkeit dieser Einschätzung wird besonders deutlich, wenn man bedenkt, dass dies trotz der Veräußerung durch die Kooperationsbank beim unechten Crowdlending mit einfacher Forderungsübertragung ohnehin der Fall ist, weil die Vorausabtretung/-übertragung dort einen Direkterwerb der Investoren herbeiführt.[644]

§ 1 Abs. 2 Nr. 7 VermAnlG erklärt deshalb verzinste Rückzahlungsansprüche zu Vermögensanlagen i.S.d. VermAnlGes. Ob diese veräußert werden oder nicht, ist unbeachtlich. Wird der Abschuss oder die Übertragung des Rückzahlungsanspruchs auch noch öffentlich angeboten, was etwa beim Vertrieb über das Internet der Fall ist, dann ist der Anwendungsbereich des VermAnlG eröffnet, vgl. § 1 Abs. 1 VermAnlG.

2. Emittent der Vermögensanlage ist beim unechten Crowdlending der Kreditnehmer

Eine weitere Frage, die sich stellt, ist, wer beim unechten Crowdlending der Emittent der Vermögensanlage ist. Der Gesetzgeber hat sich auch diesbezüglich nur widersprüchlich geäußert. Zunächst sprach er sich dafür aus, § 2 Abs. 1 Nr. 7d VermAnlG beim unechten Crowdlending mit einfacher Forderungsübertragung anzuwenden.[645] Später dann sollten beide derzeit praktizierten Modelle des Crowdlending den Anwendungsbereich des § 2a VermAnlG erfüllen.[646] Während Ersteres die Emittentenstellung der Kooperationsbank impliziert, ordnete er diese später dem Kreditnehmer zu.[647] Kumulativ kann dies logischerweise nicht zutreffen.

Emittent einer Vermögensanlage ist die Person oder die Gesellschaft, deren Vermögensanlagen auf Grund eines öffentlichen Angebots im Inland ausgegeben werden, vgl. § 1 Abs. 3 VermAnlG. Weil beim unechten Crowdlending der Rückzahlungsanspruch gegen den Kreditnehmer die Vermögensanlage ist, ist dieser deshalb als Emittent der Vermögensanlage anzusehen.[648]

---

[642] Das erkennt auch *Riethmüller*, DB 2015 S. 1451, 1456.

[643] Gesetzesentwurf zur Novellierung des Finanzanlagenvermittler- und Vermögensanlagenrechts BT-Drucks. 17/6051 vom 06.06.2011 S. 1 ff.

[644] Vgl. Zweiter Teil bei Fn. 390.

[645] Gesetzentwurf eines Kleinanlegerschutzgesetzes BT-Drucks. 18/3994 vom 11.02.2015 S. 39.

[646] Beschlussempfehlung und Bericht des Finanzausschusses zu dem Gesetzentwurf eines Kleinanlegerschutzgesetzes BT-Drucks. 18/4708 vom 22.04.2015 S. 58.

[647] Zu diesem Widerspruch auch schon *Riethmüller*, DB 2015 S. 1451, 1456.

[648] Wie hier BaFin Auslegungsschreiben zum Crowdlending 2.1.2. vom 9.10.2015, abrufbar unter: http://www.bafin.de/SharedDocs/Veroeffentlichungen/DE/Auslegungsentschei dung/WA/ae_151009_crowdlending.html, zuletzt abgerufen am 27.10.2015.

Das Angebot der Vermögensanlage auf der Internet-Plattform erfüllt außerdem den Tatbestand eines „öffentlichen Angebotes" i.S.d. § 1 Abs. 1 und Abs. 3 VermAnlG, da es sich an einen unbestimmten Personenkreis richtet.[649]

Irrelevant für beide Ergebnisse ist, dass der Kreditnehmer einen Vertrag am Ende nur mit der Kooperationsbank schließt, und zwar, weil die anlegerschützende Wirkung des VermAnlG sonst leerliefe. Der kommissionarische Erwerb der Kooperationsbank verlagert das wirtschaftliche Risiko der Vermögensanlagen und mit ihm die Eigenschaft des Schutzobjekts des VermAnlGes auf die Investoren.

Der Emittent der Vermögensanlage ist beim unechten Crowdlending folglich der Kreditnehmer.

3. Scheinproblem: Gefahren für Kreditnehmer

Die gegen dieses Ergebnis vorgebrachte Befürchtung, der Kreditnehmer könne in der Folge auch ohne sein Zutun den vom VermAnlG statuierten Pflichten unterworfen werden, ist indes nicht zutreffend.[650] Wenig aussagekräftig ist der Einwand schon insoweit, als er ein allgemeines und kein Sonderproblem des neuen § 1 Abs. 2 Nr. 7 VermAnlG beschreibt. Es würde beispielsweise auch auftreten, wenn Rückzahlungsansprüche aus einem nachrangigen Darlehen i.S.d. § 1 Abs. 2 Nr. 3 VermAnlG ohne Kenntnis des Darlehensnehmers vom Darlehensgeber auf Grundlage eines öffentlichen Angebots veräußert würden.

Durchschlagskraft erlangt es aber auch bei Verallgemeinerung nicht. Die meisten Tatbestände des VermAnlG, insbesondere die Pflicht, einen Verkaufsprospekt zu erstellen (§ 6 VermAnlG), erstrecken ihren personellen Anwendungsbereich nämlich lediglich auf den Anbieter der Vermögensanlage. Sie sind für den Emittenten der Vermögensanlage also nur relevant, wenn dieser gleichzeitig auch Anbieter der Vermögensanlage ist.

Im unterstellten Sachverhalt wäre dies nicht der Fall. Der Anbieter einer Vermögensanlage muss das Angebot nämlich zumindest mitveranlasst haben.[651] Die erstmalige Ausgabe der Vermögensanlage genügt dafür nicht.[652]

---

[649] Vgl. grundsätzlich zu den Erfordernissen eines solchen Angebots etwa *Ekkenga/Maas*, § 2 Rn. 112 f.; m.w.N. auch *Schnorbus*, AG 2008 S. 389, 394 f.; außerdem auch schon der Gesetzgeber im Entwurf eines Gesetzes über Wertpapier-Verkaufsprospekte und zur Änderung von Vorschriften über Wertpapiere BT-Drucks. 11/6340 vom 1.2.1990 S. 11.

[650] So aber *Riethmüller*, DB 2015 S. 1451, 1456.

[651] Anbieterstellung eines Emittenten abgelehnt bei fehlendem „Veranlassen" des öffentlichen Angebots: *Wehowsky*, in: Erbs/Kohlhaas § 2 WpPG Rn. 18; *Groß*, in: Groß § 2 WpPG Rn. 27; *Hamann*, in: Schäfer/Hamann § 2 WpPG Rn. 60 f.; *Grosjean*, in: Heidel § 2 WpPG Rn. 34; *Schäfer*, ZIP 1991 S. 1557, 1561 f.

[652] *Groß*, in: Groß § 2 WpPG Rn. 27; *Wehowsky*, in: Erbs/Kohlhaas § 2 WpPG Rn. 18; *Grosjean*, in: Heidel § 2 WpPG Rn. 34.

Sofern der Emittent in seiner Eigenschaft als solcher vereinzelt doch dem Anwendungsbereich vermögensanlagerechtlicher Vorschriften unterfällt, war und ist deren Anwendbarkeit bei fehlender Veranlassung des öffentlichen Angebots durch ihn umstritten. Wohl am bedeutendsten und im Folgenden deshalb beispielhaft zu diskutieren ist diese Frage für § 21 Abs. 1 VermAnlG. Dieser normiert, dass Anbieter und Emittent gesamtschuldnerisch für den Fall haften, dass ein erforderlicher Prospekt fehlt.

Ein Teil der Literatur ist nun der Ansicht, der Emittent würde selbst bei fehlender Veranlassung des Angebots nach Maßgabe des § 21 Abs. 1 VermAnlG haften.[653] Grund dafür sei der klare Wortlaut der Vorschrift. Möchte er dem entgehen, müsse er dem Erwerber eine öffentliche Weiterveräußerung untersagen und ihn diese Vereinbarung auch an alle zukünftigen Erwerber weitergeben lassen.[654]

Im Gegensatz dazu wird vielfach gefordert, § 21 Abs. 1 VermAnlG müsse in dieser Situation teleologisch reduziert, der Emittent also von der Haftung ausgenommen werden.[655] Es sei kein Grund dafür ersichtlich, denjenigen, der eine Vermögensanlage außerhalb des VermAnlG emittiere, später doch noch den Normen, insbesondere aber der strengen Haftung des VermAnlG auszusetzen.[656]

Nur die letztgenannte Ansicht überzeugt. Es ginge zu weit, den Emittenten für ein öffentliches Angebot verantwortlich zu machen, auf welches er keinen direkten Einfluss hatte. Zwar ordnet § 21 Abs. 1 VermAnlG eine gesamtschuldnerische Haftung von Emittent und Anbieter an, allerdings nur unter der vorangestellten Bedingung, dass „ein Verkaufsprospekt entgegen § 6 nicht veröffentlicht wurde". Da § 6 VermAnlG diese Pflicht aber nur für Anbieter der Vermögensanlage normiert, der Emittent aber nicht zwangsläufig auch Anbieter ist, ist es keineswegs zwingend, den Haftungstatbestand auch auf den Emittenten zu erstrecken.

Diese Ansicht lässt sich auch durch die Genese des VermAnlGes stützen. Zwar hat der Gesetzgeber in § 21 Abs. 1 VermAnlG an der Formulierung der „gesamt-

---

[653] Bereits von *Kopp-Colomb/Knobloch*, in: § 2 WpPG Rn. 73, noch für § 13a VerkProspG; *Groß*, in: Groß § 2 WpPG Rn. 27; *Groß*, in: Ebenroth/Boujong/Joost/Strohn Kapitalmarktrecht § 2 WpPG Rn. IX 522; beide verweisen mittlerweile zu Unrecht auf *Hamann*, in: Schäfer/Hamann § 2 WpPG Rn. 60. Dieser lässt die Frage danach, ob eine der Emittent haftet, offen. Seine Verweise auf *Schäfer*, ZGR 2006 S. 40, 59 und *Grosjean*, in: Heidel § 2 WpPG Rn. 34 legen jedoch nahe, dass er entgegen der Angaben von *Groß* und *von Kopp-Colomb* zu einer teleologischen Reduktion tendiert.

[654] *Groß*, in: Ebenroth/Boujong/Joost/Strohn § 2 Rn. IX 522; *Groß*, in: Groß § 2 WpPG Rn. 27.

[655] *Schäfer*, ZGR 2006 S. 40, 59 f. noch zu § 13a VerkProspG; *Grosjean*, in: Heidel § 2 WpPG Rn. 34; *Schnorbus*, in: Berrar/Meyer/Müller/Schnorbus/Singhof/Wolf, § 3 WpPG Rn. 46; für § 24 WpPG *Kumpan*, in: Baumbach/Hopt (15a) § 24 WpPG Rn. 2; dieses Ergebnis gilt auch für § 21 VermAnlG, vgl. Verweis von *Kumpan*, in: Baumbach/Hopt (15b) § 21 VermAnlG Rn. 1; mit der entsprechenden Feststellung ebenfalls für § 24 WpPG, *Klöhn*, DB 2012 S. 1854, 1859; m.w.N. auch *Mülbert/Steup*, in: Habersack/Mülbert/Schlitt § 41 Rn. 78.

[656] *Schäfer*, ZGR 2006 S. 40, 60.

schuldnerischen Haftung" festgehalten, obwohl das hier diskutierte Problem schon vor Einführung des VermAnlGes diskutiert wurde.[657] In der Gesetzesbegründung zu § 21 Abs. 1 VermAnlG betont der Gesetzgeber aber, dass es sich um die Fortsetzung der Pflichten aus § 13a VerkProspG handle.[658] Diese Vorschrift hatte der Gesetzgeber in Abgrenzung zu § 13 VerkProspG als Haftungstatbestand für Fälle eingeführt, in denen „pflichtwidrig" kein Prospekt erstellt wurde.[659] Für eine Pflichtwidrigkeit haftet entsprechend dem allgemeinen zivilrechtlichen Verschuldensprinzip aber nur, wer diese verschuldet und dies zu vertreten hat.[660]

§ 21 Abs. 1 VermAnlG sowie sämtliche Vorschriften, die an die Eigenschaft des Emittenten anknüpfen, sind deshalb teleologisch dort zu reduzieren, wo das öffentliche Angebot der Vermögensanlage nicht vom Emittenten veranlasst wurde.

4. Funktion der Kooperationsbank, der Plattformbetreiber- und der Intermediärgesellschaft

Da auch die Kooperationsbank, die Plattformbetreiber- und die Intermediärgesellschaft in den Vertrieb der Vermögensanlage eingreifen, ist im Folgenden zu prüfen, ob auch sie den Regelungen des VermAnlG unterliegen.

a) Kooperationsbank

aa) Kein „Anbieter" i.S.d. VermAnlG

Emittent der Vermögensanlage ist die Kooperationsbank nicht.[661] Sie könnte jedoch Anbieter der emittierten Vermögensanlagen sein. In diesem Fall träfen auch sie die Verpflichtungen aus dem VermAnlG.

---

[657] Im Zusammenhang mit der Vorgängervorschrift § 13a VerkProspG vgl. etwa *Schäfer*, ZGR 2006 S. 40, 59 f.

[658] Gesetzesentwurf zur Novellierung des Finanzanlagenvermittler- und Vermögensanlagenrechts BT-Drucks. 17/6051 vom 06.06.2011 S. 37: „*§ 21 übernimmt – bis auf die unten aufgeführten Ausnahmen – das Haftungsregime des aufzuhebenden § 13a Verkaufsprospektgesetzes, soweit dieser fehlende Verkaufsprospekte für Vermögensanlagen betrifft*". Und S. 46: „§ 24 übernimmt – bis auf die Sonderverjährungsvorschrift des § 13a Absatz 5 des Verkaufsprospektgesetzes – das Haftungsregime des aufzuhebenden § 13a des Verkaufsprospektgesetzes, soweit dieser fehlende Prospekte für Wertpapiere betrifft".

[659] „Haftung, wenn pflichtwidrig kein Prospekt erstellt wurde" und „pflichtwidrig nicht erstellt" vgl. Entwurf eines Gesetzes zur Verbesserung des Anlegerschutzes (Anlegerschutzverbesserungsgesetz – AnSVG) BT-Drucks. 15/3174 S. 44.

[660] Vgl. zum Verschuldensprinzip etwa *Medicus/Lorenz*, SR I/AT § 29 Rn. 348.

[661] Dies ist ja bereits der Kreditnehmer, s. zuvor Zweiter Teil B.III.2.

Anbieter i.S.d. VermAnlG ist, wer „für das öffentliche Angebot der Vermögensanlage verantwortlich" ist und „den Anlegern nach außen hin als Anbieter erkennbar auftritt".[662]

Ihrer Tautologie zum Trotz werden dieser Definition mehrheitlich zwei Merkmale entnommen, anhand derer die Eigenschaft eines Anbieters festgemacht werden (sog. „Zwei-Elemente-Lehre"):[663] Zum einen die Verantwortlichkeit für das Angebot und zum anderen der Außenauftritt. Von vorrangiger Bedeutung ist dabei der Außenauftritt.[664] Dem Kriterium der Verantwortlichkeit kommt eher begrenzende Wirkung zu, was mit der objektiven Zurechnung vergleichbar ist.[665] Andere Kriterien wie etwa die Übernahme eines Platzierungsrisikos eignen sich hingegen nicht zur Abgrenzung, da sie dem Ziel des VermAnlG, dem Anlegerschutz, nicht gerecht werden.[666]

Dies vorangestellt kann man die Kooperationsbank nicht als Anbieter der Vermögensanlage ansehen. Man darf sich nicht davon irritieren lassen, dass die Konditionen der Vermögensanlage, um deren Erwerb es geht, zeit- und inhaltsgleich die essentialia negotii des Angebots zum Abschluss des Kommissionsvertrags bestimmen. Das Angebot i.S.d. VermAnlG ist wie auch sonst im Kapital-

---

[662] Gesetzesentwurf zur Novellierung des Finanzanlagenvermittler- und Vermögensanlagenrechts BT-Drucks. 17/6051 vom 06.06.2011 S. 32, unter Verweis auf die inhaltsgleiche Definition im Entwurf eines Gesetzes zur Verbesserung des Anlegerschutzes (Anlegerschutzverbesserungsgesetz – AnSVG) BT-Drucks. 15/3174 S. 42 vom 24.5.2004. Diese entspricht der eines „Anbieters" i.S.d. WpPG, vgl. Entwurf eines Gesetzes zur Umsetzung der Richtlinie 2003/71/EG des Europäischen Parlaments und des Rates vom 4. November 2003 betreffend den Prospekt, der beim öffentlichen Angebot von Wertpapieren oder bei deren Zulassung zum Handel zu veröffentlichen ist. Und zur Änderung der Richtlinie 2001/34/EG (Prospektrichtlinie-Umsetzungsgesetz), BT-Drucks-15/4999 S. 29 vom 3.3.2005. Aus diesem Grund kann im Folgenden auch auf die Literatur zum WpPG zurückgegriffen werden; *Assmann*, in: Assmann/Schütze § 5 Rn. 154.

[663] Feststellung der Tautologie bei *Ritz/Zeising*, in: Just/Voß/Ritz/Zeising § 2 WpPG Rn. 195; zur „Zwei-Elemente-Lehre" a.a.O. Rn. 199 ff.; dort zurückgeführt auf *Arndt/Voß*, in: Arndt/Voß Vorbem. § 8f VerkProspG Rn. 13; der „Zwei-Elemente-Lehre" ausdrücklich zustimmend etwa *Heidelbach*, in: Schwark/Zimmer § 2 WpPG Rn. 51; inhaltlich *Grosjean*, in: Heidel § 2 Rn. 34; zu diesem bislang im Hinblick auf die Anbieterstellung der Intermediäre i.S.d. WpPG geführten Streit, vgl. im Überblick m.w.N. *Heidelbach*, in: Schwark/Zimmer § 2 WpPG Rn. 55.

[664] *Groß*, in: Groß § 2 WpPG Rn. 26; *Schnorbus*, AG 2008 S. 289, 290; *Heidelbach*, in: Schwark/Zimmer § 2 WpPG Rn. 58; *Wehowsky*, in: Erbs/Kohlhaas § 2 WpPG Rn. 17.

[665] Das ist der Grund weshalb man beispielsweise den Emittenten bei absprachewidriger öffentlicher Zweitveräußerung nicht als Anbieter qualifiziert. Zu diesem Ergebnis vgl. Zweiter Teil Fn. 651.

[666] *Heidelbach*, in: Schwark/Zimmer § 2 WpPG Rn. 58; zumindest auch auf dieses Kriterium stellen *Schäfer*, ZIP 1991 S. 1557, 1563 und, dem folgend, *Ritz*, in: Assmann/Lenz/Ritz § 1 Rn. 84 f., ab, indem sie losgelöst vom Auftreten am Markt alle Mitglieder eines Bankenkonsortium als Anbieter der Vermögensanlage ansehen, sofern diese das Platzierungsrisiko übernommen haben. Diesen und anderen Ansätzen, die primär auf Umstände abstellen, die für den Anleger nicht erkennbar sind, vgl. etwa *Kopp-Colomb/Lenz*, BKR 2002 S. 5, 7, sind jedoch nicht überzeugend.

marktrecht nicht deckungsgleich mit dem Angebot i.S.d. § 145 ff. BGB.[667] Wer zivilrechtlich ein Angebot macht, ist deshalb nicht zwangsläufig auch prospektrechtlich Anbieter.[668]

Der Abschluss des Kommissionsvertrags zeigt vielmehr, dass der Anleger die Kooperationsbank nicht als Anbieter der Vermögensanlage wahrnimmt. Ein Kommissionär erwirbt schließlich Kommissionsgüter *für* den Kommittenten,[669] im vorliegenden Fall etwa die vom Kreditnehmer öffentlich angebotene Vermögensanlage. Er bietet also die Dienstleistung des Erwerbs, nicht aber die Vermögensanlage selbst an.

Die Eigenschaft der Kooperationsbank als Anbieter der Vermögensanlage zu bejahen würde vielmehr im Widerspruch zu der zwischen Investor und Kooperationsbank getroffenen Vereinbarung stehen. Wirtschaftlich sollen die Konsequenzen aus dem Kommissionsgeschäft schließlich den Investor treffen. Das Gegenteil würde erreicht, wenn er beispielsweise bei Fehlerhaftigkeit des Vermögensanlageprospekts oder des Vermögensanlageinformationsblattes Schadensersatz fordern oder den Erwerb rückabwickeln dürfte.

Dass die widersprüchlichen Ausführungen des Gesetzgebers teilweise ein anderes Ergebnis implizieren, ist abermals darauf zurückführen, dass er den Abschluss eines Kaufvertrags zwischen Kooperationsbank und Investor unterstellt.[670] Wäre dies der Fall, müsste man tatsächlich von einer Anbieterstellung der Kooperationsbank ausgehen, weil sie beim Erwerbsvorgang dann nicht mehr auf Seiten des Investors stehen würde.

bb) Kein „Erwerber" i.S.d. VermAnlG

(1) Modell mit einfacher Forderungsübertragung

Da die Kooperationsbank weder Emittent noch Anbieter der Vermögensanlage ist, könnte man ihr die Position eines Erwerbers i.S.d. VermAnlG zusprechen. Das würde unter anderem dazu führen, dass ihr mögliche Ansprüche gemäß §§ 20 ff. VermAnlG zustehen.

Grundsätzlich verknüpft das VermAnlG die Erwerberposition mit dem Erwerbsvorgang der Vermögensanlage. Deutlich wird dies in den Tatbeständen der §§ 20 ff. VermAnlG. Sie knüpfen an den Zeitpunkt des Erwerbsgeschäfts an, vgl.

---

[667] Etwa m.w.N. *Schnorbus*, AG 2008 S. 389, 392; *Ekkenga/Maas*, § 2 Rn. 112.

[668] So ist, beispielsweise im Fall einer Umplatzierung von Aktien, regelmäßig allein die AG Emittentin und Anbieterin im prospektrechtlichen Sinn, nicht aber die Aktionäre, vgl. *Ritz/Zeising*, in: Just/Voß/Ritz/Zeising § 2 WpPG Rn. 211.

[669] Vgl. im Detail oben Zweiter Teil A.II.1.a).

[670] Gesetzentwurf eines Kleinanlegerschutzgesetzes BT-Drucks. 18/3994 vom 11.02.2015 S. 39.

§§ 20 Abs. 1 S. 1, 21 Abs. 1 S. 1, 22 Abs. 1 Nr. 2 VermAnlG.[671] Außerdem wandelt sich der Inhalt des Anspruchs, sofern der ursprüngliche Erwerber nicht mehr Inhaber der Vermögensanlage ist, vgl. §§ 20 Abs. 2, 21 Abs. 2, 22 Abs. 2 VermAnlG.

Würde man allein auf das Verhältnis zwischen Kooperationsbank und Kreditnehmer abstellen, könnte man deshalb zu dem Ergebnis gelangen, dass (auch) die Kooperationsbank Erwerber i.S.d. VermAnlG ist.

Das ist aber bereits deshalb auszuschließen, weil die Kooperationsbank die Rückzahlungsansprüche, also die Vermögensanlage, beim unechten Crowdlending mit einfacher Forderungsübertragung gar nicht erwirbt. Sie tritt diese im Voraus ab, was dazu führt, dass sie mit Valutierung in der Hand der Investoren entstehen.[672] Dieses Ergebnis ist außerdem aus teleologischen Gründen überzeugend. Das VermAnlG soll dem Schutz der Anleger dienen, nicht aber der Person, die vom Risiko der Vermögensanlage unberührt bleibt.

Im Übrigen sind die Ansprüche gemäß der §§ 20 Abs. 2, 21 Abs. 2, 22 Abs. 2 VermAnlG ohnehin bedeutungslos für die Kooperationsbank, denn der „Erwerbspreis" ist mit dem Preis der Weiterveräußerung identisch.

Deshalb ist die Kooperationsbank beim unechten Crowdlending mit einfacher Forderungsübertragung, als Vermittler der Vermögensanlage und somit nicht als Erwerber i.S.d. VermAnlG zu qualifizieren.

(2) Modell mit gestreckter Forderungsübertragung

Sofern auch beim unechten Crowdlending mit gestreckter Forderungsübertragung die Forderungsübertragung antizipiert vereinbart wurde, gilt dort das Gleiche. Anders zu argumentieren ist hingegen, wenn die Rückzahlungsansprüche erst im Anschluss an die Valutierung auf die Intermediärgesellschaft und weiter auf die Investoren übertragen werden.[673]

In der Zwischenzeit erfüllt die Kooperationsbank den Tatbestand des Gesetzes. Dennoch wäre es mit dem Telos des Gesetzes nicht vereinbar, sie nach Veräußerung der Forderung als Erwerber i.S.d. VermAnlG anzusehen.

Ungeachtet der zwischenzeitlichen Stellung als Inhaber der Forderung erwirbt auch sie die Forderungen nämlich nur kommissionarisch.[674] Etwaige Ansprüche aus diesem Erwerb hat sie deshalb ohnehin an die Intermediärgesellschaft abzutreten bzw. den Erlös herauszugeben.[675]

---

[671] So wie auch die Parallelvorschrift aus dem WpPG, vgl. etwa *Groß*, in: Groß § 24 WpPG Rn. 5.

[672] Vgl. Zweiter Teil bei Fn. 390.

[673] Vgl. Zweiter Teil A.III.2.a).

[674] Vgl. Zweiter Teil A.I.4.b)bb).

[675] Vgl. zur Herausgabepflicht des Kommissionärs allgemein, statt vieler, *Häuser*, in: MüKo-HGB (2013) § 384 Rn. 65 ff.; *Füller*, in: Ebenroth/Boujong/Joost/Strohn § 384 Rn. 33.

Im Übrigen ist die Kooperationsbank bereits mit Abschluss des Darlehensvertrags zur antizipierten Übertragung der Rückzahlungsansprüche verpflichtet; zumindest die Plattformbetreibergesellschaft kann deren Übertragung bereits zu diesem Zeitpunkt verlangen.[676] Weil auch die Kooperationsbank jederzeit die Übernahme der Forderung bzw. der Vertragsverhältnisse verlangen kann, bedarf sie des Schutzes nicht, den das VermAnlG und insbesondere die §§ 20 ff. VermAnlG schafft.

Auch beim unechten Crowdlending mit gestreckter Forderungsübertragung ist die Kooperationsbank also nicht „Erwerber" der Vermögensanlage i.S.d. VermAnlG, sondern nur deren Vermittler.

b) Intermediärgesellschaft ist Vermittler, nicht aber „Erwerber"
oder „Anbieter" der Vermögensanlage

Dieselben Gründe, die eine Eigenschaft der Kooperationsbank als Emittent, Anbieter und Erwerber ausschließen, bewirken, dass auch die Intermediärgesellschaft sie nicht erfüllt. Schließlich nimmt sie, aus Sicht der Investoren, die Position der Kooperationsbank beim unechten Crowdlending mit einfacher Forderungsübertragung ein.

c) Plattformbetreibergesellschaft ist „Anbieter"
der Vermögensanlage

Mit Blick auf die Tätigkeit und Funktion der Plattformbetreibergesellschaft ist es nicht abwegig sie als Anbieter der Vermögensanlagen zu behandeln.[677] Immerhin stellt sie den Vertriebsweg bereit, über den alle zur Projektabwicklung erforderlichen Verträge geschlossen werden. Zudem nimmt sie erkennbar Einfluss auf die Konditionen der angebotenen Vermögensanlagen. Für das Angebot der Vermögensanlage muss man die Plattformbetreibergesellschaft deshalb zumindest mitverantwortlich machen.

Daran ändert sich nichts, nur weil die Plattformbetreibergesellschaft kein rechtsgeschäftliches Angebot zur Veräußerung einer Vermögensanlage abgibt.[678] Vertriebshelfer werden schließlich regelmäßig schon allein deshalb als Anbieter von Vermögensanlagen angesehen, weil sie die Möglichkeit zum Erwerb schaffen.[679] Das gilt insbesondere, wenn dieser im Erfolgsfall eine Vermittlungsprovision erhält.[680]

---

[676] Vgl. Zweiter Teil A.III.2.a).

[677] Darauf weist auch der Gesetzgeber hin, vgl. Gesetzentwurf eines Kleinanlegerschutzgesetzes BT-Drucks. 18/3994 vom 11.02.2015 S. 41.

[678] Vgl. auch Zweiter Teil bei Fn. 668.

[679] *Heidelbach*, in: Schwark/Zimmer § 2 WpPG Rn. 60.

[680] Schon Gesetzentwurf eines Gesetzes zur Umsetzung der Richtlinie 2003/71/EG des Europäischen Parlaments und des Rates vom 4. November 2003 betreffend den Prospekt, der beim öffentlichen Angebot von Wertpapieren oder bei deren Zulassung zum Handel zu ver-

Diese Voraussetzungen erfüllt auch die Plattformbetreibergesellschaft beim unechten Crowdlending. Das allein soll hier aber noch nicht ausreichen, um die Anbieterstellung zu begründen.

Zu vernachlässigen ist, dass sie die Entscheidung darüber trifft, wer überhaupt über ihre Plattform emittieren darf.[681] Maßgeblich ist hingegen, dass die Plattformbetreibergesellschaft, anders als etwa beim Crowdinvesting, entscheidenden Einfluss auf die Konditionen des Darlehensvertrags und damit auf den Inhalt der einzelnen Vermögensanlage nimmt und gleichzeitig durch die Veröffentlichung des Bonitätswertes die von ihr ausgewerteten Informationen in Relation zu anderen Vermögensanlagen setzt. Damit leistet sie einen aktiven Beitrag zum öffentlichen Angebot,[682] denn nur die vorangehende Prüfung und relativierende Bewertung der Vermögensanlagen machten eine Investition durch die Erwerber möglich. Dies müssten nämlich andernfalls sämtliche Angebote selbst prüfen, um eine Anlageentscheidung treffen zu können.

Mit Blick auf den Telos des VermAnlG, Anleger vor unseriösen Anbietern und den von ihnen angebotenen Vermögensanlagen zu schützen,[683] muss man deshalb, dem öffentlichen Einfluss der Plattformbetreibergesellschaft Rechnung tragend, ihre Anbieterstellung i.S.d. VermAnlG bejahen.[684]

5. Keine Ausnahmetatbestände erfüllt

Den Äußerungen des Gesetzgebers und der BaFin zur Folge bleibt die Einführung des § 1 Abs. 2 Nr. 7 VermAnlG für das unechte Crowdlending weitestgehend unbeachtlich.

öffentlichen ist, und zur Änderung der Richtlinie 2001/34/EG (Prospektrichtlinie-Umsetzungsgesetz), BT-Drucks. 15/4999 vom 3.3.2005 S. 29. Aber ohne die Einschränkung der öffentlich erkennbaren Provisionsvereinbarung; *Heidelbach*, in: Schwark/Zimmer § 2 WpPG Rn. 60; *Groß*, in: Groß § 2 WpPG Rn. 28.

[681] Insoweit wird die Anbieterstellung der Plattformbetreibergesellschaft beim Crowdinvesting derzeit implizit abgelehnt, vgl. etwa *Bujotzek/Mocker*, BKR 2015 S. 358, 359 f. Nur so ist es denkbar sie wie dort überlegt einer Prospekthaftung im weiteren Sinne zu unterwerfen.

[682] Vgl. zu der Voraussetzung eines aktiven Beitrags zu einem öffentlichen Angebot als eine der wesentlichen Voraussetzungen der Anbieterstellung etwa *Maas*, in: Assmann/Schlitt/von Kopp-Colomb § 8f VerkProspG Rn. 22 sowie von *Kopp-Colomb/Knobloch*, in: Assmann/Schlitt/von Kopp-Colomb § 2 WpPG Rn. 72.

[683] Zum Zweck des VermAnlG s. Gesetzesentwurf zur Novellierung des Finanzanlagenvermittler- und Vermögensanlagenrechts BT-Drucks. 17/6051 vom 06.06.2011 S. 1 ff.

[684] A.A. BaFin Auslegungsschreiben zum Crowdlending 2.1.1. vom 9.10.2015, abrufbar unter: http://www.bafin.de/SharedDocs/Veroeffentlichungen/DE/Auslegungsentscheidung/WA/ae_151009_crowdlending.html, zuletzt abgerufen am 27.10.2015.

a) Ansicht des Gesetzgebers: § 2 Abs. 1 Nr. 7 d VermAnlG und § 2a Abs. 1 VermAnlG einschlägig

Für das Modell mit einfacher Forderungsübertragung folge dies nach Ansicht des Gesetzgebers aus § 2 Abs. 1 Nr. 7d VermAnlG.[685] Dort ist eine Ausnahme vom Anwendungsbereich der §§ 5a bis 26 VermAnlG normiert, sofern die Vermögensanlage von einem Kreditinstitut i.S.d. § 1 Abs. 1 KWG ausgegeben wird und die Ausgabe dauerhaft oder wiederholt erfolgt.

Für beide Modelle des unechten Crowdlending mit gestreckter Forderungsübertragung wird hingegen auf den neugeschaffenen Ausnahmetatbestand des § 2a Abs. 1 VermAnlG verwiesen.[686] Dieser normiert eine Ausnahme insbesondere zu der Prospektpflicht des VermAnlG, sofern der Verkaufspreis sämtlicher vom Anbieter angebotenen Vermögensanlagen desselben Emittenten 2,5 Millionen Euro nicht übersteigt. Weil die Kreditnehmer als Emittenten der Vermögensanlage i.S.d. § 1 Abs. 3 VermAnlG anzusehen seien, müsse ein Prospekt nur dann erstellt werden, wenn ein einzelner Kreditnehmer ein Darlehen über mehr als 2,5 Mio. € aufzunehmen beabsichtige oder Darlehen verschiedener Kreditnehmer zu einer einheitlichen Refinanzierung (z.B. einer Verbriefung) in dieser Höhe zusammengeführt würden.[687]

b) Ansicht der BaFin: § 2 Abs. 1 Nr. 3 VermAnlG einschlägig

Die BaFin hat in ihrem Auslegungsschreiben zum Crowdlending vom 9. Oktober 2015[688] festgestellt, dass auch beim Crowdlending bzw. dem öffentlichen Angebot von Darlehensrückzahlungsansprüchen der Ausnahmetatbestand des § 2 Abs. 1 Nr. 3 VermAnlG eingreift.[689] Damit wären Emittenten und Anbieter der Rückzahlungsansprüche von der Prospektpflicht befreit, sofern

a) von der Vermögensanlage nicht mehr als 20 Anteile angeboten werden,

b) der Verkaufspreis der im Zeitraum von zwölf Monate angebotenen Anteile einer Vermögensanlage i.S.d. § 1 Abs. 2 insgesamt 100.000 Euro nicht übersteigt oder

c) der Preis jedes angebotenen Anteils einer Vermögensanlage im Sinne von § 1 Abs. 2 mindestens 200.000 Euro je Anleger beträgt.

---

[685] Gesetzentwurf eines Kleinanlegerschutzgesetzes BT-Drucks. 18/3994 vom 11.02.2015 S. 39.

[686] Beschlussempfehlung und Bericht des Finanzausschusses zu dem Gesetzentwurf eines Kleinanlegerschutzgesetzes BT-Drucks. 18/4708 vom 22.04.2015 S. 58.

[687] Beschlussempfehlung und Bericht des Finanzausschusses zu dem Gesetzentwurf eines Kleinanlegerschutzgesetzes BT-Drucks. 18/4708 vom 22.04.2015 S. 58.

[688] Abrufbar unter: http://www.bafin.de/SharedDocs/Veroeffentlichungen/DE/Auslegungsentscheidung/WA/ae_151009_crowdlending.html, zuletzt abgerufen am 27.10.2015.

[689] Ebenda Zweiter Teil Fn. 539.

c) Stellungnahme

Weil der Gesetzgeber in den Gesetzesmaterialien widersprüchliche Aussagen tätigt, ist zunächst einmal festzustellen, inwieweit seine Äußerungen verbindliche oder zumindest zwangsläufig indizielle Wirkung entfalten.

Die Ausführungen des Gesetzgebers in Gesetzesmaterialien sind grundsätzlich im Rahmen der historisch-teleologischen Auslegung von Normen zu berücksichtigen.[690] Ungeachtet des Verhältnisses gegenüber anderen Auslegungsmethoden[691] ist anerkannt, dass sie nicht zwangsläufig bindende Wirkung für die Rechtsanwender entfalten.[692] Nicht nur die Rechtssicherheitsfunktion des Rechtssetzungsaktes, sondern auch das Gebot des Vertrauensschutzes für den Rechtsanwender machen diese Begrenzung erforderlich.[693]

aa) Unanwendbarkeit des § 2 Abs. 1 Nr. 7d VermAnlG

Sofern der Gesetzgeber beim unechten Crowdlending mit einfacher Forderungsübertragung auf § 2 Abs. 1 Nr. 7d VermAnlG verweist, wird daran in der Literatur berechtigte Kritik geäußert.[694] Die Vorschrift ist auf das Crowdlending nämlich gar nicht anwendbar.

Ihr Tatbestand ist nur erfüllt, wenn ein Kreditinstitut Emittent der Vermögensanlage ist.[695] Dass dies beim unechten Crowdlending nicht der Fall ist, wurde oben dargelegt.[696]

Selbst wenn man unterstellt, dass der Gesetzgeber mit seinen Ausführungen auf eine unbeabsichtigte Regelungslücke hingewiesen habe, scheidet eine analoge Anwendung der Norm wegen der fehlenden Vergleichbarkeit der Interessenlage aus. Die Ausnahmeregelung wurde aus § 8f Abs. 2 VerkProspG übernommen.[697] Schon sie sollte Kreditinstitute von den prospektrechtlichen Vorschriften befreien, weil

---

[690] Generell zur Bedeutung des Willens des Gesetzgebers *Larenz/Canaris*, Methodenlehre der Rechtswissenschaft S. 149 ff.; *Fleischer*, AcP 211 (2011) S. 317, 321 ff.; *Bydlinski*, Juristische Methodenlehre und Rechtsbegriff S. 449 ff.

[691] Vgl. dazu nachfolgend Zweiter Teil Fn. 627 ff.

[692] *Fleischer*, AcP 211 (2011) S. 317, 333; *Grigoleit*, ZNR 2008 S. 259, 263 f.

[693] *Grigoleit*, ZNR 2008 S. 259, 263.

[694] *Rietmüller*, DB 2015 S. 1451, 1456.

[695] Zutreffend *Rietmüller*, DB 2015 S. 1451, 1456; BaFin Auslegungsschreiben zum Crowdlending 2.1.3. vom 9.10.2015, abrufbar unter: http://www.bafin.de/SharedDocs/Veroef fentlichungen/DE/Auslegungsentscheidung/WA/ae_151009_crowdlending.html, zuletzt abgerufen am 27.10.2015.

[696] Vgl. Zweiter Teil B.III.4.a).

[697] Gesetzesentwurf eines Gesetzes zur Novellierung des Finanzanlagenvermittler- und Vermögensanlagenrechts BT-Drucks. 17/6051 vom 06.06.2011S. 32.

betrügerische Emissionen zur eigenen Refinanzierung von ihnen nicht zu befürchten sind.[698] Schließlich werden sie von der BaFin beaufsichtigt.

Mit den Ausführungen in der Gesetzesbegründung bewegt sich der Gesetzgeber folglich außerhalb der Grenzen, die Wortlaut, Telos und systematischer Zusammenhang der Vorschrift ziehen. Bedenken, den Willen des Gesetzgebers zu übergehen und § 2 Abs. 1 Nr. 7d VermAnlG auf Emissionen beim unechten Crowdlending nicht anzuwenden, bestehen folglich keine.[699] Die Gesetzesbegründung ist insoweit letztlich nicht mehr als eine fehlerhafte Subsumtion der Sachverhalte unter geltendes Recht.

bb) Unanwendbarkeit des § 2 Abs. 1 Nr. 3 VermAnlG

Bei eingehender Betrachtung der Feststellung der BaFin, § 2 Abs. 1 Nr. 3 VermAnlG sei beim unechten Crowdlending einschlägig, stellt sich heraus, dass die Ausnahmetatbestände dieser Norm auf das Crowdlending entweder gar nicht anwendbar sind oder ihnen im Hinblick auf die Grundprinzipien des Crowdfunding und -lending zumindest keinerlei praktische Bedeutung zukommen.

(1) Keine praktische Relevanz des § 2 Abs. 1 Nr. 3c VermAnlG

Am offensichtlichsten ist die fehlende praktische Bedeutung des § 2 Abs. 1 Nr. 3c VermAnlG und zwar wegen des dort normierten Schwellenwertes und seines Bezugspunktes. Emissionen, bei denen die ausgegebenen Anteile der Vermögensanlage über 200.000 € kosten, werden von einer Prospektpflicht befreit, weil den Erwerbern die Fähigkeit zugesprochen wird, sich ausreichend über die Vermögensanlage zu informieren und auf Grund dieser Fähigkeit eine qualifizierte Anlageentscheidung zu treffen.[700]

Im Gegensatz zum Telos dieser Norm basiert Crowdlending gerade darauf, zur Finanzierung eines Kreditprojekts auch kleinste Kapitalbeträge zu bündeln. Die derzeitigen Mindestinvestitionssummen, zwischen 25 € und 250 €, schließen folglich die Anwendbarkeit des § 2 Abs. 1 Nr. 3c VermAnlG aus.

§ 2 Abs. 1 Nr. 3c VermAnlG findet keine Anwendung auf die derzeit aktiven Modelle des unechten Crowdlending.

---

[698] Entwurf eines Gesetzes über Wertpapier-Verkaufsprospekte und zur Änderung von Vorschriften über Wertpapiere BT-Drucks. 11/6340 vom 1.2.1990 S. 12; zur alten Rechtslage vgl. etwa *Maas*, in: Assmann/Schlitt/von Kopp-Colomb § 8f VerkProspG Rn. 168.

[699] Zur Bedeutung von Gesetzesbegründungen im Vergleich zu den übrigen Auslegungsmethoden vgl. Zweiter Teil Fn. 480; explizit mit der Feststellung, dass eine Bindungswirkung an die Gesetzesmaterialien nicht besteht m.w.N. *Fleischer*, AcP 211 (2011) S. 317, 333.

[700] Zum Zweck dieses Ausnahmetatbestands, vgl. Gesetzentwurf eines Gesetzes zur Verbesserung des Anlegerschutzes (Anlegerschutzverbesserungsgesetz – AnSVG) BT-Drucks. 15/3174 vom 24.5.2004 S. 42.

*(2) Ebenfalls keine praktische Relevanz des § 2 Abs. 1 Nr. 3a VermAnlG –
im Übrigen teleologische Reduktion*

Im Ergebnis gilt das Gleiche für § 2 Abs. 1 Nr. 3a VermAnlG. Beim Crowdlending lässt sich die Anzahl der angebotenen Anteile einer Vermögensanlage sehr einfach, nämlich durch Division der gewünschten Darlehensvaluta durch die Mindestbeteiligungsschwelle, errechnen. Nur solange der Darlehensbetrag kleiner oder gleich dem Zwanzigfachen der Mindestinvestitionssumme ist, besteht keine Prospektpflicht.

Bei den derzeitigen Mindestinvestitionssummen zwischen 25 € und 250 € ist der Anwendungsbereich der Vorschrift folglich nur eröffnet, wenn die Darlehensvaluta insgesamt nur 500 € bzw. 5000 € betragen würde. Keine der derzeit aktiven Plattformbetreibergesellschaften ermöglicht es, Rückzahlungsansprüche innerhalb dieser Grenzen zu emittieren. Das geringvolumigste Darlehen ist stets größer als das Zwanzigfache der Mindestbeteiligungssumme.[701]

Selbst wenn man unterstellt, dass diese Grenzwerte in Zukunft eingehalten werden, käme § 2 Abs. 1 Nr. 3a VermAnlG dennoch nicht zur Anwendung. Vielmehr ist die Norm beim Crowdlending teleologisch zu reduzieren.

§ 2 Abs. 1 Nr. 3a VermAnlG soll nur solche Emissionen vom Anwendungsbereich des VermAnlG ausnehmen, bei denen trotz des öffentlichen Angebots kein besonderes Schutzbedürfnis der Erwerber besteht.[702] Die Ausnahme impliziert, dass sich ein Angebot aufgrund der geringen Stückzahl der Vermögensanlagen nicht an das breite Publikum wendet.[703] Der Gesetzgeber setzt hier voraus, dass die Erwerber die erforderlichen Informationen auch ohne einen Verkaufsprospekt erhalten.[704] Das ist aber nur anzunehmen, wenn ein besonderes Näheverhältnis der Investoren untereinander und/oder zum Emittenten besteht.[705]

Besondere persönliche Beziehungen der Investoren sind beim Crowdlending aber nicht feststellbar. Dies gilt unabhängig von der Anzahl der Teilforderungen, die emittiert werden. Folglich bedarf der effektive Anlegerschutz beim Crowdlending einer teleologischen Reduktion des § 2 Abs. 1 Nr. 3a VermAnlG.

---

[701] Bei FundingCircle z.B. liegt die Mindestbeteiligungssumme bei 100 €, der kleinstmögliche Kredit hingegen bei 10.000 € also dem einhundertfachen dieser Summe; Auxmoney: 25 € Mindestbeteiligungsquote, kleinstmögliche Kredit 1000 €, also das Vierzigfache.

[702] Mit dieser Begründung wurde die entsprechende Regelung in das VerkProspG aufgenommen, vgl. Gesetzentwurf eines Gesetzes zur Verbesserung des Anlegerschutzes (Anlegerschutzverbesserungsgesetz – AnSVG) BT-Drucks. 15/3174 vom 24.5.2004 S. 42; *Hennrichs*, in: Schwark/Zimmer § 8f VerkProspG Rn. 26.

[703] *Maas*, in: Assmann/Schlitt/von Kopp-Colomb § 8f VerkProspG Rn. 132.

[704] Gesetzentwurf eines Gesetzes zur Verbesserung des Anlegerschutzes (Anlegerschutzverbesserungsgesetz – AnSVG) BT-Drucks. 15/3174 vom 24.5.2004 S. 42.

[705] *Maas*, in: Assmann/Schlitt/von Kopp-Colomb § 8f VerkProspG Rn. 132.

(3) § 2 Abs. 1 Nr. 3b VermAnlG auf Emissionen
über Internet-Dienstleistungsplattformen i.S.d. § 2a VermAnlG
nicht anwendbar

Übrig bleibt § 2 Abs. 1 Nr. 3b VermAnlG. Wäre diese Regelung anwendbar, könnte Crowdlending derzeit prospektfrei betrieben werden, sofern die eingesammelten Darlehen ein Volumen von 100.000 € nicht übersteigen. Zwischen einer Darlehensvaluta von über 100.000 € bis 2,5 Mio. € würde hingegen § 2a Abs. 1 und Abs. 2 VermAnlG greifen.

Allerdings müsste § 2 Abs. 1 Nr. 3b VermAnlG dazu auf die Emissionen der Rückzahlungsansprüche beim Crowdlending anwendbar sein. Entscheidend dafür, ob dies der Fall ist, ist das Verhältnis zu § 2a VermAnlG. § 2a VermAnlG könnte nämlich eine abschließende Regelung treffen für über Internet-Dienstleistungsplattformen i.S.d. § 2a VermAnlG emittierte, Vermögensanlagen.

Dafür, dass § 2 Abs. 1 Nr. 3b VermAnlG auch auf Emissionen i.S.d. § 2a VermAnlG anwendbar ist, spricht, dass der Gesetzgeber in § 2a Abs. 4 VermAnlG einen Bezug zu § 2 Abs. 1 Nr. 3 VermAnlG herstellt. Was § 2 Abs. 1 Nr. 3a und c VermAnlG angeht, ist die Bedeutungslosigkeit dieses Verweises zuvor bereits dargestellt worden. Für § 2 Abs. 1 Nr. 3b VermAnlG ist seine Bedeutung im Folgenden zu prüfen.

Die teleologischen Erwägungen, die zum einen hinter § 2 Abs. 1 Nr. 3b VermAnlG und zum anderen hinter § 2a Abs. 4 VermAnlG stehen, lassen im Zusammenspiel mit weiteren Gründen nur den Schluss zu, dass auch § 2 Abs. 1 Nr. 3b VermAnlG keine Anwendung auf Vermögensanlagen findet, die über Internet-Dienstleistungsplattformen i.S.d. § 2a VermAnlG vermittelt werden.

Wie seine Parallelvorschrift, § 3 Abs. 2 S. 1 Nr. 5 WpPG, ist § 2 Abs. 1 Nr. 3b VermAnlG das Ergebnis einer Abwägung zwischen Deregulierung und Anlegerschutz.[706] Um geringvolumige Emissionen nicht wirtschaftlich unmöglich zu machen, wird auf die Pflicht zur Herstellung und Veröffentlichung eines Prospekts verzichtet.[707]

Diese Abwägungsentscheidung geht neuerlich insoweit ins Leere, als dass durch die Einführung von § 2a VermAnlG die als kostenintensiv und unwirtschaftlich empfundene Prospektpflicht auch für größervolumige Emissionen entfällt. Soweit eine wirtschaftliche Überforderung des Emittenten in der Folge ausgeschlossen ist, muss der Anlegerschutz wieder Platz greifen.

Dass die im Rahmen von § 2a Abs. 1 und Abs. 2 VermAnlG bestehenden Pflichten ebenfalls Kosten verursachen, die eine Unwirtschaftlichkeit von Emis-

---

[706] So hinsichtlich § 3 Abs. 2 S. 1 Nr. 5 WpPG m.w.N. *Groß*, in: Groß § 3 WpPG Rn. 9; *Heidelbach*, in: Schwark/Zimmer § 3 WpPG Rn. 21; *Maas*, in: Assmann/Schlitt/von Kopp-Colomb § 8f VerkProspG Rn. 136.

[707] *Maas*, in: Assmann/Schlitt/von Kopp-Colomb § 8f VerkProspG Rn. 136; *Groß*, in: Groß § 3 WpPG Rn. 9.

sionen begründen könnten, ist anzunehmen. Allerdings dürften diese deutlich unter den Kosten zur Erstellung eines Prospekts liegen.[708] Deshalb hätte der Gesetzgeber eigens für diese Fälle einen niedrigeren Schwellenwert festlegen müssen, wenn er eine über § 2a VermAnlG hinausgehende Befreiung für Emissionen über Internet-Dienstleistungsplattformen angestrebt hätte. Für Emissionen i.S.d. § 2a VermAnlG hat er dies aber nicht getan, sondern den Anwendungsbereich der Norm lediglich durch eine Emissionsobergrenze beschränkt, vgl. § 2a Abs. 1 VermAnlG.

Was den Verweis in § 2a Abs. 4 VermAnlG angeht, kann auch er nicht begründen, dass § 2 Abs. 1 Nr. 3b VermAnlG neben § 2a VermAnlG zur Anwendung kommen soll.

§ 2 Abs. 4 VermAnlG soll verhindern, „dass die festgelegten Einzelbeteiligungsgrenzen durch eine Aufspaltung des Gesamtemissionsbetrags auf mehrere Einzelemissionen unter teilweiser Ausnutzung der Ausnahmetatbestände des § 2 Absatz 1 Satz 1 Nummer 3 umgangen" werden.[709] Um dieses Ziel zu erreichen, ist eine Anwendung § 2 Abs. 1 Nr. 3b VermAnlG auf Internet-Dienstleistungsplattformen i.S.d. § 2a VermAnlG, jedoch nicht erforderlich.

Würde ein Kreditnehmer den gewünschten Kapitalbetrag durch zwei Kreditprojekte bei einer Plattformbetreibergesellschaft aufzunehmen suchen, wäre Letztere ohnehin verpflichtet, die Einzelbeteiligungsgrenzen einzuhalten, vgl. § 2a Abs. 3 VermAnlG („desselben Emittenten"). Bietet der Kreditnehmer hingegen, neben einem Kreditprojekt bei einer Crowdlending-Plattform einen weiteren Darlehensvertragsschluss öffentlich, das heißt ohne Beteiligung einer Internet-Plattform an, ist § 2 Abs. 1 Nr. 3b VermAnlG auf diese Emission uneingeschränkt anwendbar. Eine prospektfreie Emission über die Plattformbetreibergesellschaft wäre in der Folge ausgeschlossen, vgl. § 2a Abs. 4 VermAnlG.

Auch sonst sprechen die besseren Gründe dafür, § 2 Abs. 1 Nr. 3b VermAnlG nicht auf Vermögensanlagen anzuwenden, die über Dienstleistungsplattformen i.S.d. § 2a VermAnlG emittiert werden:

Zum einen der Wille des Gesetzgebers. Er hat den Tatbestand des § 2a VermAnlG explizit auch für das Crowdlending geschaffen.[710] Er wollte also, dass die Kreditnehmer die Normen erfüllen, deren Anwendbarkeit § 2a Abs. 1 und 2 VermAnlG nicht ausschließt. Wenn bei Emissionen über Internet-Dienstleistungsplattformen i.S.d. § 2a VermAnlG auch § 2 Abs. 1 Nr. 3b VermAnlG Anwendung fände, dann

---

[708] Die Kosten allein für die Herstellung eines Prospekts sollen 30.000–50.000 € betragen, BITCOM Stellungnahme zum Referentenentwurf eines Kleinanlegerschutzgesetzes S. 5 vom 1.9.2015, abrufbar unter: https://www.bitkom.org/Bitkom/Publikationen/Bitkom-Stellungnahme-zum-Referentenentwurf-des-Kleinanlegerschutzgesetzes.html, zuletzt abgerufen am 30.11.2015.

[709] Gesetzentwurf eines Kleinanlegerschutzgesetzes BT-Drucks. 18/3994 vom 11.02.2015 S. 42.

[710] Beschlussempfehlung und Bericht des Finanzausschusses zu dem Gesetzentwurf eines Kleinanlegerschutzgesetzes BT-Drucks. 18/4708 vom 22.04.2015 S. 58.

wären § 2a Abs. 1 und Abs. 2 VermAnlG derzeit auf so gut wie keine Emissionen im Crowdlending anwendbar. Die Neuregelung des Gesetzgebers ginge ins Leere.

Das ist insbesondere deshalb nicht überzeugend, weil der Gesetzgeber den Anwendungsbereich des § 2a VermAnlG erst im Gesetzgebungsverfahren auf Vermögensanlagen i.S.d. § 1 Abs. 2 Nr. 7 VermAnlG und damit bewusst auch auf das Crowdlending erstreckt hat.[711]

Des Weiteren spricht die Gesetzessystematik am Ende dafür, § 2 Abs. 1 Nr. 3b VermAnlG nicht auf über Internet-Dienstleistungsplattformen emittierte Vermögensanlagen anzuwenden. Der Ausnahmetatbestand des § 2a VermAnlG ist als eigener Paragraph von den sonstigen Ausnahmetatbeständen abgegrenzt. Er gilt der amtlichen Überschrift nach für „Schwarmfinanzierungen" und regelt diese besondere Finanzierungsform deshalb abschließend.

Im Übrigen stehen diesem Ergebnis keine europarechtlichen Vorgaben entgegen. Die Tatbestände des § 2 Abs. 1 Nr. 3 VermAnlG wurden zwar in Anlehnung an die Regelungen der Richtlinie 89/298/EWG[712] geschaffen,[713] allerdings hat der Gesetzgeber ihren Anwendungsbereich eigenmächtig über den der Richtlinie hinaus auf die Vermögensanlagen i.S.d. § 1 Abs. 2 VermAnlG erweitert.[714]

(4) Zwischenergebnis

§ 2 Abs. 1 Nr. 3 VermAnlG ist auf Emissionen beim unechten Crowdlending nicht anwendbar.

cc) Privilegierung des unechten Crowdlending mit einfacher
Forderungsübertragung durch § 2a VermAnlG

Auch der Feststellung des Gesetzgebers, § 2a VermAnlG sei beim unechten Crowdlending anwendbar und zwar unabhängig vom vorliegenden Geschäftsmodell,[715] ist nicht ohne Weiteres zuzustimmen. Die Bedenken gehen dabei über die

---

[711] Noch im Referentenentwurf eines Kleinanlegerschutzgesetzes vom 28.7.2014 auf S. 6 wurde die Ausnahmeregelung des heutigen § 2a Abs. 1 und Abs. 2 VermAnlG, damals noch in § 2 Abs. 2 RefE VermAnlG, auf Vermögensanlegen i.S.d. § 1 Abs. 2 Nr. 3 und 4 VermAnlG begrenzt.

[712] ABl. EG Nr. L 124 vom 5.5.1989 S. 8 ff.

[713] Gesetzentwurf eines Gesetzes zur Verbesserung des Anlegerschutzes (Anlegerschutzverbesserungsgesetz – AnSVG) BT-Drucks. 15/3174 vom 24.5.2004 S. 27 f.

[714] Für die Neuerungen des Kleinanlegerschutzgesetzes *Will*, GewArch 2015 S. 430, 432; *Heidelbach*, in: Schwark/Zimmer Vor § 8f VerkProspG Rn. 4; *Assmann*, in: Assmann/Schlitt/von Kopp-Colomb Einl. VerkProspG Rn. 11; zu den Beweggründen, insbesondere des Verbesserten Anlegerschutzes auf dem „grauen Kapitalmarkt", vgl. Gesetzentwurf eines Gesetzes zur Verbesserung des Anlegerschutzes (Anlegerschutzverbesserungsgesetz – AnSVG) BT-Drucks. 15/3174 vom 24.5.2004 S. 27 f.

[715] Beschlussempfehlung und Bericht des Finanzausschusses zu dem Gesetzentwurf eines Kleinanlegerschutzgesetzes BT-Drucks. 18/4708 vom 22.04.2015 S. 58.

bislang geäußerte Kritik hinaus, dass die Bewertung des Kreditnehmers als Emittent widersprüchlich und ihre Folgen für ihn risikoreich seien.[716]

Die Ausnahmeregelung greift dem klaren Wortlaut des § 2a Abs. 3 VermAnlG zur Folge nur ein, sofern die Internet-Dienstleistungsplattform (die Plattformbetreibergesellschaft) durch Gesetz oder Verordnung dazu verpflichtet ist, die Einhaltung der in § 2a Abs. 3 VermAnlG normierten Kriterien zu prüfen.[717]

Der Gesetzgeber hat durch das Kleinanlegerschutzgesetz eine entsprechende gesetzliche Verpflichtung bisher einzig in § 31 Abs. 5a WpHG eingeführt. Demnach sind derzeit nur Wertpapierdienstleistungsunternehmen verpflichtet, die Investitionsbeträge der einzelnen Investoren i.S.d. § 2a VermAnlG zu überprüfen. Zumindest beim unechten Crowdlending mit einfacher Forderungsübertragung operieren die Plattformbetreibergesellschaften aber innerhalb des Anwendungsbereichs der Ausnahmevorschrift des § 2 Abs. 6 Nr. 8e KWG.[718]

(1) Keine direkte Anwendung von § 31 Abs. 5a WpHG

Aus diesem Grund ist die Plattformbetreibergesellschaft im Modell mit einfacher Forderungsübertragung auch kein Wertpapierdienstleistungsunternehmen, vgl. § 2 Abs. 4 WpHG. Die §§ 31 ff. WpHG, insbesondere § 31 Abs. 5a WpHG, sind auf sie damit nicht direkt anwendbar.[719]

---

[716] *Rietmüller*, DB 2015 S. 1451, 1456; zur Fehlerhaftigkeit der Annahme, dass die Emittenteneigenschaft des Kreditnehmers, ihn ohne sein Zutun den Vorschriften des VermAnlG unterwerfen könne s. Ausführungen im Anschluss an Fn. 652 im Zweiten Teil.

[717] Gemäß § 2a Abs. 3 VermAnlG muss die Internet-Dienstleistungsplattform durch Gesetz oder Verordnung dazu verpflichtet sein, zu prüfen, ob der Gesamtbetrag der Vermögensanlagen desselben Emittenten, die von einem Anleger erworben werden können, der keine Kapitalanlagegesellschaft ist, folgende Beträge nicht übersteigen:
1.000 Euro,
10.000 Euro, sofern der jeweilige Anleger nach einer von ihm zu erteilenden Selbstauskunft über ein frei verfügbares Vermögen in Form von Bankguthaben und Finanzinstrumenten von mindestens 100.000 Euro verfügt,
oder den zweifachen Betrag des durchschnittlichen monatlichen Nettoeinkommens des jeweiligen Anlegers nach einer von ihm zu erteilenden Selbstauskunft, höchstens jedoch 10.000 Euro.

[718] Vgl. Zweiter Teil B.I.3.c)cc)(2).

[719] *Riethmüller*, DB 2015 S. 1451, 1454; allgemein *Kumpan*, in: Baumbach/Hopt § 2a WpHG Rn. 1; *Wehowsky*, in: Erbs/Kohlhaas § 2a WpHG Rn. 1; *Rothenhofer*, in: Schwark/Zimmer § 31 WpHG Rn. 1; *Assmann*, in: Assmann/Schneider § 2a Rn. 1.

(2) Bislang ist keine Verordnung i.S.d. § 2a Abs. 2 VermAnlG
auf Grundlage der Verordnungsermächtigung
aus § 34g Abs. 2 Nr. 7 GewO ergangen

Als Finanzanlagevermittler i.S.d. § 34f GewO[720] unterliegen die Plattformbetreibergesellschaften der FinVermV.[721]

Gemäß § 34g Abs. 2 Nr. 7 GewO steht es im Ermessen des Verordnungsgebers, eine Pflicht zur Überprüfung der Vorgaben des § 2a Abs. 3 VermAnlG in die Verordnung aufzunehmen.[722] Bislang (Stand 12. 12. 2015) hat der Verordnungsgeber von dieser Ermächtigungsgrundlage jedoch keinen Gebrauch gemacht.[723]

Letztlich ist damit die Ausnahmeregelung des § 2a Abs. 1 VermAnlG derzeit zumindest auf das unechte Crowdlending mit einfacher Forderungsübertragung eigentlich nicht anwendbar.[724] Die Emittenten und Anbieter der Rückzahlungsansprüche hätten folglich sämtliche Vorschriften des VermAnlG zu befolgen.

(3) § 2a VermAnlG i.V.m. § 31 Abs. 5a WpHG analog anwendbar

Dieses Ergebnis ist insbesondere im Hinblick auf das Geschäftsmodell des Crowdinvesting wenig überzeugend. Auch dort werden die Plattformbetreibergesellschaften ganz überwiegend innerhalb der Ausnahmeregelungen des § 2 Abs. 6 Nr. 8e KWG bzw. § 2a Abs. 1 Nr. 7e WpHG, und damit als Finanzanlagevermittler tätig.[725]

---

[720] Vgl. Zweiter Teil B.IV.

[721] Finanzanlagevermittlungsverordnung vom 2. 5. 2012 (BGBl. I S. 1006) wurde zuletzt durch Art. 277 der Verordnung vom 31. August 2015 (BGBl. I 1474) geändert.

[722] Mit der Einführung dieser Ermächtigung hat sich der Gesetzgeber dem Bundesrat widersetzt, vgl. Gesetzentwurf eines Kleinanlegerschutzgesetzes BT-Drucks. 18/3994 vom 11. 2. 2015 S. 81. Dieser hatte in seiner Stellungnahme zum Gesetzentwurf eines Kleinanlegerschutzgesetzes von einer entsprechenden Regelung abgeraten, um eine daraus resultierende Zuständigkeit der Gewerbebehörden zu vermeiden, vgl. Gesetzentwurf eines Kleinanlegerschutzgesetzes BT-Drucks. 18/3994 vom 11. 2. 2015 S. 74.

[723] *Riethmüller*, DB 2015 S. 1451, 1454, *Will*, GewArch 2015 S. 430, 432; auf schriftliche Nachfrage erklärte der Bürgerdialog des Bundesministeriums für Wirtschaft und Energie, in einer E-Mail vom 6. 10. 2015, dass von dieser Ermächtigungsgrundlage *„bisher noch kein Gebrauch gemacht"* wurde, das Bundesministerium für Wirtschaft und Energie aber *„beabsichtigt, von der Ermächtigung in einem Verordnungsgebungsverfahren zeitnah Gebrauch zu machen und eine entsprechende Regelung in der Finanzanlagenvermittlungsverordnung zu treffen"*.

[724] Mit dieser Feststellung für das Crowdinvesting *Will*, GewArch S. 430, 432, der den Gebrauch der Ermächtigungsgrundlage des § 34g Abs. 2 Nr. 7 GewO in das Ermessen des Verordnungsgebers stellt. Dazu, dass die Ermächtigung nicht fakultativ ist, siehe sogleich Zweiter Teil B.III.5.c)cc)(3)(c)(aa).

[725] *Riethmüller*, DB 2015 S. 1451, 1453; wohl zustimmend *Bujotzek/Mocker*, BKR 2015 S. 358, 359; a.A. *Nietsch/Eberle*, DB 2014 S. 2575, 2577.

Dementsprechend sind auch sie regelmäßig keine Wertpapierdienstleistungsunternehmen i.S.d. §§ 31 ff. WpHG.[726] Somit kämen auch sie bzw. die über ihre Internet-Plattform erfolgten Emissionen nicht in den Genuss der Privilegien aus § 2a VermAnlG, bis die Verordnung entsprechend angepasst wird.

Der Gesetzgeber hätte damit bislang einzig diejenigen Emittenten, mittelbar also die Plattformbetreibergesellschaften, durch § 2a VermAnlG privilegiert, die er zu Beginn seines Gesetzesvorhabens noch gar nicht zur Kenntnis genommen hatte.[727] Das ist insbesondere deshalb unbefriedigend, weil die Eigenschaft eines Unternehmens als Finanzdienstleistungsinstitut bzw. Wertpapierdienstleistungsunternehmen nicht von der Genehmigung durch die BaFin abhängt, sondern schon durch den Betrieb des genehmigungspflichtigen Geschäfts begründet wird.[728] Damit treffen die Pflichten der §§ 31 ff. WpHG auch nicht genehmigte Wertpapierdienstleistungsunternehmen. In letzter Konsequenz bedeutet dies, dass § 2a Abs. 3 VermAnlG auch dann erfüllt ist und die Vorschriften des VermAnlG gemäß § 2a Abs. 1 und 2 VermAnlG auch dann nicht anwendbar sind, wenn ein Wertpapierdienstleistungsunternehmen ohne die erforderliche Genehmigung tätig wird, und das obwohl diese Institute vom Gesetz als gefährlicher angesehen werden als die Finanzanlagevermittler i.S.d. § 34f GewO.[729]

Es stellt außerdem eine Ungleichbehandlung der Emittenten dar, wenn der Vertrieb über einen gefährlicheren Anbieter von einem Großteil der Vorschriften des VermAnlG befreit wird, wohingegen sie der Vertrieb über weniger gefährliche Vermittler vollständig den Konsequenzen dieses Gesetzes unterwirft.

Es ist abermals zu betonen, dass dieses Problem sich nur solange stellt wie der Verordnungsgeber von der Ermächtigungsgrundlage keinen Gebrauch gemacht hat. Seine Folgen treffen aber alle bis dahin emittierten Vermögensanlagen. Im Übrigen bleibt auch eine möglicherweise nur vorübergehende Ungleichbehandlung eine Ungleichbehandlung.

Um diesen Zustand zum jetzigen Zeitpunkt zu korrigieren, sind vier Wege denkbar:

---

[726] Wiederum *Riethmüller*, DB 2015 S. 1451, 1453; wohl zustimmend *Bujotzek/Mocker*, BKR 2015 S. 358, 359; a.A. *Nietsch/Eberle*, DB 2014 S. 2575, 2577.

[727] Im Gesetzentwurf ging der Gesetzgeber offenkundig nur von der Existenz dieses Geschäftsmodells aus, da er allein zum Verhältnis dieses Modells zu § 2a VermAnlG Stellung bezog, vgl. Gesetzentwurf eines Kleinanlegerschutzgesetzes BT-Drucks. 18/3994 vom 11.02. 2015 S. 39; erst durch Kritik der Betreiber des anderen Crowdlending-Modells, dazu *Riethmüller*, DB 2015 S. 1451, 1456, nahm er auch zum unechten Crowdlending mit gestreckter Forderungsabtretung Stellung, vgl. Beschlussempfehlung und Bericht des Finanzausschusses zu dem Gesetzentwurf eines Kleinanlegerschutzgesetzes BT-Drucks. 18/4708 vom 22.04.2015 S. 58.

[728] Statt vieler *Schäfer*, in Boos/Fischer/Schulte-Mattler § 1 Rn. 8.

[729] Umkehrschluss aus der Begründung zum Gesetzesentwurf zur Novellierung des Finanzanlagenvermittler- und Vermögensanlagenrechts BT-Drucks. 17/6051 vom 6.6.2011 S. 42; so auch *Albert*, in: Reischauer/Kleinhans § 2 Rn. 48.

Bis zur Änderung der FinVermV, durch Gebrauch der Verordnungsermächtigung aus § 34g Abs. 2 Nr. 7 GewO, könnte man § 1 Abs. 2 Nr. 7 VermAnlG insoweit teleologisch reduzieren, dass die Rückzahlungsansprüche nicht unter diesen Tatbestand zu subsumieren wären.

Die Kooperationsbanken könnten beim unechten Crowdlending mit einfacher Forderungsübertragung aus § 31 Abs. 5a WpHG als verpflichtet anzusehen sein, § 2a VermAnlG wäre deshalb auch hier anwendbar.

§ 31 Abs. 5a WpHG könnte analog auch auf Finanzanlagevermittler angewendet werden.

Die Kreditnehmer, welche ihre Darlehen über Plattformen einwerben, die das unechte Crowdlending mit einfacher Forderungsübertragung betreiben, könnten sämtliche Vorschriften des VermAnlG zu befolgen haben, bis es zur Änderung der Verordnung durch Gebrauch der Verordnungsermächtigung aus § 34g Abs. 2 Nr. 7 GewO kommt.

(a) Keine teleologische Reduktion des § 1 Abs. 2 Nr. 7 VermAnlG

Eine teleologische Reduktion des § 1 Abs. 2 Nr. 7 VermAnlG ist nicht möglich. Die teleologische Reduktion würde zwar den Emittenten der Vermögensanlage von den Pflichten des VermAnlGes befreien, allerdings auf Kosten der Erwerber der Vermögensanlage. Damit würde der Zweck des § 1 Abs. 2 Nr. 7 VermAnlG konterkariert.

Er soll den Schutz der Anleger auf dem grauen Kapitalmarkt schließlich erhöhen.[730] Die teleologische Reduktion würde nun sogar noch mehr Unsicherheit hervorrufen, weil Anleger nicht einmal mehr dem Wortlaut der Regelung trauen könnten.

(b) Kooperationsbank nicht aus § 31 Abs. 5a VermAnlG verpflichtet

Ebenso wenig ist die Kooperationsbank den Pflichten aus § 31 Abs. 5a WpHG unterworfen. Zwar betreibt sie beim unechten Crowdlending mit einfacher Forderungsübertragung eine Anlagevermittlung i.S.d. § 1 Abs. 1a S. 2 Nr. 1 KWG.[731] Folglich hat sie als Finanzdienstleistungsinstitut i.S.d. § 1 Abs. 1a S. 1 KWG und Wertpapierdienstleistungsunternehmen i.S.d. § 2 Abs. 4 WpHG grundsätzlich die §§ 31 ff. WpHG zu befolgen.

Aber § 31 Abs. 5a WpHG geht dem klaren Wortlaut nach davon aus, dass nur solche Wertpapierdienstleistungsunternehmen die dort genannten Vorgaben zu kontrollieren haben, die den Vertragsschluss über eine Vermögensanlage i.S.d. § 2a VermAnlG vermitteln. Diese Voraussetzung erfüllt die Kooperationsbank jedoch

---

[730] Gesetzentwurf eines Kleinanlegerschutzgesetzes BT-Drucks. 18/3994 vom 11.02.2015 S. 1 ff.

[731] Vgl. Zweiter Teil B.I.3.b)bb).

nicht. Sie schließt vielmehr selbst den Vertrag über die Vermögensanlage ab, indem sie sich verpflichtet, die Vermögensanlage kommissionarisch für den Investor zu erwerben. Vermittler dieses Vertragsschlusses i.S.d. § 31 Abs. 5a WpHG ist hingegen die Plattformbetreibergesellschaft.[732]

Wegen des entgegenstehenden Wortlauts könnte man § 31 Abs. 5a WpHG auf die Kooperationsbank nur durch einen Analogieschluss anwenden. Dieser muss hier aber ausscheiden, denn wenn schon jemand durch analoge Anwendung dem Pflichtenkreis des § 31 Abs. 5a WpHG unterworfen wird, dann doch der, dessen Verpflichtung der Gesetzgeber langfristig ohnehin beabsichtigt.[733]

(c) Analoge Anwendung des § 31 Abs. 5a WpHG
auf Finanzanlagevermittler – Keine vollständige Anwendbarkeit
des VermAnlG

Damit bleiben zwei mögliche Optionen: Entweder ist das VermAnlG vollständig auf die angebotenen Kreditforderungen oder aber § 31 Abs. 5a WpHG analog auch auf Finanzanlagevermittler anzuwenden.

(aa) Es fehlt an einer bleibenden Regelungslücke

Gegen die analoge Anwendung des § 31 Abs. 5a WpHG spricht zunächst einmal, dass dem Gesetzgeber nicht verborgen geblieben ist, dass die Betreiber der Internet-Dienstleistungsplattformen beim Crowdlending und Crowdinvesting innerhalb des Ausnahmetatbestands des § 2 Abs. 6 Nr. 8e KWG agieren können und deshalb Finanzanlagevermittler i.S.d. § 34f GewO sind. Schließlich hat er in § 34g Abs. 2 Nr. 7 GewO die erforderliche Verordnungsermächtigung geschaffen, um auch diesen eine Verpflichtung i.S.d. § 2a Abs. 3 VermAnlG aufzuerlegen.[734]

Auf der anderen Seite steht der Erlass einer Verordnung, die eine Regelung entsprechend § 34g Abs. 2 Nr. 7 GewO trifft, dem Wortlaut nach im Ermessen des Verordnungsgebers. Das könnte im Extremfall dazu führen, dass das explizit erklärte Ziel des Gesetzgebers, nämlich die Privilegierung von Schwarmfinanzierungen, vereitelt werden könnte, nämlich wenn der Verordnungsgeber sich gegen eine entsprechende Änderung der FinVermV entscheidet.

Stellt der Gesetzgeber den Erlass einer Verordnung in das Ermessen des Verordnungsgebers, führt dies nach ganz herrschender Meinung nicht zu einer Verpflichtung des Verordnungsgebers, von der Ermächtigung Gebrauch zu machen,[735] es sei denn, dass sich aus höherrangigem Recht etwas anderes ergibt.[736]

---

[732] Vgl. Zweiter Teil B.I.3.c)cc)(1).

[733] Der Gesetzgeber wollte diese der „Internetplattform" auferlegen, vgl. Gesetzentwurf eines Kleinanlegerschutzgesetzes BT-Drucks. 18/3994 vom 11.02.2015 S. 54.

[734] Gesetzentwurf eines Kleinanlegerschutzgesetzes, BT-Drucks. 18/3994 vom 11.2.2015 S. 59.

[735] *Remmert*, in: Maunz/Dürig Art. 80 Rn. 119; *Uhle*, in: BeckOK-GG Art. 80 Rn. 30; *Haratsch*, in: Sodan Art. 80 Rn. 24; *Bauer*, in: Dreier (2006) Art. 80 Rn. 53; *Mann*, in: Sachs

Als Grund für die Annahme einer Handlungspflicht des Verordnungsgebers kommt etwa eine durch Unterlassen des Verordnungserlasses hervorgerufene verfassungswidrige Ungleichbehandlung oder auch die Zweckverfehlung einer übergesetzlichen Norm in Betracht.[737]

Die Untätigkeit des Verordnungsgebers hinsichtlich des § 34g Abs. 2 Nr. 7 GewO ruft sogar beides hervor: Zum einen eine Ungleichbehandlung zwischen den Emittenten der beiden unterschiedlichen Modelle des Crowdlending und damit mittelbar auch zwischen den jeweiligen Plattformbetreibergesellschaften, zum anderen wird der Zweck des § 2a VermAnlG durch die Untätigkeit beinahe vollständig verfehlt.[738]

Aus diesen Gründen ist das Ermessen des Verordnungsgebers, bis hin zu einer Pflicht von § 34 Abs. 2 Nr. 7 GewO Gebrauch zu machen, zu reduzieren.[739] Eine dauerhafte Regelungslücke liegt, zumindest bei rechtmäßigem Vorgehen des Verordnungsgebers, deshalb nicht vor.

(bb) Eine temporäre Regelungslücke liegt vor

Das ändert aber nichts daran, dass bis zum Erlass der Verordnung sehr wohl eine Regelungslücke besteht. § 1 Abs. 2 Nr. 3, 4 und 7 VermAnlG sind gemäß Art. 13 Abs. 3 des Kleinanlegerschutzgesetzes vom 3. Juli 2015[740] bereits am Tag der Verkündung des Gesetzes in Kraft getreten und unterwerfen seitdem sämtliche neue Vermögensanlagen den Vorschriften des VermAnlGes. Damit hat auch der Großteil

---

Art. 80 Rn. 5; *Ossenbühl*, in: Isensee/Kirchhof Band V, § 103 Rn. 50; *Uhle*, in: Kluth/Krings § 24 Rn. 63.

[736] *Remmert*, in: Maunz/Dürig Art. 80 Rn. 119; *Uhle*, in: BeckOK-GG Art. 80 Rn. 30; *Bauer*, in: Dreier (2006) Art. 80 Rn. 53; *Haratsch*, in: Sodan Art. 80 Rn. 24; *Nierhaus*, in: Bonner Kommentar Grundgesetz Art. 80 Rn. 344 ff.; *Peine*, ZG 1988 S. 121, 128 ff.

[737] Für die Handlungsverpflichtung aus Art. 3 GG: *Remmert*, in: Maunz/Dürig Art. 80 Rn. 119; *Uhle*, in: BeckOK-GG Art. 80 Rn. 30; *Bauer*, in: Dreier (2006) Art. 80 Rn. 53; *Nierhaus*, in: Bonner Kommentar Grundgesetz Art. 80 Rn. 346; *Uhle*, in: Kluth/Krings § 24 Rn. 63; wohl auch BVerfG, Urteil vom 13.12.1961 – 1 BvT 1137/59, 278/60 – BVerfGE 13, 248, 254 f. – NJW 1962, 147;

Für eine Handlungsverpflichtung auf Grund anderweitiger Zweckverfehlung einer höherrangigen Norm: ständige Rechtsprechung des BVerfG, vgl. Urteil vom 13.12.1961 – 1 BvT 1137/59, 278/60 – BVerfGE 13, 248, 254 f. – NJW 1962, 147; Beschluss vom 23.7.1963 – 1 BvR 265/62 – BVerfGE 16, 332, 338; implizit auch Urteil vom 6.12.1972 – BvR 230/70 und 95/71 – BVerfGE 34, 165, 194 – NJW 1973 S. 133, 137; Beschluss vom 8.6.1988 – 2 BvL 9/85 und 3/86 – BVerfGE 78, 249, 272 – NJW 1988 S. 2529, 2531; Beschluss vom 30.11.1988 – 1 BvR 1301/84 – BVerfGE 79, 174, 194 – NJW 1989 S. 1271, 1273; *Nierhaus*, in: Bonner Kommentar Grundgesetz Art. 80 Rn. 345; *Uhle*, in: Kluth/Krings § 24 Rn. 63; *Peine*, ZG 1988 S. 121, 131 ff.

[738] Zumindest für den weit überwiegenden Teil der Crowdinvesting-Plattformbetreiber, sowie derjenigen des unechten Crowdlending mit einfacher Forderungsübertragung.

[739] Fehlerhaft insoweit *Will*, in: BeckOK-GewO § 34g Rn. 7; *ders.*, GewArch 2015 S. 430, 432.

[740] BGBl. I 2015 S. 1114, 1129.

der von § 2a VermAnlG zu privilegierenden Emittenten den Pflichten des VermAnlG Folge zu leisten.

Weil der Gesetzgeber aber offenkundig davon ausging, dass modellunabhängig sämtliche Vermögensanlagen i.S.d. neuen § 1 Abs. 2 Nr. 7 VermAnlG, die derzeit über Crowdlending-Plattformen emittiert werden, unter den Ausnahmetatbestand des § 2a VermAnlG fallen, ist auch davon auszugehen, dass diese Regelungslücke unbewusst entstanden ist.

(cc) Vergleichbarkeit der Interessenlage besteht

Neben der Regelungslücke würde die analoge Anwendung des § 31 Abs. 5a WpHG auf Finanzanlagevermittler noch eine vergleichbare Interessenlage voraussetzen, und zwar zwischen geregeltem und unbewusst nicht geregeltem Sachverhalt.[741]

Dass eine solche vorliegt zeigt sich nicht zuletzt darin, dass Finanzanlagevermittler über § 34g Abs. 2 Nr. 7 GewO langfristig ohnehin den Pflichten aus § 2a Abs. 3 VermAnlG unterliegen werden.[742]

Sie tritt außerdem zu Tage, wenn man erneut die Ursache betrachtet, die dafür sorgt, dass einige Vermittler den Regelungen der §§ 31 ff. WpHG unterworfen sind, während andere § 34f GewO und der FinVermV Folge zu leisten haben.

Die §§ 2 Abs. 6 Nr. 8e KWG und 2a Abs. 1 Nr. 7d WpHG nehmen Letztere nur vom Pflichtenkreis der §§ 31 ff. WpHG aus, weil deren Beaufsichtigung durch die BaFin für einen effektiven Anlegerschutz nicht notwendig ist.[743] Maßgeblich für die eine oder die andere Einordnung sind dabei Gefahren, die vom Vermittler selbst ausgehen. Eine Unterscheidung hinsichtlich der Gefährlichkeit der emittierten Vermögensanlage wird damit nicht getroffen.

(dd) Kein anderweitiger Ausschluss der temporären Analogie
    zu § 31 Abs. 5a WpHG

Obwohl damit formal die Voraussetzungen einer analogen Anwendung des § 31 Abs. 5a WpHG auf Finanzanlagevermittler gegeben sind, kann man diese dennoch nicht ohne Weiteres befürworten. Schließlich hat der Gesetzgeber durch § 34g Abs. 2 Nr. 7 GewO dem Verordnungsgeber die Pflicht, aber eben auch die Kompetenz gegeben, die Anwendbarkeit des § 2a WpHG auf Finanzanlagevermittler auszulösen. Es stellt sich also die Frage, ob die Verordnungsermächtigung einer analogen Anwendung entgegensteht.

---

[741] Zu den allgemeinen Voraussetzungen der Analogie vgl. etwa *Bydlinski*, Juristische Methodenlehre und Rechtsbegriff S. 475 ff.; *Larenz/Canaris*, Methodenlehre der Rechtswissenschaft S. 202 ff.

[742] Vgl. Zweiter Teil B.III.5.c)cc)(3)(c)(aa).

[743] So Gesetzentwurf eines Gesetzes zur Novellierung des Finanzanlagenvermittler- und Vermögensanlagenrechts BT-Drucks. 17/6051 vom 06.06.2011 S. 41 f.

(ee) Keine „abschiebende" Wirkung der Verordnungsermächtigung

Vorab sei festgehalten, dass eine Verordnungsermächtigung per se keine abschiebende Wirkung entfaltet, welche eine permanente Verlagerung der Regelungskompetenz auf den Verordnungsgeber nach sich ziehen würde.[744] Der Gesetzgeber kann nicht nur die Verordnungsermächtigung jederzeit aufheben oder ändern,[745] er kann auch, der Existenz der Verordnungsermächtigung zum Trotz, unter Fortbestand der Verordnungsermächtigung eine eigene Regelung treffen.[746] Dieses Recht muss man ihm grundsätzlich auch zusprechen, wenn er eine solche Regelung zeitgleich mit der Verordnungsermächtigung erlässt.

(ff) Analogie nicht durch die Existenz der Verordnungsermächtigung
ausgeschlossen

Unterlässt es der Verordnungsgeber, von einer Verordnungsermächtigung Gebrauch zu machen, hindert dies weder die Verwaltung noch die Rechtsprechung daran, diejenigen Normen anzuwenden, die durch die Verordnung ausgefüllt werden sollen.[747] Das gilt aber nicht für Regelungen, die ohne Erlass der Verordnung gar nicht vollziehbar sind.[748]

Aus diesem Grund kann man zumindest § 2a VermAnlG nicht entsprechend auf das unechte Crowdlending mit einfacher Forderungsübertragung anwenden.

Für § 2a Abs. 3 VermAnlG ist dies offensichtlich, denn er setzt ausdrücklich die Existenz einer anderen Norm voraus.

§ 2a Abs. 1 VermAnlG tut dies für sich genommen nicht. Einer Anwendbarkeit muss man aber aus Gründen des Anlegerschutzes entgegentreten. Schließlich würde die Quelle des Anlegerschutzes dann nicht mehr verlagert, sondern bis zum Erlass

---

[744] BVerfG, Beschluss vom 15.11.1967 – 2 BvL 7, 20, 22/64 – BVerfGE 22, 330, 346 – DÖV 1967 S. 173; BVerfG, Beschluss vom 13.9.2005 – 2 BvF 2/03 – BVerfGE 114, 196, 232 – NVwZ 2006 S. 191, 195; *Bauer*, in: Dreier (2006) Art. 80 Rn. 47; *Remmert*, in: Maunz/Dürig Art. 80 Rn. 118; *Brenner*, in: v. Mangoldt/Klein/Starck (2010) Art. 80 Rn. 25; *Pieroth*, in: Jarass/Pieroth Art. 80 Rn. 14; *Wallrabenstein*, in: v. Münch/Kunig Art. 80 Rn. 23.

[745] BVerfG, Beschluss vom 15.11.1967 – 2 BvL 7, 20, 22/64 – BVerfGE 22, 330, 346 – DÖV 1967 S. 173; BVerfG, Beschluss vom 13.9.2005 – 2 BvF 2/03 – BVerfGE 114, 196, 232 – NVwZ 2006 S. 191, 195; *Bauer*, in: Dreier (2006) Art. 80 Rn. 47; *Remmert*, in: Maunz/Dürig Art. 80 Rn. 118; *Brenner*, in: v. Mangoldt/Klein/Starck Art. 80 (2010) Rn. 25; *Pieroth*, in: Jarass/Pieroth Art. 80 Rn. 14; *Wallrabenstein*, in: v. Münch/Kunig Art. 80 Rn. 23.

[746] *Remmert*, in: Maunz/Dürig Art. 80 Rn. 118; *Brenner*, in: v. Mangoldt/Klein/Starck (2010) Art. 80 Rn. 25.

[747] BVerfG, Beschluss vom 30.11.1988 – 1 BvR 1301/84 – BVerfGE 79, 174, 194 – NJW 1989 S. 1271, 1273.

[748] BVerfG, Beschluss vom 30.11.1988 – 1 BvR 1301/84 – BVerfGE 79, 174, 194 NJW 1989 S. 1271, 1273, unter Verweis auf BVerfG, Urteil vom 13.12.1961 – 1 BvT 1137/59, 278/60 – BVerfGE 13, 248, 254 f. – NJW 1962, 147 und BVerfG Beschluss vom 23.7.1963 – 1 BvR 265/62 – BVerfGE 16, 332, 338 – NJW 1962, 147.

der Rechtsverordnung und der damit einhergehenden Verpflichtung der Plattformbetreibergesellschaft i.S.d. § 2a Abs. 3 VermAnlG gänzlich fortfallen.

Nun hat der Gesetzgeber selbst aber eine Norm erlassen, die § 2a Abs. 3 Verm-
AnlG im vorangehenden Sinne „ausfüllt". Ob eine Norm, die eine andere zur Anwendung bringt, auf Fälle angewendet werden darf, die durch eine untergesetzliche
Norm erst noch zur Anwendung gebracht werden müsste, ist, soweit ersichtlich, noch
nicht entschieden oder überhaupt diskutiert worden.

Gegen die analoge Anwendung des § 31 Abs. 5a WpHG spricht grundsätzlich
einmal, dass der Gesetzgeber sich dafür entschieden hat, den Verordnungsgeber zu
ermächtigen, eine entsprechende Regelung zu erlassen.

Die Tragweite dieses Arguments muss man aber insoweit einschränken, als dass
der Gesetzgeber damit eine bereits zuvor getroffene Zuständigkeit des Verordnungsgebers wieder aufgegriffen hat. Schließlich war dieser gemäß § 34g GewO a.F.
auch vor Erlass des Kleinanlegerschutzgesetzes hierfür zuständig.[749]

Der Zweck, auf Grund dessen der Gesetzgeber überhaupt Verordnungsermäch-
tigungen erlässt, spricht für eine analoge Anwendung der Vorschrift. Sie dient der
Entlastung des parlamentarischen Gesetzgebers durch Übertragung rechtsetzender
Gewalt auf die Exekutive.[750] Außerdem soll auch die Flexibilität der Rechtsetzung
gestärkt werden, weil man durch die Verordnungsermächtigung kurzfristig Anpas-
sungen des Rechts vornehmen kann, ohne stets auf das langwierige Gesetzgebungsverfahren verwiesen zu sein.[751]

Keiner dieser Zwecke würde dadurch gefördert oder erreicht, dass man eine
analoge Anwendung von § 31 Abs. 5a WpHG ablehnt.

Was die gesteigerte Flexibilität angeht, so steht dieser entgegen, dass der Verordnungsgeber nicht frei über das „ob" des Gebrauchmachens von § 34g Abs. 2 Nr. 7
GewO verfügen kann.[752] Sofern der Gesetzgeber aber § 2a VermAnlG nicht ändert,
bleibt der Verordnungsgeber verpflichtet, von § 34g Abs. 2 Nr. 7 GewO Gebrauch zu
machen. Verhindern kann dies also ohnehin nur noch eine Gesetzesänderung. Eine
„kurzfristige" Reaktion des Verordnungsgebers ist also ausgeschlossen.

Auch die Entlastung des Gesetzgebers tritt nicht dadurch ein, dass man die
analoge Anwendbarkeit ablehnt. Die Formulierung, die der Gesetzgeber in § 34
Abs. 2 Nr. 7 GewO eingeführt hat, führt ohnehin nur dazu, dass die schon in § 2a
Abs. 3 VermAnlG normierten Grenzwerte und die Pflicht deren Einhaltung zu
überprüfen, gleichsam als Spiegelbild in die FinVermV aufgenommen werden.

---

[749] Eingeführt wurde § 34g GewO bereits durch das Gesetz zur Novellierung des Finanz-
anlagenvermittler- und Vermögensanlagenrechts vom 6. Dezember 2011, BGBl. 2011 S. 2481,
2495.

[750] Statt vieler: *Nierhaus*, in: Bonner Kommentar Art. 80 Rn. 60; *Haratsch*, in: Sodan
Art. 80 Rn. 1; *Bauer*, in: Dreier (2006) Art. 80 Rn. 11; *Peine* ZG 1988 S. 121, 128.

[751] *Bauer*, in: Dreier (2006) Art. 80 Rn. 11.

[752] Vgl. Zweiter Teil B.III.5.c)cc)(3)(c)(aa).

Außerdem hat der Gesetzgeber mit § 31 Abs. 5a WpHG eine Verpflichtung i.S.d. § 2 Abs. 3 VermAnlG durch das Gesetzgebungsverfahren gebracht. Eine Entlastung des Gesetzgebers stellt § 34g Abs. 2 Nr. 7 GewO demnach nicht dar.

Um zu vermeiden, dass ein Großteil der Emittenten, die ihre Vermögensanlagen über eine Internet-Dienstleistungsplattform anbieten, sämtlichen Normen des VermAnlGes unterliegen, obwohl sie vom Gesetzgeber privilegiert werden sollten, ist § 31 Abs. 5a WpHG analog auf Finanzanlagevermittler i.S.d. § 34f GewO anzuwenden, und zwar solange, bis der Verordnungsgeber von seiner Ermächtigung Gebrauch gemacht hat.

Folglich unterliegen auch die Kreditnehmer beim unechten Crowdlending mit einfacher Forderungsübertragung dem eingeschränkten Pflichtenkreis aus § 2a VermAnlG.[753] Die Plattformbetreibergesellschaft hat seit Inkrafttreten des Kleinanlegerschutzes die Pflichten des § 2a Abs. 3 VermAnlG zu kontrollieren, § 31 Abs. 5a WpHG analog.

(gg) Zwischenergebnis

Bis zum Inkrafttreten der Verordnung i.S.d. § 34g Abs. 2 Nr. 7 GewO scheidet eine teleologische Reduktion des § 1 Abs. 2 Nr. 7 VermAnlG aus, da sonst der Zweck des § 1 Abs. 2 Nr. 7 VermAnlG konterkariert würde. Ebenso ist es nicht möglich § 2a VermAnlG bis zu diesem Zeitpunkt unangewendet zu lassen. Schließlich würden Emittenten der Rückzahlungsansprüche sonst dem gesamten VermAnlG unterworfen, was dem Willen des Gesetzgebers widerspräche.

Letztlich bleibt nur eine analoge Anwendung des § 31 Abs. 5a WpHG. Entsprechend angewendet werden darf die Vorschrift aber nicht auf die Kooperationsbank, schließlich kann mit einer analogen Anwendung auf die Plattformbetreibergesellschaft das Ergebnis erreicht werden, welches der Gesetzgeber ohnehin erreichen wollte. Einer Verpflichtung der Kooperationsbank bedarf es deshalb nicht.

dd) Privilegierung des unechten Crowdlending mit gestreckter
Forderungsübertragung durch § 2a Abs. 1 VermAnlG

Sofern die Plattformbetreibergesellschaft beim unechten Crowdlending mit gestreckter Forderungsübertragung die Voraussetzungen des § 2 Abs. 6 Nr. 8e KWG nicht erfüllt, ist sie Anlagevermittler i.S.d. § 1 Abs. 1a S. 2 Nr. 1 KWG,[754] damit gemäß § 2 Abs. 4 WpHG Wertpapierdienstleistungsunternehmen und folglich der Prüfpflicht aus § 31 Abs. 5a WpHG unterworfen.

---

[753] A.A. *Will*, GewArch 2015 S. 430, 432, im Hinblick auf Emissionen beim Crowdinvesting.

[754] Zu den Grundsätzen, wann dies der Fall ist vgl. Zweiter Teil B.I.4.c)dd)(3).

Ist der Ausnahmetatbestand hingegen erfüllt, die Plattformbetreibergesellschaft also ein Finanzanlagevermittler i.S.d. § 34f GewO, ist auch sie dem Wortlaut des § 2 Abs. 4 WpHG nach nicht an die Vorgaben des § 31 Abs. 5a WpHG gebunden.

Das Gleiche gilt für die Intermediärgesellschaften, obwohl diese regelmäßig den Tatbestand des § 1 Abs. 1 S. 2 Nr. 4 KWG erfüllen.[755] Damit sind auf sie die §§ 31 ff. WpHG anwendbar.[756] Allerdings ist die Intermediärgesellschaft nicht Adressat des § 31 Abs. 5a WpHG. Wie auch für die Kooperationsbank beim Modell mit einfacher Forderungsübertragung ist dieses Ergebnis auf den Wortlaut der §§ 31 Abs. 5a WpHG und 2 Abs. 3 VermAnlG zurückzuführen.[757]

Dass keine der beiden Gesellschaften die Pflichten aus § 31 Abs. 5a WpHG zu befolgen haben, kann im Ergebnis aber nicht zutreffend sein, bedenkt man, dass beide, zumindest formal, den Tatbestand erfüllen, der sie zu Wertpapierdienstleistungsunternehmen macht, und gemeinsam die Gefahren verursachen, die der Gesetzgeber mit Hilfe von § 31 Abs. 5a WpHG regulieren wollte.[758]

An dieser Stelle hat man sich deshalb abermals vor Augen zu führen, weshalb die Plattformbetreibergesellschaft trotz tatbestandsmäßiger Tätigkeit teilweise kein Wertpapierdienstleistungsunternehmen i.S.d. WpHG (bzw. Finanzdienstleistungsinstitut i.S.d. KWG) ist: Eine zweifache Überprüfung und Überwachung der verantwortlichen Personen und Abläufe der Gesellschafter der Doppelgesellschaft ist nicht erforderlich, um den Gefahren einer Zugriffsmöglichkeit auf Gelder der Investoren gerecht zu werden.[759]

Die Folge, eine teleologische Reduktion der Gegenausnahme aus § 2 Abs. 6 Nr. 8e KWG a. E.,[760] darf konsequenterweise nur soweit gehen, wie sie die Anwendung von Normen unterbindet, die an ebendiese Zugriffsmöglichkeit anknüpft. Unberührt davon müssen hingegen die Vorschriften bleiben, die Gefahren außerhalb des KWG begegnen sollen. Dazu ist § 31 Abs. 5a WpHG zu zählen, der den Schutzzweck des VermAnlG übernimmt und mittelbar den Risiken aus dem Erwerb von Vermögensanlagen entgegenwirkt.

Deshalb ist § 31 Abs. 5a WpHG, beim unechten Crowdlending mit gestreckter Forderungsübertragung sogar unmittelbar, auf die Plattformbetreibergesellschaft anzuwenden.[761]

---

[755] Vgl. Zweiter Teil B.I.4.c)dd)(2).

[756] Vgl. Quellen Zweiter Teil bei Fn. 719.

[757] Vgl. die Argumentation bei der Kooperationsbank Zweiter Teil B.III.5.c)cc)(3)(b).

[758] Vgl. Zweiter Teil B.I.4.c)dd)(3).

[759] Vgl. Zweiter Teil B.I.4.c)dd)(3).

[760] Vgl. Zweiter Teil B.I.4.c)dd)(3).

[761] Dies gilt solange der Verordnungsgeber von seiner Ermächtigung in § 34g Abs. 2 Nr. 7 GewO keinen Gebraucht gemacht hat. Im Anschluss daran ist die Plattformbetreibergesellschaft ohnehin auch als Finanzanlagevermittler an die Vorgaben aus § 2a Abs. 3 VermAnlG gebunden, vgl. zuvor Zweiter Teil B.III.5.c)cc)(2).

ee) Folgeproblem der (analogen) Anwendung
des § 31 Abs. 5a WpHG

In Folge dieses Ergebnisses stellt sich die Frage, wer bis zur Änderung des FinVermV zuständig ist zu überprüfen, dass die Vorgaben des § 31 Abs. 5a WpHG eingehalten werden.

Während zur Überwachung der Finanzanlagevermittler grundsätzlich die nach Landesrecht zuständige Behörde betraut ist, obliegt die Kontrolle der Wertpapier-dienstleistungsunternehmen der BaFin, vgl. § 4 Abs. 2 WpHG.

Dem Wortlaut der Vorschriften, die die Zuständigkeiten regeln, ist logischerweise keine Tendenz zu entnehmen. Sie weisen in entgegengesetzte Richtungen.

Dass Finanzanlagevermittler generell der durch Landesrecht bestimmten Behörde unterstellt sind, spricht hingegen dafür auch die Einhaltung der Pflichten aus § 31 Abs. 5a WpHG analog der Kontrolle dieser Behörde zu unterstellen.

Auf das gleiche Ergebnis deutet der Wille des Gesetzgebers hin. Im Gesetzgebungsverfahren war zwar vom Bundesrat gefordert worden, Internet-Dienstleistungsplattformen grundsätzlich der Aufsicht durch die BaFin zu unterstellen, selbst wenn die Plattformbetreibergesellschaft ein Finanzanlagenvermittler ist,[762] dem ist der Gesetzgeber aber bewusst nicht gefolgt; er wollte vielmehr eine einheitliche Zuständigkeit beibehalten.[763]

Aus diesem Grund obliegt auch die Kontrolle der Pflichten analog § 31 Abs. 5a WpHG der für die Einhaltung der FinVermV und § 34f GewO zuständigen Behörde.[764]

ff) Zwischenergebnis

Sämtliche Crowdlending Modelle werden also schon heute im Anwendungsbereich des § 2a VermAnlG betrieben. Sofern nicht mehr als 2,5 Mio. Euro durch die Kreditnehmer aufgenommen werden, unterliegen diese deshalb nicht der Prospektpflicht aus § 6 VermAnlG.

---

[762] Stellungnahme des Bundesrates zum Gesetzentwurf eines Kleinanlegerschutzgesetzes, abgedruckt BT-Drucks. 18/3994 vom 11.2.2015 S. 74.

[763] Gegenäußerung der Bundesregierung zur Stellungnahme des Bundesrates zum Gesetzentwurf eines Kleinanlegerschutzgesetzes, abgedruckt BT-Drucks. 18/3994 vom 11.2. 2015 S. 81.

[764] Die Ermächtigungsgrundlage hierfür ist § 155 Abs. 2 GewO. Von dieser haben soweit ersichtlich alle Bundesländer Gebrauch gemacht. Im Detail hierzu und mit Angaben zu den im Einzelnen zuständigen Behörden vgl. *Schönleiter*, in: Landmann/Rohmer § 34f GewO Rn. 28 ff.

Weil schon von Seiten der Plattformbetreibergesellschaften derart großvolumige Darlehen gar nicht aufgenommen werden können,[765] kann man konstatieren, dass Crowdlending zurzeit nur prospektfrei möglich ist.[766]

Andere Pflichten wie beispielsweise das Erstellen eines Vermögensinformationsblatt i.S.d. § 13 VermAnlG bleiben hingegen bestehen.[767]

Außerhalb der Grenzen des § 2a VermAnlG sind hingegen auch beim unechten Crowdlending sämtliche Vorschriften des VermAnlGes anwendbar.

**6. Probleme bei der Anwendung des § 2a VermAnlG
auf das unechte Crowdlending**

Nicht nur im Zusammenhang mit § 31 Abs. 5a WpHG blieben bislang Fragen unbeantwortet. Auch durch die Anwendbarkeit des § 2a VermAnlG auf die Modelle des unechten Crowdlending entstehen bislang unbeantwortete Fragen.

Sie rühren daher, dass § 2a VermAnlG ein Dreipersonenverhältnis zugrunde legt. Die Norm sieht nur die Beteiligung von Emittent, Investor und Betreiber der Internet-Dienstleistungsplattform vor, nicht aber ein Hinzutreten der Kooperationsbank als vierte und der Intermediärgesellschaft als fünfte Partei.

Jede Norm, die § 2a VermAnlG für anwendbar erklärt, soll im Folgenden deshalb mit Blick auf daraus resultierende Probleme untersucht werden. Zur besseren Übersichtlichkeit erfolgt die Darstellung systematisch sortiert nach den einzelnen Vorschriften und danach, ob diese den Anbieter und Emittent, den Erwerber oder die Aufsichtsbehörde betreffen.

*a) Die die Plattformbetreibergesellschaft betreffende Norm:
Gesetzeszweckorientierte Auslegung des Tatbestandsmerkmals
der „Internet-Dienstleistungsplattform"*

Der gegenseitige Verweis der §§ 31 Abs. 5a WpHG und 2a VermAnlG wirft auf Grund seiner Tautologie die Frage auf, wer die Pflicht aus § 31 Abs. 5a WpHG tatsächlich zu befolgen hat.

---

[765] Im maximaler Darlehensbetrag sind derzeit für Unternehmen 250.000,00 € über FundingCircle „emittierbar" vgl. https://www.fundingcircle.com/de/loan-request/register#base Form; für Privatkredite bietet beispielsweise Lendico derzeit ein maximales Kreditvolumen von 30.000,00 €, vgl. https://www.lendico.de/?gclid=CMqf1cn5w8gCFQgXwwodkMMMpg; beides zuletzt abgerufen am 30. 11. 2015.

[766] Mit diesem Ergebnis auch *Heisterhagen/Conreder*, DStR 2015 S. 1929, allerdings ohne darauf einzugehen, weshalb dies der Fall sein soll, oder welche Folgeprobleme sich daraus ergeben; *Rietmüller*, DB 2015 S. 1451, 1456.

[767] Zu den anwendbaren bzw. nicht anwendbaren Vorschriften im Detail etwa *Riethmüller*, DB 2015 S. 1451, 1454.

§ 31 Abs. 5a WpHG soll nur anwendbar sein, sofern Vermögensanlagen i.S.d. § 2a VermAnlG vermittelt werden. Ein Vermittler i.S.d. § 2a VermAnlG hingegen ist nur derjenige, der auf Grund eines Gesetzes oder einer Verordnung zur Einhaltung der Vorgaben aus § 2a Abs. 3 VermAnlG verpflichtet ist.

Allein die Vermittlung von Vermögensanlagen i.S.d. § 2a Abs. 1 VermAnlG reicht nicht aus, um den Pflichten des § 31 Abs. 5a WpHG ausgesetzt zu sein. Das ergibt sich schon daraus, dass § 31 Abs. 5a WpHG auf den ganzen § 2a VermAnlG verweist. Folglich ist, entsprechend § 2a Abs. 3 VermAnlG, zusätzlich eine Vermittlung „über eine Internet-Dienstleistungsplattform" erforderlich.

Was aber genau unter einer „Internet-Dienstleistungsplattform" zu verstehen ist, bedarf einer genaueren Untersuchung. Denn fest steht, dass nicht allein der Vertrieb von Vermögensanlagen i.S.d. § 1 Abs. 2 Nr. 3, 4 und 7 VermAnlG über das Internet den Anwendungsbereich des § 31 WpHG eröffnet.

Das Tatbestandsmerkmal der „Internet-Dienstleistungsplattform" ist vielmehr im Hinblick auf den Gesetzeszweck des § 2a VermAnlG auszulegen. Der Gesetzgeber wollte durch die Vorschrift die „Schwarmfinanzierung" bzw. das „Crowdfunding" fördern.

Alleinstellungsmerkmal für diese Finanzierungsmodelle ist nicht, dass sich Kapitalsuchende über das Internet an einen aus ihrer Sicht unbekannten und grundsätzlich unbegrenzten Kreis von Personen richten, und auch nicht, dass die Vermögensanlagen nur ausgegeben werden, sofern ein bestimmtes Emissionsvolumen erreicht wird. Selbst die typischerweise geringvolumige Stückelung der ausgegebenen Vermögensanlagen, ist eher ein Indiz als ein griffiges Abgrenzungskriterium.

Letzteres ist aber zumindest der Ausgangspunkt des wesentlichen Abgrenzungsmerkmals, wenn es um die Definition des Tatbestandsmerkmals der Internet-Dienstleistungsplattform i.S.d. §§ 2a i.V.m. § 1 Abs. 2 Nr. 7 VermAnlG geht. Entscheidend ist, dass, obwohl auf Seiten der Investoren eine Vielzahl von Vermögensanlagen erworben werden können, der Kreditnehmer auf der Passivseite nur eine einheitliche Vermögensanlage ausgibt, weil er stets nur ein einheitliches Schuldverhältnis eingeht. Das ihm im Endeffekt eine Vielzahl von Gläubigern bzw. Schuldnern gegenüberstehen kann,[768] ist für ihn unbeachtlich, da die Vermögensanlage einheitlich, nämlich durch die Internet-Dienstleistungsplattform verwaltet wird.

Eine Internet-Dienstleistungsplattform i.S.d. § 2a i.V.m. § 1 Abs. 2 Nr. 7 VermAnlG liegt also vor, wenn dem Kreditnehmer über das Internet ermöglicht wird, ein Darlehen aufzunehmen, welches trotz der Beteiligung zahlreicher Investoren einheitlich durch den Betreiber der Internet-Plattform verwaltet wird.

---

[768] Dies ist bislang nur beim indirekten Crowdlending der Fall. Aber auch dort geht der Kreditnehmer nur ein Schuldverhältnis im weiteren Sinne ein, während zahlreiche Investoren das wirtschaftliche Äquivalent der Rückzahlungsansprüche als Vermögensanlagen erwerben können.

b) Den Erwerber betreffende Normen

aa) § 2d VermAnlG

§ 2d VermAnlG räumt dem Erwerber der Vermögensanlage ein 14-tägiges Widerrufsrecht ein. Ausgeübt gegenüber dem Anbieter der Vermögensanlage kann er damit die Bindungswirkung seiner Willenserklärung lösen, die auf den Abschluss eines Vertrags über den Erwerb einer Vermögensanlage i.S.d. § 2a VermAnlG zielte.

Zweck der Regelung ist es zu kompensieren, dass dem Erwerber i.S.d. § 2a VermAnlG kein Verkaufsprospekt und damit weniger Informationen als üblich über die Vermögensanlage vorliegen.[769]

(1) Verhältnis zu § 312g Abs. 1 BGB

Zunächst einmal stellt sich für das unechte Crowdlending die Frage, wie sich § 2d VermAnlG zum Widerrufsrecht aus § 312g Abs. 1 BGB verhält.

Da es sich beim Kommissionsvertrag zwischen Investor und Kooperationsbank um einen Fernabsatzvertrag handelt, könnte zumindest den Investoren, die Verbraucher i.S.d. § 13 BGB sind, ein Widerrufsrecht auch gemäß § 312g Abs. 1 BGB zustehen.

§ 312g Abs. 2 S. 1 Nr. 8 BGB schließt dies jedoch aus. Er ist auf das Crowdlending entsprechend anzuwenden.

Der Tatbestand des § 312g Abs. 2 S. 1 Nr. 8 BGB ist dem Wortlaut nach nicht erfüllt. Der Preis für die Finanzdienstleistung, den Erwerb der Darlehensrückzahlungsansprüche, unterliegt auf dem Finanzmarkt keinen Schwankungen. Der „Preis" für die Forderung steht vielmehr fest, weil die Darlehensforderung einmalig und zu festen Konditionen angeboten wird. Weil die Kooperationsbank bzw. die Intermediärgesellschaft im eigenen Namen tätig wird, würde ein Widerrufsrecht des Investors gemäß § 312g Abs. 1 BGB aber das Spekulationsrisiko beim Crowdlending, nämlich die Insolvenz des Kreditnehmers, auf den Kommissionär abwälzen. Dieser wäre, in Folge des Widerrufs, nämlich zur Rückgewähr des investierten Kapitals verpflichtet, vgl. § 355 Abs. 3 BGB. Er selbst müsste das Geld vom Kreditnehmer zurückverlangen.[770]

Für den, wenn auch unwahrscheinlichen Fall, dass der Kreditnehmer zwischenzeitlich insolvent geworden ist, würde sich das vom Verbraucher eingegangene Risiko beim Unternehmer realisieren. Eine derartige Verlagerung der Spekulationsrisiken des Verbrauchers soll § 312g Abs. 2 S. 1 Nr. 8 BGB aber gerade ver-

---

[769] Beschlussempfehlung und Bericht des Finanzausschusses zu Gesetzentwurf eines Kleinanlegerschutzgesetzes BT-Drucks. 18/4708 vom 22.04.2015 S. 65.

[770] Vgl. insoweit die Ausführungen zu § 313 BGB im Anschluss an Zweiter Teil Fn. 525.

meiden.[771] Konsequenterweise ist diese Norm deshalb entsprechend auf den Kommissionsvertrag zwischen Investor und Kooperationsbank anzuwenden.

(2) Widerrufbarer Vertrag – Widerrufsgegner

Dem Investor steht beim unechten Crowdlending aber weiter das Widerrufsrecht aus § 2d VermAnlG zu. Demnach darf der Anleger seine Willenserklärung, die auf Abschluss eines Vertrags über eine Vermögensanlage gerichtet war, widerrufen. Beim unechten Crowdlending ist das diejenige, die zum Abschluss des Kommissionsvertrags führt. § 2d VermAnlG statuiert so gesehen eine Ausnahme zu den Grundsätzen des Kommissionsvertrags, denn theoretisch kann der Widerruf dazu führen, dass der Kommissionär das Insolvenzrisiko des Kreditnehmers tragen muss.[772]

Für den Vertragspartner des Investors lässt sich die Risikoverlagerung aber umgehen, und zwar durch Abwarten der 14-tägigen Frist bis zum Abschluss des Kommissionsgeschäfts.

Ein weiteres ebenfalls wohl nur theoretisches Problem besteht darin, dass der Widerruf gemäß § 2d Abs. 2 VermAnlG gegenüber dem Anbieter der Vermögensanlage erklärt werden muss. Anbieter der Vermögensanlage ist aber weder die Kooperationsbank noch die Intermediärgesellschaft.[773]

Da aber modellabhängig einer von beiden von den Folgen des Widerrufs betroffen wird, sollte der Begriff des Anbieters i.S.d. § 2d VermAnlG so ausgelegt werden, dass der Widerruf (auch) gegenüber demjenigen erklärt werden muss, demgegenüber sich der Investor zur entgeltlichen Übernahme der Forderungen verpflichtet hat. Selbstverständlich besteht wie immer die Möglichkeit, einen Dritten zur Entgegennahme der Widerrufserklärungen zu ermächtigen.[774] Sofern die Plattformbetreibergesellschaft beim unechten Crowdlending mit einfacher Forderungsübertragung Empfangsvertreter der Kooperationsbank und beim Modell mit gestreckter Forderungsübertragung Empfangsvertreter der Intermediärgesellschaft ist, was regelmäßig der Fall sein dürfte, ist der Widerruf ihr gegenüber als ausreichend anzusehen.

---

[771] Gesetzentwurf BReg eines Gesetzes zur Umsetzung der Verbraucherrechterichtlinie und zur Änderung des Gesetzes zur Regelung der Wohnungsvermittlung BT-Drucks 17/12637 vom 6.3.2013 S. 56; *Junker*, in: jurisPK-BGB Band 2 § 312g Rn. 66.

[772] Vgl. zuvor Zweiter Teil B.III.6.b)aa)(1).

[773] Vgl. für die Kooperationsbank Zweiter Teil B.III.4.a)aa) und für die Intermediärgesellschaft Zweiter Teil B.III.4.b).

[774] Insoweit gelten die Grundsätze der passiven Stellvertretung, vgl. zu diesen statt vieler *Schubert*, in: MüKo-BGB (2015) § 164 Rn. 241.

c) Die BaFin betreffende Normen

Über das Angebot der Vermögensanlagen i.S.d. § 2a VermAnlG übt die BaFin die Aufsicht aus vgl. § 3 VermAnlG. Probleme ergeben sich aus der Existenz des § 2a VermAnlG insoweit keine. Der Vollständigkeit halber sei jedoch erwähnt, dass die BaFin logischerweise von solchen Ermächtigungsgrundlagen des VermAnlGes keinen Gebrauch mehr machen darf, die an Pflichten anknüpfen, zu deren Einhaltung Emittenten und Anbieter auf Grund von § 2a VermAnlG gar nicht mehr verpflichtet sind.[775]

d) Den Anbieter und/oder den Emittent betreffende Normen

aa) § 12 Abs. 2 bis Abs. 5 VermAnlG

§ 12 VermAnlG normiert Beschränkungen, die für die Bewerbung von Vermögensanlagen gelten. Die „öffentlich angebotene Vermögensanlage" i.S.d. § 12 VermAnlG ist beim unechten Crowdlending das einzelne Kreditprojekt bzw. der Rückzahlungsanspruch gegen den einen Kreditnehmer.

Anders als beim Crowdinvesting findet sich außerhalb der Internetseite-Plattform der Plattformbetreibergesellschaft beim Crowdlending soweit ersichtlich keine Werbung, zumindest nicht für (reale) Kreditprojekte.[776]

Der Grund dafür dürfte sein, dass für Investoren beim Crowdlending nicht die Investition in besonders innovative und erfolgversprechende Unternehmen und die damit verbundene Chance auf einen überdurchschnittlich hohen Gewinn im Vordergrund stehen, wie dies etwa beim Crowdinvesting der Fall ist.[777] Beim Crowdlending ist vielmehr entscheidend, in eine Vielzahl von Krediten investieren zu können, um durch Diversifizierung das Risiko des Totalausfalls aller Forderungen zu minimieren und letztlich einen möglichst hohen Zinsertrag zu generieren.[778]

---

[775] Beispielsweise sei § 16 Abs. 1 Nr. 1 i.V.m. § 12 Abs. 1 VermAnlG genannt. Dieser erlaubt es der BaFin Werbungen zu untersagen, in der nicht auf den Verkaufsprospekt und dessen Veröffentlichung hingewiesen wird. Da weder Emittent noch Anbieter der Vermögensanlage i.S.d. § 2a VermAnlG einen Verkaufsprospekt zu erstellen haben, müssen sie logischerweise auch in einer Werbung nicht darauf hinweisen.
In gleicher Wiese ist mit § 18 Abs. 1 S. 1 Nr. 1 VermAnlG zu verfahren, soweit die Norm zur Untersagung eines öffentlichen Angebots ermächtigt, welches unter Verstoß gegen § 5a VermAnlG ausgegeben wird. § 5a VermAnlG ist gemäß § 2a Abs. 1 VermAnlG schließlich gar nicht anwendbar. Außerdem ist so auch noch mit § 19 Abs. 1 Nr. 2 VermAnlG und dem dortigen Verweis auf das Verkaufsprospekt zu verfahren.

[776] Bei den Crowdinvesting-Plattformen kann man sich beispielsweise für einen Newsletter anmelden, der einen über neu veröffentlichte Projekte informiert. So etwa bei Seedmatch, https://www.seedmatch.de/newsletter, zuletzt abgerufen am 14.12.2015.

[777] Vgl. etwa *Klöhn/Hornuf*, ZBB 2012 S. 237, 239.

[778] In diese Richtung *Renner*, ZBB 2014 S. 261, 271.

In der Folge ist es nur konsequent, dass die Plattformbetreibergesellschaft ihr Geschäftsmodell als solches, im Internet und teilweise auch im Fernsehen bewirbt.[779] Es werden anhand von imaginären Kreditprojekten die Grundzüge und Funktionsweisen des Crowdlending erläutert und Renditen in Aussicht gestellt.

Bei solchen Werbungen handelt es sich offenkundig nicht um eine „Werbung für öffentlich angebotene Vermögensanlagen". Den Tatbestand des § 12 Abs. 2 bis 5 VermAnlG erfüllt die Plattformbetreibergesellschaft damit also nicht. Folglich gelten auch die Einschränkungen des § 12 Abs. 2 bis 5 VermAnlG nicht.[780]

bb) § 15 VermAnlG

§ 15 VermAnlG bleibt im Rahmen des § 2a VermAnlG grundsätzlich anwendbar. Der insoweit uneingeschränkte Verweis aus § 2a Abs. 1 VermAnlG ist aber an einigen Stellen zu relativieren.

Denknotwendigerweise sind keine Pflichten zu befolgen, die an die Existenz eines Verkaufsprospekts anknüpfen. Schließlich wird kein Verkaufsprospekt erstellt.

Im Übrigen sind auch die Pflichten, die eine Verwendung des Jahresabschlusses und/oder des Jahresberichts voraussetzen, nicht einzuhalten, wenn der Emittent einer solchen Verpflichtung nicht unterliegt.[781]

cc) § 23 und § 24 VermAnlG: Teleologische Reduktion
bei nicht gewerblichen Emittenten

§ 2a Abs. 1 und 2 VermAnlG erklären die §§ 23 und 24 VermAnlG anteilig, teilweise mit abweichender Maßgabe für anwendbar. Demnach hat der Emittent der Vermögensanlage einen Jahresbericht sowie einen darin enthaltenen Jahresabschluss zu erstellen.[782]

Auch hier zeigt sich, dass der Gesetzgeber sich mit den Modellen und insbesondere dem Kundenkreis beim unechten Crowdlending nicht ausreichend beschäftigt hat. Die §§ 23, 24 VermAnlG sind mit den Einschränkungen aus § 2a Abs. 1 und 2 VermAnlG grundsätzlich ohne Probleme anwendbar, wenn der Emittent gewerblich tätig ist. Dies gilt insbesondere wenn es sich um eine Handelsgesellschaft oder gar eine juristische Person handelt.

---

[779] Werbefilme von Auxmoney beispielsweise lassen sich derzeit unter https://www.youtu be.com/results?search_query=auxmoney+werbung oder http://www.xad.de/index.php?action= detailansicht&id=161473&backlink=search ansehen; Auxmoney kündigt etwa selbst an die Fernsehwerbung noch auszubauen, vgl. http://auxmoney-presse.de/auxmoney-erhoht-werbe druck-tv-spots-sind-ab-heute-auch-auf-n24-zu-sehen/, alle zuletzt abgerufen am 30. 11. 2015.

[780] Vgl. unten Zweiter Teil C.3.d).

[781] Siehe im Anschluss Zweiter Teil B.III.6.d)cc).

[782] Die Anfertigung des Lageberichts ist gemäß § 2a Abs. 2 S. 2 VermAnlG nicht notwendig.

Unzweckmäßig erscheint ihre Anwendung hingegen, wenn der Kreditnehmer eine natürliche Person ist und das Darlehen überdies nicht zu gewerblichen, sondern zu privaten Zwecken aufnimmt. Auch diese Person müsste gemäß §§ 23, 24 i.V.m. § 2a VermAnlG unter anderem eine Bilanz i.S.d. §§ 266 ff. HGB erstellen.

Dass der Gesetzgeber dies nicht erkannt und auch nicht gewollt hat, wird etwa in § 23 Abs. 1 Nr. 3 VermAnlG deutlich, der eine „Erklärung der gesetzlichen Vertreter des Emittenten" verlangt. Außerdem hat der Gesetzgeber für Emittenten, die Personenhandelsgesellschaften oder Einzelkaufleute sind, in § 24 Abs. 2 VermAnlG normiert, dass das Privatvermögen von Gesellschaftern oder Einzelkaufleuten nicht in die Bilanz und die auf das Privatvermögen entfallenden Aufwendungen und Erträge nicht in die Gewinn- und Verlustrechnung aufgenommen werden dürfen.

Es ist deshalb nur konsequent, wenn man nicht gewerblich tätige Emittenten gänzlich vom Anwendungsbereich der §§ 23 und 24 VermAnlG ausnimmt, und zwar im Wege einer teleologischen Reduktion des § 2a Abs. 1 und 2 VermAnlG.

dd) § 26 VermAnlG

Folgerichtig ist in diesem Fall auch § 26 VermAnlG nicht anwendbar, der an die Pflichten aus §§ 23 und 24 VermAnlG anknüpft.

ee) §§ 29, 30, 31 VermAnlG

In §§ 28 bis 31 VermAnlG sind Straf-, Bußgeld- und Ordnungsgeldvorschriften normiert. Anders als die pönalisierenden Vorschriften, welche die Einhaltung der Pflichten aus § 31 Abs. 5a WpHG in Bezug nehmen,[783] sind diese jedoch grundsätzlich uneingeschränkt anwendbar. Schließlich führt nicht die entsprechende Anwendung des § 31 Abs. 5a WpHG zur Anwendbarkeit der Vorschriften. Diese Analogie schränkt die Reichweite der §§ 28 bis 31 VermAnlG nur ein. Anbieter und Emittenten der Rückzahlungsansprüche würden ansonsten außerhalb des Anwendungsbereichs des § 2a VermAnlG tätig werden und dem VermAnlG in Gänze unterliegen.

7. Folgeprobleme der Anwendung des § 2a VermAnlG auf das unechte Crowdlending

Auch in Folge der Anwendbarkeit des § 2a VermAnlG auf das Crowdlending treten zusätzliche Fragen auf. Diese resultieren zumeist daraus, dass beim Crowdlending, anders als beim Crowdinvesting, auch Privatpersonen zu den Emittenten zählen.

---

[783] Vgl. dazu unten Zweiter Teil B.III.7.c)bb).

a) Vorschriften i.S.d. § 2a Abs. 3 VermAnlG als „ius cogens"

Zunächst einmal ist zu überlegen, ob und inwieweit es sich bei § 31 Abs. 5a WpHG i.V.m. § 2 Abs. 3 VermAnlG um dispositives Recht handelt.

Wäre es beispielsweise möglich, dass eine Plattformbetreibergesellschaft die Kriterien des § 2a Abs. 3 VermAnlG nicht überprüft und die Emittenten dafür sämtliche Vorschriften des VermAnlG einhalten? Lebt die Anwendbarkeit der Vorschriften des VermAnlG wieder auf, sofern eine Plattformbetreibergesellschaft den Anforderungen nicht genügt?

Und aus Sicht des Erwerbers gefragt: Was sind die Folgen, wenn die Pflichten aus § 31 Abs. 5a WpHG nicht erfüllt werden? Stehen ihm dann gemäß § 21 VermAnlG Ansprüche gegen den Emittenten zu, weil es an der Veröffentlichung eines Prospekts fehlt? Oder kann er die Plattformbetreibergesellschaft in Anspruch nehmen, wenn sich auf Grund der fehlenden Kontrolle die zu vermeidenden Risiken realisiert haben?

Dass es sich bei § 31 Abs. 5a WpHG i.V.m. § 2 Abs. 3 VermAnlG um ein *ius cogens* handelt, ist im Hinblick auf den Zweck dieser und der durch sie ersetzten Normen des VermAnlG nicht zwingend anzunehmen. Schließlich soll an die Stelle der Pflicht zur Kontrolle der Emissionsobergrenzen eine Pflicht zur Herstellung des Prospekts treten, ohne dass die Investoren einem gesteigerten Risiko ausgesetzt werden.

Wo der anlegerschützende Zweck von Normen den Parteien sonst die Dispositionsbefugnis über diese entzieht,[784] könnte man den Anlegerschutz hier zumindest insoweit zur Disposition der Parteien stellen, dass auch die alternative Verpflichtung von Emittent oder Plattformbetreibergesellschaft dem Schutz der Anleger genügen würde.

Allerdings wäre die Annahme der ersetzenden Dispositivität von § 31 Abs. 5a WpHG zumindest mit einer Steigerung der Rechtsunsicherheit verbunden. Während die Kontrolle der Pflichten aus § 31 Abs. 5a WpHG bei Finanzanlagevermittlern durch die zuständige Landesbehörde erfolgt,[785] obliegt die Kontrolle des „ob" und des „wie" der Prospekterstellung der BaFin, vgl. § 3 VermAnlG. Eine objektive Bewertung, wer welche Pflichten zu erfüllen und im Zweifelsfalle für die Verletzung der Pflichten einzustehen hat oder wer zum Adressat von Maßnahmen gemacht werden kann, die dem rechtswidrigen Zustand entgegenwirken, wäre nicht möglich. Die Behörden müssen sich auf die Angaben der Beteiligten verlassen. Der Missbrauch durch Vorlage falscher Dokumente wäre schwer zu vermeiden.

Auch der Wortlaut des § 31 Abs. 5a WpHG deutet darauf hin, dass es sich um eine zwingende Regelung handelt. So formuliert Satz 1 der Vorschrift, dass das Wert-

---

[784] Vgl. generalisierend für die übrigen Regelungen der §§ 31 ff. WpHG *Fuchs*, in: Fuchs Vor §§ 31 bis 37a WpHG Rn. 64.

[785] Vgl. Zweiter Teil B.III.5.c)ee).

papierdienstleistungsunternehmen die erforderlichen Informationen zur Prüfung der dort genannten Kriterien einzuholen „hat". In Satz 2 wird dann sogar festgelegt, dass ein Vertragsschluss nur vermittelt werden „darf", wenn die zu prüfenden Kriterien erfüllt sind. Im Übrigen spricht auch der Gesetzgeber von einer „Prüf*pflicht*" der Internet-Dienstleistungsplattform.[786]

Die Pflicht aus § 31 Abs. 5a WpHG ist im Ergebnis deshalb nicht abdingbar. Gleiches wird für andere Normen i.S.d. § 2a Abs. 3 VermAnlG gelten.

b) Keine Haftung der Emittenten bei Verstößen gegen § 31 Abs. 5a VermAnlG

Dieses Ergebnis verneint letztendlich auch die Frage, ob ein Verstoß der Plattformbetreibergesellschaft gegen diese Pflichten Folgen für den Kreditnehmer hat. Die Einhaltung der Pflichten aus § 31 Abs. 5a WpHG und ähnlichen Vorschriften obliegt allein der Plattformbetreibergesellschaft, diese ist dafür auch verantwortlich.

c) Verstöße der Plattformbetreibergesellschaft gegen § 31 Abs. 5a VermAnlG

Damit bleibt zu klären, welche Konsequenzen ein Verstoß der Plattformbetreibergesellschaft gegen die Verpflichtung aus § 31 Abs. 5a WpHG nach sich zieht.

aa) Keine Nichtigkeit des vermittelten Vertrags gemäß § 134 BGB

Die Nichtigkeitsfolge gemäß § 134 BGB ist vorab abzulehnen. Ansonsten würde man den Emittenten bestrafen, dem die §§ 31 Abs. 5a WpHG und 2a VermAnlG zugutekommen sollen.

bb) Teilweise Ordnungswidrigkeit

Ein Verstoß gegen die Vorschrift des § 31 Abs. 5a WpHG stellt gemäß § 39 Abs. 2 Nr. 17a WpHG eine Ordnungswidrigkeit dar. Er kann gemäß § 39 Abs. 4 S. 1 Hs. 3 WpHG mit einer Geldbuße von bis zu zweihunderttausend Euro geahndet werden.

Schon im Zusammenhang mit § 32 KWG wurde aber festgestellt, dass die analoge Anwendung einer Vorschrift nicht die Anwendbarkeit pönalisierender Vorschriften nach sich ziehen darf.[787] Sofern der Gesetzgeber seinen Willen nicht auch im Wortlaut des § 31 Abs. 5a WpHG deutlich macht und auch Finanzanlagevermittler einer entsprechenden Verpflichtung unterstellt, darf man die Vorschrift des § 39

---

[786] Gesetzentwurf eines Kleinanlegerschutzgesetzes BT-Drucks. 18/3994 vom 11.02.2015 S. 54.

[787] Vgl. Zweiter Teil B.I.3.c)aa).

Abs. 4 S. 1 Hs. 3 i. V. m § 39 Abs. 2 Nr. 17a WpHG deshalb nicht auf die derzeit aktiven Plattformbetreibergesellschaften anwenden.

Dieses Ergebnis gilt allerdings nur, sofern die Plattformbetreibergesellschaft Finanzanlagevermittler i.S.d. § 34f GewO ist oder die fehlende Genehmigungspflichtigkeit nicht auf eine teleologische Reduktion der Gegenausnahme aus § 2 Abs. 6 Nr. 8e Hs. 2 KWG zurückgeht.[788] Andernfalls sind die Vorschriften uneingeschränkt anwendbar.

cc) Regelmäßig kein vertraglicher Schadensersatzanspruch

Für den Verstoß der Plattformbetreibergesellschaften gegen § 31 Abs. 5a WpHG existiert kein spezieller, §§ 20 ff. VermAnlG entsprechender Haftungstatbestand.

Möglicherweise sind sie in Folge aber zivilrechtlichen Schadensersatzansprüchen der Investoren ausgesetzt. Weil es an einem spezialgesetzlichen Haftungstatbestand fehlt, kommt lediglich eine vertragliche sowie eine deliktische Haftung in Betracht.

Ein Verstoß gegen die §§ 31 ff. WpHG wurde bislang vielfach mit einer vertraglichen Pflichtverletzung gleichgesetzt.[789] Die §§ 31 ff. WpHG werden dabei als aufsichtsrechtliche Normierung regelmäßig als vereinbart anzusehender Schutz- und Informationspflichten i.S.d. §§ 241 Abs. 2 und 311 BGB angesehen.[790] Als solchen wird ihnen weit überwiegend zwar keine unmittelbare zivilrechtliche, wohl aber Ausstrahlungswirkung auf die zivilrechtlichen Vereinbarungen zugesprochen.[791]

Diese Einschätzung mag für die §§ 31 ff. WpHG in der Fassung vor Inkrafttreten des Kleinanlegerschutzgesetzes zugetroffen haben.[792] § 31 Abs. 5a WpHG weicht im Normcharakter aber von den Vorschriften ab, für die dieses Ergebnis gilt.

---

[788] Vgl. zu letzterem noch einmal die Ausführungen zum unechten Crowdlending mit gestreckter Forderungsübertragung in Zweiter Teil B.I.4.c)dd)(3).

[789] BGH, Urteil vom 19. 12. 2006 – XI ZR 56/05 – BGHZ 170, 226, 232 Rn. 18 – NJW 2007 S. 1876, 1878; *Fuchs*, in: Fuchs Vor §§ 31 bis 37a WpHG Rn. 59; *Koller*, in: Assmann/ Schneider Vor § 31 WpHG Rn. 3.

[790] Zur Rückführung dieses Verständnisses der §§ 31 WpHG auf das FRUG, vgl. etwa *Schwark*, in: Schwark/Zimmer Vor §§ 31 ff. WpHG Rn. 16; die Aufklärungspflicht vor Einführung des § 31 Abs. 2 S. 1 Nr. 2 WpHG a.F. auf § 242 BGB zurückführend etwa *Balzer*, WM 2000 S. 441, 443; mit der Feststellung, dass die §§ 31, 32 WpHG von der Rechtsprechung entwickelte Grundsätze in materielles Recht umgesetzt haben *Lang*, WM 2000 S. 450, 454 m.w.N.; auch *Schwennicke*, WM 1998 S. 1101, 1102.

[791] *Koller*, in: Assmann/Schneider Vor § 31 WpHG Rn. 3; *Schwennicke*, WM 1998 S. 1101, 1102; *Schwark*, in: Schwark/Zimmer Vor §§ 31 ff. WpHG Rn. 16; *Balzer*, WM 2000 S. 411, 443; *Lang*, WM 2000 S. 450, 455; *Fuchs*, in: Fuchs Vor §§ 31 bis 37a WpHG Rn. 59; a.A. *Lenenbach*, § 11 Rn. 11.120, spricht sich für eine unmittelbare Wirkung aus, soweit die §§ 31 ff. WpHG anlegerschützende Funktion haben. Dass die Vorschriften in der Folge dennoch nicht zivilrechtlicher, sondern allein öffentlich-rechtlicher Natur sind, vgl. überzeugend *Fuchs*, in: Fuchs Vor §§ 31 bis 37a WpHG Rn. 55 ff.

[792] Inkrafttreten des Kleinanlegerschutzgesetzes ist geregelt in Art. 13 des Kleinanlegerschutzgesetzes, vgl. BGBl. I 2015 S. 1114, 1129 vom 9.6.2015.

In den §§ 31 ff. WpHG sind bis dato Organisations- und Verhaltenspflichten normiert gewesen.[793] Diese haben regelmäßig allein das Wertpapierdienstleistungsunternehmen in seinen Rechten begrenzt. Spiegelbildlich dazu wurde der Rechtskreis der Kunden erweitert. Genannt sei beispielsweise das Verbot der Annahme von Zuwendung bzw. die Verpflichtung dem Kunden gegenüber, den Erhalt von Provisionen aufzudecken, vgl. § 31d WpHG. Derartige Pflichten sind Ausdruck des objektiven Kundeninteresses und entsprechen bei wertender Betrachtung auch der Vorstellung von ordnungsgemäß, im Interessen der Kunden agierenden, Wertpapierdienstleistungsunternehmen.

Anders verhält es sich mit § 31 Abs. 5a WpHG. Diese Norm ist paternalistischer Natur. Sie verpflichtet nämlich nicht allein das Wertpapierdienstleistungsunternehmen, sondern beschränkt gleichzeitig den Kunden in seinem Grundrecht auf Handlungsfreiheit. Außerhalb der festgelegten Grenzen ist ihm eine Investition verwehrt. Dies dürfte regelmäßig zwar dem objektiven Interesse der Investoren, nicht aber ihrem Willen entsprechen. Deshalb kann man die Vorschrift nicht als aufsichtsrechtliche Normierung einer vertraglichen Nebenpflicht begreifen. In der Folge ist ein Verstoß auch nicht mit einer Verletzung vertraglicher Pflichten gleichzusetzen.

Ein vertraglicher Schadensersatzanspruch auf Grund eines Verstoßes gegen § 31 Abs. 5a WpHG durch das Wertpapierdienstleistungsunternehmen scheidet deshalb aus.

dd) Anspruch aus § 823 Abs. 2 BGB

Folglich bleibt noch zu prüfen, ob ein Verstoß gegen § 31 Abs. 5a WpHG einen Schadensersatzanspruch gemäß § 823 Abs. 2 BGB begründen kann. Entscheidende Voraussetzung dafür wäre, dass § 31 Abs. 5a WpHG ein Schutzgesetz im Sinne dieser Vorschrift ist.

Dies ist im Hinblick auf die bislang existierenden §§ 31 ff. WpHG umstritten. Sie werden auf Grund ihrer anlegerschützenden Wirkung teilweise als Schutzgesetze i.S.d. § 823 Abs. 2 BGB angesehen,[794] teilweise wird dies abgelehnt.[795]

---

[793] Diese beiden Kategorien etwa erwähnt bei *Fuchs*, in: Fuchs Vor §§ 31 bis 37a WpHG Rn. 80.

[794] Etwa §§ 31, 32 WpHG a.F. von *Fuchs*, in: Fuchs Vor §§ 31 bis 37a WpHG Rn. 80; für § 31 Abs. 4 und 5 WpHG; *Weichert/Wenninger*, WM 2007 S. 627, 635; für § 31 Abs. 3 und 4 WpHG *Veil*, WM 2007 S. 1821, 1826, allerdings mit dem Hinweis, dass dieser Bewertung, wegen der vorgelagerten vertraglichen Haftung keine praktische Bedeutung zukommen wird; zur anlegerschützenden Funktion der §§ 31 ff. WpHG statt vieler: *Koller*, in: Assmann/Schneider Vor § 31 Rn. 7 und § 31 Rn. 1; *Fuchs*, in: Fuchs Vor §§ 31 bis 37a WpHG Rn. 64.

[795] Für § 34a Abs. 1 S. 1 WpHG a.F. BGH, Urteil vom 22.6.2010 – VI ZR 212/09 – ZIP 2010 S. 1433, 1436; für § 34a WpHG a.F. OLG Frankfurt, Urteil vom 17.6.2009 – 23 U 34/08 – NJW-RR 2009 S. 1210; *Schäfer*, WM 2007 S. 1872, 1875 ff., 1879 mit der Begründung, dass die meisten Regelugen der §§ 31 ff. WpHG nur „das bereits bestehende differenzierte Haf-

Sofern der BGH zu dieser Frage Stellung bezogen hat, hat auch er die Eigenschaft der §§ 31 ff. WpHG als Schutzgesetz abgelehnt oder die Entscheidung offen gelassen.[796] In der Literatur wird daraus teilweise gefolgert, der BGH vertrete – „generalisierungsfähig" – die Ansicht, die §§ 31 ff. WpHG seien keine Schutzgesetze i.S.d. § 823 Abs. 2 BGB.[797]

Dem ist zu widersprechen.[798] Nicht nur verweist der BGH in seinen Urteilen darauf, dass diese Frage für „jede einzelne Norm gesondert" zu entscheiden ist.[799] Er stellt auch explizit fest, dass eine Schutzgesetzeigenschaft durchaus bejaht werden kann.[800] Nur schränkt er die Konsequenz eines solchen Ergebnisses ein, indem er – mittlerweile isoliert[801] – darauf verweist, dass die §§ 31 ff. WpHG nicht über (vor-) vertragliche Pflichten der Wertpapierdienstleistungsunternehmen hinausgingen.[802] Damit komme der Schutzgesetzeigenschaft keine schadensersatzrechtliche Bedeutung zu, die über vertragliche Schadensersatzansprüche hinausgehe.[803]

In Anbetracht dessen ist es nachvollziehbar, dass dem Streit über die Schutzgesetzeigenschaft der §§ 31 ff. WpHG bislang nur „akademische Bedeutung" beigemessen wurde.[804] Schließlich sprechen beide Lager den §§ 31 ff. WpHG weit

---

tungssystem überlagern und als Auslegungshilfe für Inhalt und Reichweite der (vor-)vertraglichen Pflichten ... Bedeutung haben"; ebenso *Nikolaus/d'Oleire*, WM 2007 S. 2129, 2130; *Schwennicke*, WM 1998 S. 1101, 1102 lehnt es ab, da die Einordnung als Schutzgesetz mit dem Zweck des Deliktsrechts unvereinbar sei, da dieses nicht bereits schuldrechtlich begründet Ansprüche eine zusätzliche deliktische Grundlage geben solle.

[796] BGH, Urteil vom 22.6.2010 – VI ZR 212/09 – ZIP 2010 S. 1433, 1436; offengelassen für § 31 Abs. 1 Nr. 2 WpHG BGH, Urteil vom 19.12.2006 – XI ZR 56/05 – BGHZ 170, 226, 232 Rn. 17 ff. – NJW 2007 S. 1876, 1878; m.w.N. BGH, Urteil vom 19.2.2008 – XI ZR 170/07 – NJW 2008 S. 1734, 1735.

[797] *Koller*, in: Assmann/Schneider Vor § 31 WpHG Rn. 7; dem soweit allem Anschein nach zustimmend *Kleinert*, in: Szesny/Kuthe S. 608.

[798] Wie hier *Fuchs*, in: Fuchs Vor §§ 31 bis 37a WpHG Rn. 78.

[799] BGH, Urteil vom 22.6.2010 – VI ZR 212/09 – ZIP 2010 S. 1433, 1436.

[800] BGH, Urteil vom 19.2.2008 – XI ZR 170/07 – NJW 2008 S. 1734, 1735.

[801] Früher hatte der BGH die Schutzgesetzeigenschaft der §§ 31 ff. WpHG teilweise auch mit der Begründung abgelehnt, andernfalls würde eine unzulässige Eigenhaftung der Organe und Vertreter der Wertpapierdienstleistungsunternehmen entstehen (BGH, Urteil vom 19.2.2008 – XI ZR 170/07 – BKR 2008 S. 294, 295 f.; BGH, Urteil vom 22.6.2010 – VI ZR 212/09 – ZIP 2010 S. 1433, 1436 f. unter Verweis auf BGHZ 175, 276, 280 f. – ZIP 2008 S. 873; dazu kritisch *Fuchs*, in: Fuchs Vor. §§ 31 bis 37a WpHG Rn. 81a). Dieses Argument ist allerdings gegenstandslos geworden, weil sich §§ 31 ff. WpHG mittlerweile eindeutig und ausschließlich an die Wertpapierdienstleistungsunternehmen selbst richtet und damit auch nur diese binden, zutreffend *Ekkenga*, in: MüKo-HGB Band VI (2014) Effektengeschäft Rn. 288; dem folgend *Koller*, in: Assmann/Schneider Vor § 31 Rn. 7.

[802] BGH, Urteil vom 19.2.2008 – XI ZR 170/07 – NJW 2008 S. 1734, 1735 m.w.N. zur Spruchpraxis des BGH in diesem Zusammenhang; BGH, Urteil vom 19.12.2006 – XI ZR 56/05 – BGHZ 170, 226, 232 Rn. 18 – NJW 2007 S. 1876, 1878.

[803] BGH, Urteil vom 19.12.2006 – XI ZR 56/05 – BGHZ 170, 226, 232 Rn. 18 – NJW 2007 S. 1876, 1878; BGH, Urteil vom 19.2.2008 – XI ZR 170/07 – NJW 2008 S. 1734, 1735.

[804] Veil WM 2007 S. 1821, 1826.

überwiegend eine solche Ausstrahlungswirkung auf die zivilrechtlichen Vereinbarung zu, dass ein Verstoß gegen sie stets mit vertraglichen Schadensersatzansprüchen einhergeht.[805]

Den rein akademischen Charakter verliert dieser Streit nun aber wegen des abweichenden Normcharakters des § 31 Abs. 5a WpHG. Die paternalistische Prägung der Norm führt dazu, dass die normierte Verpflichtung des Wertpapierdienstleistungsunternehmens nicht seinen (vor-)vertraglichen Pflichten gegenüber den Investoren entspricht.[806] Das bedeutet aber auch, dass die Schutzgesetzeigenschaft des § 31 Abs. 5a WpHG – so sie denn vorliegt – haftungsrechtliche Wirkung entfalten würde. Es ist deshalb entscheidend, ob § 31 Abs. 5a WpHG ein Schutzgesetz i.S.d. § 823 Abs. 2 BGB ist oder nicht.

Zu dieser Frage ist bislang, soweit ersichtlich, noch keine Stellung genommen worden.

Die Schutzgesetzeigenschaft einer Norm ist erfüllt, „wenn sie zumindest auch dazu dienen soll, den Einzelnen oder einzelne Personenkreise gegen die Verletzung eines bestimmten Rechtsguts zu schützen".[807] Durch Auslegung ist zu ermitteln, ob dies der Fall ist, wobei auf Inhalt, Zweck und Entstehungsgeschichte der Norm abzustellen ist.[808] Um ein Ausufern des Anwendungsbereichs von § 823 Abs. 2 BGB zu vermeiden, ist zudem erforderlich, dass der Individualschutz nicht nur Reflex der Anwendung einer Norm, sondern deren direktes Ziel ist.[809] Maßgeblich ist insoweit insbesondere, ob es dem Willen des Gesetzgebers entsprach, einen Normverstoß, und damit die Verletzung von Interessen, den Folgen des § 823 Abs. 2 BGB auszusetzen.[810]

---

[805] Vgl. bei den Quellen Zweiter Teil in Fn. 794 und 795.

[806] Vgl. zuvor Zweiter Teil B.III.7.c)cc).

[807] So wörtlich in BGH, Urteil vom 22.6.2010 – VI ZR 212/09 – ZIP 2010 S. 1433, 1435; inhaltlich so ständige Rechtsprechung, vgl. mit zahlreichen weiteren Nachweisen der Rechtssprechungsgeschichte etwa BGH, Urteil vom 13.12.1988 – VI ZR 235/87 – BGHZ 106, 204, 206 – NJW 1989 S. 974 und BGH, Urteil vom 3.2.1987 – VI ZR 32/86 – BGHZ 100, 13, 14 – NJW 1987 S. 1818; *Teichmann*, in: Jauernig § 823 Rn. 44; *Spindler*, in: BeckOK-BGB § 823 Rn. 155.

[808] BGH, Urteil vom 22.6.2010 – VI ZR 212/09 – ZIP 2010 S. 1433, 1435; *Wagner*, in: MüKo-BGB (2013) § 823 Rn. 405; *Teichmann*, in: Jauernig § 823 Rn. 44; *Spindler*, in: Beck-OK-BGB § 823 Rn. 155.

[809] Schon BGH, Urteil vom 3.2.1987 – VI ZR 32/86 – BGHZ 100, 13, 14 f. – NJW 1987 S. 1818, 1819; BGH, Urteil vom 6.5.2008 – XI ZR 56/07 – BGHZ 176, 281, 297 Rn. 51 – NJW 2008 S. 2245, 2249; BGH, Urteil vom 11.1.2005 – VI ZR 34/04 – NJW-RR 2005 S. 673; *Wagner*, in: MüKo-BGB (2013) § 823 Rn. 405.

[810] BGH, Urteil vom 22.6.2010 – VI ZR 212/09 – ZIP 2010 S. 1433, 1435 f. unter Verweis auf die ständige Rechtsprechung des Senats in BGH, Urteil vom 3.2.1987 – VI ZR 32/86 – BGHZ 100, 13, 14 f. – NJW 1987 S. 1818, 1819 und BGH, Urteil vom 28.3.2006 – VI ZR 50/05 – NJW 2006 S. 2110, 2112.

§ 31 Abs. 5a WpHG erfüllt all diese Voraussetzungen. Dies ist bereits der Gesetzesbegründung zu entnehmen, die § 31 Abs. 5a WpHG den Zweck zuschreibt, die Anleger vor der Entstehung von Klumpenrisiken zu schützen.[811]

Dafür spricht außerdem der systematische Zusammenhang in dem die §§ 31 Abs. 5a WpHG und 2a VermAnlG zu den übrigen Regelungen des VermAnlGes stehen. Der Gesetzgeber hat mit Einführung der §§ 31 Abs. 5a WpHG und 2a VermAnlG lediglich die Quelle des Anlegerschutzes verlagert. Er hat die Plattformbetreibergesellschaft zur Prüfung der Vorgaben verpflichtet, anstatt ein Vermögensanlagenprospekt von den Emittenten zu verlangen. Das Schutzobjekt des VermAnlG wurde dadurch aber nicht verändert.

Auch § 31 Abs. 5a WpHG dient also, als Begleitnorm des VermAnlGes, unmittelbar dem Schutz der Anleger und ist deshalb ein Schutzgesetz i.S.d. § 823 Abs. 2 BGB. Folglich können Schäden, die einem Anleger in Folge einer Verletzung dieser Pflichten entstanden sind, bei Vorliegen der übrigen Voraussetzungen des § 823 Abs. 2 BGB, ersetzt verlangt werden.

d) Keine Prospekthaftung außerhalb des VermAnlGes

In der Literatur zum Crowdinvesting ist die Frage aufgeworfen worden, ob zugunsten der Anleger die allgemeine zivilrechtliche Prospektpflicht eingreift, wenn eine Prospekthaftung nach dem VermAnlG gemäß § 2a VermAnlG ausgeschlossen ist.[812]

So wird erwogen, die Plattform(-betreibergesellschaft) einer Prospekthaftung nach §§ 311 Abs. 3, 241 Abs. 2 BGB auszusetzen, weil sie durch ihre Einflussnahme auf die Vertragsverhandlungen und den Vertragsschluss möglicherweise besonderes Vertrauen in Anspruch nehmen.[813] Außerdem wird überlegt, ob die „Zielunternehmen", beim Crowdlending also die Kreditnehmer, nicht für die von ihnen bereitgestellten Informationen einzustehen haben.[814]

Letztendlich muss man diese Frage unter Berücksichtigung des Telos von § 2a VermAnlG beantworten. Schwarmfinanzierungen sollen privilegiert werden, indem man die Emittenten von allen Pflichten befreit, die geringvolumige Emissionen unwirtschaftlich machen würden. Mittelbar sollen so nicht nur Unternehmensgründungen gefördert, sondern kleinen und mittelständischen Unternehmen auch breitere Finanzierungsmöglichkeiten geboten werden.[815]

---

[811] Gesetzentwurf eines Kleinanlegerschutzgesetzes BT-Drucks. 18/3994 vom 11.02.2015 S. 41.

[812] Mit der Tendenz dies zu bejahen *Bujotzek/Mocker*, BKR 2015 S. 358, 359 f.

[813] *Bujotzek/Mocker*, BKR 2015 S. 358, 359 f.

[814] Wiederum *Bujotzek/Mocker*, BKR 2015 S. 358, 359.

[815] Gesetzentwurf eines Kleinanlegerschutzgesetzes BT-Drucks. 18/3994 vom 11.02.2015 S. 40.

aa) Keine Prospekthaftung des Emittenten
über § 22 VermAnlG hinaus

In Ansehung dieses Zwecks darf man den Emittenten insoweit keiner bürgerlich-rechtlichen Prospekthaftung aussetzen, die die geschaffenen Erleichterungen wieder rückgängig machen würde.

Das heißt nicht, dass der Emittent für fehlerhafte Angaben nicht einzustehen hat. In diesem Fall würde nämlich die Freistellung vom Pflichtenkatalog der §§ 6 ff. VermAnlG in eine Berechtigung umgedeutet, die Vorschriften fakultativ und fehlerhaft zu befolgen.

Es bedeutet aber ebenso wenig, dass die bürgerlich-rechtliche Prospekthaftung uneingeschränkt zur Anwendung kommen darf.[816] Der Vorteil des § 2a VermAnlG für die Emittenten wäre hinfällig, wenn er auf Grundlage der bürgerlich-rechtlichen Prospekthaftung die §§ 6 ff. VermAnlG entsprechenden Pflichten zu erfüllen hätte.

Meines Erachtens obliegen den Emittenten Informationenpflichten nur im Rahmen des § 2a VermAnlG bzw. der Vorschriften, die darin für anwendbar erklärt werden. Insoweit wird die bürgerlich-rechtliche Prospektpflicht im engeren Sinne wie üblich von den spezialgesetzlichen Haftungstatbeständen, § 21 f. VermAnlG, gesperrt.[817]

Dafür spricht insbesondere, dass der Gesetzgeber auch für die Haftung bei unrichtigem oder fehlerhaftem Verkaufsprospekt gemäß § 22 Abs. 6 S. 2 VermAnlG nur weitergehende vertragliche Ansprüche und solche aus unerlaubter Handlung für anwendbar erklärt hat.[818] Veröffentlicht der Emittent beispielsweise aufgrund gesonderter Vereinbarung mit der Plattformbetreibergesellschaft Informationen, die über diesen gesetzlichen Pflichtenkatalog hinausgehen, ist es überzeugend, ihn für die Richtigkeit des Inhalts einstehen zu lassen.[819] Dies gilt aber nur, wenn diese i.S.d. § 7 VermAnlG tatsächliche und rechtliche Angaben enthalten, die eine Beurteilung des Emittenten oder der Vermögensanlage selbst ermöglichen.

Dann gelten aber nicht die Maßstäbe der zivilrechtlichen Prospekthaftung.[820] Der Gesetzgeber hat mit der Befreiung von der vermögensanlagerechtlichen Prospekt-

---

[816] Dahin tendieren allem Anschein nach *Bujotzek/Mocker*, BKR 2015 S. 358, 359.

[817] Die spezialgesetzlichen Prospekthaftungsregelungen sind nach h.M. abschließend, vgl. m.w.N. *Singhof*, in: MüKo-HGB (2014) Emissionsgeschäft Rn. 270; *Assmann*, in: Assmann/Schütze § 5 Rn. 30; Gesetzentwurf eines Gesetzes zur weiteren Fortentwicklung des Finanzplatzes Deutschland (Drittes Finanzmarktförderungsgesetz) BT-Drucks. 13/8933 S. 81; OLG Frankfurt, Urteil vom 17.12.1996 – 5 U 178/95 – NJW-RR 1997 749, 750; a.A. etwa *Emmerich*, in: MüKo-BGB (2016) § 311 Rn. 137.

[818] U.a. mit diesem Argument wird bislang die abschließende Wirkung der spezialgesetzlichen Prospekthaftung gegenüber der allgemeinen-zivilrechtlichen Prospekthaftung begründet, vgl. in Bezug auf § 47 Abs. 2 BörsG etwa *Olds*, in: Kümpel/Wittig Rn. 15.248 f.

[819] Diese Tendenz für Emittenten beim Crowdinvesting *Bujotzek/Mocker*, BKR 2015 S. 358, 359 f.

[820] A.A. *Bujotzek/Mocker*, BKR 2015 S. 358, 359 f.

pflicht auch die Haftungstatbestände der §§ 20 und 21 VermAnlG für unanwendbar erklärt. Damit sind zwar grundsätzlich auch § 20 Abs. 6 S. 2 VermAnlG und § 21 Abs. 5 S. 2 VermAnlG nicht anzuwenden. Daraus kann aber kein Wiederaufleben der bürgerlich-rechtlichen Prospekthaftung gefolgert werden. Schließlich ist die gesetzliche gegenüber der allgemein-zivilrechtlichen Prospekthaftung in ihrer Reichweite und Wirkung abgemildert.[821] Diese Haftungsprivilegierung wird auch dem Emittenten einer Vermögensanlage zugesprochen, der keiner Prospektpflicht unterliegt, aber freiwillig Angaben macht, die er bei Bestehen einer Prospektpflicht zu veröffentlichen hätte.[822] Das gilt erst recht, wenn der Emittent innerhalb einer spezialgesetzlich normierten Ausnahmevorschrift tätig wird, die ihn entlasten, also keiner strengeren Haftung aussetzen soll.[823]

Diese Argumentation lässt sich eins zu eins auf § 2a VermAnlG übertragen. Der Gesetzgeber wollte den Anlegerschutz mit dieser Norm nämlich nicht ausweiten, sondern nur die Quelle des durch § 1 Abs. 2 Nr. 7 VermAnlG geschaffenen Anlegerschutzes verlagern. Eine Privilegierung der Investoren beim Crowdlending gegenüber sonstigen Erwerbern von Vermögensanlagen i.S.d. § 1 Abs. 2 Nr. 7 VermAnlG war hingegen nicht beabsichtigt.

Ein Kreditnehmer, der über den Anwendungsbereich des § 13 VermAnlG hinaus tatsächliche und rechtliche Angaben i.S.d. § 7 VermAnlG macht, die eine Beurteilung des Emittenten oder der Vermögensanlage selbst ermöglichen, haftet dafür nach den Grundsätzen der §§ 20 ff. VermAnlG, die die bürgerlich-rechtliche Prospekthaftung insoweit modifizieren.

---

[821] So unterliegt die gesetzliche Prospekthaftung insbesondere einem weniger strengen Verschuldensmaßstab, vgl. etwa *Olds*, in: Kümpel/Wittig Rn. 15.247.

[822] Diesem Ergebnis hat sich der BGH in seinem jüngsten Beschluss vom 21.10.2014 – XI ZB 12/12 Rn. 71 – DB 2015 S. 189 (nur Leitsätze), in einer Entscheidung zu § 13 VerkProspG a.F. und BörsG a.F., angeschlossen. So auch schon *Ellenberger*, S. 109; *Eyles*, in: Vortmann § 2 Rn. 63; dem folgend *Furmans*, in: Graf v. Westphalen/Thüsing Prospekthaftung Rn. 8; in diese Richtung *Oulds*, in: Kümpel/Wittig Rn. 15.250; a.A. *Schnauder*, NJW 2013 S. 3207, 3211, der sie im Rahmen der Ausnahmeregelungen für anwendbar erklärt. Das *obiter* des BGH, auf welches er sich dabei beruft ist in BGH Urteil vom 3.12.2007 – II ZR 21/06 – NJOZ 2008 2240 ff. nicht erkennbar. Vielmehr weist der BGH lediglich darauf hin, dass die bürgerlich-rechtliche Prospekthaftung „außerhalb des Anwendungsbereichs der gesetzlich geregelten Prospekthaftung" eingreift, nicht jedoch innerhalb der Ausnahmevorschriften; trotz Bedenken *Hüffer*, S. 153.

[823] Schon *Ellenberger*, S. 109; *Assmann*, AG 1996 S. 508, 512; weitere Quellen Zweiter Teil bei Fn. 822.

bb) Keine prospektrechtliche Haftung der Plattformbetreibergesellschaft über § 22 VermAnlG hinaus

(1) Anwendbares Haftungsregime

Auch die Plattformbetreibergesellschaft unterliegt keiner weitergehenden zivilrechtlichen Prospekthaftung.[824]

Eine zivilrechtliche Prospekthaftung im engeren Sinne scheidet schon allein deshalb aus, weil die Plattformbetreibergesellschaft beim Crowdlending Anbieter der Vermögensanlage ist und folglich allein der abschließenden spezialgesetzlichen Prospektpflicht unterliegt.[825]

Was die auf ihrer Internetseite veröffentlichten Informationen angeht, gilt für sie deshalb das Gleiche wie für die Kreditnehmer. Wenn sie Angaben i.S.d. § 7 VermAnlG macht, die über den Pflichtenkatalog der anwendbaren Vorschriften hinausgehen, dann hat sie dafür einzustehen, als seien diese Angaben auf Grund der Vorschriften des gesamten VermAnlGes gemacht worden. Insoweit gelten auch für sie die §§ 20 ff. VermAnlG entsprechend.

Auch eine Prospekthaftung im weiteren Sinne, gemäß § 311 BGB, kommt beim Crowdlending regelmäßig nicht in Betracht. Im Übrigen wäre sie auch nicht von Bedeutung. Die Tätigkeiten, die ein besonderes Vertrauen hervorrufen können, etwa die Bonitätsprüfung und das Rating, unterfallen nämlich bereits der spezialgesetzlichen Prospektpflicht.

(2) Ein Haftungsausschluss ist nicht möglich

In diesem Zusammenhang ist auch festzustellen, dass Haftungsausschlüsse („Disclaimer") für die Inhalte einzelner Kreditprojekte, denen sich die Plattformbetreibergesellschaften bedienen, als unwirksam anzusehen sind.[826] Sie sind schließlich Anbieter der Vermögensanlage.[827] Das in der Folge anwendbare Haftungsregime ist nicht dispositiv, vgl. §§ 20 Abs. 6 S. 1, 21 Abs. 5 S. 1, 22 Abs. 6 S. 1

---

[824] In der Literatur zum Crowdinvesting wird eine Haftung nach den Grundsätzen der Prospektpflicht im weiteren Sinne erwogen. Dafür *Nietsch/Eberle*, DB 2014 S. 1788, 1795; dagegen *Nastold*, ZVertriebsR 2014 S. 366, 367 f.; offen gelassen *Bujotzek/Mocker*, BKR 2015 S. 358, 359 f.

[825] Zu Anbietereigenschaft der Plattformbetreibergesellschaft vgl. oben Zweiter Teil B.III.4.c). Zur Abgrenzung zwischen Prospekthaftung im engeren und im weiteren Sinne vgl. statt vieler *Assmann*, in: Assmann/Schütze § 5 Rn. 23.

[826] Ob dies auch beim Crowdinvesting der Fall ist, fragen sich ohne Ergebnis auch *Bujotzek/Mocker*, BKR 2015 S. 358, 359 f. Ein abweichendes Ergebnis ist beim Crowdinvesting durchaus denkbar, steht dort doch lediglich eine bürgerlich-rechtliche Prospekthaftung der Plattformbetreibergesellschaften in Rede. Diese basiert allgemein auf einer tatsächlichen Inanspruchnahme besonderen Vertrauens, vgl. *Emmerich*, in: MüKo-BGB (2016) § 311 Rn. 158. Ein Disclaimer dürfte aber zumindest die Möglichkeit eröffnen, das Entstehen von Vertrauen zu verhindern.

[827] Vgl. Zweiter Teil B.III.4.c).

VermAnlG. Die Effektivität des Anlegerschutzes erfordert, dass man daran festhält, auch soweit Informationen auf freiwilliger Basis veröffentlicht werden.

IV. Gewerberechtliche Regulierung

Schon vor Inkrafttreten des Kleinanlegerschutzgesetzes fiel die Tätigkeit der Plattformbetreibergesellschaften in den Anwendungsbereich des § 34c Abs. 1 Nr. 2 GewO.[828]

Seit Einführung des § 1 Abs. 2 Nr. 7 VermAnlG werden sie nun auch im Anwendungsbereich des § 34f GewO tätig und bedürfen gemäß § 157 Abs. 7 GewO seit dem 15.10.2015 dafür auch einer entsprechenden Genehmigung.[829] Sie erfüllen zwar den Tatbestand des § 1 Abs. 1a S. 2 Nr. 1 KWG, aber regelmäßig auch die Voraussetzungen des § 2 Abs. 6 Nr. 8e KWG.[830]

Dieser Zustand hat in der Literatur die Fragen aufkommen lassen, welche der beiden Genehmigungen die Plattformbetreibergesellschaft zukünftig besitzen muss, und ob sich das Lizenzerfordernis zukünftig danach bestimmt, dass der Vermittler öffentliche Angebote macht.[831]

Genauer betrachtet impliziert die Frage ein fehlerhaftes Ergebnis, denn sie zielt auf eine Entscheidung zwischen den beiden Tatbeständen ab. Dieses Alternativverhältnis wird auch für Plattformbetreibergesellschaften beim Crowdinvesting vertreten.[832] Zutreffenderweise sind derzeit aber beide Genehmigungen kumulativ erforderlich. Grund für diese Annahme ist die unterschiedliche Schutzrichtung der beiden Normen.

---

[828] Mit Tendenz zur Annahme einer Erlaubnispflicht auch Müller-Schmale BaFin-Journal 6/2014 S. 10, 12; BaFin Merkblatt – Hinweise zur Erlaubnispflicht der Betreiber und Nutzer einer internetbasierten Kreditvermittlungsplattform nach dem KWG vom 14.05.2007, vgl. Quelle Zweiter Teil Fn. 64. Die erforderlichen Genehmigungen besitzen die Plattformbetreibergesellschaften nach eigenen Angaben alle, vgl._https://www.fundingcircle.com/de/impressum-15.html, www.finmar.com/impressum.html, www.lendico.de/impressum-15.html, www.smava.de/152+smava-Impressum.html, www.auxmoney.com/contact/dokumente/AnlageA1.pdf, https://www.kapilendo.de/anleger/agb alle zuletzt abgerufen am 29.11.2015.

[829] *Riethmüller*, DB 2015 S. 1451, 1456; *Will*, in: BeckOK-GewO § 34f Rn. 64b; *Will*, GewArch 2015 S. 430, 434.

[830] Für das unechte Crowdlending mit einfacher Forderungsübertragung vgl. Zweiter Teil B.I.3.c)cc) und für das Modell mit gestreckter Forderungsübertragung Zweiter Teil B.I.4.c) dd)(3).

[831] *Riethmüller*, DB 2015 S. 1451, 1456; beim Crowdinvesting ist für Plattformbetreibergesellschaften meist nur noch eine Genehmigung gemäß § 34f GewO erforderlich, *Will*, GewArch 2015 S. 430, 433, 435.

[832] *Nastold*, ZVertriebsR 2014 S. 366 f.

Während § 34c GewO primär dem Schutz des Kreditnehmers dient,[833] ist § 34f GewO auf den Schutz der Erwerber von Vermögensanlagen ausgelegt.[834]

Nur eine der beiden Normen für anwendbar zu erklären, hätte zur Folge, dass der jeweils andere Schutzzweck verfehlt würde. Ein Ergebnis, das nicht den Willen des Gesetzgebers widerspiegelt.

Letztlich muss man feststellen, dass die §§ 34c und 34f GewO nicht darauf ausgelegt sind, dass der Vermittler wirtschaftlich betrachtet einen Leistungsaustausch zwischen zwei als schutzbedürftig anzusehenden Parteien schafft. Der Gesetzgeber legt den beiden Regelungen vielmehr ausdrücklich zugrunde, dass nur eine der beiden Seiten schutzbedürftig ist.[835] Um dem Zweck beider Normen gerecht zu werden, bedürfen Plattformbetreibergesellschaften beim unechten Crowdlending de lege lata deshalb sowohl der Genehmigung i.S.d. § 34c GewO als auch der i.S.d. § 34f GewO.[836]

V. Keine plattformübergreifende Selbstregulierung

Die deutschen Crowdlending-Anbieter haben anders als ihre britischen Kollegen bislang keinen branchenspezifischen Verhaltenskodex entwickelt.[837] Der Versuch des German Crowdfunding Network[838] im April 2014 einen Verhaltenscodex unter dem Synonym „Code of Crowdfunding" zu entwickeln, ist bislang erfolglos geblieben.[839]

---

[833] Implizit, Begründung zur Verordnung zur Durchführung des § 34c der Gewerbeordnung BR-Drucks 786/73 vom 18. 12. 1973 S. 2.

[834] Schließlich dient § 34f GewO dem Ziel, den „grauen Kapitalmarkt" besser zu regulieren und dadurch die Anleger besser zu schützen, vgl. etwa *Schönleiter*, in: Landmann/Rohmer § 34f Rn. 4.

[835] Für § 34c GewO ausdrücklich in der Begründung zur Verordnung zur Durchführung des § 34c der Gewerbeordnung BR-Drucks 786/73 vom 18. 12. 1973 S. 2, wo er als Auftraggeber i.S.d. Norm nur einen seiner Geschäftspartner bezeichnet und zwar denjenigen, dem „in diesem Verhältnis die Verbraucherfunktion zukommt".

[836] Vgl. zu mögliche Reformansätze für diese beiden Normen Dritter Teil C.2.

[837] Vgl. zu den Selbstregulatorischen Ansätzen in Großbritannien Dritter Teil A.II.

[838] Das German Crowdfunding Network ist ein Zusammenschlusses zahlreicher Crowdfunding Plattformen und anderer Branchenmitglieder.

[839] Zum geplanten Vorgehen bei der Entwicklung des „Code of Crowdfunding" und möglichen Inhalten vgl. http://www.germancrowdfunding.net/2014/04/code-of-crowdfunding-wir-wollen-eure-vorschlaege/, zuletzt abgerufen am 29. 11. 2015.

C. Möglichkeiten zur Umgehung
der bestehenden Regulierung

Weil Kreditnehmer und Kreditgeber beim Crowdlending über das Internet zu-sammengeführt werden und ein Kapitalaustausch damit technisch weltweit möglich ist, stellt sich die Frage, inwieweit es möglich ist, die unterschiedlichen oben be-handelten Regelungen zu umgehen.

I. VermAnlG

Das Vermögensanlagegesetz ist gemäß § 1 Abs. 1 VermAnlG nur auf im Inland öffentlich angebotene Vermögensanlagen anwendbar. Da Angebote über das Internet grundsätzlich dafür geeignet sind als weltweite Angebote zu gelten, können auch die Angebote beim Crowdlending den Inlandstatbestand erfüllen.[840]

In Deutschland gilt bezüglich öffentlicher Angebote über das Internet das „Marktortprinzip".[841] Das Tatbestandsmerkmal „im Inland" ist nur erfüllt, sofern mit dem Angebot potentielle Anleger im Anwendungsbereich des VermAnlG zielge-richtet angesprochen werden.[842] Das sind nicht zwangsläufig nur deutsche Staats-bürger, sondern alle Personen, die ihren gewöhnlichen Aufenthalt im Bundesgebiet haben.[843] Ob diese von einem Angebot angesprochen werden, entscheidet sich grundsätzlich durch eine Analyse des Angebots aus Anlegerperspektive.[844] Als Indiz gilt dabei insbesondere, wenn ein Angebot in deutscher Sprache verfasst ist oder Ansprechpartner in Deutschland benannt werden.[845] Auch in englischer Sprache verfasste Angebote können den Tatbestand erfüllen.[846]

---

[840] Allgemein zu Angeboten über das Internet, vgl. *von Kopp-Colomb/Gajdos*, in: Ass-mann/Schlitt/von Kopp-Colomb § 3 WpPG Rn 7.

[841] Für Angebote i.S.d. WpPG *Heidelbach*, in: Schwark/Zimmer § 3 WpPG Rn. 7.

[842] Zurückzuführen auf die Bekanntmachung des Bundesaufsichtsamtes für den Wertpa-pierhandel zum Wertpapier-Verkaufsprospektgesetz (Verkaufsprospektgesetz vom 6.9.1999 I 2. a), abrufbar unter: http://www.bafin.de/SharedDocs/Downloads/DE/Rundschreiben/dl_rs_bek99_01.pdf;jsessionid=0335D5C6F4B8215948267617979E8E61.1_cid372?__blob=pu blicationFile&v=5, zuletzt abgerufen am 4.11.2015; *Lehmann*, in: MüKo-BGB (2015) In-ternationales Finanzmarktrecht Rn. 297; *Heidelbach*, in: Schwark/Zimmer § 3 WpPG Rn. 7; *Groß*, in: Groß § 3 WpPG Rn. 4; *Ritz/Zeising*, in: Just/Voß/Ritz/Zeising § 2 WpPG Rn. 170.

[843] *Ritz/Zeising*, in: Just/Voß/Ritz/Zeising § 2 WpPG Rn. 171.

[844] *von Kopp-Colomb/Gajdos*, in: Assmann/Schlitt/von Kopp-Colomb § 3 WpPG Rn. 7; *Lehmann*, in: MüKo-BGB (2015) Internationales Finanzmarktrecht Rn. 298.

[845] Bekanntmachung des BAW vom 21/6.9.1999 I 2. a), Quelle Zweiter Teil Fn. 842; *Groß*, in: Groß § 3 WpPG Rn. 4; weitere bei *Ritz*, in: Assmann/Lenz/Ritz § 1 VerkProspG Rn. 71; auch bei *Ritz/Zeising*, in: Just/Voß/Ritz/Zeising § 2 WpPG Rn. 173.

[846] *Ritz/Zeising*, in: Just/Voß/Ritz/Zeising § 2 WpPG Rn. 171; *Wehowsky*, in: Erbs/Kohlhaas § 3 WpPG Rn. 2; *Hamann*, in: Schäfer/Hamann § 3 WpPG Rn. 7.

Aus Sicht der Emittenten bzw. Anbieter ist der Pflichtenkatalog des VermAnlG beim Crowdlending deshalb nur zu umgehen, wenn der Inlandsbezug von ihnen aufgehoben wird. Dies ist möglich, indem gegenüber dem Anleger deutlich zum Ausdruck gebracht wird, dass sich das Angebot nicht an Anleger in Deutschland richtet (sog. „Disclaimer").[847] Aus Gründen der Praktikabilität ist dafür eine positive Eingrenzung ausreichend.[848]

Ist das Angebot auf Deutsch verfasst, muss auch der Disclaimer in deutscher Sprache abgefasst sein.[849] Andernfalls genügt ein Hinweis in der jeweiligen Sprache des Angebots.[850]

Allerdings wird die Existenz eines solchen Disclaimers nach herrschender und auch überzeugender Ansicht als nicht ausreichend angesehen, um den Inlandsbezug zu unterbinden. Es ist vielmehr entscheidend, dass technische und tatsächliche Vorkehrungen getroffen werden, die einen Erwerb inländischer Anleger zu verhindern geeignet sind.[851] Dazu zählen beispielsweise die Abfrage des Wohnsitzes, die Prüfung des Sitzes des zur Abwicklung auf Anlegerseite eingeschalteten Kreditinstituts etc.[852]

Nur wenn diese Kriterien eingehalten werden, haben Emittenten und Anbieter der Vermögensanlage die Vorschriften des VermAnlG nicht zu befolgen. Allerdings dürften dann auch keine Gefahren für Anleger innerhalb des Anwendungsbereichs des VermAnlG bestehen. Eine Umgehung der Regelungen bei gleichzeitiger Realisierung der Gefahren, denen das VermAnlG entgegenwirken soll, ist folglich kaum möglich.

Allerdings besteht die Gefahr, dass insbesondere Plattformbetreibergesellschaften, die Investitionen in Darlehensrückzahlungsansprüche in englischer Sprache anbieten, und mit ihnen die Kreditnehmer dem Anwendungsbereich des VermAnlG unterfallen, sofern es an einem Disclaimer und den oben beispielhaft genannten Vorkehrungen fehlt. Das ist deshalb besonders interessant, weil in vielen Ländern Darlehensrückzahlungsansprüche nicht zu Vermögensanlagen zählen, eine Pros-

---

[847] So schon Bekanntmachung des BAW vom 21/6. 9. 1999 I 2. a), Quelle Zweiter Teil Fn. 842; *Groß*, in: Groß § 3 WpPG Rn. 4; *Wehowsky*, in: Erbs/Kohlhaas § 3 WpPG Rn. 3; *Heidelbach*, in: Schwark/Zimmer § 3 WpPG Rn. 7; *Hamann*, in: Schäfer/Hamann § 3 WpPG Rn. 8.

[848] So schon zum VerkProspG *Ritz*, in: Assmann/Lenz/Ritz § 1 VerkProspG Rn. 73.

[849] *Heidelbach*, in: Schwark/Zimmer § 3 WpPG Rn. 10; *Lehmann*, in: MüKo-BGB (2015) Internationales Finanzmarktrecht Rn. 298; *Ritz*, in: Assmann/Lenz/Ritz § 1 VerkProspG Rn. 74.

[850] Überzeugend *Heidelbach*, in: Schwark/Zimmer § 3 WpPG Rn. 10; *Lehmann*, in: MüKo-BGB (2015) Internationales Finanzmarktrecht Rn. 298.

[851] *Wehowsky*, in: Erbs/Kohlhaas § 3 WpPG Rn. 3; *Ritz/Zeising*, in: Just/Voß/Ritz/Zeising § 2 WpPG Rn. 174; *Hamann*, in: Schäfer/Hamann § 3 WpPG Rn. 8; a.A. *Heidelbach*, in: Schwark/Zimmer § 3 WpPG Rn. 7, der diese Maßnahme als Alternative zu einem Disclaimer ansieht.

[852] M.w.N. *Ritz/Zeising*, in: Just/Voß/Ritz/Zeising § 2 WpPG Rn. 174.

pektpflicht in der Folge nicht besteht und die daraus resultierende Gefahr, in Deutschland den Regelungen i.S.d. § 2a VermAnlG zu unterfallen, verkannt werden könnte.

II. KWG

Im Gegensatz zu den Regelungen des VermAnlGes lässt sich § 32 KWG so umgehen, dass schon de lege lata selbst echtes Crowdlending aufsichtsfrei betrieben werden kann. Einzige Voraussetzung dafür ist, dass eine Beteiligung an den Kreditprojekten nur Investoren ermöglicht wird, die sich nicht im Inland aufhalten.

Der Anwendungsbereich des KWG wird durch § 32 Abs. 1 KWG auf Bankgeschäfte und Finanzdienstleistungen beschränkt, die im Inland erbracht werden. Das ist unstreitig dann der Fall, wenn ein Unternehmen aufsichtspflichtige Tätigkeiten von seinem Sitz, einem Betriebsteil, einer Zweigniederlassung oder einer sonstigen Stelle im Inland ausführt.[853] Bei Angeboten, die über das Internet abgewickelt werden, gelten nach umstrittener Ansicht im KWG dieselben Kriterien wie im VermAnlG. Wendet sich ein Unternehmer mit Firmensitz außerhalb des Bundesgebiets an Kreditnehmer im Inland, liegt grundsätzlich aufsichtspflichtiges Kreditgeschäft vor.[854]

Daneben ist aber auch anerkannt, dass Bankgeschäfte und Finanzdienstleistungen, die Kunden im Anwendungsbereich des KWG aktiv bei Anbietern im Ausland nachfragen, die also auf ihre eigene Initiative zurückgehen, keiner Genehmigungspflicht unterliegen.[855] Der Leistungsempfänger nimmt diese dann nämlich im Rahmen seiner passiven Dienstleistungsfreiheit entgegen.[856]

---

[853] *Müller-Grune*, in: Beck/Samm/Kokemoor § 32 Rn. 45; *Schwennicke*, in: Schwennicke/Auerbach § 32 Rn. 7.

[854] BaFin Merkblatt – Hinweise zur Erlaubnispflicht nach § 32 Abs. 1 KWG in Verbindung mit § 1 Abs. 1 und Abs. 1a KWG von grenzüberschreitend betriebenen Bankgeschäften und/oder grenzüberschreitend erbrachten Finanzdienstleistungen vom 1. April 2005 Nr. 1, abrufbar unter: https://www.bafin.de/SharedDocs/Veroeffentlichungen/DE/Merkblatt/mb_050401_grenzueberschreitend.html, zuletzt abgerufen am 4.11.2015; vgl. im Detail C.I. S. 220; *Müller-Grune*, in: Beck/Samm/Kokemoor § 32 Rn. 46; *Albert*, in: Reischauer/Kleinhans § 32 Rn. 6; *Vahldiek*, in: Boos/Fischer/Schulte-Mattler § 53 Rn. 174; a.A. *Szagunn/Haug/Ergenzinger*, § 53 Rn. 1 und 2b; *Bähre/Schneider*, § 53 KWG Anm. 1; *Hanten*, WM 2003, S. 1412, 1413 f.; *Steck/Campbell* ZBB 2006 S. 354, 364; *Rögner*, WM 2006, S. 745, 748 ff., 752; denen zur Folge § 32 KWG nur auf Unternehmen mit Sitz oder zumindest einer physisch präsenten Zweigstelle im Inland anzuwenden sein soll. Dies kann nach zutreffender Ansicht der zuvor genannten Quellen in Zeiten des Internet nicht mehr als zutreffend erachtet werden; ob der Betreiber auch Erlaubnisfähig ist, ist eine andere Frage, vgl. BVerwG, Urteil vom 22.4.2009 – 8C 2.09 – BVerwGE 133 S. 358, 373 – WM 2009 S. 1553, 1559.

[855] BaFin Merkblatt – Hinweise zur Erlaubnispflicht nach § 32 Abs. 1 KWG in Verbindung mit § 1 Abs. 1 und Abs. 1a KWG von grenzüberschreitend betriebenen Bankgeschäften und/oder grenzüberschreitend erbrachten Finanzdienstleistungen vom 1. April 2005 Nr. 1, abrufbar unter: https://www.bafin.de/SharedDocs/Veroeffentlichungen/DE/Merkblatt/mb_050401_gren

Die Kreditvergabe bzw. der rechtsgeschäftliche Abschluss des Darlehensvertrags geht beim Crowdlending stets auf die Initiative des Kreditnehmers zurück. Er muss sich bei der Plattformbetreibergesellschaft anmelden, seine Bonität von ihr prüfen lassen und den Investoren die Rückzahlungsansprüche anbieten. Der Abschluss des Darlehensvertrags fände also im Rahmen der passiven Dienstleistungsfreiheit des Kreditnehmers statt, wenn sich sämtliche Investoren außerhalb des Bundesgebiets befänden. Ein genehmigungspflichtiges Kreditgeschäft betreiben sie durch den Abschluss des Darlehensvertrags dann aber nicht.

Der Rechtsprechung des BVerwG folgend zählt zum Betrieb des Kreditgeschäfts aber nicht nur der Abschluss und die Abwicklung der notwendigen Rechtsgeschäfte, sondern auch die „wesentlichen zum Vertragsschluss hinführenden Schritte" („Teilakte").[857] Diese können auch durch Dritte für den Betreiber des Kreditgeschäfts ausgeführt werden.[858] Dann ist aber zusätzlich zu fordern, dass die vorbereitenden Handlungen des Dritten dem mutmaßlichen Betreiber auch zurechenbar sind.[859]

Auf den unterstellten Sachverhalt übertragen bedeutet dies: Sofern Handlungen der Plattformbetreibergesellschaft, die sie im Vorfeld des Vertragsschlusses zwischen Kreditnehmer und ausländischen Investoren erbringt, zu eben diesen „wesentlichen zum Vertragsschluss hinführenden" Schritten zählen und den Investoren auch noch zuzurechnen wären, betrieben sie doch Kreditgeschäfte im Inland. Die Plattformbetreibergesellschaft würde dann nämlich für die Investoren im Inland tätig sein.

Die Handlungen der Plattformbetreibergesellschaft, die den Vertragsschluss zwischen Kreditnehmern und Investoren vorbereiten, kann man den Investoren aber selbst beim echten Crowdlending nicht zurechnen. Weder die Bonitätsprüfung noch die Bereitstellung der Internet-Plattform gehen von den Investoren aus und können somit auch nicht als Teil eines durch sie betriebenen Kreditgeschäfts sein.

Dies war in dem vom BVerwG zu entscheidenden Fall anders. Dort waren die „Vermittler" der im Ausland ansässigen Bank gegenüber vertraglich verpflichtet, nur solche Kreditanträge zu bearbeiten, die ihren Vorgaben entsprachen.[860] Die im

---

zueberschreitend.html, zuletzt abgerufen am 4.11.2015; *Schneider*, WM 2008 S. 285, 290; *Albert*, in: Reischauer/Kleinhans § 32 Rn. 6; *Schwennicke*, in: Schwennicke/Auerbach § 32 Rn. 12; BVerwG, Urteil vom 22.4.2009 – 8C 2.09 – BVerwGE 133 S. 358, 371 – WM 2009 S. 1553, 1558.

[856] Vgl. Quellen Zweiter Teil Fn. 855; außerdem *Voge*, WM 2007 S. 381, 382; *Freiwald*, WM 2008 S. 1537, 1545; *Christoph*, ZBB 2009 S. 117, 120.

[857] BVerwG, Urteil vom 22.4.2009 – 8C 2.09 – BVerwGE 133, 358 ff. – WM 2009 S. 1553 ff.; w.N. bei *Schwennicke*, in: Auerbach/Schwennicke § 32 Rn. 9 ff.

[858] Impliziert BVerwG, Urteil vom 22.4.2009 – 8C 2.09 – BVerwGE 133 S. 358, 365 – WM 2009 S. 1553, 1556.

[859] BVerwG, Urteil vom 22.4.2009 – 8C 2.09 – BVerwGE 133 S. 358, 365 – WM 2009 S. 1553, 1556.

[860] BVerwG, Urteil vom 22.4.2009 – 8C 2.09 – BVerwGE 133 S. 358, 365 – WM 2009 S. 1553, 1556.

Ausland ansässige Bank gab vor, zu welchen Konditionen und unter welchen Voraussetzungen es zu den Vertragsschlüssen kommen sollte. Diese Vorgaben kontrollierten Vermittler dann und leiteten passende Anträge an die Bank weiter.

Beim Crowdlending nimmt die Plattformbetreibergesellschaft aber eine neutrale Position ein. Die Anforderungen an die Kreditnehmer beruhen auf den plattformeigenen Vorgaben. Die gemäß § 18 Abs. 2 KWG obligatorische Bonitätsprüfung bei der Vergabe von Verbraucherkrediten ändert daran nichts, denn die dort normierte Pflicht ist Folge der Anwendbarkeit des KWG, begründet sie aber nicht.

Die Kontrolle, ob die Kreditnehmer die plattformspezifischen Voraussetzungen erfüllen, erfolgt zwar im Interesse der Investoren, ist aber eine Leistung der Plattformbetreibergesellschaft, und zwar sowohl für die Kreditnehmer als auch für die Investoren. Zurechenbar ist sie keiner der beiden Parteien.

Entscheidend dafür, dass man den Investoren diese Tätigkeit nicht zurechnen kann, ist insoweit auch der Telos des KWG. Seine Anwendbarkeit auch auf grenzüberschreitende Bankgeschäfte und Finanzdienstleistungen soll Kreditnehmer vor unseriösen Kreditinstituten schützen.[861] Wenn die Gefahren, die aus einer vorbereitenden Tätigkeit rühren, von einer Partei, hier den Investoren, aber gar nicht beeinflusst werden können, dann können sie auch nicht Anknüpfungspunkt für die Anwendbarkeit des KWG sein.

Dass die abstrakte Gefährdungslage für die kreditnehmende Wirtschaft auch im unterstellten Szenario nicht von sonstigen Kreditgeschäften abweicht, steht außer Frage. Allerdings wird sie eben nicht durch ein aktives Werben der Investoren im Inland hervorgerufen, sondern durch das der Plattformbetreibergesellschaft. Diese ist aber aus den oben genannten Gründen nicht, auch nicht entsprechend § 1 Abs. 1 S. 2 Nr. 2 KWG, als Betreiber des Kreditgeschäfts zu qualifizieren.[862]

Die Bereitstellung einer Infrastruktur, mittels derer Kreditnehmer ihre passive Dienstleistungsfreiheit effektiv ausüben können, unterliegt für sich genommen nicht der Aufsicht durch die BaFin, weshalb die Plattformbetreibergesellschaft in dem unterstellten Sachverhalt letztlich jedweder Aufsicht durch die BaFin entkommt.

Während die Vermittlung der Vermögensanlagen an Investoren im Inland den Tatbestand der genehmigungspflichtigen Anlagevermittlung zumindest erfüllen kann,[863] ist echtes Crowdlending zwischen im Inland befindlichen Kreditnehmern und im Ausland ansässigen Investoren genehmigungsfrei möglich.[864]

---

[861] BVerwG, Urteil vom 22.4.2009 – 8C 2.09 – BVerwGE 133 S. 358, 367 f. – WM 2009 S. 1553, 1555.

[862] Vgl. Zweiter Teil B.I.3.c)aa).

[863] Zumindest sofern die Plattformbetreibergesellschaft außerhalb des Ausnahmetatbestand des § 2 Abs. 6 Nr. 8e KWG agiert, vgl. Zweiter Teil B.I.3.c)cc)(2).

[864] A.A. BaFin Merkblatt – Hinweise zum Tatbestand der Anlagevermittlung Stand: Juli 2013 Nr. 1, abrufbar unter: https://www.bafin.de/SharedDocs/Veroeffentlichungen/DE/Merkblatt/mb_091204_tatbestand_anlagevermittlung.html, zuletzt abgerufen am 14.12.2015.

Die BaFin ist zwar grundsätzlich der Ansicht, dass Anlagevermittlung i.S.d. § 1 Abs. 1a S. 2 Nr. 1 KWG schon dann im Inland betrieben wird, wenn sich der Firmensitz des Vermittlers im Inland befindet,[865] selbst wenn die Vermittlung gezielt aus dem Inland an exterritorial ansässige Investoren erfolgt.[866]

Diese Bewertung ist indes nicht nur im Kontext der Haltung der BaFin zu grenzüberschreitenden Tätigkeiten über das Internet fragwürdig. Soll etwa allein die Verlagerung des Firmensitzes dazu führen, dass dieselbe Vermittlungstätigkeit nicht mehr genehmigungspflichtig ist?

Außerdem ist die Bewertung im Hinblick auf den Zweck der Aufsicht über die Anlagevermittlung nicht haltbar. § 32 Abs. 1 i.V.m. § 1 Abs. 1a S. 2 Nr. 1 KWG bezweckt den Schutz der Anleger.[867] Es ist kein Grund dafür erkennbar, dass der deutsche Gesetzgeber auch Anleger außerhalb des Bundesgebiets durch die von ihm praktizierte Aufsicht schützen wollte.

Man könnte einwenden, dass die Richtlinie, auf die § 1 Abs. 1a S. 2 Nr. 1 KWG zurückgeht, die Mitgliedstaaten dazu verpflichtet, *„daß Wertpapierfirmen, für die er der Herkunftsmitgliedstaat ist, ihre Tätigkeit erst nach einer Zulassung aufnehmen können".*[868] Allerdings bezog sich diese Verpflichtung nur auf die Anlagevermittlung von Wertpapieren i.S.d. Richtlinie. Zu diesen zählen die Vermögensanlagen i.S.d. § 1 Abs. 2 VermAnlG aber nicht. Diese hat der Gesetzgeber vielmehr eigenmächtig zum Schutze der Anleger in der BRD in den Anwendungsbereich des KWG aufgenommen.[869] Einen Schutz sämtlicher Anleger in Drittstaaten oder auch nur in den übrigen Mitgliedstaaten der EU hat der Gesetzgeber damit, soweit ersichtlich, nicht bezweckt.

Aus diesem Grund wäre eine entsprechende Genehmigungspflicht der Plattformbetreibergesellschaft in dem unterstellten Sachverhalt nicht erforderlich. Gleiches gilt im Übrigen für die Genehmigungspflicht aus § 34f GewO. Einzig § 34c GewO wäre in dem unterstellten Szenario anwendbar.

---

[865] BaFin Quelle Zweiter Teil Fn. 864 Nr. 2.

[866] BaFin Quelle Zweiter Teil Fn. 864 Nr. 2.

[867] Implizit BaFin Quelle Zweiter Teil Fn. 864, die dort den Anleger zum Bezugspunkt sämtlicher Ausführungen macht. Dies zeigt sich außerdem auch darin, dass der BGH § 32 Abs. 1 i.V.m. § 1 Abs. 1a S. 2 Nr. 1 KWG als Schutzgesetz i.S.d. § 823 Abs. 2 BGB ansieht und den Anlegern bei Verstößen dagegen Schadensersatzansprüche zuspricht, vgl. BGH, Urteil vom 5. 12. 2013 – III ZR 73/12 – NJW-RR 2014 S. 307, 308; Versäumnisurteil vom 21. 4. 2005 – III ZR 238/03 – NJW 2005 S. 2703, 2704.

[868] Vgl. Art. 3 Abs. 1 S. 1 der RL 93/22/EWG des Rates vom 10. 5. 1993 über Wertpapierdienstleistungen Abl. EG L 141 vom 11. 6. 1993 S. 27, 33.

[869] Vgl. Zweiter Teil bei Fn. 704.

D. Übertragen der Erkenntnisse
auf das indirekte Crowdlending

Anders als beim Modell mit einfacher Forderungsübertragung bestehen beim indirekten Crowdlending keinerlei vertragliche Beziehungen zwischen Kreditnehmern und Investoren. Die Kreditnehmer treten lediglich mit der Kooperationsbank, der Plattformbetreibergesellschaft und der Intermediärgesellschaft in Kontakt. Aus diesem Grund stellt sich hier auch nicht die Frage, ob die Investoren das Kreditgeschäft betreiben.

In den oben beschriebenen Grenzen betreibt damit aber die Intermediärgesellschaft das Kreditgeschäft.[870] Weil sie allein Inhaberin der Rückzahlungsansprüche oder auch Vertragspartner des Kreditnehmers wird und dies auch gewerbsmäßig tut, bedarf sie einer Genehmigung i.S.d. § 32 KWG.

Auch die Frage danach, wer Emittent und Anbieter der Vermögensanlage ist, ist eindeutig. Schließlich werden die Schuldverschreibungen originär von der Intermediärgesellschaft ausgegeben. Nur sie unterliegt der Prospektpflicht des WpPG. Die gesetzlichen Neuerungen, insbesondere die Einführung von § 2a VermAnlG, sind hingegen nicht auf die Wertpapiere i.S.d. WpHG anwendbar.[871] Es fehlt insoweit an einem § 2a VermAnlG entsprechenden Tatbestand im WpPG.[872]

---

[870] Vgl. zu den Grenzen Zweiter Teil B.I.3.a).

[871] Vgl. schon oben Erster Teil A.IV.3.

[872] Zu diesbezüglich bestehenden Reformüberlegungen vgl. unten Dritter Teil C.III.3.c).

Regulierung de lege ferenda

A. Inspirationsquelle: Status der Regulierung in Großbritannien

I. Status quo der Gesetzeslage und gesetzliche Regulierung de lege lata

Zahlreiche Länder haben in den letzten Jahren begonnen spezielle Regulierungskonzepte für Crowdfunding, Crowdinvesting und auch Crowdlending zu entwickeln.[1] Der Status quo der Regulierung in Großbritannien soll aus folgenden Gründen eingehend dargestellt werden:

Zum einen hat die Financial Conduct Authority zum Abschluss des „FCA's regulatory approach to crowdfunding over the internet" mit „(The) Crowdfunding and the Promotion of Non-Readily Realisable Securities Instrument 2014"[2] eine der ersten spezialgesetzlichen aufsichtsrechtlichen Regelungen für das Crowdlending geschaffen. Die Regelungen sind zum 1. April 2014 in Kraft getreten.[3] Zuvor wurde echtes Crowdlending aufsichtsfrei betrieben.[4] Denn anders als in Deutschland ist in Großbritannien der isolierte Betrieb des Kreditgeschäfts in Übereinstimmung mit den europarechtlichen Vorgaben[5] aufsichtsfrei möglich.[6] Außerdem ist der Regulierung zum Trotz das Wachstum des Marktes ungebrochen.[7]

---

[1] Ein ausführlicher Überblick findet sich im Bericht der *IOSCO* (International Organization of Securities Commissions): Crowd-funding: An Infant Industry Growing Fast S. 52 ff., abrufbar unter: http://www.iosco.org/research/pdf/swp/Crowd-funding-An-Infant-Industry-Growing-Fast.pdf, zuletzt abgerufen am 30.11.2015.

[2] Unter diesem Titel wurden die Regelungen veröffentlicht; insoweit ungenau nimmt *Renner*, ZBB 2014 S. 261, 272 nur den „FCA's regulatory approach to crowdfunding over the internet" in Bezug.

[3] FCA 2014/13 S. 1.

[4] IOSCO: Crowd-funding: An Infant Industry Growing Fast S. 59, vgl. Quelle Dritter Teil Fn. 1.

[5] Vgl. Art. 2 Abs. 1 Nr. 2 RL 2014/59/EU des Europäischen Parlaments und des Rates vom 15. Mai 2014 i.V.m. Artikel 4 Abs. 1 Nr. 1 der Verordnung Nr. 575/2013 Des Europäischen Parlaments und des Rates vom 26. Juni 2013, demnach ein Kreditinstitut „Kreditinstitut" ein Unternehmen ist, „dessen Tätigkeit darin besteht, Einlagen oder andere rückzahlbare Gelder des Publikums entgegenzunehmen und Kredite für eigene Rechnung zu gewähren".

[6] *Reifner*, in: Derleder/Knops/Bamberger Kapitel VIII § 72 S. 2168 Rn. 8.

Die Regulierung in Großbritannien entfaltet also nicht nur bereits praktische Wirkung, ihre Regelungen führen offenkundig auch den von der FCA für geboten erachteten Anlegerschutz herbei, ohne die Plattformbetreibergesellschaften finanziell zu überfordern oder das Wachstum des Marktes zu bremsen.[8]

Damit ist ein vergleichender Blick auf diese Regelungen eher geboten als auf die in Australien, wo nach Angaben der IOSCO die Regulierung de lege lata dazu geführt hat, dass mittlerweile nur noch eine Crowdlending-Plattform am Markt aktiv ist,[9] oder auch auf Teil III des „JOBS-Act"[10] in den USA, der zwar schon am 5. April 2012 erlassen wurden, dessen Umsetzung aber bis heute von weiteren Regelungen durch die SEC abhängt.[11]

Schließlich sind im „Crowdfunding and the Promotion of Non-Readily Realisable Securities Instrument 2014" auch Regelungen enthalten, die nach hier vertretener Ansicht auch in Deutschland für Crowdlending-Plattformen gelten sollten.

Die wesentlichen Neuerungen in Großbritannien sollen im Folgenden deshalb kurz dargestellt werden:[12]

Objekt der Regulierung ist die Plattformbetreibergesellschaft. Die Regelungen für das Crowdlending betreffen sämtliche Internetplattformen, die echtes P2P- oder P2B-Crowdlending betreiben.[13] Das setzt voraus, dass der vermittelte Kredit auf ein gesondert definiertes „P2P-agreement" zurückgeht. Ein solches liegt vor, wenn entweder der Kreditnehmer eine natürliche Person ist, die vom Kreditgeber nur bis zu 25.000 £ erhält, wobei Darlehen für private Zwecke diesen Rahmen überschreiten dürfen, oder wenn es sich beim Kreditgeber um eine natürliche Person handelt.[14]

---

[7] Zu den Marktdaten siehe oben Erster Teil C.II.

[8] Als die drei Hauptgefahren, denen die Verbraucher auf dem Markt ausgesetzt seien, wurden im Verlauf des Gesetzgebungsverfahrens, mittels einer Marktversagens und Kosten-Nutzen Analyse (Market failure and cost benefit analysis), folgende ausgemacht: Fehlerhafte Preisbildung hinsichtlich des Kredit- und Investitionsrisikos, eine mögliche Handlungsunfähigkeit der Plattformbetreibergesellschaft, sowie Betrug durch Kreditnehmer oder auch Plattformbetreibergesellschaften angeführt, vgl. The FCA's regulatory approach to crowdfunding (and similar activities) PS 13/13 vom Oktober 2013 S. 39.

[9] *IOSCO*, Crowd-funding: An Infant Industry Growing Fast S. 52, vgl. Quelle Dritter Teil Fn. 1.

[10] Vgl. unter: http://www.gpo.gov/fdsys/pkg/BILLS-112hr3606enr/pdf/BILLS-112hr3606 enr.pdf, zuletzt abgerufen am 4.12.2015.

[11] Vgl. dazu etwa *Heminway*, Research Paper #261 University of Cincinnati Law Review Vol. 83, No. 2 S. 478, abrufbar unter http://ssrn.com/abstract=2608790, zuletzt abgerufen am 26.10.2015; Medienberichten zu Folge soll die SEC am 30.10.2015 die erforderlichen Regeln beschlossen haben, vgl. http://www.forbes.com/sites/chancebarnett/2015/10/30/sec-approves-title-iii-of-jobs-act-equity-crowdfunding-with-non-accredited/, zuletzt abgerufen am 4.12. 2015. Veröffentlicht und in Kraft getreten sind diese bislang, Stand 4.12.2015, aber nicht.

[12] Eine umfangreiche Aufzählung sämtlicher Regelungen findet sich auch bei *Sixt*, S. 154.

[13] FCA 2014/13 Appendix 1 S. 1.

[14] FCA 2014/13 Appendix 1 Annex A S. 4.

Diese Plattformbetreibergesellschaften sind nun dazu verpflichtet, Vorkehrungen dafür zu treffen, dass die vermittelten Darlehensvertragsbeziehungen auch weiterhin betreut und abgewickelt werden, sollte die Plattformbetreibergesellschaft selbst dazu nicht mehr in der Lage sein, vgl. Chapter 4.1.8 AR SYSC.[15] Außerdem hat sie die Kreditgeber über den Inhalt dieser Vereinbarungen mit Dritten zu informieren, vgl. Chapter 4.1.8 BR SYSC.[16]

Daneben müssen sie bestimmte Kapitalanforderungen erfüllen, vgl. Chapter 12 IPRU(INV).[17] Die finanziellen Ressourcen, die die Plattformbetreibergesellschaft vorhalten muss, sind bis März 2017 mindestens 20.000 £, danach 50.000 £ oder aber die Summe von 0,2 % der ersten 50 Mio. £, 0,15 % der nächsten 200 Mio. £, 0,1 % der abermals nächsten 250 Mio. £ und 0,05 % der darüber hinaus vermittelten und ausgereichten Kredite, vgl. Chapter 12.2.4R IPRU(INV).

Flankierend greift der Gesetzgeber auf Informations- und Aufklärungspflichten zurück. Sowohl Werbungen als auch anders verbreitete oder veröffentlichte Informationen und auch Angebotsbeschreibungen müssen klar und unmissverständlich formuliert werden.[18] Dazu zählt etwa die Bereitstellung von Informationen über aktuelle und zukünftige Ausfallraten oder auch darüber, welche Informationen der Plattformbetreibergesellschaft über die Kreditwürdigkeit des Kreditnehmers vorliegen, COBS 14.3.7AG.[19]

In den kommenden Jahren plant Großbritannien, das Crowdlending noch stärker als bisher zu privilegieren. So sollen etwa sämtliche Gesetze, die derzeit Anwendung auf das Crowdlending finden, daraufhin überprüft werden, ob sie institutionellen Investitionen im Wege stehen und zur Vermeidung dieses Zustands entsprechend überarbeitet werden müssen.[20] Außerdem ist geplant, im April 2016 eine Steuererleichterung einzuführen, die es den Investoren erlaubt, Verluste, die sie seit 2015 durch Investitionen in Crowd-Kredite erlitten haben, mit ihren Gewinnen zu verrechnen.[21]

Des Weiteren soll eine Regelung in Kraft treten, die Banken dazu verpflichtet, KMU deren Kreditgesuch sie ablehnt, „alternative financial providers" zu emp-

---

[15] Eingefügt durch FCA 2014/13 Appendix 1 Annex B S. 5; beispielhafte Inhalte derartiger Vereinbarungen sind in vgl. 4.1.8CG SYSC, vgl. FCA 2014/13 Appendix 1 Annex B S. 5, aufgelistet.

[16] Eingefügt durch FCA 2014/13 Appendix 1 Annex B S. 5.

[17] Eingefügt durch FCA 2014/13 Appendix 1 Annex C S. 7 ff.

[18] Etwa FCA 2014/13 S. 31.

[19] Abrufbar unter: https://www.handbook.fca.org.uk/handbook/COBS/, zuletzt abgerufen am 30.11.2015; eingeführt durch FCA 2014/13 Appendix 1 Annex D S. 19.

[20] Autumn Statement des Chancellor of the Exchequer 2014 S. 85 Nr. 2.183, abrufbar unter: https://www.gov.uk/government/uploads/system/uploads/attachment_data/file/382327/44695_Accessible.pdf, zuletzt abgerufen am 30.11.2015.

[21] Quelle Dritter Teil Fn. 20 S. 85 Nr. 2.814.

fehlen.[22] Zu diesen zählen auch Crowdlending-Plattformen. Bereits seit Anfang des Jahres 2015 kommt die Royal Bank of Scotland dieser Regelung zuvor und ist eine entsprechende Kooperation mit den beiden P2B-Crowdlending Plattformen Funding Circle und Assetz Capital eingegangen.[23]

II. Selbstregulatorischer Ansatz: Der „*Code of Practise*"

Neben den gesetzlichen Vorgaben hat sich der Crowdfunding-Markt in Großbritannien eigene, über die gesetzlichen Vorgaben hinausgehende Pflichten auferlegt.

Im Jahr 2012 haben sich vierzehn Unternehmen zusammengeschlossen mit dem Ziel, Crowdfunding als wichtige und zukunftsweisende Finanzierungsmöglichkeit für britische Unternehmen zu unterstützen, Unternehmen sämtlicher Formen des Crowdfunding als Sprachrohr zu dienen und einen gemeinsamen Verhaltenskodex zu entwickeln, dem sich die Mitglieder unterwerfen.[24] Mittlerweile hat die UK Crowdfunding Association 32 Mitglieder.[25] Sie alle haben sich dem gemeinsamen „Code of Practise" unterworfen.[26] Über die gesetzlichen Pflichten hinaus, die sich teilweise mit dem „Code of Practise" überschneiden, haben sie deshalb getrennte Konten für Firmen- und Fremdgelder zu führen und den Investoren stets einen klaren Überblick darüber zu verschaffen, wo sich ihr Geld befindet und wo sie investiert haben. Ihre Geschäftsbedingungen, den Projektablauf, Kosten und Inhalte der Bonitätsprüfung müssen sie zudem klar und verständlich darlegen und den Nutzern die Möglichkeit geben, ihre Investitionsentscheidung zu überdenken. Außerdem sind die Kompetenzen der verantwortlichen Personen zu prüfen und bestimmte Informationen über diese öffentlich zugänglich zu machen. Des Weiteren ist die Sicherheit und Funktionsfähigkeit der technischen Einrichtungen sicherzustellen, Angaben über Chancen und Risiken der Investition fair und ausgeglichen darzustellen sowie die Möglichkeit zur Beschwerde zu geben und diese abermals öffentlich zugänglich zu machen.

---

[22] Quelle Dritter Teil Fn. 20 S. 47 Nr. 1.171.

[23] *Martin Klaus*, „RBS kooperiert mit p2p-Marktplätzen" veröffentlicht auf http://crowd street.de/2015/01/22/rbs-kooperiert-mit-p2p-marktplaetzen/; Die Pressemitteilung von Funding Circle betreffend die Kooperation findet sich unter: https://www.fundingcircle.com/blog/press-release/rbs-partners-funding-circle-support-thousands-uk-businesses/, beides zuletzt abgerufen am 30.11.2015.

[24] Siehe unter: http://www.ukcfa.org.uk/, zuletzt abgerufen am 30.11.2015.

[25] Aufgelistet unter: http://www.ukcfa.org.uk/members, zuletzt abgerufen am 30.11.2015.

[26] Abrufbar unter: http://www.ukcfa.org.uk/code-of-practice-2, zuletzt abgerufen am 30.11. 2015.

B. Aktuelle Reformpläne

I. Keine aktuellen Reformpläne auf europäischer Ebene

Auf europäischer Ebene ist man seit Längerem der Chancen gewahr, welche die neue Finanzierungsmethode Crowdfunding, insbesondere aber auch das Crowdlending bietet. Konkrete legislative Schritte ist man bislang aber noch nicht gegangen. Man fokussiert sich vielmehr auf die Überwachung der Entwicklungen, die Sammlung von Informationen und das tatsächliche Hinwirken auf eine Angleichung von Regelungen.[27]

Seit der Veröffentlichung des Grünbuchs der EU-Kommission zur „Langfristigen Finanzierung der europäischen Wirtschaft" im April 2013 ist klar, dass die angemessene Förderung „nichttraditioneller" Finanzierungsquellen, damit auch Crowdfunding, zur Agenda der EU-Kommission zählt. Eine ausreichende Finanzierung der Wirtschaft, insbesondere von KMU hält man ohne dies für unsicher.[28]

Mit der im Anschluss an dieses Grünbuch Anfang 2014 veröffentlichten Mitteilung „über die langfristige Finanzierung der europäischen Wirtschaft",[29] wurde auch eine Mitteilung über die „Freisetzung des Potenzials von Crowdfunding in der Europäischen Union"[30] veröffentlicht. Demnach ist es mittlerweile das erklärte Ziel, für das Crowdlending „ein gemeinsames europäisches Konzept zu entwickeln und den Boden für potenzielle zukünftige Maßnahmen vorzubereiten".[31]

In der Mitteilung wurden unter anderem Untersuchungen angeregt, die Klarheit darüber schaffen sollen, wofür welche Formen des Crowdfunding genutzt werden und welche Chancen Crowdfunding für Forschung und Innovation bietet.[32]

---

[27] COM(2014) 172 vom 27. 3. 2014 Nr. 4 S. 14, abrufbar unter: http://ec.europa.eu/internal_market/finances/docs/crowdfunding/140327-communication_de.pdf, zuletzt abgerufen am 30. 11. 2015.

[28] COM (2013) 150 final/2 vom 9. 4. 2013 S. 20 f., abrufbar unter: http://eur-lex.europa.eu/resource.html?uri=cellar:9df9914f-6c89-48da-9c53-d9d6be7099fb.0015.03/DOC_2&format=PDF, zuletzt abgerufen am 30. 11. 2015.

[29] COM(2014) 168 vom 27. 3. 2014, abrufbar unter Quelle Dritter Teil Fn. 27.

[30] COM(2014) 172 vom 27. 3. 2014, abrufbar unter Quelle Dritter Teil Fn. 27; dem war im letzte Quartal des Jahres 2013 eine öffentliche Konsultation zum Thema „crowdfunding in Europa – Untersuchung des Mehrwertes potenzieller Maßnahmen der EU" vorangegangen vgl. http://ec.europa.eu/internal_market/consultations/2013/crowdfunding/index_de.htm; Die Ergebnisse dieser Konsultation sind abrufbar unter: http://ec.europa.eu/yourvoice/ipm/forms/dispatch?userstate=DisplayPublishedResults&form=CROWDFUNDING&lang=de, beides zuletzt abgerufen am 30. 11. 2015.

[31] COM(2014) 172 vom 27. 3. 2014 Nr. 4 S. 13, abrufbar unter Quelle Dritter Teil Fn. 27.

[32] COM(2014) 172 vom 27. 3. 2014 Nr. 4 S. 13, abrufbar unter Quelle Dritter Teil Fn. 27.

Darüber hinaus wurden aber auch konkrete Maßnahmen erwogen. So sollen etwa die Effektivität und Chancen eines „Gütezeichens" überprüft werden,[33] insbesondere im Hinblick auf eine mögliche Steigerung des Vertrauens der Nutzer in die Finanzierungsform des Crowdlending, was als obligatorisch für dessen Erfolg und somit für eine bessere Kapitalversorgung des europäischen Wirtschaftsraums erachtet wird.[34]

Des Weiteren wurden auch Koinvestitionen öffentlicher Mittel mit über Crowdfunding eingesammelten Kapitalbeträgen in den zu überprüfenden Maßnahmenkatalog aufgenommen.[35]

Beschlossen und bereits gegründet wurde schon damals die Expertengruppe das „European Crowdfunding Stakeholder Forum", bestehend aus Mitgliedern der Verbände betroffener Interessengruppen und nationaler Behörden.[36] Aufgabe dieses Gremiums ist unter anderem, die Sensibilität für das Crowdfunding zu steigern.[37]

Am 18.02.2015 hat die Europäische Kommission dann ihr Grünbuch „Schaffung einer Kapitalmarktunion"[38] veröffentlicht. Darin stellt sie hinsichtlich des Crowdfunding und explizit auch des Crowdlending fest, dass auch diesen Finanzierungsformen „ein großes Potential für die Finanzierung der Wirtschaft über nationale Grenzen hinweg" beigemessen wird.[39] Sie fügte allerdings hinzu, dass die ersten Ergebnisse der oben geschilderten Maßnahmen, insbesondere die aus der Mitteilung über die „Freisetzung des Potentials von Crowdfunding in der Europäischen Union", darauf hindeuten, dass die unterschiedlichen nationalen Regelungen Crowdfunding zwar auf den mitgliedstaatlichen Märkten fördern, im grenzüberschreitenden Kontext aber nicht unbedingt miteinander vereinbar seien.[40]

Diesbezüglich hat sie in einer weiteren öffentlichen Konsultation Antworten auf die Frage gesucht, ob und welche Hindernisse derzeit bestehen, die der Herausbildung angemessen regulierter Crowdfunding- und auch Crowdlending-Plattformen sowie grenzüberschreitender Transaktionen entgegenstehen.[41] Die Konsultation

---

[33] COM(2014) 172 vom 27.3.2014 Nr. 3.4 S. 12 und Nr. 4 S. 13, abrufbar unter Quelle Dritter Teil Fn. 27.

[34] COM(2014) 172 vom 27.3.2014 Nr. 3.4 S. 11 f., abrufbar unter Quelle Dritter Teil Fn. 27.

[35] COM(2014) 172 vom 27.3.2014 Nr. 4 S. 14, abrufbar unter Quelle Dritter Teil Fn. 27.

[36] COM(2014) 172 vom 27.3.2014 Nr. 4 S. 13, abrufbar unter Quelle Dritter Teil Fn. 27; das European Crowdfunding Stakeholder Forum besteht derzeit aus 40 Mitgliedern. Die genaue Zusammensetzung lässt sich unter: http://ec.europa.eu/transparency/regexpert/index.cfm?do=groupDetail.groupDetail&groupID=3130&Lang=DE nachvollziehen. Zuletzt abgerufen am 30.11.2015.

[37] COM(2014) 172 vom 27.3.2014 Nr. 4 S. 13, abrufbar unter Quelle Dritter Teil Fn. 27.

[38] COM(2015) 63 vom 18.2.2015 abrufbar unter: http://ec.europa.eu/finance/consultations/2015/capital-markets-union/docs/green-paper_de.pdf, zuletzt abgerufen am 30.11.2015.

[39] COM(2015) 63 vom 18.2.2015 S. 17, abrufbar unter Quelle Dritter Teil Fn. 38.

[40] COM(2015) 63 vom 18.2.2015 S. 17, abrufbar unter Quelle Dritter Teil Fn. 38.

[41] COM(2015) vom 18.2.2015 63 S. 18, abrufbar unter Quelle Dritter Teil Fn. 38.

ergab, dass sowohl regulatorische wie auch steuerliche Hindernisse existieren und daneben die schlechte Verfügbarkeit und Qualität von Informationen und der fehlende Sekundärmarkt eine grenzüberschreitende Ausbreitung behindern.[42]

Aus diesen Gründen wurde vielfach ein Eingreifen auf europäischer Ebene gefordert,[43] dessen Intensität von leichten Eingriffen bis hin zu einer Vollharmonisierung reichte. Während erstere demnach vermehrt auf einen Informationsaustausch drängten, sollen letztere insbesondere die Maßnahmen zum Anlegerschutz in den Vordergrund gestellt haben. Allerdings wurde sich teilweise auch dafür ausgesprochen, den Kräften des Marktes zunächst weiter freien Lauf zu lassen.

Einem der aufgedeckten Probleme, nämlich der schlechten Informationslage, wirkt die Europäische Kommission bereits seit dem 01.04.2015 entgegen, indem sie seither Datenanalysen über Crowdfunding-Märkte sowie Markttrends in der EU und Fallstudien über die Auswirkungen nationaler Rechtsvorschriften auf die betroffenen Märkte sammelt.[44]

Weil die EU-Kommission bis 2019 den Grundstein für eine „integrierte, gut regulierte, transparente und liquide Kapitalmarktunion" gelegt haben will[45] und insbesondere einen effektiveren Einsatz der Spareinlagen von Kleinanlegern anstrebt,[46] kann man davon ausgehen, dass auf europäischer Ebene in naher Zukunft vereinheitlichende Regelungen für das Crowdfunding, insbesondere auch für das Crowdlending getroffen werden.[47] Dabei dürften insbesondere Maßnahmen zur Stärkung des Vertrauens der Nutzer von Plattformen im Vordergrund stehen.

II. Reformpläne des nationalen Gesetzgebers: Ende 2016

Auf nationaler Ebene sind zuweilen ebenfalls keine konkreten gesetzgeberischen Maßnahmen geplant. Dass jedoch weiterer Reformbedarf beim Crowdfunding besteht, hat der Gesetzgeber bereits im Gesetzesentwurf zum Kleinanlegerschutzgesetz festgestellt.[48] Aus diesem Grund sollen die neuen Regelungen, insbesondere § 2a

---

[42] SWD(2015) 184 Stand 30.09.2015 S. 7 des Commission Staff Working Document: Feedback Statement on the Green Paper „Building a Capital Markets Union", abrufbar unter: http://ec.europa.eu/finance/consultations/2015/capital-markets-union/docs/summary-of-respon ses_en.pdf, zuletzt abgerufen am 30.11.2015.

[43] Das Meinungsspektrum findet sich so in der Quelle zuvor, Dritter Teil Fn. 42.

[44] http://ec.europa.eu/finance/general-policy/crowdfunding/index_de.htm#maincontent Sec1, zuletzt abgerufen am 30.11.2015.

[45] COM(2015) vom 18.2.2015 63 S. 31, abrufbar unter Quelle Dritter Teil Fn. 38.

[46] COM(2015) vom 18.2.2015 63 S. 21, abrufbar unter Quelle Dritter Teil Fn. 38.

[47] So auch *Bujotzek/Mocker*, BKR 2015 S. 358, 360 f.

[48] Gesetzentwurf eines Kleinanlegerschutzgesetzes BT-Drucks. 18/3994 vom 11.02.2015 S. 35 und 42; zu diesem Zweck hat der Finanzausschuss die Bundesregierung gebeten eine

VermAnlG bis Ende des Jahres 2016 und im Lichte der europäischen Entwicklungen überprüft werden.

C. Eigene Reformvorschläge

Als Abschluss der Arbeit sollen die gewonnenen Erkenntnisse in Vorschläge für konkrete Gesetzesänderungen transformiert werden.

I. KWG-Bereichsausnahme für Investoren oder Übernahme des europäischen Kreditinstitutsbegriffs – Neuer Tatbestand für Crowdlending-Plattformen

Es sollte die Möglichkeit geschaffen werden, Crowdlending in Deutschland ohne die bisher für erforderlich gehaltene Umgehungskonstruktion zu betreiben.

Zum einen, weil dadurch die Transaktionskosten von Kreditprojekten gesenkt werden könnten.[49] Zum anderen, weil meines Erachtens die komplexe und teilweise undurchsichtige rechtsgeschäftliche Struktur das Vertrauen potentieller Nutzer in das Crowdlending mindert.

Als konkrete Maßnahme wird deshalb vorgeschlagen, im KWG eine Bereichsausnahme für Investoren und Kreditnehmer zu schaffen, sodass diese auch beim echten Crowdlending nicht als Betreiber des Kredit- und Einlagengeschäfts anzusehen sind.[50]

Alternativ sollte der Gesetzgeber überlegen, ob es hinsichtlich der angestrebten Kapitalmarktunion nicht ohnehin sinnvoll wäre, den Begriff des Kreditinstituts entsprechend den europäischen Vorgaben zu verändern und einzig den kumulativen Betrieb des Einlagen- und des Kreditgeschäfts der Genehmigungspflicht i.S.d. § 32 KWG zu unterwerfen.

In Anbetracht des Gefahrenpotentials des isoliert betriebenen Einlagengeschäfts könnte man wenigstens den isolierten Betrieb des Kreditgeschäfts vom Anwendungsbereich des KWG ausnehmen.

Zusätzlich wird vorgeschlagen, die Plattformbetreibergesellschaften verpflichtend der Aufsicht durch die BaFin zu unterstellen.[51] Folge dessen sollte aber nicht die

---

Evaluation der §§ 2a–c VermAnlG bis zu diesem Zeitpunkt zu erstellen, vgl. Beschlussempfehlung und Bericht des Finanzausschusses zu dem Gesetzentwurf eines Kleinanlegerschutzgesetzes BT-Drucks. 18/4708 vom 22.04.2015 S. 60.

[49] So wohl auch *Renner*, ZBB 2014 S. 261, 272.

[50] Ähnlich *Renner*, ZBB 2014 S. 261, 272.

[51] So auch *Renner*, ZBB 2014 S. 261, 272 f.

uneingeschränkte Anwendung der Regelungen des KWG sein. Es wird vielmehr empfohlen, in Anlehnung an die britischen Regelungen gesonderte Verhaltens- und Kapitalpflichten einzuführen.

Über die Regelungen in Großbritannien hinaus sollte dabei erwogen werden, der Plattformbetreibergesellschaft aufzuerlegen, den Rückzahlungsanspruch des Kreditnehmers nur in mit ihm abgesprochenen Ländern anzubieten, zumindest, sofern es sich bei dem Kreditnehmer um einen Verbraucher handelt. Soweit ersichtlich, ist das öffentliche Angebot von Darlehensrückzahlungsansprüchen bislang nur in Deutschland prospektrechtlichen Regelungen unterworfen. Es ist aber durchaus möglich, dass sich dies ändert. Da im europäischen Ausland häufig dem Marktortprinzip vergleichbare Ansätze bei der Betrachtung von Angeboten über das Internet gelten,[52] könnte der Kreditnehmer sonst unwissentlich exterritorialen Prospektpflichten unterliegen.

II. Kombination der §§ 34c und 34f GewO

In Folge der Einführung des § 1 Abs. 2 Nr. 7 VermAnlG fällt die Tätigkeit der Plattformbetreibergesellschaft derzeit sowohl in den Anwendungsbereich des § 34c GewO als auch denen des § 34f GewO.[53] Um eine kumulative Anwendung der beiden Normen und damit eine unwirtschaftliche Doppelung der Prüfung der Voraussetzungen zu verhindern, sollte klargestellt werden, dass nur eine der beiden Genehmigungen erforderlich ist. Alternativ könnte ein separater Erlaubnistatbestand eingeführt werden, der auf die anwendbaren Regelungen aus den §§ 34c und f GewO verweist.

Gleichzeitig sollte in der GewO oder den Verordnungen, die die Normen ausgestalten, klargestellt werden, welche an die unterschiedlichen Vermittlertätigkeiten anknüpfenden Pflichten vom Betreiber einer Internet-Dienstleistungsplattform i.S.d. § 2a VermAnlG einzuhalten sind.

III. Vorschläge für das VermAnlG

1. Klarstellung der Unanwendbarkeit des § 2 Abs. 1 Nr. 3b VermAnlG

Oben wurde dargelegt, dass § 2 Abs. 1 Nr. 3b VermAnlG aus teleologischen Gründen nicht auf über Internet-Dienstleistungsplattformen i.S.d. § 2a VermAnlG vermittelte Vermögensanlagen anwendbar ist. Dem Gesetzgeber wird deshalb vorgeschlagen, dies im VermAnlG klarzustellen.

---

[52] Noch zum VerkProspG *Ritz*, in: Assmann/Lenz/Ritz § 1 VerkProspG Rn. 72.

[53] Vgl. Zweiter Teil B.IV.

Sollte der Gesetzgeber eine § 2 Abs. 1 Nr. 3b VermAnlG funktional vergleichbare Regelung auch für derart vermittelte Vermögensanlagen anstreben, wird die Einführung einer entsprechenden Regelung in § 2 Abs. 1 Nr. 3 VermAnlG oder § 2a VermAnlG nahegelegt, die dann einen angepassten Grenzwert normiert.

2. Veränderung des § 2a Abs. 4 VermAnlG

Zudem wird eine Überarbeitung von § 2a Abs. 4 VermAnlG empfohlen, denn der Gesetzgeber kann das Problem der Umgehung der Beteiligungsgrenzen durch § 2a Abs. 4 VermAnlG in der Form de lege lata nicht effektiv lösen. Dies zeigen beispielhaft die beiden folgenden Szenarien:

1. Derselbe Emittent nimmt durch ein öffentliches Angebot zwei Darlehen auf, eines über eine Internet-Dienstleistungsplattform i.S.d. § 2a VermAnlG, eines über andere Wege. Die extern emittierte Vermögensanlage hat ein Volumen von über 100.000 €.

2. Derselbe Emittent gibt eine Vermögensanlage über zwei unterschiedliche Internet-Dienstleistungsplattformen i.S.d. § 2a VermAnlG aus.

§ 2 Abs. 1 Nr. 3 VermAnlG wäre in keinem der Fälle anwendbar. Der Investor könnte sich also über die Beteiligungsgrenzen des § 2a Abs. 3 VermAnlG hinwegsetzen.

Aus diesem Grund sollte § 2 Abs. 4 VermAnlG ein Verbot normieren, welches allen Beteiligten untersagt, außerhalb der Grenzwerte des § 2a Abs. 3 VermAnlG Vermögensanlagen desselben Emittenten zu erwerben, dessen eine Emission durch § 2a VermAnlG privilegiert ist. Dieses Verbot könnte zeitlich begrenzt und durch eine Informationspflicht der Plattformbetreibergesellschaft gegenüber dem Kreditnehmer flankiert werden.

3. Einführung einer § 2a Abs. 3 VermAnlG entsprechenden Regelung in das WpPG

Wie oben dargelegt ist insbesondere § 2a VermAnlG auf das Modell des indirekten Crowdlending nicht anwendbar.[54] Zweckmäßig ist dies insoweit, als dass der Emittent bei diesem Geschäftsmodell keiner Privilegierung i.S.d. § 2 Abs. 1 und 2 VermAnlG bedarf. Diese soll schließlich nur Kleinemissionen vor der unverhältnismäßigen Kostenbelastung durch eine Prospektpflicht des Kapitalsuchenden bewahren.[55] Einer solchen Entlastung bedarf die Intermediärgesellschaft beim indirekten Crowdlending als Emittent sämtlicher Wertpapiere und mit der entsprechenden Wirtschaftskraft und Expertise offenkundig nicht.

---

[54] Vgl. Erster Teil A.IV.3. und Zweiter Teil D.

[55] Gesetzentwurf eines Kleinanlegerschutzgesetzes BT-Drucks. 18/3994 vom 11.02.2015 S. 35 und 40 f.

Allerdings geht damit auch die Schutzfunktion des § 2a Abs. 3 VermAnlG für die Investoren verloren. Sie können derzeit über die normierten Beteiligungsobergrenzen hinaus in Kreditprojekte investieren. Natürlich steht dem Investor stattdessen ein Wertpapierverkaufsprospekt zur Verfügung. Eine analoge Anwendung der Grenzen aus § 2a Abs. 3 VermAnlG bzw. § 31 Abs. 5a WpHG kommt insofern nicht in Betracht.

Es ist meines Erachtens aber zweckmäßig, die paternalistische Haltung gegenüber Crowdlending und Crowdfunding auch hier fortzuführen. Die Effektivität eines Wertpapierprospektgesetzes, welches dem Investor bei einer Investition über 25 € zur Verfügung gestellt wird, wird insoweit in Frage gestellt.

4. Erweiterung von § 12 Abs. 2–5 VermAnlG

§ 12 Abs. 2–5 VermAnlG sind auf die Werbung für das Geschäftsmodell des Crowdlending nicht anwendbar.[56] Der Schutzzweck des § 12 VermAnlG geht damit ins Leere,[57] denn nach Überzeugung des Bearbeiters birgt die Bewerbung des Geschäftsmodells ähnliche Gefahren wie die Bewerbung einzelner Kreditprojekte.

Wird dem Investor durch die Werbung etwa die Sicherheit dieser Anlageform suggeriert, dürfte ein Hinweis auf das Verlustrisiko der einzelnen Beteiligung zum Zeitpunkt der Investition seine Wirkungskraft verlieren.

Weil diese Aussage lediglich eine Mutmaßung des Bearbeiters ist, soll es dem Gesetzgeber an dieser Stelle lediglich anheimgestellt werden, sie zu überprüfen und zu bewerten. Es sollte in Erwägung gezogen werden, einen an § 12 Abs. 2 VermAnlG angelehnten Warnhinweis für Werbungen einzuführen, die nicht einzelne Kreditprojekte bewerben, sondern das Geschäftsmodell und dessen Wirkungsweise. Dieser könnte lauten:

„Der Erwerb von Vermögensanlagen über die hier beworbene Internetseite ist mit erheblichen Risiken verbunden und kann zum vollständigen Verlust des eingesetzten Vermögens führen."

IV. Weitere Regulierungsvorschläge

1. Beteiligungsverbot

Es wird nahegelegt, dass man allen auf Seiten der Plattformbetreiber- und Intermediärgesellschaft tätigen Personen ein Verbot auferlegt in Kreditforderungen zu investieren, die über die Internet-Plattform emittiert werden. Dies könnte das Vertrauen der Nutzer in die Integrität der Plattformbetreibergesellschaften steigern.

---

[56] Vgl. Zweiter Teil B.III.6.d)aa).

[57] Zum Schutzzweck vgl. Gesetzentwurf eines Kleinanlegerschutzgesetzes, BT-Drucks. 18/3994 vom 11.02.2015 S. 45.

2. Informations- und Publikationspflichten

Um die Grundlage für die Investitionsentscheidung der Investoren zu verbessern und gleichzeitig der Aufklärung über die Gefahren von Investitionen Vorschub zu leisten, sollte erwogen werden, die Plattformbetreibergesellschaften dazu zu verpflichten, auf ihrer Internetseite übersichtliche Statistiken zu veröffentlichen, welche die bisherigen Ausfallwahrscheinlichkeiten von Krediten einzelner Bonitätsklassen wiedergeben.

Um die Intention des Gesetzgebers zu unterstützen, nämlich Klumpenrisiken bei den Investoren zu vermeiden[58], und sie gleichzeitig zur Diversifizierung zu zwingen, sollte ebenfalls in Erwägung gezogen werden, die Investoren darüber aufzuklären, in wie viele Forderungen Investoren bislang investieren mussten, um stets eine positive Rendite zu erwirtschaften. In den USA werden solche Zahlen etwa von Prosper veröffentlicht. Demnach wurde eine positive Rendite immer dann erzielt, wenn sich ein Investor im Zeitraum von 2009 bis heute an über 100 Kreditforderungen beteiligt hat.[59]

Insbesondere Investoren, die derzeit maximal 1.000 € in dieselbe Vermögensanlage investieren dürfen, also über weniger als 100.000 € Bankguthaben verfügen, oder deren doppeltes durchschnittliches Monatseinkommen nicht 10.000 € übersteigt, dürfte das Risiko ihrer Investition dann klarer werden. Gleichzeitig wäre dies eine Chance und ein Anreiz für die Plattformbetreibergesellschaft ihr Angebot zu verbessern, den in Rede stehenden Wert zu verringern und so Investoren anzulocken.

Im Hinblick auf diese Regelung ist eine Investitionsobergrenze, die Medienberichten zufolge im Gesetzgebungsverfahren zum Kleinanlegerschutzgesetz für Crowdfunding gefordert wurde, nicht zu empfehlen.[60] Sie würde nicht nur der angestrebten besseren Kreditversorgung im Wege stehen, sondern gleichzeitig eine Obergrenze der Diversifizierung bedeuten.

3. Verbandsklage

Es ist nachvollziehbar, dass ein Investor, der 25 € in eine Kreditforderung investiert hat, eher selten einen Prozess anstreben wird, um die Plattformbetreibergesellschaft zu pflichtgemäßen Handlungen zu zwingen. Es ist daher zu überlegen, ob nicht die Möglichkeit einer Verbandsklage geschaffen werden sollte, die der

---

[58] Gesetzentwurf eines Kleinanlegerschutzgesetzes BT-Drucks. 18/3994 vom 11.02.2015 S. 41.

[59] Vgl. den Hinweis unter https://www.prosper.com/invest, zuletzt abgerufen am 30.11. 2015. Dort heißt es unter dem Menüpunkt „Diversification": „For Notes purchased since July 2009, every Prosper investor with 100 or more Notes has experienced positive returns. 100 Notes can be obtained with an investment of just $ 2,500".

[60] Vgl. http://www.handelsblatt.com/finanzen/steuern-recht/recht/crowdfunding-verbrauch erschuetzer-fordern-investitions-obergrenze/11502616.html, zuletzt abgerufen am 30.11.2015.

Kontrolle und Durchsetzung zukünftiger Pflichten der Plattformbetreibergesellschaft dient.

4. Getrennte Konten und Verbot des Aktivgeschäfts

Empfohlen wird ebenfalls, dass Plattformbetreibergesellschaften, sofern sie Gelder der Investoren und Kreditnehmer entgegennehmen, getrennte Konten für Fremd- und Firmengelder führen. Diese Pflicht könnte im Rahmen der Reform von § 34c GewO und § 34f GewO implementiert werden.

Zusätzlich sollte in Erwägung gezogen werden, der Plattformbetreibergesellschaft andere werbende Tätigkeiten zu untersagen, die die Gefahr begründen, dass sie Investorengelder zweckentfremdet.

Vierter Teil

Zusammenfassung

A. Speziell das Crowdlending betreffende Ergebnisse

I. Vertragliche Beziehungen

1. Die Möglichkeit sich auf einer Crowdlending-Plattform zu registrieren oder dort eine Kreditanfrage zu stellen, sind invitationes ad incertas personas. Die Annahme durch die Investoren, führt zum Abschluss eines atypischen, weil unentgeltlichen Maklervertrags (Plattformnutzungsvertrags). Nehmen potentielle Kreditnehmer dieses Angebot wahr, kommt beim P2B-Crowdlending ein Maklervertrag zustande, der die Vermittlung eines Darlehens zum Gegenstand hat. Beim P2P-Crowdlending hingegen wird zunächst nur ein Auftrag zur Bonitätsprüfung und Erstellung des plattformspezifischen Ratings erteilt. So oder so ist auf die Verpflichtung zur Bonitätsprüfung und die Erstellung des Ratings Auftragsrecht anzuwenden, bis es zum Abschluss eines Darlehensvertrags kommt. Von diesem Moment an ist, auch rückwirkend, Werkvertragsrecht anwendbar.

2. Zwischen Plattformbetreibergesellschaft und Kooperationsbank besteht beim unechten Crowdlending mit einfacher Forderungsübertragung ein Auftrags- oder Geschäftsbesorgungsverhältnis, je nachdem, ob die Kooperationsbank für ihre Tätigkeiten eine Vergütung von der Plattformbetreibergesellschaft erhält oder nicht. Auf Grund dessen darf die Kooperationsbank weder den Abschluss von Darlehensverträgen noch den der sogenannten „Forderungskaufverträge" willkürlich verweigern.

3. Beim Modell mit gestreckter Forderungsübertragung besteht zwischen Plattformbetreibergesellschaft und Kooperationsbank ein Rahmenkommissionsvertrag i.S.d. §§ 406 Abs. 1, 383 ff. HGB. Die Kooperationsbank darf auf Grund dessen auch hier weder den Abschluss des Darlehensvertrags mit dem Kreditnehmer noch den des Kommissionsvertrags mit der Intermediärgesellschaft willkürlich verweigern. Allerdings ist sie aus diesem Vertrag auch berechtigt, die Übernahme der Rückzahlungsansprüche von der Plattformbetreibergesellschaft zu verlangen, bis die Intermediärgesellschaft diese Pflicht erfüllt.

4. Die Investoren eines Kreditprojekts bilden keine Gesellschaft bürgerlichen Rechts. Sie sind Teilgläubiger der Rückzahlungsansprüche und im Verhältnis zueinander Teilschuldner der Belassenspflicht aus dem Darlehensvertrag. Werden die Rückzahlungsansprüche abgetreten und nicht der gesamte Darlehensvertrag über-

nommen, sind die Investoren im Verhältnis zur Kooperationsbank sowie ggf. zur Intermediärgesellschaft Gesamtschuldner der Belassenspflicht aus dem Darlehensvertrag.

5. Die Beteiligungszusagen der Investoren richten sich entgegen bislang allgemeiner Ansicht nicht auf den Abschluss eines Rechtskaufvertrags i.S.d. §§ 453, 433 BGB, sondern auf den eines Kommissionsvertrags i.S.d. §§ 406 Abs. 1, 383 ff. HGB. Im Modell mit gestreckter Forderungsübertragung wird auch zwischen Kooperationsbank und Intermediärgesellschaft ein solcher Vertrag geschlossen.

6. In Erfüllung des Kommissionsvertrags kommt es regelmäßig zu einer gewillkürten Übernahme des Darlehensvertrags durch die Investoren und nicht wie bislang allgemein angenommen „nur" zu einer Abtretung der Rückzahlungsansprüche.

7. Plattformbetreiber- und Intermediärgesellschaft bilden eine Doppelgesellschaft in Form einer Innen-GbR i.S.d. § 705 BGB.

II. KWG

8. Weder die Investoren noch die Intermediär- oder die Plattformbetreibergesellschaft erbringen durch den Erwerb der Forderungen oder der Verpflichtung dazu Factoring-Geschäfte i.S.d. § 1 Abs. 1a S. 2 Nr. 9 KWG.

9. Die Investoren erfüllen mit dem Erwerb der Rückzahlungsansprüche den Tatbestand des Kreditgeschäfts. Sie unterliegen beim unechten Crowdlending aber selbst dann keiner Genehmigungspflicht i.S.d. § 32 KWG, wenn sie Rückzahlungsansprüche gewerbsmäßig oder in einem Umfang erwerben, der einen in kaufmännischer Weise eingerichteten Geschäftsbetrieb erfordern würde, es sei denn:

Ein einzelner Investor oder eine Gruppe von Investoren finanziert Kreditprojekte vollständig und tut dies gewerbsmäßig oder in einem Umfang, der einen in kaufmännischer Weise eingerichteten Geschäftsbetrieb erfordert.

10. Die Kooperationsbank betreibt modellübergreifend das Einlagen- und Kreditgeschäft, beim Modell mit einfacher Forderungsübertragung außerdem auch das Finanzkommissionsgeschäft.

11. Die Kreditnehmer betreiben beim unechten Crowdlending entgegen vielfach geäußerter Vermutungen kein Einlagengeschäft.

12. Sofern die Intermediärgesellschaft Zugriff auf die Gelder der Investoren erlangt, betreibt sie das Finanzkommissionsgeschäft und bedarf, wegen ihrer gewerbsmäßigen Tätigkeit dafür einer Genehmigung i.S.d. § 32 KWG.

13. Die Plattformbetreibergesellschaften erfüllen beim unechten Crowdlending modellunabhängig den Tatbestand des Anlagevermittlers i.S.d. § 1 Abs. 1a S. 2 Nr. 1 KWG. Beim Modell mit einfacher Forderungsübertragung werden sie im Anwen-

dungsbereich der Ausnahmevorschrift des § 2 Abs. 6 Nr. 8e KWG tätig. Im Modell mit gestreckter Forderungsübertragung hingegen erfüllen sie die Gegenausnahme des § 2 Abs. 6 Nr. 8e 2. Hs. KWG immer dann, wenn der Kreis der verantwortlichen Personen i.S.d. § 32 KWG nicht mit dem bei der Intermediärgesellschaft übereinstimmt. Dann bedürfen sie einer Genehmigung i.S.d. § 32 KWG.

III. ZAG

14. Plattformbetreiber- und Intermediärgesellschaft bedürfen keiner Genehmigung nach § 8 Abs. 1 i.V.m. § 1 Abs. 2 Nr. 6 ZAG.

IV. VermAnlG

15. Unter § 1 Abs. 2 Nr. 7 VermAnlG fällt nicht nur die Veräußerung von Darlehensrückzahlungsansprüchen, sondern auch deren erstmalige Begründung.

16. Der Kreditnehmer ist Emittent der Vermögensanlage i.S.d. VermAnlG. Die Plattformbetreibergesellschaft ist deren Anbieter. Kooperationsbank und Intermediärgesellschaft sind lediglich Vermittler der Anlage und damit weder deren Erwerber noch ihr Anbieter.

17. Entgegen der Ansicht der BaFin ist § 2 Abs. 1 Nr. 3 VermAnlG nicht auf Emissionen i.S.d. § 2a i.V.m. § 1 Abs. 2 Nr. 7 VermAnlG anwendbar. Anders als in der Gesetzesbegründung angenommen finden diese Emissionen auch außerhalb des Anwendungsbereichs von § 2 Abs. 1 Nr. 7d VermAnlG statt.

18. Bis der Verordnungsgeber von seiner Ermächtigungsgrundlage in § 34 g Abs. 2 Nr. 7 GewO Gebrauch macht, ist § 31 Abs. 5a WpHG auf die Plattformbetreibergesellschaften des unechten Crowdlending mit einfacher Forderungsübertragung analog anzuwenden. Plattformbetreibergesellschaften im Modell mit gestreckter Forderungsübertragung unterliegen den Pflichten hingegen unmittelbar.

19. Zuständig dafür, die Einhaltung der Pflichten aus § 31 Abs. 5a WpHG zu kontrollieren, ist die jeweilige Landesbehörde, die die Einhaltung der FinVermV auch sonst überwacht, sofern die Plattformbetreibergesellschaft Finanzanlagevermittler i.S.d. § 34 f GewO ist.

20. Eine Internet-Dienstleistungsplattform i.S.d. § 2a i.V.m. § 1 Abs. 2 Nr. 7 VermAnlG liegt vor, wenn sie dem Kreditnehmer ermöglicht, ein Darlehen aufzunehmen, welches trotz der Beteiligung zahlreicher Investoren einheitlich durch den Betreiber der Internet-Plattform verwaltet wird.

21. Neben dem Widerrufsrecht aus § 2d VermAnlG steht dem Investor kein zusätzliches Widerrufsrecht aus § 312 g Abs. 1 BGB zu. Die entsprechende Anwendung des § 312 g Abs. 2 S. 1 Nr. 8 BGB verhindert dies.

22. § 12 Abs. 2 bis 5 VermAnlG schließen de lege lata die Werbung für das Geschäftsmodell der Plattformbetreibergesellschaft nicht ein.

23. § 2a Abs. 1 und § 2 VermAnlG sind insoweit teleologisch zu reduzieren, als dass die Pflichten aus §§ 23, 23 und 26 VermAnlG keine Verbraucherkreditnehmer treffen.

24. Die vorübergehende analoge Anwendung des § 31 Abs. 5a WpHG auf Plattformbetreibergesellschaften im Modell mit gestreckter Abtretung schließt eine Anwendung der §§ 29, 30, und 31 VermAnlG nicht aus.

25. Die Gesetze oder Verordnungen i.S.d. § 2a Abs. 3 VermAnlG sind nicht dispositiv. Der Kreditnehmer haftet deshalb nicht für entsprechende Pflichtverletzungen der Plattformbetreibergesellschaft.

26. Der Verstoß gegen § 31 Abs. 5a WpHG stellt nur eine Ordnungswidrigkeit i.S.d. § 39 Abs. 2 Nr. 17a WpHG dar, sofern es sich bei der Plattformbetreibergesellschaft um ein Wertpapierdienstleistungsunternehmen handelt oder deren Genehmigungspflichtigkeit auf Grund einer teleologischen Reduktion des § 2 Abs. 6 Nr. 8 Hs. 2 KWG verneint wurde.

27. Der Verstoß gegen § 31 Abs. 5a WpHG kann keinen vertraglichen Schadensersatzanspruch der Investoren begründen, sehr wohl aber einen deliktischen aus § 823 Abs. 2 BGB.

28. Ein Kreditnehmer, der über den Anwendungsbereich des § 13 VermAnlG hinaus tatsächliche und rechtliche Angaben i.S.d. § 7 VermAnlG macht, die eine Beurteilung des Emittenten oder der Vermögensanlage selbst ermöglichen, haftet dafür nach den Grundsätzen der §§ 20 ff. VermAnlG, die die bürgerlich-rechtliche Prospekthaftung insoweit modifizieren. Gleiches gilt für die Plattformbetreibergesellschaft als Anbieter der Vermögensanlage. Ein Haftungsausschluss ist insoweit unwirksam.

29. Echtes Crowdlending kann schon heute in Deutschland betrieben werden, ohne dass einer der Beteiligten einer Genehmigung i.S.d. § 32 KWG bedarf. Dies gilt dann, wenn sich die Kreditnehmer im Inland und die Investoren außerhalb des Bundesgebiets befinden.

30. § 2a VermAnlG ist auf das indirekte Crowdlending nicht anwendbar.

V. GewO

31. Entgegen dem Wortlaut des § 34g Abs. 2 Nr. 7 GewO ist der Verordnungsgeber zur Einführung einer Regelung i.S.d. § 2a Abs. 3 VermAnlG verpflichtet.

32. De lege lata bedürfen Plattformbetreibergesellschaften sowohl einer Genehmigung nach § 34c GewO als auch einer Genehmigung nach § 34f GewO.

B. Darüber hinausgehende und allgemeingültige Ergebnisse

33. Der genehmigungslose Betrieb des Einlagengeschäfts hat weder die Nichtigkeit des der Einlage zugrundeliegenden Rechtsgeschäfts noch die Teilnichtigkeit seiner Fälligkeitsabrede zur Folge. Dem Investor steht aber ein Anspruch auf Auflösung des Vertrags zu, der auf § 314 BGB und § 823 Abs. 2 BGB i.V.m. § 32 KWG gestützt werden kann. Der Betreiber hingegen kann den Vertrag nicht wegen der ihm fehlenden Genehmigung kündigen. Er ist aber, in Abweichung zu § 271 BGB, jederzeit berechtigt, den Rückzahlungsanspruch zu erfüllen, hat dann aber zusätzlich den Betrag zu zahlen, der an Zinsen bei verabredungsgemäßer Erfüllung des Vertrages zu zahlen gewesen wäre.

34. Dem Kreditnehmer steht gegenüber einem ungenehmigten Betreiber des Kreditgeschäfts ein Recht zur Kündigung des dem Kreditgeschäft zu Grunde liegenden Vertrages gemäß § 314 BGB zu.

35. Die Genehmigungspflicht des § 32 KWG bezweckt nicht nur den Schutz der Gesamtwirtschaft, sondern auch und gerade einen abstrakten Schutz der Kreditnehmer vor rechtswidrigem oder wirtschaftlich unvernünftigem Entzug des Kapitals durch das Kreditinstitut.

36. Ein Gelddarlehen gewährt i.S.d. § 1 Abs. 1 S. 2 Nr. 2 KWG nicht nur, wer gegenüber dem Kreditnehmer die Verpflichtung übernimmt, ein Darlehen zu einem vereinbarten Zeitpunkt auszuzahlen oder Kapital zur Auszahlung eines Darlehens auf Wunsch des Kreditnehmers bereitzuhalten und wer den Kreditnehmer dadurch dem Risiko der eigenen Illiquidität aussetzt, sondern auch, wer im Anschluss an die Valutierung berechtigt und befähigt ist, die Valuta wieder zu entziehen.

37. Selbst wenn der Zedent entgegen hier vertretener Ansicht für Pflichtverletzungen des Zessionars gegenüber dem Schuldner einzustehen hätte, könnte dies eine fehlende Genehmigungspflicht des Erwerbs von Rückzahlungsansprüchen nicht begründen. Der abstrakt präventive Schutz des KWG würde in einen subsidiären zivilrechtlichen Schutz umgewandelt. Das Schutzniveau fiele zurück hinter die gesetzlichen Vorgaben.

38. Die bislang herrschende Ansicht, dass der Erwerb von Rückzahlungsansprüchen kein Kreditgeschäft ist, ist im Ergebnis nicht nur gesetzeszweckwidrig, sondern verstärkt auch noch die Gefahren, denen § 1 Abs. 1 S. 2 Nr. 2 i.V.m. § 32 Abs. 1 KWG entgegenwirken soll.

39. Die Übernahme eines Darlehensvertrags ist ein Kreditgeschäft i.S.d. § 1 Abs. 1 S. 2 Nr. 2 KWG.

40. Das Recht zur Kündigung eines Darlehensvertrags geht ipso iure auf den Zessionar über, sofern und soweit diesem der Rückzahlungsanspruch gemäß § 488 Abs. 1 BGB abgetreten wird.

41. Auch Kreditgeschäfte, die im Rahmen der privaten Vermögensverwaltung betrieben werden, sind bei gewerbsmäßigem Vorgehen genehmigungspflichtig.

42. Entgegen der Ansicht der BaFin ist eine Anlagevermittlung i.S.d. § 1 Abs. 1a S. 2 Nr. 1 KWG aufsichtsfrei möglich, auch wenn der Vermittler seinen Sitz im Inland hat, sofern er Vermögensanlagen i.S.d. § 1 Abs. 2 VermAnlG an Investoren außerhalb des Bundesgebiets vermittelt.

Literaturverzeichnis

Alexy, Robert: Theorie der juristischen Argumentation, 3. Auflage, Frankfurt am Main, 1996

Armbrüster, Christian: Abtretung künftiger gesellschaftsrechtlicher Vermögensansprüche bei anschließendem Verlust der Gesellschafterstellung, NJW 1991, S. 606–608

Arndt, Jan-Holger/*Voß*, Thorsten (Hrsg.): Wertpapier-Verkaufsprospektgesetz (Verkaufsprospektgesetz) und Verordnung über Vermögensanlagen-Verkaufsprospekte (Vermögensanlagen-Verkaufsprospektverordnung-VermVerkProspV), München 2008

Arntz, Marthe-Marie: Die Haftung von Ratingagenturen gegenüber fehlerhaft bewerteten Staaten und Unternehmen, BKR 2012, S. 89–95

Assmann, Heinz-Dieter: Die Befreiung von der Pflicht zur Veröffentlichung eines Börsenzulassungsprospekts nach § 45 Nr. 1 BörsZulVO und die Prospekthaftung: Eine Lücke im Anlegerschutz?, AG 1996, S. 508–515

Assmann, Heinz-Dieter/*Lenz*, Jürgen/*Ritz*, Corinna: Verkaufsprospektgesetz Kommentar, Köln 2001

Assmann, Heinz-Dieter/*Schlitt*, Michael/*Kopp-Colomb*, Wolf von (Hrsg.): Wertpapierprospektgesetz Verkaufsprospektgesetz Kommentar, 2. Auflage, Köln, 2010

Assmann, Heinz-Dieter/*Schneider*, Uwe: Wertpapierhandelsgesetz Kommentar, 6. Auflage, Köln, 2012

Assmann, Heinz-Dieter/*Schütze*, Rolf: Handbuch des Kapitalanlagerechts, 4. Auflage, München, 2015

Bachmann, Alexander/*Becker*, Alexander/*Buerckner*, Daniel/*Hilker*, Michel/*Kock*, Frank/*Lehmann*, Mark/*Tiburtius*, Phillip/*Funk*, Burkhardt: Online Peer-to-Peer Lending A – Literature Review, JIBC 2011 Vol. 16 Nr. 2, S. 1–18

Bähre, Ingo Lore/*Schneider*, Manfred: KWG-Kommentar, 2. Auflage, München, 1976 und 3. Auflage, München, 1986

Ballerstedt, Kurt: Der gemeinsame Zweck als Grundbegriff des Rechts der Personengesellschaften, JuS 1963, S. 253–263

Balzer, Peter: Aufklärungs- und Beratungspflichten bei der Vermögensverwaltung, WM 2000, S. 441–450

Bareiß, Andreas: Filmfinanzierung 2.0, ZUM 2012, S. 456–465

Baumbach, Adolf/*Hopt*, Klaus: HGB Kommentar, 36. Auflage, München, 2014

Beck, Heinz/*Samm*, Carl-Theodor/*Kokemoor*, Axel: Kreditwesen mit CRR, Loseblattsammlung 182. Aktualisierung, Stand Oktober 2015

Beckmann, Klaus/*Bauer*, Joachim: Bankaufsichtsrecht Entscheidungssammlung, Loseblattsammlung 3. Ergänzungslieferung, Stand 1989

BeckOK-BGB, *Bamberger*, Heinz Georg/*Roth*, Herbert (Hrsg.): Edition 36, Stand August 2015, abrufbar unter: https://beck-online.beck.de/?vpath=bibdata/komm/BeckOK_ZivR_36/cont/BeckOK.BGB%2Ehtm

BeckOK-GewO, *Pielow*, Johann-Christian (Hrsg.): Edition 31, Stand Juli 2015, abrufbar unter: https://beck-online.beck.de/?vpath=bibdata/komm/BeckOK_GewR_31/cont/BeckOK. GewO%2Ehtm

BeckOK-GG *Epping*, Volker/*Hillgruber*, Christian (Hrsg.): Edition 26, Stand September 2015, abrufbar unter: https://beck-online.beck.de/?vpath=bibdata/komm/BeckOK_VerfR_25/cont/BeckOK.GG%2Ehtm

Begner, Jörg: Crowdfunding im Lichte des Aufsichtsrechts: BaFin Journal, September 2012, S. 11–15

Berger, Christian: Rechtsgeschäftliche Verfügungsbeschränkungen, Tübingen 1997 (Habil.)

Berger, Sven/*Gleisner*, Fabian: Emergence of Financial Intermediaries in Electronic Markets: The Case of Online P2P Lending, BuR 2009, S. 39–65

Berger, Sven Christian/*Skiera*, Bernd: Elektronische Kreditmarktplätze: Funktionsweise, Gestaltung und Erkenntnisstand bei dieser Form des „Peer-to-Peer Lending", KuK 2012, S. 289–307

Bergmann, ohne Angabe des Vornamens veröffentlicht: Rechtswirksamkeit von Ansparverträgen, NJW 1993, S. 450–451

Berrar, Carsten/*Meyer*, Andreas/*Müller*, Cordula/*Schnorbus*, York/*Singhof*, Bernd/*Wolf*, Christoph (Hrsg.): Frankfurter Kommentar zum WpPG und zur Eu-ProspektVO, Frankfurt am Main 2011

Bette, Klaus: Das Factoring-Geschäft, Stuttgart 1973 (Diss.)

Bofinger, Peter: Grundzüge der Volkswirtschaftslehre, 3. Auflage, München, 2011

Bonner Kommentar zum Grundgesetz, *Kahl*, Wolfgang/*Waldhoff*, Christian/*Walter*, Christian (Hrsg.): Loseblattsammlung, Stand Oktober 2015

Boos, Karl-Heinz/*Fischer*, Reinfrid/*Schulte-Mattler*, Hermann (Hrsg.): Kreditwesengesetz Kommentar, 4. Auflage, München, 2012

Bryant, John: A Model of Reserves, Bank Runs, and Deposit Insurance, Journal of Banking and Finance 1980, S. 335–344

Buck-Heeb, Petra: Das Kleinanlegerschutzgesetz, NJW 2015, S. 2535–2541

Bujotzek, Peter/*Mocker*, Felix: Kleinanlegerschutzgesetz – offene Fragen beim Crowdinvesting, BKR 2015, S. 358–361

Büschgen, Hans/*Everling*, Oliver (Hrsg): Handbuch Rating, 2. Auflage, Wiesbaden, 2007

Bußalb, Jean-Pierre/*Vogel*, Dennis: Das Kleinanlegerschutzgesetz: Neue Pflichten für Anbieter und Emittenten von Vermögensanlagen – Teil I –, WM 2015, S. 1733–1742 (Teil II: WM 2015, S. 1785–1791)

Bydlinski, Franz: Juristische Methodenlehre und Rechtsbegriff, 2. Auflage, Wien, 1991

Bydlinski, Peter: Die Übertragung von Gestaltungsrechten, Wien 1986 (Habil.)

Canaris, Claus-Wilhelm: Die Ausgabe von Namensgewinnschuldverschreibungen an Arbeitnehmer in bankaufsichtsrechtlicher Sicht, BB 1978, S. 227–234

– Handelsrecht, 24. Auflage, Wien, 2006

Christoph, Fabian: Zulässigkeit grenzüberschreitender Bankaufsicht nach dem Marktortprinzip, ZBB 2009, S. 117–125

Damrau, Jan: Selbstregulierung im Kapitalmarktrecht: Eine rechtsökonomische Analyse der Normsetzung der deutschen Börsen und ihrer Träger, Berlin 2003 (Diss.)

De Meo, Francesco: Bankenkonsortien, München 1994 (Diss.)

Deipenbrock, Gudula: Externes Rating – Heilsversprechen für internationale Finanzmärkte, BB 2003, S. 1849–1853

Demelius, Heinrich: Vertragsübernahme, JherbJb 72 (1922), S. 241–292

Demgensky, Sascha/*Erm*, Andreas: Der Begriff der Einlagen nach der 6. KWG-Novelle, WM 2001, S. 1445–1454

Derleder, Peter/*Knops*, Kai-Oliver/*Bamberger*, Heinz Georg: Handbuch zum deutschen und europäischen Bankrecht, 2. Auflage, Berlin, 2009

Dewatripont, Mathias/*Tirole*, Jean: Efficient governance: implications for banking regulation, in: Capital Markets and Financial Intermediation, Mayer, Colin/Vives, Xavier (Hrsg.) 1993, S. 12–35

– The Prudential Regulation of Banks (1994), 2. Auflage 1999

Diamond, Douglas: Financial Intermediation and Delegated Monitoring, Review of Economic Studies 1984, S. 393–414

– Financial Intermediation as Delegated Monitoring: A Simple Example, Economic Quarterly Volume 82/3 1996, S. 51–66

– Liquidity, Banks, and Markets, The Journal of Political Economy 1997, S. 928–956

Diamond, Douglas/*Dybvig*, Philip: Bank Runs, Deposit Insurance, and Liquidity, The Journal of Political Economy 1983, S. 401–419

Dörner, Heinrich: Dynamische Relativität, München 1985 (Habil.)

Dreier, Horst (Hrsg.): Grundgesetz Kommentar Band II, 2. Auflage, Tübingen, 2006

Ebenroth, Carsten Thomas/*Boujong*, Karlheinz/*Joost*, Detlev/*Strohn*, Lutz: Handelsgesetzbuch Kommentar, 3. Auflage 2014

Ebenroth, Thomas/*Daum*, Thomas: Die rechtlichen Aspekte des Ratings von Emittenten und Emissionen, WM Sonderbeilage 5/1992, S. 1–23

Edenfeld, Stefan: Anmerkung zu BGH, Urteil vom 9.7.2002 – XI ZR 323/01, JZ 2002, S. 1165–1167

Egert, Hans: Die Rechtsbedingung im System des bürgerlichen Rechts, Berlin 1974

Ekkenga, Jens/*Maas*, Heyo: Das Recht der Wertpapieremissionen, 2006

Elixmann, Patrick: Kurzkommentar zu BVerwG, Urteil vom 22.4.2009 – 8 C 2.09 – WM 2009, S. 1553, EWiR 2009, S. 553–554

Ellenberger, Jürgen: Prospekthaftung im Wertpapierhandel, Berlin 2000 (Diss.)

Erbs, Georg (Begr.)/*Kohlhaas*, Max (ehem. Hrsg.): Strafrechtliche Nebengesetze, Ambs, Friedrich/Häberle, Peter (Hrsg.), Loseblattsammlung 204. Ergänzungslieferung, Stand September 2015

Erlei, Mathias/*Leschke*, Martin/*Sauerland*, Dirk: Neue Institutionenökonomik, 2. Auflage, Stuttgart, 2007

Erman, Walter: BGB Handkommentar, Westermann, Harm Peter/Grunewald, Barbara/Maier-Reimer, Georg (Hrsg.), 13. Auflage, Münster, 2011

Esser, Josef/*Schmidt*, Eike: Schuldrecht Band I Allgemeiner Teil Teilband 1, 8. Auflage 1995 und Teilband 2, 8. Auflage 2000

Everett, Craig: Origins and Development of Credit-Based Crowdfunding, SSRN Working Paper Nr. 2442897 vom 28.5.2014, abrufbar unter: http://ssrn.com/abstract=2442897, zuletzt abgerufen am 25.11.2015.

Fest, Alexander: Zwecke, Ansätze und Effizienz der Regulierung von Banken, Studien zur Kredit- und Finanzwirtschaft Band 183, Berlin 2008 (Diss.)

Fischl, Bernd: Alternative Unternehmensfinanzierung für den deutschen Mittelstand, 2. Auflage, Wiesbaden, 2011

Fleischer, Holger: Rechtsvergleichende Beobachtungen zur Rolle der Gesetzesmaterialien bei der Gesetzesauslegung, AcP 211 (2011), S. 317–351

Freiwald, Béatrice: Erlaubnispflicht nach § 32 Abs. 1 KWG für grenzüberschreitende Bank- und Finanzdienstleistungen, WM 2008, S. 1537–1545

Frerichs, Arne: Unternehmensfinanzierung mit Peer-to-Peer-gestützter Mittelvergabe, Göttingen 2014 (Diss.)

Friedrich, Till/*Bühler*, Timo: Bankaufsichtsrechtliche Aspekte der Verwaltung von Darlehensforderungen, WM 2015, S. 911–917

Fritsch, Michael: Marktversagen und Wirtschaftspolitik, 9. Auflage, München, 2014

Fuchs, Andreas: Wertpapierhandelsgesetz Kommentar, München 2009

Gernhuber, Joachim: Die Erfüllung und ihre Surrogate, 2. Auflage, Tübingen, 1994

– Synallagma und Zession in: Funktionswandel der Privatrechtsinstitutionen, Festschrift für Ludwig Raiser zum 70. Geburtstag, Tübingen 1974, S. 57–98.

Goldstein, Itay/*Paunzner*, Ady: Demand-Deposit Contracts and the Probability of Bank Runs, The Journal of Finance 2005, S. 1293–1327

Golland, Frank/*Gehlhaar*, Lars/*Grossmann*, Klaus/*Eickhoff-Kley*, Xenia/*Jänisch*, Christian: Mezzanine-Kapital, BB Special Nr. 4 2005, S. 1–32

Graf von Westphalen, Friedrich/*Thüsing*, Gregor (Hrsg.): Vertragsrecht und AGB-Klauselwerke, Loseblattsammlung 36. Ergänzung, Stand März 2015, (zitierter Teil auf dem Stand November 2004, abrufbar unter: https://beck-online.beck.de/?typ=reference&y=400&w=GrvWHdbVertrAGB_36&name=ID-Y-400-W-GrvWHdbVertrAGB-Name-Pros_aF)

Grigoleit, Hans Christoph: Das historische Argument in der geltendrechtlichen Privatrechtsdogmatik, ZNR 2008, S. 259–271

Groß, Wolfgang: Kapitalmarktrecht Kommentar, 5. Auflage, München, 2012

Gschnitzer, Franz: Die Kündigung nach deutschem und österreichischem Recht, JherJb 76 [1926], S. 317–415

Gurley, John/*Shaw*, Edward: Money in a Theory of Finance (1960), 7. Ausgabe 1971

Habersack, Mathias: Rechtsfragen des Emittenten-Ratings, ZHR 169 (2005), S. 185–211

Habersack, Mathias/*Mülbert*, Peter/*Schlitte*, Michael: Unternehmensfinanzierung am Kapitalmarkt, 3. Auflage, Köln, 2013

Hammen, Horst: Anmerkung zu VG Frankfurt a.M. Urteil vom 19.06.2008 – 1 E 2566/07 –, WM 2009 S. 1324, WuB I L 1. § 37 1.09

– KWG-rechtliche und EG-rechtliche Aspekte des Kreditgeschäfts in § 1 Abs. 1 S. 2 Nr. 2 KWG, WM 1998, S. 741–748

Hanten, Mathias: Aufsichtsrechtliche Erlaubnispflicht bei grenzüberschreitenden Bankgeschäften und Finanzdienstleistungen, WM 2003, S. 1412–1416

Heemann, Manfred: Gewährung von Darlehen als erlaubnispflichtiges Bankgeschäft, in: Bankaufsichtsrecht: Entwicklungen und Perspektiven Grieser, Simon/Heemann, Manfred (Hrsg.), Frankfurt am Main 2010

Heer, Philipp: Die Übertragung von Darlehensforderungen – eine systematische Übersicht, BKR 2012, S. 45–51

Heermann, Peter: Geld und Geldgeschäfte – Handbuch des Schuldrechts Band 10, Gernhuber, Joachim (Hrsg.), Tübingen 2003

Heidel, Thomas (Hrsg.): Aktienrecht und Kapitalmarktrecht, 4. Auflage, Baden-Baden, 2014

Heisterhagen, Christoph/*Conreder*, Christian: Die Regulierung des grauen Kapitalmarktes durch das Kleinanlegerschutzgesetz – Ein Überblick, DStR 2015, S. 1929–1934

Heminway, Joan MacLeod: Crowdfunding and the Public/Private Divide in U.S. Securities Regulation Research Paper #261 University of Cincinnati Law Review Vol. 83, No. 2 S. 478, abrufbar unter http://ssrn.com/abstract=2608790, zuletzt abgerufen am 26.10.2015

Hennrichs, Joachim: Haftungsrechtliche Aspekte des Ratings, Festschrift für Walther Hadding zum 70. Geburtstag, Berlin 2004, S. 875–891

Herr, Sascha/*Bantleon*, Ulrich: Crowdinvesting als alternative Unternehmensfinanzierung – Grundlage und Marktdaten in Deutschland, DStR 2015, S. 532-539

Heun, Werner: Finanzaufsicht im Wandel, JZ 2012, S. 235–242

Heymann, Ernst (Begr.)/*Horn*, Norbert (Hrsg.): Handelsgesetzbuch Kommentar, 2. Auflage 1996

Hinsch, Christian/*Horn*, Norbert: Das Vertragsrecht der internationalen Konsortialkredite und Projektfinanzierungen, Berlin 1985

Hoeren, Thomas/*Sieber*, Ulrich/*Holznagel*, Bernd (Hrsg.): Handbuch Multimedia-Recht, Losblattsammlung 39. Ergänzungslieferung, München, Stand März 2014

Hofmann, Stefan/*Walter*, Bernhard: Die Veräußerung Not leidender Kredite – aktives Risikomanagement der Bank im Spannungsverhältnis zwischen Bankgeheimnis und Datenschutz, WM 2004, S. 1566–1574

Hopt, Klaus/*Mülbert*, Peter: Die Darlehenskündigung nach § 609a BGB, WM 1990 Sonderbeilage Nr. 3, S. 1–20

Horn, Norbert: Werksparkassenverbot und Vermögensbildung durch Belegschaftsdarlehen und -obligationen, ZGR 1976, S. 435–446

Horsch, Andreas: Rating und Regulierung: Wettbewerb und Regulierung von Märkten und Unternehmen Band 5, Baden-Baden 2008

Howe, Jeff: The Rise of Crowdsourcing, The WIRED, 2006, S. 176–183

Hüffer, Jens: Das Wertpapier-Verkaufsprospektgesetz, Köln 1996 (Diss.)

Ipsen, Jörn: Staatsrecht II Grundrechte, 18. Auflage, München, 2015

Isensee, Josef/*Kirchhof*, Paul: Handbuch des Staatsrechts, Band V Rechtsquellen, Organisation, Finanzen, 3. Auflage, Heidelberg, 2007

Jacklin, Charles/*Bhattacharya*, Sudipto: Distinguishing Panics and information-based Bank Runs: Welfare and policy implications, Journal of Political Economy 1988 S. 568–592

Jansen, David/*Pfeifle*, Theresa: Rechtliche Probleme des Crowdfundings, ZIP 2012 S. 1842–1852

Jarass, Hans/*Pieroth*, Bodo: Grundgesetz Kommentar, 13. Auflage, München, 2014

Jauernig, Othmar: Bürgerliches Gesetzbuch Kommentar, Stürner, Rolf (Hrsg.), 15. Auflage, München, 2014

Jessen, Jens: Reichsgesetz über das Kreditwesen vom 5. September 1934 mit Begleitbericht, Erläuterungen und Begründung, 1. Auflage 1934

jurisPK-BGB, *Herberger*, Maximilian/*Martinek*, Michael/*Rüßmann*, Helmut/*Weth*, Stephan: (Gesamthrsg.), Band 2, Junker, Markus/Beckmann, Michael/Rüßmann, Helmut (Bandhrsg.), 7. Auflage 2014

Just, Clemens/*Voß*, Thorsten/*Ritz*, Corinna/*Zeising*, Michael: Wertpapierprospektgesetz Kommentar, München 2009

Kessler, Wolfgang/*Kröner*, Michael/*Köhler*, Stefan (Hrsg.): Konzernsteuerrecht National – International, 2. Auflage, München, 2008

Klimke, Dominik: Die Vertragsübernahme, Tübingen 2010 (Habil.)

Klöhn, Lars: Grund und Grenzen der Haftung wegen unterlassener Prospektveröffentlichung gem. § 24 WpPG, § 21 VermAnlG, DB 2012, S. 1854–1860

Klöhn, Lars/*Hornuf*, Lars: Crowdinvesting in Deutschland, ZBB 2012 S. 237–266

– Die Regelung des Crowdfunding im RegE des Kleinanlegerschutzgesetzes – Inhalt, Auswirkungen, Kritik, Änderungsvorschläge, DB 2015, S. 47–53

– Ein sicherer Rechtsrahmen für das Crowdinvesting, DB 2014 Heft 14, S. 1

Kluth, Winfried/*Krings*, Günter (Hrsg.): Gesetzgebung: Rechtssetzung durch Parlamente und Verwaltungen sowie ihre gerichtliche Kontrolle, Heidelberg 2014

Koberstein-Windpassinger, Carmen: Wahrung des Bankgeheimnisses bei Asset-Backed Securities-Transaktionen, WM 1999, S. 473–482

Koller, Ingo/*Kindler*, Peter/*Roth*, Wulf-Henning/*Morck*, Winfried: Handelsgesetzbuch Kommentar, 8. Auflage, München, 2015

Kopp-Colomb, Wolf von/*Lenz*, Jürgen: Angebote von Wertpapieren über das Internet, BKR 2002, S. 5–11

Körner, Eberhard: Schutz des Publikums bei Verstößen gegen die Verbots- und Genehmigungsvorschriften des Kreditwesengesetzes und des Versicherungsaufsichtsgesetzes, ZHR 1968, S. 127–149

Kort, Michael: Nachträgliche Stundung und Vereinbarungsdarlehen im Bürgerlichen Recht und im Kreditwesengesetz, WM 1989, S. 1833–1836

Kramer, Rainer: Der Verstoß gegen ein gesetzliches Verbot und die Nichtigkeit von Rechtsgeschäften (§ 134 BGB), Mainz 1976 (Diss.)

Kümpel, Siegfried/*Wittig*, Arne (Hrsg.): Bank- und Kapitalmarktrecht, 4. Auflage, Köln, 2011

Landmann, Robert von/*Rohmer*, Gustav (Begr.): Gewerbeordnung und Ergänzende Vorschriften, Marcks, Peter/Neumann, Dirk/Bleutge, Peter/Fuchs, Bärbel/Gotthardt, Michael/Pielow, Christian/Kahl, Georg/Schönleiter, Ulrich/Stenger, Anja (Hrsg.), Loseblattsammlung 70. Ergänzungslieferung, Stand Juni 2015

Lang, Volker: Die Beweislastverteilung im Falle der Verletzung von Aufklärungs- und Beratungspflichten bei Wertpapierdienstleistungen, WM 2000, S. 450–467

Langenbucher, Katja: Kredithandel nach dem Risikobegrenzungsgesetz, NJW 2008, S. 3169–3173

Larenz, Karl: Lehrbuch des Schuldrechts, Band 1, Allgemeiner Teil, 14. Auflage 1987 und Band 2, Besonderer Teil, 1. Halbband, 13. Auflage, München, 1986

Larenz, Karl/*Canaris*, Claus-Wilhelm: Methodenlehre der Rechtswissenschaft, 3. Auflage, Berlin, 1995

Lehmann, Heinrich: Die Abtretung von Verträgen in: Kongress für Rechtsvergleichung Deutsche Landesreferate III 1950 S. 382–395, Unterkapitel: Beiträge zum Bürgerlichen Recht, S. 74–87

Lemke, Rudolf: Haftungsrechtliche Fragen des Ratingwesens – ein Regelungsproblem?, Frankfurt am Main 2000 (Diss.)

Lenenbach, Markus: Kapitalmarktrecht und kapitalmarktrelevantes Gesellschaftsrecht, 2. Auflage 2010

Livonius, Hilger von/*Bernau*, Timo: Kurzkommentar zu VG Frankfurt a.M., Urteil vom 19. 6. 2008 – 1 E 2566/07 – ZIP 2008 S. 213, EWiR 2009, S. 125–126

Lüdemann, Volker/*Zwack*, Thomas/*Wenzel*, Daniel: Peer to Peer – Die direkte Vermittlung von Dienstleistungen zwischen Privatpersonen eröffnet Versicherern neue Geschäftspotenziale, VW 2014, S. 64–67

Lünterbusch, Armin: Die privatrechtlichen Auswirkungen des Gesetzes über das Kreditwesen auf Einlagen- und Kreditgeschäfte, Köln 1968

Luz, Günther/*Neus*, Werner/*Schaber*, Mathias/*Scharpf*, Paul/*Schneider*, Peter/*Weber*, Max: Kommentar zum Kreditwesengesetz, 2. Auflage, Stuttgart, 2011

Mai, Jens: Die Teilnichtigkeit unerlaubt betriebener Einlagengeschäfte, ZBB 2010, S. 222–231

Mangoldt, Hermann von (Begr.)/*Klein*, Friedrich (Fortg.)/*Starck*, Christian (Hrsg.): Kommentar zum Grundgesetz, 6. Auflage, München, 2010

Maunz, Theodor/*Dürig*, Günter (Begr): Grundgesetz Kommentar, Herzog, Roman/Scholz, Rupert/Herdegen, Matthias/Klein, Hans (Hrsg.), Loseblattsammlung 74. Ergänzungslieferung, München, Stand Mai 2015

Medicus, Dieter/*Lorenz*, Stephan: Schuldrecht I Allgemeiner Teil, 21. Auflage, München, 2015

Meller-Hannich, Caroline: Zu einigen rechtlichen Aspekten der „Share-Economy", WM 2014, S. 2337–2345

Meschkowski, Alexander/*Wilhelmi*, Frederike: Investorenschutz im Crowdinvesting, BB 2013, S. 1411–1418

Metz, ohne Angabe des Vornamens veröffentlicht: Unter welchen Voraussetzungen stellt die Verwaltung und Nutzung eigenen Vermögens (Kapital- und Geldvermögen) einen Gewerbebetrieb dar?, Bank-Archiv 1934/1935, S. 35–38

Michalski, Lutz (Hrsg.): Kommentar zum Gesetz betreffend die Gesellschaften mit beschränkter Haftung (GmbH-Gesetz), 2. Auflage, München, 2010

Mitschke, Ulf: „Kreditauktionen" im Internet und die bankaufsichtsrechtliche Erlaubnispflicht der Beteiligten, BaFin-Journal 5/2007, S. 3–5

Moenninghoff, Sebastien/*Wieandt*, Axel: The Future of Peer-to-Peer Finance, zfbf 2013, S. 466–487

Molitor, Erich: Die Kündigung, 2. Auflage, Mannheim, 1951

Möslein, Florian: Grundsatz- und Anwendungsfragen zur Spartentrennung nach dem sog. Trennbankengesetz, BKR 2013, S. 397–405

Mugdan, Benno: Die gesamten Materialien zum Bürgerlichen Gesetzbuch für das Deutsche Reich, 1979, Neudruck der Ausgabe Berlin 1899

MüKo-BGB, *Säcker*, Franz Jürgen/*Rixecker* Roland/*Oetker*, Hartmut/*Limperg*, Bettina (Hrsg.): 6. Auflage, München, 2013 und teilweise 7. Auflage, München 2015

MüKo-GmbHG, *Fleischer*, Holger/*Goette*, Wulf (Hrsg.): 2. Auflage, München, 2016

MüKo-HGB, *Schmidt*, Karsten (Hrsg.): 3. Auflage, München, 2014

MüKo-StGB, *Joecks*, Wolfgang/*Miebach*, Klaus (Hrsg.): 2. Auflage, München, 2011

Mülbert, Peter: Das verzinsliche Darlehen, AcP 192 [1992], S. 449–515

Müller, Christoph: Die Entstehung des Reichsgesetzes über das Kreditwesen vom 5. Dezember 1934, Berlin 2003 (Diss.)

Müller, Fridrich: Das Reichsgesetz über das Kreditwesen vom 5. Dezember 1934, Berlin 1935

Müller, Gerd: Vorausverfügung über gesellschaftsrechtliche Einzelansprüche und Übertragung der Mitgliedschaft, ZIP 1994, S. 342–356

Müller-Schmale v., ohne Angabe des Vornamens veröffentlicht: Crowdfunding – Aufsichtsrechtliche Pflichten und Verantwortung des Anlegers, BaFin Journal 6/2014, S. 10–14

Münch, Ingo von (Begr.)/*Kunig*, Philip (Hrsg.): Grundgesetz Kommentar 6. Auflage, München, 2012

Nastold, Ulrich: Crowdfunding im Lichte des Kleinanleger-Schutzgesetzentwurfs, ZVertriebsR 2014, S. 366–369

Nietsch, Michael/*Eberle*, Nicolas: Bankaufsichts- und prospektrechtliche Fragen typischer Crowdfunding-Modelle, DB 2014, S. 1788–1795

– Crowdinvesting – Welche Auswirkungen hat das geplante Kleinanlegerschutzgesetz, DB 2014, S. 2575–2580

Nikolaus, Max/*d'Oleire*, Stefan: Aufklärung über „Kick-backs" in der Anlageberatung: Anmerkung zum BGH-Urteil vom 19.12.2006, WM 2007, S. 2129–2172

NK-BGB, *Dauner-Lieb*, Barbara/*Heidel*, Thomas/*Ring*, Gerhard (Gesamthrsg.): Band 2/1 §§ 241–610 Dauner-Lieb, Barbara/Langen, Werner (Bandhrsg.), 2. Auflage, Baden-Baden, 2012

Nobbe, Gerd: Bankgeheimnis, Datenschutz und Abtretung von Darlehensforderungen, WM 2005, S. 1537–1548

– Der Verkauf von Krediten, ZIP 2008, S. 97–106

Nörr, Wolfgang/*Scheyhing*, Robert/*Pöggeler*, Wolfgang: Sukzessionen – Forderungszessionen Vertragsübernehme, Schuldübernahme, 2. Auflage, Tübingen, 1998

Oetker, Hartmut (Hrsg.): Handelsgesetzbuch Kommentar, 4. Auflage, München, 2015

– Das Dauerschuldverhältnis und seine Beendigung, Tübingen 1994 (Habil.)

Palandt, Otto (Begr.): Bürgerliches Gesetzbuch, 74. Auflage, München, 2015

Papier, Hans-Jürgen: Wirtschaftsaufsicht und Staatshaftung – BGHZ 74, 144 und BGH, NHJ 1979, 1879, JuS 1980, S. 265–270

Peine, Franz-Joseph: Gesetz und Verordnung, ZG 1988, S. 121–140

Peters, Andreas: Die Haftung und die Regulierung von Ratingagenturen, Baden-Baden 2001 (Diss.)

Pieper, Helmut: Vertragsübernahme und Vertragsbeitritt, Köln 1963 (Habil.)

Pieroth, Bodo/*Schlink*, Bernhard/*Kingreen*, Thorsten/*Poscher*, Ralf: Grundrechte Staatsrecht II, 31. Auflage, Heidelberg, 2015

Pindyck, Robert/*Rubinfeld*, Daniel: Microeconomics, Eighth Edition, 2015

Pröhl, Hans: Kreditwesengesetz Kommentar, Loseblattsammlung, Stand 23.02.1979

– Kommentar zum Reichsgesetz über das Kreditwesen, 1. Auflage 1935 und 2. Auflage 1939

Prost, Gerhard: Verbotene Geschäfte und strafbare Handlungen nach dem Kreditwesengesetz, NJW 1977, S. 227–230

Prütting, Hanns/*Wegen*, Gerhard/*Weinreich*, Gerd (Hrsg.): Bürgerliches Gesetzbuch Kommentar, 10. Auflage, Köln, 2015

Redeker, Konrad/*Karpenstein*, Ulrich: Über Nutzen und Notwendigkeit, Gesetze zu begründen, NJW 2001, S. 2825–2831

Reichardt, Wolfgang: Das Gesetz über das Kreditwesen vom 25. September 1939, 1. Auflage 1942

Reifner, Udo: Der Verkauf notleidender Verbraucherdarlehen, BKR 2008, S. 142–154

Reischauer, Friedrich/*Kleinhans*, Joachim (Begr.): Kreditwesengesetz Kommentar, Albert, Anja/Bitterwolf, Manfred/Brogl, Frank/Mielk, Holger (Hrsg.), Loseblattsammlung, Stand August 2015

Renner, Moritz: „Banking Without Banks"? Rechtliche Rahmenbedingungen des Peer-to-Peer Lending, ZBB 2014, S. 261–273

RGRK – Reichsgerichtsräte-Kommentar BGB, herausgegeben von Mitgliedern des Bundesgerichtshofs, 12. Auflage 1978

Riethmüller, Tobias: Auswirkungen des Kleinanlagerschutzgesetzes auf die Praxis der bankenunabhängigen Finanzierung, das Crowdinvesting und Crowdlending, DB 2015, S. 1451–1457

Rögner, Herbert: Zur „Auslegung" des Inlandsbegriffs des § 32 KWG durch die Verwaltungspraxis der Bundesastalt für Finanzdienstleistungsaufsicht, WM 2006, S. 745–752

Röhricht, Volker/*Graf von Westphalen*, Friedrich: Handelsgesetzbuch Kommentar, 4. Auflage, Köln, 2014

Rost, Julia: Der Verstoß gegen § 32 KWG an der Schnittstelle von Bankaufsichtsrecht und Zivilrecht, Potsdam 2014 (Diss.)

Roxin, Claus: Strafrecht Allgemeiner Teil Band I, 4. Auflage, München, 2006

Rudolph, Bernd: Unternehmensfinanzierung und Kapitalmarkt, Tübingen 2006

Ruhl, Alexander: Das Einlagengeschäft nach dem Kreditwesengesetz, Baden-Baden 2004 (Diss.)

Ruland, Anselm: Zur Entwicklung des Bankaufsichtsrechts bis 1945, Münster 1988 (Diss.)

Rutkowsky, H. (ohne Angabe des vollständigen Vornamens veröffentlicht): Der Anwartschaftserwerb und seine Folgen, NJW 1957, S. 858–859

Sachs, Michael: Grundgesetz Kommentar, 7. Auflage, München, 2014

Santomero, Anthony: Modeling the Banking Firm: A Survey, Journal of Money, Credit and Banking 1984, S. 576–602

Santos, João: Bank Capital Regulation in Contemporary Banking Theory: A Review of the Literature, Financial Markets, Institutions & Instruments, Volume 10 Nr. 2 May 2001, S. 41–84

Schäfer, Frank: Emission und Vertrieb von Wertpapieren nach dem Wertpapierverkaufsprospektgesetz, ZIP 1991, S. 1557–1565

– Stand und Entwicklung der spezialgesetzlichen Prospekthaftung, ZGR 2006, S. 40–78

– Sind die §§ 31 ff. WpHG n.F. Schutzgesetze i.S.d. § 823 Abs. 2 BGB WM 2007, S. 1872–1879

Schäfer, Frank/*Hamann*, Uwe: Kapitalmarktgesetze Losblattsammlung, Stuttgart, Stand Januar 2013

Schaffland, Astrid: Die Vertragsübernahme, Frankfurt am Main 2012 (Diss.)

Schilmar, Boris/*Breiteneicher*, Jens/*Wiedenhofer*, Marco: Veräußerung notleidender Kredite – Aktuelle rechtliche Aspekte bei Transaktionen von Non-Performing Loans, DB 2005, S. 1367–1373

Schimansky, Herbert/*Bunte*, Hermann-Josef/*Lwowski*, Hans Jürgen (Hrsg.): Bankrechts-Handbuch, 4. Auflage, München, 2011

Schmidt, Karsten: Gesellschaftsrecht, 4. Auflage, Köln, 2009

– Handelsrecht Unternehmensrecht I, 6. Auflage, Köln, 2014

Schmitt, Christoph/*Doetsch*, Matthias: Crowdfunding: neue Finanzierungsmöglichkeiten für die Frühphase innovativer Geschäftsmodelle BB 2013, S. 1451–1454

Schnauder, Franz: Regimewechsel im Prospekthaftungsrecht bei geschlossenen Publikums-fonds, NJW 2013, S. 3207–3213

Schneider, Sven: Nichtanwendbarkeit des KWG bzw. WpHG trotz Erbringung regulierter Tätigkeiten – Ein Beitrag unter besonderer Berücksichtigung der „Konzernausnahme", WM 2008, S. 285–291

Schneider, Uwe: Ist die Annahme von Gesellschafterdarlehen ein „erlaubnisbedürftiges Bankgeschäft"?, DB 1991, S. 1865–1869

Schnorbus, York: Die prospektfreie Platzierung von Wertpapieren nach dem WpPG, AG 2008, S. 389–410

Schönke, Adolf/*Schröder*, Horst (Begr.): Strafgesetzbuch Kommentar, 29. Auflage, München, 2014

Schönle, Herbert: Bank- und Börsenrecht, 2. Auflage, München, 1976

Schröder, Christian: Handbuch Kapitalmarktstrafrecht, 3. Auflage, München, 2015

Schroeter, Ulrich: Ratings – Bonitätsbeurteilung im System des Finanzmarkt-, Gesellschafts-und Vertragsrechts, Tübingen 2014 (Habil.)

Schürnbrand, Jan: Gestaltungsrechte als Verfügungsgegenstand, AcP 204 [2004], S. 177–207

– Der Schuldbeitritt zwischen Gesamtschuld und Akzessorietät, Berlin 2003 (Diss.)

Schütz, Wilhelm: Die Rechtsnatur von Bank- und Sparkassenguthaben, JZ 1964, S. 91–93

Schwark, Eberhard/*Zimmer*, Daniel (Hrsg.): Kapitalmarktrechts-Kommentar, 4. Auflage, München, 2010

Schweinitz, Oliver: Die Haftung von Ratingagenturen, WM 2008, S. 953–959

Schwennicke, Andreas: Die Dokumentation der Erfüllung von Verhaltenspflichten nach § 31 Abs. 2 WpHG durch die Bank, WM 1998, S. 1101–1109

– Vergabe privater Darlehen und Erlaubnispflicht nach dem KWG, WM 2010, S. 524–550

Schwennicke, Andreas/*Auerbach*, Dirk (Hrsg.): Kommentar zum Kreditwesengesetz (KWG) mit Zahlungsdiensteaufsichtsgesetz (ZAG), 2. Auflage, München, 2013

Schwenzer, Ingeborg: Zession und sekundäre Gläubigerrechte, AcP 182 [1982] S. 215–253

Seckel, Emil: Die Gestaltungsrechte des Bürgerlichen Rechts, in: Festgabe der juristischen Gesellschaft zu Berlin zum 50 jährigen Jubiläum von Richard Koch, Berlin 1903, S. 205–253

Seetzen, Uwe: Sekundäre Gläubigerrechte nach Abtretung des Hauptanspruchs aus einem gegenseitigen Vertrag – Zugleich Beitrag zum Schuldnerschutz, AcP 169 [1969], S. 352–371

Serick, Rolf: Eigentumsvorbehalt und Sicherungsübertragung, Heidelberg 1976, Band IV Verlängerungs- und Erweiterungsformen des Eigentumsvorbehaltes und der Sicherungsübertragung – Erster Teil Verlängerungsformen und Kollisionen

Sixt, Elfriede: Schwarmökonomie und Crowdfunding, 1. Auflage, Wiesbaden, 2014

Sodan, Helge (Hrsg.): Grundgesetz Beck'scher Kompakt-Kommentar, 2. Auflage, München, 2011

Soergel, Hans-Theodor: Bürgerliches Gesetzbuch mit Einführung und Nebengesetzen, 13. Auflage, Stuttgart

Spindler, Gerald/*Wiebe*, Andreas (Hrsg.): Internet-Auktionen und elektronische Marktplätze, 2. Auflage, Köln, 2005

Stappel, Michael: Geht die Zeit der Universalbanken zu Ende? Konjunktur und Kapitalmarkt, DZ Bank Research Spezial vom 31.7.2014, S. 1–20

Staub, Hermann (Begr.): Handelsgesetzbuch Großkommentar, 5. Auflage, Berlin, 2008, Canaris, Claus-Wilhelm/Schilling, Wolfgang/Ulmer, Peter (Hrsg.), auch zitiert Band 3 Bankvertragsrecht 3. Auflage 1981 2. Bearbeitung

Staudinger, Julius von: Kommentar zum Bürgerlichen Gesetzbuch

Steck, Uwe/*Campbell*, Nicole: Die Erlaubnispflicht für grenzüberschreitende Bankgeschäfte und Finanzdienstleistungen, ZBB 2006, S. 354–365

Steinbeck, Verena: Die Übertragbarkeit von Gestaltungsrechten, Berlin 1992 (Diss.)

Stemper, Marthe-Marie: Rechtliche Rahmenbedingungen des Ratings, Baden-Baden 2010 (Diss.)

Stiglitz, Joseph: The Theorie of „Screening", Education, and the Distribution of Income, The American Economic Review 1975, S. 283–300

Stiglitz, Joseph/*Walsh*, Carl: Mikroökonomie, Band I zur Volkswirtschaftslehre, 4. Auflage, München, 2010

Stiglitz, Joseph/*Weiss*, Andrew: Credit Rationing in Markets with Imperfect Information, The American Economic Review 1981, S. 393–410

Szagunn, Volkhard/*Haug*, Ulrich/*Ergenzinger*, Wilhelm: Gesetz über das Kreditwesen Kommentar, 6. Auflage, Stuttgart, 1997

Szesny, Andre/*Kuthe*, Thorsten (Hrsg.): Kapitalmarkt Compliance, Heidelberg 2014

Teichmann, Arndt: Die Fortführung von Bankkrediten durch Nichtbanken – ein Bankgeschäft?, BKR 2011, S. 324–326

Tettinger, Peter: Die fehlerhafte Stille Gesellschaft – Zivilrechtlicher Anlegerschutz durch bankrechtliche Erlaubnisvorbehalte?, (Teil II), DStR 2006, S. 903–910

Tettinger, Peter/*Wank*, Rolf/*Ennuschat*, Jörg: Gewerbeordnung Kommentar, 8. Auflage, München, 2011

Theewen, Eckard: Problemkredite und die „Mindestanforderungen an das Kreditgeschäft der Kreditinstitute" – Workout, Outsourcing oder Bad Bank?, WM 2004 S. 105–114

Theurl, Theresia: Ökonomische Theorie der Bankenregulierung, Münstersche Schriften zur Kooperation, Band 49, 2001, S. 9–26

Thiele, Wolfram: Die zivilrechtliche Einordnung des Rating im deutschen Recht, Aachen 2004 (Diss.)

Tirole, Jean/*Schumpeter*, Joseph: Lecture: On banking and intermediation, European Economic Review 1994, S. 469–487

Tuhr, Andreas von: Der Allgemeine Teil des Deutschen Bürgerlichen Rechts Erster Band, unveränderter Nachdruck der 1910 erschienenen ersten Auflage, Berlin 1957

Varian, Hal: Grundzüge der Mikroökonomik, 8. Auflage, Berlin, 2011

Veil, Rüdiger: Anlageberatung im Zeitalter der MiFID, WM 2007, S. 1821–1826

Vetter, Eberhard: Rechtsprobleme des externen Ratings, WM 2004, S. 1701–1712

Voge, Dirk: Zur Erlaubnispflicht grenzüberschreitend betriebener Bank- und Finanzdienstleistungsgeschäfte, WM 2007, S. 381–387

Vortmann, Jürgen (Hrsg.): Prospekthaftung und Anlageberatung, Stuttgart 2000

– Kurzkommentar zu BGH, Urteil vom 9. 7. 2002 – XI ZR 323/01 – ZIP 2002 S. 1524, EWiR 2002, S. 1077–1078

Voß, Thorsten: Anmerkung zu VG Frankfurt a.M., Beschluss vom 11. 3. 2010 – 1 L 271/10. F, BB 2010, S. 1372

Weber, Christoph: Schadensersatz wegen unberechtigter Kündigung von Darlehensverträgen – Eigene Ansprüche des Darlehensnehmers und vertraglicher Drittschutz, DStR 2014, S. 213–219

Weichert, Tilmann/*Wenninger*, Thomas: Die Neuregelung der Erkundigungs- und Aufklärungspflichten von Wertpapierdienstleistungsunternehmen gem. Art. 19 RiL 2004/39/EG (MiFiD) und Finanzmarkt-Richtlinie-Umsetzungsgesetz, WM 2007, S. 627–636

Weitnauer, Wolfgang: „Crowdinvesting 2.0" nach dem Kleinanlegerschutzgesetz, GWR 2015, S. 309–313

Weitnauer, Wolfgang/*Parzinger*, Josef: Das Crowdinvesting als neue Form der Unternehmensfinanzierung, GWR 2013, S. 153–158

Wenzel, Jens: Rechtsfragen internationaler Konsortialkreditverträge, Baden-Baden 2006 (Diss.)

Wicke, Hartmut: Anmerkung zu BGH, Urteil vom 17. 1. 2002 – VII ZR 490/00, MittBayNot 2002, S. 385–387

– Kommentar Gesetz betreffend die Gesellschaften mit beschränkter Haftung (GmbH-Gesetz), 2. Auflage, München, 2011

Wiederholt, Norbert/*Pätzold-Schwarz*, Kathrin: Kurzkommentar zu VG Frankfurt a.M. Beschluss vom 11. 3. 2010 – 1 L 271/10.F –ZIP 2010 S. 1337, EWiR 2010, S. 469–470

Will, Martin: Kleinanlegerschutzgesetz und Gewerbeordnung – Auswirkungen auf die Finanzanlagenvermittlung (§ 34f GewO) und Honorar-Finanzanlagenberatung (§ 34h GewO), GewArch 2015, S. 430–435

Witte, Andreas: Grundlagen des Crowdsourcing und Crowdfunding, ITRB 2012 S. 130–133

Witte, Jürgen/*Hrubesch*, Boris: Rechtschutzmöglichkeiten beim Unternehmensrating, ZIP 2004, S. 1346–1354

Wittig, Arne: Distressed Loan Trading – Handel mit notleidenden Kreditforderungen unter besonderer Berücksichtigung von Bankgeheimnis und aufsichtsrechtlichen Anforderungen, bei Knof, Bela/Mock, Sebastian Bankrechtstag 2005 der Bankrechtlichen Vereinigung e.V. am 1. Juli 2005 in Hamburg, DB 2005, S. 298–306, dort S. 304 ff.

Wolf, Ernst: Lehrbuch des Schuldrechts Erster Band: Allgemeiner Teil, Köln 1978

Wolf, Manfred/*Neuner*, Jörg: Allgemeiner Teil des bürgerlichen Rechts, 10. Auflage, München, 2012

Stichwortverzeichnis

Abtretbarkeit von Gestaltungsrechten 122
Abtretung oder gewillkürte Vertragsüber-
nahme
– einfache Forderungsübertragung 68
– gestreckte Forderungsübertragung 80
Analogie 193
Anlagevermittlung
– Kooperationsbank – einfache Forderungs-
übertragung 148
– Kooperationsbank – gestreckte Forde-
rungsübertragung 157
– Plattformbetreiber-/Intermediärgesell-
schaft – gestreckte Forderungsübertra-
gung 161
– Plattformbetreibergesellschaft – einfache
Forderungsübertragung 151
– Plattformbetreibergesellschaft – gestreck-
te Forderungsübertragung 165
Annuitätendarlehen 34
Ausnahmetatbestand 152, 182

Bank-Run 99
Bonitätsprüfung
– Allgemein 45
– Vertragsschluss 52
– Vertragstyp P2B 46
– Vertragstyp P2P 47

Crowdfunding
– belohnungsbasiertes 26
– beteiligungsbasiertes 27
– concideration-based 26
– donation-based 25
– gegenleistungsbasiertes 26
– kreditbasiertes 27
– nicht-profitorientiertes 26
– non-profitseeking 26
– pre-purchase 26
– profitorientiertes 26
– profitseeking 26
– reward-based 26

– vorverkaufbasiertes 26
Crowdinvesting 27
Crowdlending
– allgemein 27
– atypisches 32
– echtes und unechtes 29
– indirektes 30, 226
– P2P- und P2B- 31
– unechtes mit einfacher bzw. gestreckter
Forderungsübertragung 29

Darlehensvertrag 52
Doppelgesellschaft 74

Einlagen- und Kreditgeschäft
– Genese 93
– Kooperationsbank – einfache Forderungs-
übertragung 148
– Kooperationsbank – gestreckte Forde-
rungsübertragung 157
– ökonomischer Hintergrund 97
– Telos 96
Einlagengeschäft
– Investoren – einfache Forderungsübertra-
gung 147
– Kreditnehmer – einfache Forderungs-
übertragung 153
– Kreditnehmer – gestreckte Forderungs-
übertragung 166
– Plattformbetreiber-/Intermediärgesell-
schaft – gestreckte Forderungsübertra-
gung 159
– Plattformbetreibergesellschaft – einfache
Forderungsübertragung 151
– Telos 102
Emittenten-Rating 48
Entwicklung 38

Factoring
– Investoren – einfache Forderungsübertragung 107

– Plattformbetreiber-/Intermediärgesellschaft – gestreckte Forderungsübertragung 157

FCA's regulatory approach to crowdfunding over the internet 227

Finanzanlagevermittler 190, 193, 200

Finanzkommissionsgeschäft
– Kooperationsbank – einfache Forderungsübertragung 148
– Kooperationsbank – gestreckte Forderungsübertragung 157
– Plattformbetreiber-/Intermediärgesellschaft – gestreckte Forderungsübertragung 161

Finanztransfergeschäft 167

forderungsbezogene Gestaltungsrechte 123

Forderungskaufvertrag
– einfache Forderungsübertragung 63
– gestreckte Forderungsübertragung 76
– Intermediärgesellschaft und Kooperationsbank 81
– Typisierung – einfache Forderungsübertragung 63
– Typisierung – gestreckte Forderungsübertragung 76
– Vertragsschluss – einfache Forderungsübertragung 67
– Vertragsschluss – gestreckte Forderungsübertragung 78

Forderungsverwaltung
– einfache Forderungsübertragung 73
– gestreckte Forderungsübertragung 79

Genehmigungspflicht GewO 218

Genehmigungspflicht KWG
– aufsichtsrechtliche Folgen von Verstößen 84
– strafrechtliche Folge von Verstößen 84
– zivilrechtliche Folge von Verstößen 84
– zivilrechtliche Folge von Verstößen beim Einlagengeschäft 85
– zivilrechtliche Folge von Verstößen beim Kreditgeschäft 91

Geschichte 36

Gewähren 117, 122

Großbritannien 227

Haftung
– deliktischer Schadensersatzanspruch 211
– Emittent 209
– vertraglicher Schadensersatzanspruch 210
– weiterführende Prospekthaftung 214

Informationsasymmetrien 100

Internet-Dienstleistungsplattform 202

Investoren
– Gläubiger- und Schuldnermehrheit 60
– Teilgläubiger 60
– Teilschuldner 61

ius cogens 208

Jahresabschluss 206

Jahresbericht 206

JOBS-Act 228

Kleinanlegerschutzgesetzes 169

Konzernstruktur 73

Kooperationsvereinbarung
– einfache Forderungsübertragung 56
– gestreckte Forderungsübertragung 57

Kreditgeschäft
– Erwerb von Rückzahlungsansprüchen 108
– Investoren – einfache Forderungsübertragung 146
– Investoren – gestreckte Forderungsübertragung 156
– Kreditprotfolio-Transaktionen 108
– Plattformbetreiber-/Intermediärgesellschaft – gestreckte Forderungsübertragung 158
– Plattformbetreibergesellschaft – einfache Forderungsübertragung 149
– Telos 102

Kündigungsrecht, einheitliches 139

passive Dienstleistungsfreiheit 222

Plattformnutzungsvertrag
– Inhalt 43
– Vertragsschluss 45

Rahmenkommissionsvertrag *siehe* Kooperationsvereinbarung – gestreckte Forderungsübertragung
Rating-Agenturen   48
Reformvorschläge   234

schutzzweckbezogen einschränkende Ausle-
gung Gewerbebegriff   133
Selbstregulierung
– Deutschland   219
– Großbritannien   230
selbstständige Gestaltungsrechte   123

Transparenzgebot   137

Umgehungsmöglichkeiten
– allgemein   220
– bankaufsichtsrechtliche Regulierung
   222

– vermögensanlagerechtliche Regulierung
   220
Unentgeltlichkeit   49

Verhaltenskodex *Selbstregulierung*
Vermögensanlagen
– Anbieter   176, 180
– Darlehensrückzahlungsansprüche   169
– Emittent   173, 178
– „Veräußerung"   171
– Vermittler   180
Verordnung
– Ermächtigungsgrundlage   190
– Regelungslücke   193
Verrechnungsmodell   62

Werbung   205
Wertpapierdienstleistungsunternehmen
   189
Widerrufsrecht   203